Springer-Lehrbuch

Dennis Bock · Friedrich Sebastian Fülscher

Steuerstrafrecht

 Springer

Dennis Bock
Institut für Kriminalwissenschaften
Christian-Albrechts-Universität zu Kiel
Kiel, Deutschland

Friedrich Sebastian Fülscher
Contra. Rechtsanwälte und Strafverteidiger
Kiel, Deutschland

ISSN 0937-7433 ISSN 2512-5214 (electronic)
Springer-Lehrbuch
ISBN 978-3-662-68568-6 ISBN 978-3-662-68569-3 (eBook)
https://doi.org/10.1007/978-3-662-68569-3

Die Deutsche Nationalbibliothek verzeichnet diese Publikation in der Deutschen Nationalbibliografie; detaillierte bibliografische Daten sind im Internet über https://portal.dnb.de abrufbar.

© Springer-Verlag GmbH Deutschland, ein Teil von Springer Nature 2024
Das Werk einschließlich aller seiner Teile ist urheberrechtlich geschützt. Jede Verwertung, die nicht ausdrücklich vom Urheberrechtsgesetz zugelassen ist, bedarf der vorherigen Zustimmung des Verlags. Das gilt insbesondere für Vervielfältigungen, Bearbeitungen, Übersetzungen, Mikroverfilmungen und die Einspeicherung und Verarbeitung in elektronischen Systemen.
Die Wiedergabe von allgemein beschreibenden Bezeichnungen, Marken, Unternehmensnamen etc. in diesem Werk bedeutet nicht, dass diese frei durch jedermann benutzt werden dürfen. Die Berechtigung zur Benutzung unterliegt, auch ohne gesonderten Hinweis hierzu, den Regeln des Markenrechts. Die Rechte des jeweiligen Zeicheninhabers sind zu beachten.
Der Verlag, die Autoren und die Herausgeber gehen davon aus, dass die Angaben und Informationen in diesem Werk zum Zeitpunkt der Veröffentlichung vollständig und korrekt sind. Weder der Verlag noch die Autoren oder die Herausgeber übernehmen, ausdrücklich oder implizit, Gewähr für den Inhalt des Werkes, etwaige Fehler oder Äußerungen. Der Verlag bleibt im Hinblick auf geografische Zuordnungen und Gebietsbezeichnungen in veröffentlichten Karten und Institutionsadressen neutral.

Springer ist ein Imprint der eingetragenen Gesellschaft Springer-Verlag GmbH, DE und ist ein Teil von Springer Nature.
Die Anschrift der Gesellschaft ist: Heidelberger Platz 3, 14197 Berlin, Germany

Das Papier dieses Produkts ist recycelbar.

Vorwort

Das vorliegende Werk ist aus der Vorlesung Wirtschafts- und Steuerstrafrecht im Schwerpunktbereichsstudium an der Christian-Albrechts-Universität zu Kiel hervorgegangen und daher basisdidaktisch orientiert. Die Publikation soll eine Nutzung außerhalb des Teilnehmerkreises der Vorlesungen ermöglichen; ein Wunsch, der verschiedentlich an uns herangetragen wurde. Die Darstellung soll eine konzise Einführung in das komplexe und primärrechtlich geprägte, zudem besonders dynamisch sich verändernde Rechtsgebiet des Steuerstrafrechts enthalten. Sie wendet sich gleichermaßen an alle, die sich – universitär oder in der Praxis – erstmalig und ein Stück weit zunächst einmal überblicksartig in die Materie einarbeiten möchten; Text und wissenschaftlicher Apparat sind daher bewusst knapp gehalten, verbunden mit Hinweisen auf Vertiefungsmöglichkeiten in Literatur und Rechtsprechung.

Dank gebührt dem Team des Lehrstuhls Prof. Dr. Bock (Jan Nicklaus, Magnus Wittern, Bennett Wickert, Sina Ruge und Antonia Krüger) sowie ehemaligen Mitarbeiterinnen und Mitarbeitern für wertvolle Unterstützung bei der Erstellung und Überarbeitung dieses Lehrbuchs. Gedankt sei auch RA Rainer Biesgen für insbesondere weiteren praxisbezogenen Input.

Für Verbesserungsvorschläge und Feedback aller Art sind wir dankbar, bitte per E-Mail an: dbock@law.uni-kiel.de bzw. fuelscher@contrastrafrecht.de.

Kiel, Deutschland
im Januar 2023

Dennis Bock
Friedrich Fülscher

Inhaltsverzeichnis

Einführung 1
a) Begriff des Steuerstrafrechts 1
b) Stellung im Rechtssystem 2
c) Historischer Überblick 2
Steuerhinterziehung, § 370 AO 5
a) Aufbau 6
b) Grundlagen 7
    aa) Rechtsgut 7
    bb) Deliktsnatur 7
    cc) Steuern 9
c) Tatbestand 11
    aa) Objektiver Tatbestand 11
    bb) Subjektiver Tatbestand 30
d) Versuch 34
    aa) Allgemeines 34
    bb) Versuch des § 370 I Nr. 1 AO 34
    cc) Versuch des § 370 I Nr. 2, 3 AO 35
e) Täterschaft und Teilnahme 36
    aa) Allgemeines 36
    bb) Sonderfälle 36
f) Insbesondere: Kapitalertragsteuer, sog. cum/cum- und cum/ex-Fälle 38
    aa) Allgemeines 38
    bb) Sog. cum/ex-Fälle 41
    cc) Sog. cum/cum-Fälle 49
g) Besonders schwerere Fälle 51
    aa) Allgemeines 51
    bb) § 370 III 2 Nr. 1 AO 51
    cc) § 370 III 2 Nr. 2 AO 52
    dd) § 370 III 2 Nr. 3 AO 53
    ee) § 370 III 2 Nr. 4 AO 54
    ff) § 370 III 2 Nr. 5 AO 55
    gg) § 370 III 2 Nr. 6 AO 56
h) Konkurrenzen 56

Selbstanzeige bei Steuerhinterziehung, § 371 AO 59
a) Aufbau 61
b) Allgemeines 61
   aa) Grundlagen 61
   bb) Regelungszweck 62
c) Anwendungsbereich 63
d) Berichtigung, § 371 I AO 64
   aa) Tauglicher Anzeigeerstatter 64
   bb) Adressat der Selbstanzeige 66
   cc) Form und Inhalt der Selbstanzeige 68
   dd) Sonderfälle 76
e) Fristgerechte Nachentrichtung, § 371 III AO 81
   aa) Allgemeines 81
   bb) Umfang der Nachzahlungspflicht 82
   cc) Nachzahlungsfrist 87
   dd) Rechtsschutz 89
f) Sperrgründe, § 371 II AO 90
   aa) Allgemeines 90
   bb) § 371 II 1 Nr. 1 AO 91
   cc) § 371 II 1 Nr. 2 AO 102
   dd) § 371 II 1 Nr. 3 AO 109
   ee) § 371 II 1 Nr. 4 AO 110
g) Fremdanzeige, § 371 IV AO 110
h) Rechtsfolgen 113

Sonstiges Steuerstrafrecht 115
a) Bannbruch, § 372 AO 115
   aa) Aufbau 115
   bb) Allgemeines 115
   cc) Tatbestand 117
   dd) Versuch, Vollendung, Beendigung 119
   ee) Täterschaft und Teilnahme 121
   ff) Subsidiarität 121
b) Gewerbsmäßiger, gewaltsamer und bandenmäßiger
   Schmuggel, § 373 AO 122
   aa) Aufbau 123
   bb) Allgemeines 123
   cc) Tatbestand 124
   dd) Sonstiges 130
c) Steuerhehlerei, § 374 AO 130
   aa) Aufbau 131
   bb) Allgemeines 131
   cc) Tatbestand 131
   dd) Sonstiges 137
d) Delikte außerhalb der AO 138

Steuerordnungswidrigkeitenrecht 141
  a) Allgemeines 141
  b) Leichtfertige Steuerverkürzung, § 378 AO 142
     aa) Grundlagen 142
     bb) Tatbestand 142
     cc) Vorwerfbarkeit (individuelle Leichtfertigkeit) 147
     dd) Selbstanzeige, § 378 III AO 147
  c) Steuergefährdungstatbestände 148
     aa) Steuergefährdung, 379 AO 148
     bb) Gefährdung von Abzugsteuern, § 380 AO 150
     cc) Verbrauchsteuergefährdung, § 381 AO 150
     dd) Gefährdung der Einfuhr- und Ausfuhrabgaben, § 382 AO 151
  d) Ordnungswidrigkeiten des StBerG 151
  e) Verstoß gegen steuerliche Mitwirkungspflichten 153
  f) Sonstige Steuerordnungswidrigkeiten 157

Verjährungsvorschriften 159

Steuerstrafverfahren, §§ 385 ff. AO 161
  a) Anwendbare Vorschriften 161
  b) Rolle der Finanzbehörde im Steuerstrafverfahren 162
     aa) Straf- und Bußgeldsachenstelle 162
     bb) Steuerfahndungsstelle 164
  c) Sonstige Zuständigkeitsvorschriften 165
  d) Verfahrenseinleitung 167
  e) Verfahrensbesonderheiten 167
  f) Besonderheiten beim Verfahrensabschluss 168
  g) Schätzung im Steuerstrafverfahren 169
  h) Konflikt des Steuerstrafverfahrens und des Besteuerungsverfahrens 171
     aa) Allgemeines 171
     bb) Zwangsmittelverbot (§ 393 I AO) 172
     cc) Verwendungsverbot (§ 393 II AO) 184
     dd) Verwendung im Besteuerungsverfahren (§ 393 III AO) 194

Einführung

a) Begriff des Steuerstrafrechts

Unter (materielle) Steuerstrafnormen fallen zumindest diejenigen Gesetze, die ein Zuwiderhandeln gegen Steuergesetze strafrechtlich sanktionieren. Geregelt sind diese materiellen Vorschriften des Steuerstrafrechts im Ersten Abschnitt des Achten Teils der Abgabenordnung (AO). Die Steuerstraftaten der §§ 369 ff. AO werden mit Geld- oder Freiheitsstrafe bestraft. Daneben regelt der zweite Abschnitt die Steuerordnungswidrigkeiten, die mit Bußgeldern sanktioniert werden (§§ 377 ff. AO).

Eine umfassendere Definition der Steuerstraftaten findet sich in § 369 I AO.

> **§ 369 I AO (Steuerstraftaten)**
> (1) Steuerstraftaten (Zollstraftaten) sind:
> 1. Taten, die nach den Steuergesetzen strafbar sind,
> 2. der Bannbruch,
> 3. die Wertzeichenfälschung und deren Vorbereitung, soweit die Tat Steuerzeichen betrifft,
> 4. die Begünstigung einer Person, die eine Tat nach den Nummern 1 bis 3 begangen hat.

Hierbei sanktioniert der Bannbruch (§ 372 AO) keinen Verstoß gegen Steuergesetze, sondern erfasst die verbotene Einfuhr, Ausfuhr und Durchfuhr von Gegenständen. Die Zuordnung zu den Steuerstraftaten erfolgte deshalb, weil die Grenzaufsicht und damit die Einfuhr- und Ausfuhrkontrolle – ebenso wie die Erhebung der Zölle und Einfuhrabgaben – den Zollbehörden obliegt und daher für Verstöße dieselben Verfahrensnormen gelten sollten.[1]

---

[1] Jäger, in: Klein, AO, 16. Aufl. 2022, § 372 AO Rn. 1.

b) Stellung im Rechtssystem

Das Steuerstrafrecht ist ein eigenständiges Nebengebiet des Strafrechts, das nicht im StGB, sondern in der AO normiert ist. § 369 II AO verweist jedoch auf die allgemeinen Strafgesetze, soweit Regelungen in den spezielleren Steuervorschriften fehlen.

> **§ 369 II AO (Steuerstraftaten)**
> (2) Für Steuerstraftaten gelten die allgemeinen Gesetze über das Strafrecht, soweit die Strafvorschriften der Steuergesetze nichts anderes bestimmen.

Das Steuerstrafrecht weist naturgemäß eine enge Verknüpfung zum Steuerrecht auf. Umstritten ist, welche Auswirkungen diese Verknüpfung auf den Normcharakter des Tatbestands der Steuerhinterziehung hat.[2] Relevant wird diese Kontroverse insbesondere i. R. d. Irrtumslehre (s. daher u.). In der höchstrichterlichen Rspr.[3] und Teilen der Literatur[4] wird vertreten, es handele sich angesichts der Inbezugnahme des Steuerrechts um einen Blanketttatbestand. Bei einem Blanketttatbestand ergibt sich die Beschreibung des strafbaren Verhaltens nicht vollständig aus der Strafnorm selbst, sondern erst in Zusammenschau mit der blankettausfüllenden Norm des Primärrechts.[5] Dagegen wird der Tatbestand des § 370 AO von anderen Teilen der Literatur als Norm mit normativem Tatbestand qualifiziert,[6] teilweise wird auch zwischen den Tathandlungen des § 370 I Nr. 1-3 AO differenziert.[7]

c) Historischer Überblick

Bis 1919 gab es kein einheitliches Steuerstrafrecht. Die einzelnen Länder verfügten jeweils über eigene Steuergesetze mit angegliederten Steuerstrafgesetzen. Diese steuer(straf)rechtliche Zersplitterung endete grundsätzlich mit der einheitlichen

---

[2] Hierzu Peters, in: HHSp, 274. Lfg. 2023, § 370 AO Rn. 44; Schmitz/Wulf, in: MK-StGB, 4. Aufl. 2023, § 370 AO Rn. 13; Rolletschke, in: Graf/Jäger/Wittig, Wirtschafts- und Steuerstrafrecht, 2. Aufl. 2017, § 370 AO Rn. 19.
[3] BVerfG B. v. 16.06.2011 – 2 BvR 542/09 – wistra 2011, 458; BGH B. v. 19.04.2007 – 5 StR 549/06 – wistra 2007, 346; BGH U. v. 28.01.1987 – 3 StR 373/86 – BGHSt 34, 272; BGH U. v. 10.01.2019 – 1 StR 347/18 – NZWiSt 2019, 261 (Anm. Pflaum wistra 2019, 374); BGH B. v. 26.01.2022 – 1 StR 518/20 – NStZ 2022, 418.
[4] Ulsamer/Müller wistra 1998, 1; Harms FS Kohlmann, Steuerstrafrecht 2003, 413 f.; Allgayer, in: Graf/Jäger/Wittig, Wirtschafts- und Steuerstrafrecht, 2. Aufl. 2017, § 369 AO Rn. 20 ff.
[5] Vgl. Schmitz, in: MK-StGB, 4. Aufl. 2020, § 1 StGB Rn. 42 f.
[6] Peters, in: HHSp, 274. Lfg. 2023, § 370 AO Rn. 41; Juchem wistra 2014, 300 ff.; Weidemann wistra 2006, 132 f.
[7] Schmitz/Wulf, in: MK-StGB, 4. Aufl. 2023, § 370 AO Rn. 13.

Reichsabgabenordnung von 1919.[8] Allerdings verwies die RAO hinsichtlich der Strafen weiterhin auf die einzelnen Landesgesetze. Durch die 3. StNotV[9] im Jahre 1924 wurde der Strafrahmen der Steuerhinterziehung in der RAO bis auf wenige Ausnahmen einheitlich geregelt.[10] Die endgültige Vereinheitlichung erfolgte jedoch erst 1939[11] mit der vollständigen Eingliederung des Zollstrafrechts und des Steuerstrafrechts. Bedeutende Änderungen der Nachkriegszeit betrafen die Trennung zwischen Steuerstraftaten und -ordnungswidrigkeiten (1968) sowie eine grundlegende redaktionelle Neufassung im Rahmen der Ersetzung der RAO durch die AO (1977). Abgesehen von eher kleinen Änderungen gleicht der Kern der §§ 369 ff. AO nach wie vor dem von 1968.[12]

---

[8] RGBl. 1919, 1993.
[9] RGBl. 1924, 174.
[10] Grötsch, in: Joecks/Jäger/Randt, Steuerstrafrecht, 9. Aufl. 2023, § 370 AO Rn. 7; Stahlschmidt, Steuerstrafrecht, 2. Aufl. 2020, § 2 Rn. 3.
[11] RGBl. 1939, 389.
[12] Übersicht bei Stahlschmidt, Steuerstrafrecht, 2. Aufl. 2020, § 2 Rn. 6 ff.

Steuerhinterziehung, § 370 AO

§ 370 AO (Steuerhinterziehung)
(1) Mit Freiheitsstrafe bis zu fünf Jahren oder mit Geldstrafe wird bestraft, wer
　1. den Finanzbehörden oder anderen Behörden über steuerlich erhebliche Tatsachen unrichtige oder unvollständige Angaben macht,
　2. die Finanzbehörden pflichtwidrig über steuerlich erhebliche Tatsachen in Unkenntnis lässt oder
　3. pflichtwidrig die Verwendung von Steuerzeichen oder Steuerstemplern unterlässt und dadurch Steuern verkürzt oder für sich oder einen anderen nicht gerechtfertigte Steuervorteile erlangt.
(2) Der Versuch ist strafbar.
(3) In besonders schweren Fällen ist die Strafe Freiheitsstrafe von sechs Monaten bis zu zehn Jahren. Ein besonders schwerer Fall liegt in der Regel vor, wenn der Täter
　1. in großem Ausmaß Steuern verkürzt oder nicht gerechtfertigte Steuervorteile erlangt,
　2. seine Befugnisse oder seine Stellung als Amtsträger oder Europäischer Amtsträger (§ 11 Absatz 1 Nummer 2a des Strafgesetzbuchs) missbraucht,
　3. die Mithilfe eines Amtsträgers oder Europäischen Amtsträgers (§ 11 Absatz 1 Nummer 2a des Strafgesetzbuchs) ausnutzt, der seine Befugnisse oder seine Stellung missbraucht,
　4. unter Verwendung nachgemachter oder verfälschter Belege fortgesetzt Steuern verkürzt oder nicht gerechtfertigte Steuervorteile erlangt,
　5. als Mitglied einer Bande, die sich zur fortgesetzten Begehung von Taten nach Absatz 1 verbunden hat, Umsatz- oder Verbrauchssteuern verkürzt oder nicht gerechtfertigte Umsatz- oder Verbrauchssteuervorteile erlangt oder
　6. eine Drittstaat-Gesellschaft im Sinne des § 138 Absatz 3, auf die er alleine oder zusammen mit nahestehenden Personen im Sinne des § 1 Absatz 2 des

Außensteuergesetzes unmittelbar oder mittelbar einen beherrschenden oder bestimmenden Einfluss ausüben kann, zur Verschleierung steuerlich erheblicher Tatsachen nutzt und auf diese Weise fortgesetzt Steuern verkürzt oder nicht gerechtfertigte Steuervorteile erlangt.

(4) Steuern sind namentlich dann verkürzt, wenn sie nicht, nicht in voller Höhe oder nicht rechtzeitig festgesetzt werden; dies gilt auch dann, wenn die Steuer vorläufig oder unter Vorbehalt der Nachprüfung festgesetzt wird oder eine Steueranmeldung einer Steuerfestsetzung unter Vorbehalt der Nachprüfung gleichsteht. Steuervorteile sind auch Steuervergütungen; nicht gerechtfertigte Steuervorteile sind erlangt, soweit sie zu Unrecht gewährt oder belassen werden. Die Voraussetzungen der Sätze 1 und 2 sind auch dann erfüllt, wenn die Steuer, auf die sich die Tat bezieht, aus anderen Gründen hätte ermäßigt oder der Steuervorteil aus anderen Gründen hätte beansprucht werden können.

(5) Die Tat kann auch hinsichtlich solcher Waren begangen werden, deren Einfuhr, Ausfuhr oder Durchfuhr verboten ist.

(6) Die Absätze 1 bis 5 gelten auch dann, wenn sich die Tat auf Einfuhr- oder Ausfuhrabgaben bezieht, die von einem anderen Mitgliedstaat der Europäischen Union verwaltet werden oder die einem Mitgliedstaat der Europäischen Freihandelsassoziation oder einem mit dieser assoziierten Staat zustehen. Das Gleiche gilt, wenn sich die Tat auf Umsatzsteuern oder auf die in Artikel 1 Absatz 1 der Richtlinie 2008/118/EG des Rates vom 16. Dezember 2008 über das allgemeine Verbrauchsteuersystem und zur Aufhebung der Richtlinie 92/12/EWG (ABl. L 9 vom 14.1.2009, S. 12) genannten harmonisierten Verbrauchsteuern bezieht, die von einem anderen Mitgliedstaat der Europäischen Union verwaltet werden.

(7) Die Absätze 1 bis 6 gelten unabhängig von dem Recht des Tatortes auch für Taten, die außerhalb des Geltungsbereiches dieses Gesetzes begangen werden.

a) Aufbau

I. Tatbestand
    1. Objektiver Tatbestand
        a) Tathandlungen
            aa) § 370 I Nr. 1 AO
            bb) § 370 I Nr. 2 AO
            cc) § 370 I Nr. 3 AO
        b) Taterfolg
            aa) Steuerverkürzung
            bb) Erlangung von Steuervorteilen
        c) Kausalität
        d) Objektive Zurechnung
    2. Subjektiver Tatbestand
II. Rechtswidrigkeit
III. Schuld
IV. Besonders schwerer Fall, § 370 III AO

b) Grundlagen

aa) Rechtsgut

Welches Rechtsgut § 370 AO schützt, ist im Einzelnen umstritten.[1]
Zum einen wird vertreten, § 370 AO schütze allein die positivrechtliche Ordnung des Steuerrechts in seiner jeweiligen Gestalt.[2] Von anderer Seite werden steuerliche Offenbarungspflichten bzw. Wahrheitspflichten als Schutzgut des § 370 AO identifiziert.[3] Wieder anderer Ansicht nach schützt § 370 AO allein eine gleichmäßige Lastenverteilung.[4] Rspr. und h. L. nehmen als Schutzgut des § 370 AO das **Vermögen des steuererhebenden Staates** bzw. das staatliche **Interesse am vollständigen und rechtzeitigen Aufkommen** der einzelnen Steuern an.[5]
Die Ansätze, § 370 AO schütze steuerliche Offenbarungs- und Wahrheitspflichten, sind nicht mit dem Tatbestand von § 370 AO vereinbar, der über die Tathandlung hinaus einen Tatcerfolg in Form einer Steuerverkürzung oder eines nicht gerechtfertigten Steuervorteils voraussetzt.[6] Weiterhin ist § 370 AO als Mittel zur Gewährleistung gleichmäßiger Lastenverteilung ungeeignet.[7] Zutreffend ist vielmehr die letztgenannte Ansicht, welche sich insbesondere mit den normierten Taterfolgen zwanglos vereinbaren lässt. Insofern lässt sich § 370 AO als Vermögensdelikt bezeichnen.[8]

bb) Deliktsnatur

§ 370 AO führt tatbestandliche Erfolge auf („und dadurch Steuern verkürzt oder für sich oder einen anderen nicht gerechtfertigte Steuervorteile erlangt", näher u.), es han-

---

[1] Näher Suhr, Rechtsgut der Steuerhinterziehung und Steuerverkürzung, 1989, 18 ff.; Grötsch, in: Joecks/Jäger/Randt, Steuerstrafrecht, 9. Aufl. 2023, § 370 AO Rn. 26 ff.; Stahlschmidt, Steuerstrafrecht, 2. Aufl. 2020, § § 3 Rn. 1 ff.
[2] So Isensee NJW 1985, 1007 (1008).
[3] Schulze DStR 1964, 416; Ehlers FR 1976, 505.
[4] Salditt FS Tipke, 1995, 475 (477 ff.).
[5] RG U. v. 04.03.1912 – I 981/11 – RGSt 46, 16; RG U. v. 23.05.1938 – 3 D 257/38 – RGSt 72, 184; OLG Schleswig U. v. 06.02.1963 – Ss 547/62 – ZfZ 1964, 343; BGH U. v. 18.09.1981 – 2 StR 358/81 – BGHSt 30, 207; BGH U. v. 19.12.1997 – 5 StR 569/96 – BGHSt 43, 381; Schmitz/Wulf, in: MK-StGB, 4. Aufl. 2023, § § 370 AO Rn. 2 m. w. N.; Ransiek, in: Kohlmann, Steuerstrafrecht, 78. Lfg. 2023, § § 370 AO Rn. 53; s. auch Suhr, Rechtsgut der Steuerhinterziehung und Steuerverkürzung, 1989, 12 m. w. N.
[6] Zutreffend Suhr, Rechtsgut der Steuerhinterziehung und Steuerverkürzung, 1989, 177; Joecks, in Joecks/Jäger/Randt, Steuerstrafrecht, 9. Aufl. 2023, § § 370 AO Rn. 26.
[7] So Schmitz/Wulf, in: MK-StGB, 4. Aufl. 2023, § § 370 AO Rn. 4, die die Beurteilung, was eine gerechte Lastenverteilung darstellt, als politische Entscheidung qualifizieren und den Gerichten zur Klärung im Einzelfall überantworten.
[8] Vgl. Peters, in: HHSp, 274. Lfg. 2023, § 370 AO Rn. 36.

delt sich bei der Steuerhinterziehung also um ein **Erfolgsdelikt**.[9] Die in der Literatur teilweise vertretene Einordnung dieses Erfolgs nicht als Gefährdung, sondern als Verletzung, und somit der Steuerhinterziehung als Verletzungsdelikt[10] überzeugt demgegenüber nicht. Nicht die Einwirkung auf das Tatobjekt allein,[11] sondern primär die Einwirkung auf das Rechtsgut ist entscheidend für die Einordnung des Tatbestandes als Verletzungs- oder Gefährdungsdelikt.[12] Da § 370 IV AO im Festsetzungsverfahren keine wirkliche Verletzung des Steueranspruchs voraussetzt, qualifiziert die h. M.[13] § 370 AO zurecht als (abstraktes oder konkretes)[14] Gefährdungsdelikt.[15] Deutlich wird dies z. B. im Falle der nicht rechtzeitigen Steuerfestsetzung.[16] Ein endgültiger Steuerausfall für den Fiskus tritt erst ein, wenn der nicht rechtzeitig festgesetzte Steueranspruch durch Festsetzungsverjährung erloschen ist (§ 47 AO). Dies erfordert der Tatbestand des § 370 AO jedoch nicht. Durch das Kompensationsverbot aus § 370 IV 3 AO kann eine vollendete Steuerhinterziehung selbst dann vorliegen, wenn bei korrekter Steuererklärung der Steuerpflichtige eine Steuererstattung erhalten hätte.[17] In diesem Fall liegt nicht einmal eine konkrete Gefährdung des Rechtsguts vor.[18]

> **Beispiel**
>
> A hat ein Einzelhandelsgeschäft und gibt seine Umsatzsteuerjahreserklärung 2019 nicht ab. Er hat steuerpflichtige Umsätze aus Wareneinkäufen in Höhe von EUR 100.000 netto erzielt, welche zu einer Umsatzsteuer von 19 % von EUR 100.000 = EUR 19.000 führen. Die Wareneinkäufe beliefen sich auf netto EUR 90.000. Hieraus ergab sich ein Vorsteuerabzug von 19 % von EUR 90.000 = EUR 17.100. Ferner hat er einen für das Unternehmen genutzten PKW für EUR 30.000 (19 % = EUR 5700) erworben. Insgesamt steht somit der Umsatzsteuer von EUR 19.000 ein Vorsteuerabzug von EUR 22.800 gegenüber, sodass A bei Abgabe der Umsatzsteuererklärung eine Umsatzsteuererstattung von EUR 3800 erhalten hätte. ◄

---

[9] BT-Drs. VI/1982; BGH B. v. 07.02.1984 – 3 StR 413/83 – NStZ 1984, 414; BGH U. v. 01.02.1989 – 3 StR 450/88 – BGHSt 36, 105, 111; Schmitz/Wulf, in: MK-StGB, 4. Aufl. 2023, § 370 AO Rn. 11; Peters, in: HHSp, 274. Lfg. 2023, § 370 AO Rn. 36; Grötsch, in: Joecks/Jäger/Randt, Steuerstrafrecht, 9. Aufl. 2023, § 370 AO Rn. 27.
[10] So noch Hellmann, in: HHSp, 244. Lfg. 2017, § 370 AO Rn. 57 ff.; vgl. nun aber Peters, in: HHSp, 274. Lfg. 2023, § 370 AO Rn. 36.
[11] So aber Hellmann, in: HHSp, 244. Lfg. 2017, § 370 AO Rn. 57 ff.
[12] Grötsch, in: Joecks/Jäger/Randt, Steuerstrafrecht, 9. Aufl. 2023, § 370 AO Rn. 27; Schmitz/Wulf, in: MK-StGB, 4. Aufl. 2023, § 370 AO Rn. 12.
[13] Rolletschke, Steuerstrafrecht, 5. Aufl. 2021, Rn. 1/19; Grötsch, in: Joecks/Jäger/Randt, Steuerstrafrecht, 9. Aufl. 2023, § 370 AO Rn. 27; Schmitz/Wulf, in: MK-StGB, 4. Aufl. 2023, § 370 AO Rn. 11.
[14] Konkret in Bezug auf den Steueranspruch, abstrakt in Bezug auf das Staatsvermögen, vgl. zur Fragwürdigkeit der Kategorien im Hinblick auf § 370 AO Grötsch, in: Joecks/Jäger/Randt, Steuerstrafrecht, 9. Aufl. 2023, § 370 AO Rn. 76.
[15] Grötsch, in: Joecks/Jäger/Randt, Steuerstrafrecht, 9. Aufl. 2023, § 370 AO Rn. 27.
[16] Grötsch, in: Joecks/Jäger/Randt, Steuerstrafrecht, 9. Aufl. 2023, § 370 AO Rn. 27.
[17] BGH U. v. 24.10.1990 – 3 StR 16/90 – wistra 1991, 107; BGH U. v. 19.03.2013 – 1 StR 318/12 – wistra 2013, 463.
[18] So Schmitz/Wulf, in: MK-StGB, 4. Aufl. 2023, § 370 AO Rn. 11.

Lösung

A hat es pflichtwidrig unterlassen, die Umsätze in Höhe von EUR 100.000 zu erklären und dadurch eine Steuerverkürzung von EUR 19.000 i. S. d. § 370 I Nr. 2 AO verursacht. Die Frage ist, ob diese durch die nicht geltend gemachte Vorsteuer von EUR 22.800 kompensiert wird, sodass eine Steuerverkürzung bereits im objektiven Tatbestand entfällt.

Nach früherer Rechtsprechung unterlag die Vorsteuer insgesamt dem Kompensationsverbot des § 370 IV 3 AO.[19] In seiner neueren Rechtsprechung[20] hat der BGH diesen Grundsatz eingeschränkt. Danach findet das Kompensationsverbot auf solche Eingangsumsätze keine Anwendung, welche in unmittelbarem Zusammenhang mit den nicht erklärten Ausgangsumsätzen stehen. Dies wäre hier die Vorsteuer auf den Wareneinkauf von EUR 17.100. Dagegen bleibt das Kompensationsverbot anwendbar, soweit die Vorsteuer auf allgemeinen Aufwendungen beruht.[21] Dies betrifft hier die Vorsteuer von EUR 5700 aus dem Kauf des PKW. Somit hat der A im objektiven Tatbestand eine Steuerhinterziehung in Höhe von EUR 19.000 − EUR 17.100 = EUR 1900 verwirklicht, obwohl sich bei Abgabe der Umsatzsteuererklärung eine Steuererstattung ergeben hätte. Allerdings ist in solchen Fällen besonders gründlich zu prüfen, ob auch ein Vorsatz zur Steuerhinterziehung bestand.[22] Zudem kann die Kompensation auf Strafzumessungsebene berücksichtigt werden. ◄

cc) Steuern

Der Steuerbegriff des § 370 I AO folgt der Legaldefinition in § 3 I Hs. 1 AO. Danach sind Steuern „Geldleistungen, die nicht eine Gegenleistung für eine besondere Leistung darstellen und von einem öffentlich-rechtlichen Gemeinwesen zur Erzielung von Einnahmen allen auferlegt werden, bei denen der Tatbestand zutrifft, an den das Gesetz die Leistungspflicht knüpft".

Unterschieden wird zwischen Besitz- und Verkehrsteuern (z. B. Einkommen-, Körperschaft-, Vermögen[23]-, Erbschaft-, Umsatz-, Gewerbesteuer), Realsteuern[24] (z. B. Grund-, Gewerbesteuer) und Verbrauchssteuern[25] (z. B. Tabaksteuer).[26]

---

[19] BGH B. v. 29.10.1990 – 3 StR 16/90 – wistra 1991, 10; BGH U. v. 02.11.1995 – 5 StR 414/95 – wistra 1996, 106.
[20] BGH U. v. 13.09.2018 – 1 StR 642/17 – BGHSt 63, 203.
[21] Jäger, in: Klein, AO, 16. Aufl. 2022, § 370 AO Rn. 138; Madauß NZWiSt 2019, 294 (296).
[22] BGH B. v. 29.10.1990 – 3 StR 16/90 – wistra 1991, 10.
[23] Eine Vermögensteuer wird derzeit aufgrund des Urteils des BverfG v. 22.06.1995 – 2 BvL 37/91 in Deutschland nicht erhoben.
[24] § 3 II AO.
[25] Die AO spricht ausschließlich in den §§ 178 IV, 370 III Nr. 5 AO von Verbrauchsteuern, im Übrigen durchgängig von Verbrauchsteuern. Im Interesse einer gesetzesorientierten Darstellung wird daher (nur) i. R. d. §§ 370, 371 AO die erstgenannte Schreibweise verwendet.
[26] Rolletschke, Steuerstrafrecht, 4. Aufl. 2012, § 370 AO Rn. 135.

Gemäß § 3 III AO sind auch Einfuhr- und Ausfuhrabgaben, also insbesondere Zölle[27] erfasst.

Anders verhält es sich mit der Kirchensteuer, die grundsätzlich nicht in den Anwendungsbereich des § 370 AO fällt,[28] es sei denn, die einschlägigen Landeskirchensteuergesetze beinhalten entsprechende Verweise.[29] Dies ist derzeit nur in Sachsen der Fall.[30] Insoweit kann ggf. ein Betrug[31] vorliegen, welcher bei Anwendbarkeit des § 370 AO als lex specialis verdrängt wird.

Bezogen auf den Eintritt des Taterfolgs der Steuerverkürzung[32] (dazu u.) unterscheidet man grundsätzlich zwei Arten von Steuern: Fälligkeits- und Veranlagungssteuern. **Fälligkeitssteuern** (auch Anmeldungssteuern) sind Steuern, die vom Steuerpflichtigen selbst errechnet werden (§ 150 I 3 AO) und zu einem bestimmten Termin angemeldet oder vorangemeldet und entrichtet werden müssen, ohne dass es der Tätigkeit einer Finanzbehörde bedarf.

Veranlagungssteuern dagegen werden nach einem Verfahren zur Ermittlung der Steuerschuld durch Steuerbescheid festgesetzt (§§ 155, 157 AO) und bekanntgegeben (§ 122 AO).[33]

Nach h. M. ist auch der **Solidaritätszuschlag** eine Steuer i. S. d. § 3 AO.[34] Lediglich ein kleiner Teil der Lehre, der auf den Wortlaut des § 1 SolZG abstellt, qualifiziert den Solidaritätszuschlag als Ergänzungsabgabe und nicht als Steuer.[35] Gleichzeitig weist diese Ansicht darauf hin, dass dies ohnehin oft nur ein Problem der Strafzumessung darstelle, da bei Verkürzung des Solidaritätszuschlages jedenfalls eine Verkürzung der Einkommensteuer oder Körperschaftsteuer vorliegt, auf welche dieser erhoben wird.

Steuerliche Nebenleistungen – aufgezählt in § 3 IV AO – sind keine Steuern i. S. d. § 3 I Hs. 1 AO.[36] § 1 III AO ordnet aber die sinngemäße Anwendbarkeit der Vorschriften der AO auf steuerliche Nebenleistungen an.

Umstritten ist, ob dies auch für § 370 AO gilt.[37] Überwiegend wird die Anwendbarkeit des § 370 AO auf steuerliche Nebenleistungen mit Hinweis auf das Be-

---

[27] Vgl. Art. 5 Nr. 20 und 21 UZK.
[28] Peters, in: HHSp, 274. Lfg. 2023, § 370 AO Rn. 242.
[29] Rolletschke, Steuerstrafrecht, 5. Aufl. 2021, Rn. 1/139.
[30] § 12 I SächsKiStG.
[31] Schmitz/Wulf, in: MK-StGB, § 370 AO Rn. 57.
[32] Vgl. Seer, in: Tipke/Lang, Steuerrecht, 24. Aufl. 2020, Rn. 23/38 ff.
[33] Hadamitzky/Senge, in: Erbs/Kohlhaas, Strafrechtliche Nebengesetze, 246. Lfg. 2023, § 370 AO Rn. 31 f.
[34] Rolletschke, Steuerstrafrecht, 5. Aufl. 2021, Rn. 1/136; Stahlschmidt, Steuerstrafrecht, 2. Aufl. 2020, § 5 Rn. 10; Peters, in: HHSp, 274. Lfg. 2023, § 370 AO Rn. 239.
[35] Grötsch, in: Joecks/Jäger/Randt, Steuerstrafrecht, 9. Aufl. 2023, § 370 AO Rn. 51.
[36] Gersch, in: Klein, AO, 16. Aufl. 2022, § 3 AO Rn. 30.
[37] Grötsch, in: Joecks/Jäger/Randt, Steuerstrafrecht, 9. Aufl. 2023, § 370 AO Rn. 52; Stahlschmidt, Steuerstrafrecht, 2. Aufl. 2020, § 5 Rn. 11; Peters, in: HHSp, 274. Lfg. 2023, § 370 AO Rn. 247 ff.; Schmitz/Wulf, in: MK-StGB, § 370 AO Rn. 58 ff.

stimmtheitsgebot nach Art. 103 II GG abgelehnt,[38] teilweise wird zwischen den unterschiedlichen steuerlichen Nebenleistungen differenziert.[39]

Einen Sonderfall bilden **Zinsen.** § 239 I 1 AO ordnet für Zinsen die entsprechende Anwendbarkeit der für die Steuern geltenden Vorschriften gesondert an. Hieraus wird gefolgert, dass § 370 AO auf Zinsen anwendbar ist.[40] In neuerer Rspr. ordnet der BGH daher jedenfalls auf Steuererstattungen festgesetzte Zinsen als Steuervorteile i. S. d. § 370 I AO ein.[41] Fraglich ist allerdings, ob dies auch auf die Nichtfestsetzung von Nachzahlungszinsen i. S. d. § 370 AO übertragbar ist, da der Begriff der (verkürzten) Steuern vom Wortlaut enger ist als der Begriff der (erlangten) Steuervorteile und daher insoweit weiterhin das Bestimmtheitsgebot des Art. 103 II GG entgegenstehen dürfte.[42] Zudem ist ein Zinsvorteil bereits eine Tatfolge der Verkürzung von Steuern, welcher durch die Hinterziehungszinsen (§ 235 AO) abgeschöpft wird.[43]

c) Tatbestand

aa) Objektiver Tatbestand

(1) Tathandlungen

(a) § 370 I Nr. 1 AO

§ 370 I Nr. 1 AO erfasst das Machen unrichtiger oder unvollständiger Angaben über steuererhebliche Tatsachen.

Unter einer **Angabe** versteht man die Bekundung einer Tatsache in schriftlicher oder mündlicher Form durch ausdrückliches oder schlüssiges Verhalten.[44]

Tatsachen sind wie bei § 263 StGB Umstände der realen Welt, die dem Beweis zugänglich sind.[45]

---

[38] BGH U. v. 19.12.1997 – 5 StR 569/96 – BGHSt 43, 381 (406); Jäger, in: Klein, AO, 16. Aufl. 2022, § 370 AO Rn. 21; Rolletschke, in: Graf/Jäger/Wittig, Wirtschaftsstrafrecht und Steuerstrafrecht, 2. Aufl. 2017, § 370 AO Rn. 84; Krumm, in: Tipke/Kruse, AO, 176. Lfg. 2023, § 370 AO Rn. 76; Dumke/Webel, in: Schwarz/Pahlke, AO, 152. Lfg. 2013, § 370 AO Rn. 83.

[39] Für eine Anwendbarkeit auf die Verkürzung von Zinsen und Kosten Peters, in: HHSp, 274. Lfg. 2023, § 370 AO Rn. 252; gegen die Anwendbarkeit des § 370 AO Schmitz/Wulf, in: MK-StGB, 4. Aufl. 2023, § 370 AO Rn. 60.

[40] Grötsch, in: Joecks/Jäger/Randt, Steuerstrafrecht, 9. Aufl. 2023, § 370 AO Rn. 36; Peters, in: HHSp, 274. Lfg. 2023, § 370 AO Rn. 252; für Steuererstattungszinsen auch Schmitz/Wulf, in: MK-StGB, § 370 AO Rn. 61.

[41] BGH U. v. 06.06.2007 – 5 StR 127/07 – BGHSt 51, 356; anders noch BGH U. v. 19.12.1997 – 5 StR 569/96 – BGHSt 43, 381, 406.

[42] So Jäger, in: Klein, AO, 16. Aufl. 2022, § 370 AO Rn. 21; für Säumnis- und Verspätungszuschläge und Zwangsgelder BGH U. v. 19.12.1997 – 5 StR 569/96 – BGHSt 43, 381.

[43] Siehe hierzu auch Schmitz/Wulf, in: MK-StGB, § 370 AO Rn. 61.

[44] Stahlschmidt, Steuerstrafrecht, 2. Aufl. 2020, § 4 Rn. 3; BGH U. v. 06.06.1973 – 1 StR 82/72 – BGHSt 25, 190.

[45] Rolletschke, Steuerstrafrecht, 4. Aufl. 2012, Rn. 36; vgl. Fischer, StGB, 70. Aufl. 2023, § 263 Rn. 6.

Angaben i. S. d. § 370 AO können im Rahmen von **Steuererklärungen** (§§ 149 ff. AO, z. B. Einkommensteuererklärungen gem. § 25 III EStG, §§ 56-60 EStDV, Umsatzsteuervoranmeldungen gem. § 18 UStG, Lohnsteueranmeldungen nach § 41a EStG) oder **Anzeigen** (z. B. Berichtigungsverpflichtungen i. S. d. § 153 AO, die Erwerbstätigkeitsanzeige i. S. d. § 138 AO oder die Anzeige des Erwerbs i. S. d. § 30 ErbStG) erfolgen oder auch **Steuervorteile** (z. B. die Stundung i. S. d. § 222 AO oder den Erlass nach § 227 AO) betreffen.

Die Angabe muss „**gemacht**" worden sein. Hierfür muss eine willentliche Äußerung vorliegen. Diese kann mündlich oder schriftlich erfolgen.[46] Auf eine Unterschrift kommt es nicht an.[47]

Ob neben ausdrücklich auch konkludent gemachte Angaben hiervon erfasst werden, ist umstritten.[48] Teilweise wird argumentiert, der Wortlaut des Tatbestandsmerkmals lasse nur ausdrückliche Entäußerungen zu.[49] Die Rspr. dagegen berücksichtigt auch konkludente Äußerungen.[50] Letztlich ist dem Streit nur geringe Bedeutung zuzumessen, da § 370 I Nr. 2 AO ebenfalls das In-Unkenntnis-Lassen der Finanzbehörde über steuerlich erhebliche Tatsachen erfasst.

Die Angaben müssen zudem über **steuerlich erhebliche** Tatsachen gemacht werden. Das ist der Fall, wenn die Tatsachen zur Ausfüllung eines Besteuerungstatbestandes erheblich sind, also den Grund oder die Höhe des Steueranspruchs beeinflussen oder das Finanzamt zur Einwirkung auf den Anspruch veranlassen können.[51]

Schließlich muss die Angabe **unrichtig** oder **unvollständig** sein. Unrichtig ist die Angabe, wenn objektiv eine Diskrepanz mit der Wirklichkeit besteht, unvollständig, wenn durch wahrheitsgemäße Angaben konkludent der wahrheitswidrige Anschein der Vollständigkeit erweckt wird.[52] Zumindest insoweit ist eine konkludente Aussage also hinreichend, was schon angesichts ansonsten zu befürchtender Zuordnungsschwierigkeiten für die Erfassung konkludenter Aussagen auch als „Machen" von Angaben spricht.

> **Beispiel**
>
> A erklärt in seiner Einkommensteuererklärung 2019 die Einnahmen aus seinem Gewerbebetrieb in zutreffender Höhe. Eine Anlage V fügt er nicht bei, obwohl er Einnahmen aus der Vermietung einer Wohnung erzielt hat. ◄

---

[46] Rolletschke, Steuerstrafrecht, 5. Aufl. 2021, Rn. 1/64.
[47] BGH U. v. 14.01.2015 – 1 StR 93/14 – wistra 15, 273 Rn. 84.
[48] Peters, in: HHSp, 274. Lfg. 2023, § 370 AO Rn. 133.
[49] So noch Joecks, in: Joecks/Jäger/Randt, Steuerstrafrecht, 8. Aufl. 2015, § 370 AO Rn. 175; vgl. nunmehr Grötsch, in: Joecks/Jäger/Randt, Steuerstrafrecht, 9. Aufl. 2023, § 370 AO Rn. 185.
[50] BGH U. v. 06.06.1973 – 1 StR 82/72 – BGHSt 25, 190 (191).
[51] Grötsch, in: Joecks/Jäger/Randt, Steuerstrafrecht, 9. Aufl. 2023, § 370 AO Rn. 200; BGH U. v. 27.09.2002 – 5 StR 97/02 – wistra 2003, 20.
[52] Rolletschke, Steuerstrafrecht, 5. Aufl. 2021, Rn. 1/58 f.

c) Tatbestand

Lösung

Die Einreichung der Einkommensteuererklärung erweckt den Eindruck der Vollständigkeit, da eine Anlage V nicht stets beizufügen ist, sondern nur, wenn Einnahmen aus Vermietung und Verpachtung erzielt werden. Tatsächlich ist sie aber unvollständig, weil solche Einnahmen vorlagen und daher hätten erklärt werden müssen. ◄

Problematisch ist, ob eine unter Zugrundelegung einer abweichenden Rechtsauffassung erfolgte Angabe unrichtig ist.[53]

Beispiel – BGH U. v. 10.11.1999 – 5 StR 221/99 – NStZ 2000, 203 = StV 2000, 491

B konzipierte zwei Ferienwohnanlagen im Rahmen von Time-Sharing-Modellen. Bei einem dieser Modelle wurde den Erwerbern jeweils ein Anteil i. H. eines Zweiundfünfzigstels eines auf 99 Jahre befristeten Dauerwohnrechts an einer Ferienwohnung übertragen, verbunden mit dem Sondernutzungsrecht an der Wohnung für eine bestimmte Kalenderwoche. Die vereinbarte Zahlung der Erwerber wurde als „Mietvorauszahlung" bezeichnet. B holte ein Gutachten zur Klärung umsatzsteuerlicher Aspekte ein, in dem erklärt wurde, dass „in steuerlicher Hinsicht mit an Sicherheit grenzender Wahrscheinlichkeit davon auszugehen" sei, dass der weitaus überwiegende Teil der „Mietvorauszahlungen" nicht umsatzsteuerpflichtig sei. ◄

Lösung

Es wird vertreten, dass eine Erklärung, der (irgend-)eine vertretbare Rechtsauffassung zugrunde liegt, zutreffend und somit nicht tatbestandsmäßig sei.[54] Eine Erklärung auf Grundlage einer vertretbaren Rechtsauffassung könne niemals eine unrichtige Tatsache i. S. d. § 370 I AO sein. Inzwischen hat der BGH klargestellt, dass ein Steuerpflichtiger keine unrichtigen Angaben macht, wenn er eine ihm günstige unrichtige Rechtsauffassung vertritt, solange er alle steuerlich erheblichen Tatsachen richtig und vollständig vorträgt und dem Finanzamt dadurch ermöglicht, die Steuer unter abweichender rechtlicher Beurteilung zutreffend festzusetzen.[55] Da eine Steuererklärung regelmäßig die Sachverhalte nur in der komprimierten Form zahlenmäßiger Beträge wiedergibt, denen bereits eine rechtliche Subsumtion zu Grunde liegt, stellt sich jedoch die Frage, wann der Steuerpflichtige ausdrücklich darauf hinweisen muss, dass dieser Subsumtion eine abweichende Rechtsauffassung zu Grunde liegt. Hierzu hat der BGH entschieden,[56] dass eine solche Rechtsauffassung dann mit der Steuererklärung offengelegt wer-

---

[53] Peters, in: HHSp, 274. Lfg. 2023, § 370 AO Rn. 198 ff.
[54] Ransiek, in: Kohlmann, Steuerstrafrecht, 79. Lfg. 2023, § 370 AO Rn. 237; vgl. auch die Nachweise bei Grötsch, in: Joecks/Jäger/Randt, Steuerstrafrecht, 9. Aufl. 2023, § 370 AO Rn. 190.
[55] BGH U. v. 10.11.1999 – 5 StR 221/99 – NStZ 2000, 203.
[56] BGH U. v. 10.11.1999 – 5 StR 221/99 – NStZ 2000, 203.

den muss, wenn sie von der Rechtsprechung, Richtlinien der Finanzverwaltung oder der regelmäßigen Verwaltungspraxis abweicht. ◄

Diese Offenbarungspflicht folgt neben § 370 I Nr. 1 AO auch aus § 90 I 2 AO, der die vollständige und wahrheitsgemäße Offenlegung der für die Besteuerung erheblichen Tatsachen und diesbezüglicher Beweismittel fordert. Dieser sog. Lehre vom typisierten Empfängerhorizont der Finanzverwaltung hat sich die h. L. angeschlossen.[57] Sie vereint dabei sowohl die Interessen des Steuerpflichtigen, dem ohne Strafbarkeitsrisiko die Chance gegeben wird, die Behörde von der für ihn günstigsten Ausgestaltung zu überzeugen, als auch des Finanzamtes, das unter Einbeziehung aller erheblichen Tatsachen die Steuer auch entgegen der Auffassung des Steuerpflichtigen festsetzen kann.

Die Angaben müssen gegenüber **Finanzbehörden oder anderen Behörden** gemacht werden. § 6 II AO enthält eine Legaldefinition der Finanzbehörden in Form einer Auflistung.

„Andere Behörde" ist jede Stelle, die Aufgaben der öffentlichen Verwaltung wahrnimmt, § 6 I AO. I.R.d. § 370 I AO ist dies auf Behörden zu begrenzen, die Entscheidungen über steuererhebliche Tatsachen fällen.[58] Gem. § 11 I Nr. 7 StGB i. V. m. § 369 II AO fallen auch Gerichte unter den Behördenbegriff.[59]

(b) § 370 I Nr. 2 AO
§ 370 I Nr. 2 AO umschreibt ein pflichtwidriges Unterlassen.

Zur Finanzbehörde und zu den steuererheblichen Tatsachen s. o. § 370 I Nr. 1 AO.

Unkenntnis liegt vor, wenn der Finanzbehörde (näher sogleich) die für das Besteuerungsverfahren erforderlichen Informationen fehlen.[60] Dabei ist es nicht erforderlich, dass der Behörde der gesamte Vorgang unbekannt ist. Einzelne Aspekte (z. B. die genaue Höhe der steuerpflichtigen Umsätze) reichen hierfür bereits aus.[61]

Nach herrschender Auffassung ist die Unkenntnis des zuständigen Sachbearbeiters maßgeblich.[62] Abweichend hiervon soll in bestimmten Konstellationen auch auf den Inhalt der Steuerakte abgestellt werden können.[63]

---

[57] Schmitz/Wulf, in: MK-StGB, 4. Aufl. 2023, § 370 AO Rn. 255 ff., welche allerdings für den objektiven Empfängerhorizont der Finanzverwaltung ausschließlich auf die Rechtsprechung und nicht Richtlinien oder eine Praxis der Finanzverwaltung abstellen wollen; Stahlschmidt, Steuerstrafrecht, 2. Aufl. 2020, § 4 Rn. 20 ff.; Seer, in: Tipke/Lang, Steuerrecht, 24. Aufl. 2020, Rn. 23/24; zurückhaltender Peters, in: HHSp, 274. Lfg. 2023, § 370 AO Rn. 200 ff.

[58] Jäger, in: Klein, AO, 16. Aufl. 2022, § 370 AO Rn. 40a.

[59] Jäger, in: Klein, AO, 16. Aufl. 2022, § 370 AO Rn. 40a.

[60] Stahlschmidt, Steuerstrafrecht, 2. Aufl. 2020, § 4 Rn. 40.

[61] Grötsch, in: Joecks/Jäger/Randt, Steuerstrafrecht, 9. Aufl. 2023, § 370 AO Rn. 241, 260 ff.

[62] Peters, in: HHSp, 274. Lfg. 2023, § 370 AO Rn. 130; Grötsch, in: Joecks/Jäger/Randt, Steuerstrafrecht, 9. Aufl. 2023, § 370 AO Rn. 242; Hadamitzky/Senge, in: Erbs/Kohlhaas, Strafrechtliche Nebengesetze, 246. Lfg. 2023, § 370 AO Rn. 24.

[63] OLG Köln U. v. 31.01.2017 – III-1 RVs 253/16 – wistra 2017, 363; Grötsch, in: Joecks/Jäger/Randt, Steuerstrafrecht, 9. Aufl. 2023, § 370 AO Rn. 243; Stahlschmidt, Steuerstrafrecht, 2. Aufl. 2020, § 4 Rn. 44; kritisch Rolletschke, Steuerstrafrecht, 5. Aufl. 2021, Rn. 111.

c) Tatbestand

Ob das **In-Unkenntnis-Lassen** die **Unkenntnis der Behörde** voraussetzt, ist umstritten.[64] Der Streit betrifft die Fälle, in denen der Steuerpflichtige eine Mitteilung unterlässt, die Finanzbehörde bzw. der zuständige Bearbeiter jedoch bereits aus anderen Quellen die zur zutreffenden Steuerfestsetzung notwendigen Tatsachen kennt.

Argumentiert wird einerseits, In-Unkenntnis-Lassen sei allein tätigkeits- und täterbezogen, die Unterlassungshandlung als solche reiche also aus, auch wenn die Behörde durch andere Personen oder Vorgänge dennoch Kenntnis erlangt hat.[65] Ferner werden zur Begründung dieser Auffassung die Systematik und das Telos des § 370 AO angeführt. Bei § 370 I Nr. 1 AO sei nach der Rspr. des BGH[66] anerkannt, dass die Kenntnis der Behörde den Tatbestand nicht ausschließe. Es liege systematisch nahe, dies auf § 370 I Nr. 2 AO zu übertragen.[67] Weiterhin wird auf die Regelbeispiele der § 370 III 2 Nr. 2 u. 3 AO verwiesen. Diese ließen darauf schließen, der Gesetzgeber gehe davon aus, dass die Unkenntnis der Behörde keine Voraussetzung für den Grundtatbestand der Steuerhinterziehung darstellt.[68] Diese Regelbeispiele erfassen eine Steuerhinterziehung durch oder unter Mithilfe eines Amtsträgers, also auch des zuständigen Finanzbeamten.[69] Ferner wird argumentiert, bei der Unkenntnis i. S. d. § 370 I Nr. 2 AO handele es sich nicht um eine generelle Unkenntnis bei den im Falle einer Veranlagung zuständigen Finanzbeamten, sondern um eine verfahrensbezogene,[70] sodass nur die aus dem Verfahren selbst stammenden Informationen maßgeblich sein können.

Der Wortlautargumentation ist zuzugeben, dass ein Unterschied zwischen in Unkenntnis Lassen und in Unkenntnis Sein besteht. Nicht zwingend ist es indes, das Verb „lassen" auf den Täterhorizont zu beziehen. Vielmehr kann in Unkenntnis lassen ebenfalls bedeuten, dass der Täter entgegen seiner Aufklärungspflicht nichts gegen die *ex ante* bestehenden Unkenntnis der Finanzbehörde unternimmt. Dieses Verständnis setzt also die Unkenntnis der Finanzbehörde gerade voraus. Die Wortlautargumentation der zuvor genannten Auffassung ist mithin nicht zwingend. Der Verweis auf die Gesetzessystematik im Vergleich zu § 370 I Nr. 1 AO und die Heranziehung der diesbezüglichen Gesetzesauslegung verfängt ebenfalls nicht. Zum einen ist die Auslegung, das Machen unrichtiger oder unvollständiger Angaben über steuerlich erhebliche Tatsachen setze die Unkenntnis der Finanzverwaltung nicht

---

[64] OLG Köln U. v. 31.01.2017 – III-1 RVs 253/16 – wistra 2017, 363; Roth NZWiSt 2017, 308; Buse AO-StB 2017, 209.
[65] LG Aurich U. v. 08.11.2017 – 12 Ns 310 Js 8712/15 – wistra 2018, 179, aufgehoben durch OLG Oldenburg B. v. 10.07.2018 – 1 Ss 51/18 – NZWiSt 2019, 145; Jäger, in: Klein, AO, 16. Aufl. 2022, § 370 AO Rn. 60; Roth NZWiSt 2017, 308.
[66] BGH U. v. 19.10.1999 – 5 StR 178/99 – NJW 2000, 528; BGH B. v. 14.12.2010 – 1 StR 275/10 – NStZ 2011, 283; BGH B. v. 21.11.2012 – 1 StR 391/12 – NStZ 2013, 411.
[67] Roth NZWiSt 2017, 308.
[68] Roth NZWiSt 2017, 308.
[69] BGH U. v. 06.06.2007 – 5 StR 127/07 – NStZ 2007, 596.
[70] Jäger, in: Klein, AO, 16. Aufl. 2022, § 370 AO Rn. 60; Roth NZWiSt 2017, 308.

voraus, ebenfalls zweifelhaft.[71] Zum anderen ist die Argumentation *e contrario* zu dem in § 370 I Nr. 2 AO erwähnten Merkmal der Unkenntnis[72] zirkelschlüssig. Gemeinsam haben die Auslegung des § 370 I Nr. 1 AO sowie die von der vorgenannten Ansicht favorisierte Auslegung der Nr. 2 den systematischen Verweis auf die Regelbeispiele des § 370 III 2 Nr. 2 u. 3 AO. Auch dieser Verweis ist jedoch bei genauerer Betrachtung nicht zwingend. Stelle der Missbrauch der Stellung als Amtsträger, durch unrichtige oder unvollständige Angaben oder durch das In-Unkenntnis-Lassen bzgl. steuerlich erheblicher Tatsachen Steuern zu verkürzen oder einen nicht gerechtfertigten Steuervorteil zu erlangen, einen besonders schweren Fall der Steuerhinterziehung dar, könne die Unkenntnis der Finanzverwaltung keine Voraussetzung für den Grundtatbestand sein: Denn würde ein Finanzbeamter (also Amtsträger) seine Stellung ausnutzen, um einen entsprechenden Verkürzungserfolg herbeizuführen bzw. dazu beizutragen, wäre aufgrund seiner Kenntnis der steuerlich erheblichen Tatsachen bereits der Grundtatbestand nicht erfüllt, dessen Bewertung als besonders schwerer Fall dem Gesetzgeber in dieser Konstellation aber gerade vorgeschwebt habe, so die vorstehende Ansicht. Dies greift jedoch zu kurz. § 370 I Nr. 1 sowie 2 AO sprechen von den Finanzbehörden, nicht von dem Amtsträger. Dass dieser Begriff auch in § 370 I Nr. 2 AO verwendet wird, zwingt jedoch nicht dazu, auch die Auslegung zu übertragen. Vielmehr kann hier mit dem OLG Köln[73] die zuvor von BGH[74] und BFH[75] geführte Argumentation fruchtbar gemacht werden: Der Finanzbeamte, der mit dem Steuerpflichtigen in rechtswidriger Art und Weise zusammenwirkt, handelt nicht im Rahmen gesetzeskonformer Dienstausübung und ist damit nicht mehr als Repräsentant der Finanzbehörde anzusehen; die Kenntnis des handelnden Amtsträgers ist der Finanzbehörde nicht zuzurechnen. Bei einer entsprechenden Auslegung des Merkmals „Finanzbehörde" stehen die Regelbeispiele nicht im Konflikt mit der Annahme, § 370 I Nr. 2 AO setze die Unkenntnis der Finanzbehörde voraus. Nach alledem ist eine Unkenntnis der Finanzbehörde hier vorauszusetzen. Untragbare Strafbarkeitslücken entstehen angesichts der Strafbarkeit des Versuchs nicht.

Der Steuerpflichtige muss zudem eine Erklärung pflichtwidrig **unterlassen**. Dabei muss die Vornahme der Handlung dem Erklärungspflichtigen möglich und zumutbar sein.[76]

Fraglich ist, ob es sich bei § 370 I Nr. 2 AO um ein **echtes** oder ein **unechtes Unterlassungsdelikt** handelt, ob also die Voraussetzungen des § 13 I StGB, namentlich das Erfordernis einer sog. Garantenpflicht, zusätzlich zu den in § 370 I Nr. 2 AO aufgeführten Merkmalen verwirklicht sein müssen.

---

[71] Schmitz/Wulf, in: MK-StGB, 4. Aufl. 2023, § 370 AO Rn. 297 ff. mit Wiedergabe des Meinungsstandes.
[72] BGH B. v. 21.11.2012 – 1 StR 391/12 – wistra 2013, 107.
[73] OLG Köln U. v. 31.01.2017 – III-1 RVs 253/16 – wistra 2017, 363.
[74] BGH U. v. 06.06.2007 – 5 StR 127/07 – NJW 2007, 2864.
[75] BFH U. v. 28.04.1998 – IX R 49/96 – DStZ 1998, 811.
[76] Rolletschke, Steuerstrafrecht, 5. Aufl. 2021, Rn. 1/115; Grötsch, in: Joecks/Jäger/Randt, Steuerstrafrecht, 9. Aufl. 2023, § 370 AO Rn. 245.

c) Tatbestand

Teilweise wird nach dem formalen Kriterium der Ausgestaltung des jeweiligen Straftatbestandes differenziert.[77] Demzufolge wäre § 370 I Nr. 2 AO aufgrund des unter Strafe gestellten Unterlassens ein echtes Unterlassungsdelikt.

Die Gegenauffassung differenziert danach, ob neben dem bloßen Unterlassen (echtes Unterlassungsdelikt) auch ein Erfolg (unechtes Unterlassungsdelikt) zur Tatbestandsverwirklichung nötig ist.[78] § 370 AO fordert neben dem Unterlassen aus § 370 I Nr. 2 AO eine Steuerverkürzung, also einen Erfolg, und wäre nach dieser Auffassung ein unechtes Unterlassungsdelikt.

Relevant wird die Frage primär im Hinblick auf das Erfordernis einer Garantenstellung sowie im Hinblick auf die fakultative Strafmilderung aus § 13 II StGB. § 370 I Nr. 2 AO kann jedoch ohnehin nur begehen, wer zur Aufklärung verpflichtet ist, weil der Tatbestand ausdrücklich ein pflichtwidriges Unterlassen erfordert. Besteht eine solche Verpflichtung, dürfte ohnehin eine Garantenstellung vorliegen. Der Streit ist dementsprechend in der Fallpraxis von geringer Relevanz.[79] Allerdings kann nach der Rechtsprechung[80] eine Offenbarungspflicht auch aus pflichtwidrigem Vorverhalten folgen, das eine Garantenstellung aus sog. Ingerenz auslöst.

Innerhalb der Zumutbarkeit ist vor allem das Verbot des Zwangs zur Selbstbelastung (*nemo tenetur se ipsum accusare*) zu berücksichtigen.

> **Beispiel – BGH B. v. 26.04.2001 – 5 StR 587/00 – BGHSt 47, 8 = NJW 2001, 3638 = NStZ 2001, 432 = StV 2001, 573 (Anm. Salditt NStZ 2001, 544; Mosenheuer NStZ 2004, 179)**

Unternehmer B gab für einen bestimmten Zeitraum eine unrichtige Umsatzsteuervoranmeldung ab. Um sich nicht zu belasten, unterließ er es, seine Jahresumsatzsteuererklärung abzugeben. ◄

> **Lösung**

In dem Beispielsfall führt die unterlassene Abgabe der Umsatzsteuerjahreserklärung nicht zu einer (weiteren) Steuerhinterziehung.[81] Dasselbe gilt, wenn für dasselbe Jahr und dieselbe Steuerart wegen Unterlassens der rechtzeitigen Abgabe der Steuererklärung bereits ein Strafverfahren eingeleitet wurde. Die Strafbewehrung der (weiteren) Nichtabgabe derselben Steuererklärung ist dann bis zum Abschluss des Strafverfahrens suspendiert.[82] ◄

---

[77] Stahlschmidt, Steuerstrafrecht, 2. Aufl. 2020, § 4 Rn. 35; Bosch, in: Sch/Sch, StGB, 30. Aufl. 2019, vor § 13 StGB Rn. 137.
[78] Jescheck/Weigend, AT, 5. Aufl. 1996, 605; Heger, in: Lackner/Kühl/Heger, 30. Aufl. 2023, § 13 Rn. 4.
[79] Ransiek, in: Kohlmann, Steuerstrafrecht, 78. Lfg. 2023, § 370 AO Rn. 272.
[80] BGH U. v. 09.04.2013 – 1 StR 586/12 – BGHSt 58, 218; BGH U. v. 09.05.2017 – 1 StR 265/16 – wistra 2017, 390, vgl. auch Jäger, in: Klein, AO, 16. Aufl. 2022, § 370 AO Rn. 61d mit weiteren Differenzierungen.
[81] So auch BGH B. v. 01.08.2018 – 1 StR 643/17 – NStZ-RR 2018, 379; siehe auch Jäger, in: Klein, AO, 16. Aufl. 2022, § 370 AO Rn. 73.
[82] OLG Hamburg v. 07.05.1996 – 2 StO 1/96 – NStZ 1996, 557.

Dagegen bleibt die Strafbewehrung für das Unterlassen der Abgabe der Steuererklärung für ein anderes Jahr oder eine andere Steuerart auch dann bestehen, wenn ein einheitlicher Lebenssachverhalt vorliegt.[83]

> **Beispiel**
>
> A besitzt seit 1995 ein Konto in der Schweiz, dessen Erträge er in Deutschland in allen nachfolgenden Jahren nicht in seinen Steuererklärungen deklariert hat. Aus Daten einer von den Finanzbehörden erworbenen „Steuer-CD" der betreffenden Bank ergibt sich, dass A in den Jahren 2000 bis 2018 eine entsprechende Bankverbindung unterhalten hat. Die Höhe der Einnahmen und des dort deponierten Vermögens ergibt sich hieraus noch nicht. Das Finanzamt für Steuerstrafsachen leitet wegen Verkürzung der Einkommensteuer 2000 bis 2018 ein Steuerstrafverfahren ein.
>
> Nun steht A vor der Frage, ob er sich zusätzlich strafbar macht, wenn er die Einkommensteuererklärung 2019 nicht rechtzeitig einreicht. Hier müsste er die Höhe der Einkünfte aus dieser Bankverbindung in 2019 erklären. Diese ließe wiederum einen Rückschluss auf die Höhe des dort angelegten Kapitals und damit auch auf die Höhe der Einnahmen in den Jahren 2000 bis 2018 zu. ◄

> **Lösung**
>
> Hierin läge eine mittelbare Selbstbelastung des A. Dennoch sieht der BGH in solchen Fällen keine Suspendierung der Strafbewehrung der nicht rechtzeitigen Einreichung der Einkommensteuererklärung 2019.[84] Der BGH nimmt in einem solchen Fall bezüglich der zutreffenden Angaben aus nachfolgenden Steuererklärungen allerdings ein strafrechtliches Verwendungsverbot für das anhängige Strafverfahren für die vorhergehenden Jahre an.[85] Daher könnten zutreffende Angaben des A aus der Einkommensteuererklärung 2019 nicht für das Strafverfahren bezüglich der Einkommensteuer 2000 bis 2018 verwendet werden. ◄

Das Unterlassen muss **pflichtwidrig** erfolgen. Der Steuerpflichtige muss zur Aufklärung besonders verpflichtet sein.[86]

Als solche Pflichten kommen zunächst diejenigen in Betracht, die i. R. d. § 13 StGB als Garantenpflicht eingestuft werden. Nach h. M. kommt dabei jedoch

---

[83] BGH B. v. 10.01.2002 – 5 StR 452/01 – NJW 2002, 1134; Jäger, in: Klein, AO, 16. Aufl. 2022, § 370 AO Rn. 73.

[84] Vgl. BGH B. v. 10.01.2002 – 5 StR 452/01 – NJW 2002, 1134, BGH B. v. 12.01.2005 – 5 StR 191/04 – wistra 2005, 148.

[85] BGH B. v. 12.01.2005 – 5 StR 191/04 – wistra 2005, 148; offen gelassen noch in BGH B. v. 26.04.2001 – 5 StR 587/00 – NJW 2001, 3638 sowie BGH B. v. 10.01.2002 – 5 StR 452/01 – NJW 2002, 1134.

[86] Stahlschmidt, Steuerstrafrecht, 2. Aufl. 2020, § 4 Rn. 48; Grötsch, in: Joecks/Jäger/Randt, Steuerstrafrecht, 9. Aufl. 2023, § 370 AO Rn. 246; Jäger, in: Klein, AO, 16. Aufl. 2022, § 370 AO Rn. 61.

c) Tatbestand

keine einer Beschützergarantenstellung entsprechende Pflicht in Frage,[87] da der Steuerzahler kein Beschützer des Staates ist; dieser hat ausreichend Instrumente, um seinen Steueranspruch durchzusetzen. Trotz der Sonderregelung der Ingerenz i. R. d. Berichtigungspflicht in § 153 AO ist eine Ingerenzgarantenstellung und korrespondierende Pflicht i. R. d. § 370 I Nr. 2 AO wegen des Verweises auf die allgemeinen Strafgesetze in § 369 II AO denkbar.[88] Voraussetzung ist ein pflichtwidriges Vorverhalten, mit dem die Position des Fiskus verschlechtert wird.[89]

Beispiel

A ist Angestellter einer Aktiengesellschaft und im Bereich der Auftragsbeschaffung tätig. Um einen Auftrag zu erhalten, besticht er einen Mitarbeiter eines anderen Unternehmens. Um die Bestechungsleistung zu tarnen, erstellt der Mitarbeiter des anderen Unternehmens eine Rechnung über vermeintliche Beratungsleistungen, welche von gutgläubigen Mitarbeitern der Aktiengesellschaft bezahlt wird. A weiß, dass die Zahlung auf die Rechnung über das Bankkonto der Aktiengesellschaft nach den dort üblichen Abläufen dazu führt, dass die dort für die Steuererklärung zuständigen Mitarbeiter gutgläubig von abzugsfähigen Betriebsausgaben ausgehen, obwohl die Bestechungsleistungen nach § 4 V Nr. 10 EStG einem Abzugsverbot unterliegen. Gleichwohl weist er diese Mitarbeiter nicht darauf hin, dass es sich um Bestechungsleistungen handelt. ◄

Lösung

Nach der Rechtsprechung des BGH[90] löst allein die Teilnahme an einer strafbaren Bestechung keine Garantenstellung zur Vermeidung einer Steuerhinterziehung durch einen unberechtigten Abzug der Bestechungsleistung als Betriebsausgaben aus. Es kommt danach jedoch eine Steuerhinterziehung in mittelbarer Täterschaft gemäß §§ 370 I Nr. 2, 369 II AO, 25 I 2. Var. StGB in Betracht, wenn derjenige, der durch Bestechungshandlungen ein Betriebsausgabenabzugsverbot nach § 4 V Nr. 10 EStG auslöst, infolge regelhafter Abläufe bei der Verbuchung von Rechnungen die Geltendmachung der Beträge aus Betriebsausgaben herbeiführt, weil er den Steuerpflichtigen nicht über die Gründe informiert, die zum Abzugsverbot geführt haben. Ein solcher Fall dürfte im Beispielsfall gegeben sein. ◄

---

[87] Stahlschmidt, Steuerstrafrecht, 2. Aufl. 2020, § 4 Rn. 51 m. w. N.; a. A. offenbar Peters, in: HHSp, 274. Lfg. 2023, § 370 AO Rn. 139 ff.
[88] BGH U. v. 19.12.1997 – 5 StR 569/96 – BGHSt 43, 381; Grötsch, in: Joecks/Jäger/Randt, Steuerstrafrecht, 9. Aufl. 2023, § 370 AO Rn. 179; Jäger, in: Klein, AO, 16. Aufl. 2022, § 370 AO Rn. 61d; a. A. Ransiek, in: Kohlmann, Steuerstrafrecht, 78. Lfg. 2023, § 370 AO Rn. 279, der § 153 AO als lex specialis zu § 13 StGB sieht; vgl. auch Peters, in: HHSp, 274. Lfg. 2023, § 370 AO Rn. 142.
[89] Vgl. Grötsch, in: Joecks/Jäger/Randt, Steuerstrafrecht, 9. Aufl. 2023, § 370 AO Rn. 179.
[90] BGH U. v. 09.05.2017 – 1 StR 265/16 – wistra 2017, 390.

Zudem ergeben sich Anzeige- und Erklärungspflichten aus der AO und den Einzelsteuergesetzen, z. B. §§ 137 ff., 149, 200 AO, §§ 25, 41a, 45a EStG, § 18 UStG, § 14a GewStG, §§ 30, 31, 33, 34 ErbStG, § 18 GrEStG.

Die Pflichtenstellungen aus der AO wurde von der früheren Rechtsprechung nicht als besonderes persönliches Merkmal i. S. d. § 28 I StGB angesehen.[91] Der BGH hat diese Rechtsprechung jedoch aufgegeben und betrachtet in seiner neueren Rechtsprechung[92] die Erklärungspflicht i. S. d. § 370 I Nr. 2 AO als ein solches besonderes persönliches Merkmal, da sie eine dem Straftatbestand vorgelagerte, das Unrecht maßgeblich prägende Sonderpflicht sei, die die Persönlichkeit des Täters kennzeichne.

Beispiele für Handlungspflichten, die in diesem Kontext zu einem relevanten Unterlassen führen, sind die steuerlichen Erfassungspflichten (§§ 134–136 AO), die Pflicht zur Abgabe der Umsatzsteuervoranmeldungen (§ 18 I UStG), die Pflicht zur Abgabe von Steuererklärungen i. S. d. §§ 149 ff AO und die Pflicht zur Berichtigung von Steuererklärungen (§ 153 I AO).[93]

(c) § 370 I Nr. 3 AO
§ 370 I Nr. 3 AO pönalisiert, wenn Steuerzeichen oder Steuerstempler nicht, nicht rechtzeitig oder nicht in vorgeschriebener Höhe verwendet werden.[94] Steuerzeichen werden lediglich im Verbrauchssteuerrecht verwendet. Einziger Fall der Entrichtung der Steuer durch Steuerzeichen ist derzeit die Regelung des § 17 TabStG.[95] Die Nichtverwendung von Steuerstemplern hat im aktuellen Recht keinen Anwendungsfall.[96]

(2) Taterfolg

(a) Grundlagen
Gemäß § 370 I AO begeht nur derjenige eine Steuerhinterziehung, der durch die Tathandlungen aus Nr. 1–3 Steuern verkürzt oder für sich oder andere nicht gerechtfertigte Steuervorteile erlangt. Insofern ist § 370 I AO ein Erfolgsdelikt (s. o.).[97]

Die Voraussetzungen des Taterfolgs werden in § 370 IV AO konkretisiert.

Nach dem **Kompensationsverbot** gem. § 370 IV 3 AO werden nachträglich vorgebrachte steuermindernde Gesichtspunkte bei der Feststellung des Taterfolges

---

[91] BGH U. v. 28.02.1995 – 5 StR 491/94 – BGHSt 41, 1; Rolletschke, Steuerstrafrecht, 5. Aufl. 2021, Rn. 1/96.
[92] BGH U. v. 23.10.2018 – 1 StR 454/17 – BGHSt 63, 28; BGH B. v. 13.03.2019 – 1 StR 636/18 – NStZ 2020, 495; BGH U. v. 21.05.2019 – 1 StR 92/19 – wistra 2019, 508; BGH B. v. 22.10.2019 – 1 StR 199/19 – wistra 2020, 333; BGH B. v. 12.02.2020 – 1 StR 344/19 – NStZ-RR 2020, 250; BGH B. v. 14.10.2020 – 1 StR 265/20 – BeckRS 2020, 30161; BGH B. v. 22.03.2023 – 1 StR 440/22 – BeckRS 2023, 8590; Jäger, in: Klein, AO, 16. Aufl. 2022, § 370 AO Rn. 61d.
[93] Vgl. die Übersicht bei Stahlschmidt, Steuerstrafrecht, 2. Aufl. 2020, § 4 Rn. 52 ff.
[94] Jäger, in: Klein, AO, 16. Aufl. 2022, § 370 AO Rn. 76.
[95] Jäger, in: Klein, AO, 16. Aufl. 2022, § 370 AO Rn. 75.
[96] Schmitz/Wulf, in: MK-StGB, 4. Aufl. 2023, § 370 AO Rn. 402.
[97] BGH B. v. 10.12.2008 – 1 StR 322/08 – wistra 2009, 114.

c) Tatbestand

grundsätzlich nicht berücksichtigt. Die Regelung verfolgt das Ziel, dass der Tatrichter nicht den gesamten Steuerfall neu aufrollen muss.[98] Allerdings wird dieses Ziel in der Praxis insofern nicht erreicht, als auch die dem Kompensationsverbot unterliegenden Ermäßigungsgründe für die Strafzumessung strafmildernd zu berücksichtigen sind und daher aufgeklärt werden müssen.[99]

Das Kompensationsverbot soll nach der Rspr. des BGH keine Anwendung finden, wenn zwischen verschwiegenen steuererhöhenden Umständen und den verschwiegenen steuermindernden Umständen ein unmittelbarer wirtschaftlicher Zusammenhang besteht.[100] Wann ein solcher besteht, ist aber stark einzelfallabhängig, diesbezüglich hat sich eine unübersichtliche Kasuistik gebildet.[101]

(b) Steuerverkürzung

Steuern sind verkürzt, wenn sie nicht, nicht in voller Höhe oder nicht rechtzeitig festgesetzt worden sind,[102] d. h. wenn die Ist-Steuer hinter der Soll-Steuer zurückbleibt.[103] Dabei ist zu beachten, dass zum Erfolg der Steuerverkürzung kein Vermögensschaden des Fiskus vorliegen muss. Die (abstrakte)[104] Gefährdung des Steueranspruchs reicht aus.[105]

Ansprüche aus dem Steuerschuldverhältnis entstehen mit der Verwirklichung des Steuertatbestandes (§ 38 AO). Um diese durchsetzbar zu machen, bedürfen die Steueransprüche regelmäßig der Festsetzung. Diese ist im 3. Abschnitt des 4. Teils der AO (§§ 155–192 AO) geregelt. Die Steuerfestsetzung erfolgt gemäß § 155 I 1 AO grundsätzlich durch Steuerbescheid. Dieser ist der nach § 122 AO bekannt gegebene Verwaltungsakt (vgl. § 155 I 2 AO). Zu Verwaltungsakten enthalten die §§ 118 ff. AO eigene Vorschriften, die sich aber weitgehend mit dem allgemeinen Verwaltungsrecht decken.[106] Bei Fälligkeitssteuern besteht gem. § 150 I 3 AO die Pflicht, die Steuer selbst zu berechnen (Steueranmeldung). Wichtigster Anwendungsfall ist die Umsatzsteuer, bei welcher der Steuerpflichtige jährliche Umsatzsteuererklärungen (§ 18 III 1 UStG) und – je nach Höhe der Umsätze – während des Jahres Umsatzsteuervoranmeldungen (§ 18 III 1 UStG) als Steueranmeldungen einreichen muss. In diesem Fall erklärt § 167 I 1 AO die gesonderte Steuerfest-

---

[98] BGH U. v. 18.11.1960 – 4 StR 131/60 – BStBl. 1961 I, 495.
[99] Jäger, in: Klein, AO, 16. Aufl. 2022, § 370 AO Rn. 131.
[100] BGH U. v. 26.06.1984 – 5 StR 322/84 – wistra 84, 183.
[101] So Jäger, in: Klein, AO, 16. Aufl. 2022, § 370 AO Rn. 134; vgl. auch Grötsch, in: Joecks/Jäger/Randt, Steuerstrafrecht, 9. Aufl. 2023, § 370 AO Rn. 117 f. mit zahlreichen Beispielen aus der Rechtsprechung.
[102] BGH U. v. 03.06.1954 – 3 StR 302/53 – BGHSt 7, 336; Jäger, in: Klein, AO, 16. Aufl. 2022, § 370 AO Rn. 80.
[103] BGH U. v. 30.07.1985 – 1 StR 284/85 – NStZ 1986, 79.
[104] So Schmitz/Wulf, in: MK-StGB, 4. Aufl. 2023, § 370 AO Rn. 11.
[105] Hadamitzky/Senge, in: Erbs/Kohlhaas, Strafrechtliche Nebengesetze, 246. Lfg. 2023, § 370 AO Rn. 36; BGH B. v. 03.09.1970 – 3 StR 155/69 – BGHSt 23, 319; BGH U. v. 20.07.1971 – 1 StR 683/70 – BGHSt 24, 178; BGH U. v. 22.04.1975 – 1 StR 592/74 – MDR 1975, 947.
[106] Vgl. Birk/Desens/Tappe, Steuerrecht, 25. Aufl. 2022, § 4 Rn. 360.

setzung für entbehrlich, es sei denn, sie würde zu einer abweichenden Festsetzung führen oder der Steuerpflichtige hat die Anmeldung unterlassen. Damit der Steueranspruch trotzdem erhoben werden kann, stellt § 168 1 AO die Steueranmeldung der Steuerfestsetzung unter dem Vorbehalt der Nachprüfung gleich, es sei denn, die Steueranmeldung führt zu einer Herabsetzung der bisher zu entrichtenden Steuer oder zu einer Steuervergütung. In diesem Fall bedarf sie der Zustimmung durch die Finanzbehörde.

Ausgangspunkt der Bestimmung des Verkürzungserfolges ist die **Legaldefinition in § 370 IV 1 Hs. 1 AO**. Diese stellt auf die Steuerfestsetzung ab. Für Anmeldungssteuern steht nach § 168 1 AO die Steueranmeldung (§ 150 I 3 AO) einem Steuerbescheid unter Vorbehalt der Nachprüfung gleich. Eine solche ist auch für die Steuerverkürzung der Steuerfestsetzung gleichgestellt (§ 370 IV 1 2. Hs. AO). Damit ist hier relevanter Zeitpunkt grundsätzlich der Eingang der Steueranmeldung bei der Finanzbehörde.[107] Soll die Steueranmeldung zur Herabsetzung der bisher zu entrichtenden Steuer oder zur Steuervergütung führen, soll es demgegenüber auf die formfrei mögliche[108] Zustimmung der Finanzbehörde ankommen.[109] Bei Veranlagungssteuern ist der Zeitpunkt der wirksamen Steuerfestsetzung durch den Steuerbescheid maßgeblich.[110] Wirksamkeitsvoraussetzung des Steuerbescheids ist gemäß § 124 I 1 AO die Bekanntgabe.

Für die Bekanntgabe sieht die AO in § 122 II Hs. 1 Nr. 1 AO vor, dass ein postalisch übermittelter schriftlicher Verwaltungsakt am dritten Tage nach Aufgabe zur Post als bekanntgegeben gilt. Nach der Rspr. des BFH[111] handelt es sich bei dieser Vorschrift um eine gesetzliche Fiktion. Umstritten war, ob diese Fiktion auch auf das (Steuer-)Strafrecht zu übertragen ist, also den Vollendungszeitpunkt und Beendigungszeitpunkt von § 370 AO beeinflusst.[112] Das OLG Hamm[113] hat in einer Entscheidung zum Beginn der Verfolgungsverjährung aus § 376 AO vertreten, *in dubio pro reo* sei entgegen der Regelung des § 122 II Hs. 1 Nr. 1 AO der übliche, unter normalen Verhältnissen günstigere Postlauf von einem Tag zugrunde zu legen. Ob dies entsprechend auch für den Vollendungszeitpunkt gelten soll, wurde indes nicht entschieden. Mit dem Zweifelssatz ließe sich dies auch nicht begründen, ist vor dem Hintergrund der fakultativen Strafmilderung aus §§ 23 II, 49 StGB doch ein möglichst später Vollendungszeitpunkt beschuldigtengünstig. Dies würde dann zur Tatbeendigung vor Tatvollendung führen. Entsprechend wird vertreten, die

---

[107] Vgl. Nr. 1, 1 des Anwendungserlasses zu § 168 AO.
[108] Rolletschke, Steuerstrafrecht, 5. Aufl. 2021, Rn. 1/170: erfolgt in der Praxis konkludent durch Auskehrung des „Rot"-Betrages.
[109] Vgl. § 168, 2 AO.
[110] Rolletschke, Steuerstrafrecht, 5. Aufl. 2021, Rn. 1/150; Schmitz/Wulf, in: MK-StGB, 4. Aufl. 2023, § 370 AO Rn. 100.
[111] BFH U. v. 13.12.2000 – X R 96/98 – BStBl II 2001, 274; BFH U. v. 26.02.2002 – X R 44/00 – BFH/NV 2002, 1409; BFH U. v. 19.11.2009 – IV R 89/06 – BFH/NV 2010, 818.
[112] Schmitz/Wulf, in MK-StGB, 4. Aufl. 2023, § 370 AO Rn. 101 m. w. N. zum Streitstand.
[113] OLG Hamm B. v. 02.08.2001 – 2 Ws 156/01 – wistra 2001, 474.

c) Tatbestand

Bekanntgabefiktion auf das Steuerstrafrecht zu übertragen.[114] Begründet wird dies mit der Akzessorietät des Steuerstrafrechts zum Steuerrecht. Strafrechtlich wäre der Bescheid sonst bereits wirksam, obwohl dies im Steuerrecht (noch) nicht der Fall wäre.[115] Zudem wird die Anwendbarkeit des Zweifelssatzes auf die Frage nach dem Beendigungszeitpunkt bezweifelt, weil fraglich sei, ob es sich bei der Frage der Anwendbarkeit der Zugangsregel nicht um eine Rechtsfrage handele, auf welche dieser keine Anwendung findet.[116] Inzwischen geht auch der BGH[117] von einer Anwendbarkeit des § 122 II AO im Steuerstrafrecht aus.[118]

Unerheblich ist dabei die **Form der Steuerfestsetzung**. Möglich sind gemäß § 370 IV 1 Hs. 2 AO auch vorläufige Steuerfestsetzungen (§ 165 I AO), Steuerfestsetzungen unter Vorbehalt der Nachprüfung (164 AO) sowie Steuer(vor)anmeldungen.

Bei Begehen der Steuerhinterziehung durch Unterlassen (**§ 370 I Nr. 2 AO**) ist die Differenzierung zwischen Anmeldungs- und Veranlagungssteuern ebenfalls relevant. Bei Anmeldungssteuern tritt der Verkürzungserfolg mit dem Ablauf der Frist zur Steueranmeldung/Steuererklärung ein (vgl. §§ 370 IV 1 Hs. 1 i. V. m. Hs. 2 u. 168 1 AO).[119] Grund hierfür ist, dass danach bereits eine nicht rechtzeitige Steuerfestsetzung, welcher die nicht rechtzeitige Steueranmeldung gleichsteht, den Tatbestand der Steuerhinterziehung verwirklicht.

Bei Veranlagungssteuern tritt der Erfolg zum einen bei einem bereits steuerlich geführten Steuerpflichtigen dann ein, wenn ein Schätzungsbescheid mit zu niedriger Festsetzung bekannt gegeben wird.[120]

Beispiel

Der selbstständige B gab bis 2012 jedes Jahr ordnungsgemäß seine Einkommen-, Gewerbe- sowie Umsatzsteuererklärungen ab. Bis dahin hatte er auch immer seine Umsatzsteuer-Voranmeldung abgegeben (da die Umsatzsteuer eine Steuer ist, die jährlich erhoben wird, werden im Laufe des Jahres Voranmeldungen abgegeben und bezahlt, damit keine Zahlungsschwierigkeiten entstehen). Im Jahr 2013 gab B jedoch keine Umsatzsteuererklärung ab, woraufhin die Finanzbehörde die Steuer auf Grundlage der Daten aus den Jahren vor 2012 festsetzte. B aber verdiente im Jahr 2013 gut 20 % mehr, sodass die geschätzte Steuer zu niedrig festgesetzt wurde. ◀

---

[114] Jäger, in: Klein, AO, 16. Aufl. 2022, § 376 AO Rn. 21; Schmitz/Wulf, in: MK-StGB, 4. Aufl. 2023, § 370 AO Rn. 101; Ebner, in: Joecks/Jäger/Randt, Steuerstrafrecht, 9. Aufl. 2023, § 376 AO Rn. 30.
[115] Schmitz/Wulf, in: MK-StGB, 4. Aufl. 2023, § 370 AO Rn. 101.
[116] Schmitz/Wulf, in: MK-StGB, 4. Aufl. 2023, § 370 AO Rn. 101 entgegen Müller wistra 2004, 11.
[117] BGH B. v. 08.07.2014 – 1 StR 198/14 – NStZ-RR 2014, 340; BGH 11.07.2019 – 1 StR 154/19 – NZWiSt 2020, 30.
[118] S. auch Madauß NZWiSt 2015, 141.
[119] Peters, in: HHSp, 274. Lfg. 2023, § 370 AO Rn. 310.
[120] BGH B. v. 22.08.2012 – 1 StR 317/12 – NStZ 2013, 410; Jäger, in: Klein, AO, 16. Aufl. 2022, § 370 AO Rn. 92.

> **Lösung**

Ergeht, z. B. aufgrund der Unkenntnis der Steuerbehörde von der Steuerpflicht, für den Steuerpflichtigen kein Steuerbescheid, ist auf den Abschluss der Veranlagungsarbeiten für den betreffenden Veranlagungszeitraum in dem zuständigen Finanzamt abzustellen. *In dubio pro reo* ist davon auszugehen, dass der Antrag als einer der letzten des Veranlagungszeitraums bearbeitet worden wäre. Der genaue Zeitpunkt ist indes umstritten. Von der Rechtsprechung wird es als ausreichend erachtet, wenn die Veranlagungsarbeiten „im Großen und Ganzen" oder „im Wesentlichen", abgeschlossen sind.[121] Ob dies bereits der Fall ist, wenn 90 % der Veranlagungen durchgeführt sind, oder erst bei 95 %, ist höchstrichterlich noch nicht abschließend geklärt.[122] Zum Teil wird mit Hinweis auf den Zweifelssatz auf den Zeitpunkt abgestellt, zu dem bei ordnungsgemäßer Abgabe der Steuererklärung auch der unterlassende Täter spätestens veranlagt worden wäre.[123] ◄

Der **Umfang des Verkürzungserfolges** (Schaden) wird durch die Gegenüberstellung der Soll-Steuer, der kraft Gesetzes durch die Erfüllung eines steuerbaren Tatbestands verwirkten Steuer, und der Ist-Steuer, der nach den bisherigen Angaben festgesetzten/vorangemeldeten Steuer, ermittelt.[124]

Problematisch ist die **Steuerverkürzung auf Zeit** („nicht rechtzeitig"). Hier liegt, anders als bei den Varianten der nicht oder nicht in voller Höhe festgesetzten Steuern, kein Abweichen von Ist- und Sollsteuer vor, sondern lediglich ein Verspätungsschaden. Dabei handelt es sich um den Zinsschaden, der dem Fiskus durch die Verspätung entsteht.

Eine trennscharfe Unterscheidung beider Konstellation ist bereits ex post, jedenfalls aber ex ante kaum möglich, insofern eine entdeckte Steuerhinterziehung regelmäßig nur eine Steuerverkürzung auf Zeit ist, da die Steuerfestsetzung bis zum Ablauf der Festsetzungsverjährung nach Tatentdeckung noch nachgeholt werden kann. Die h. M.[125] grenzt daher nach dem Täterwillen zum Zeitpunkt der Tat ab, ob die Steuer auf Dauer oder nur für eine bestimmte Zeit verkürzt werden soll. Da beide Varianten der Tathandlung tatbestandsmäßig sind, ist die Abgrenzung vor allem für

---

[121] BGH U. v. 20.05.1981 – 2 StR 666/80 – BGHSt 30, 122; BGH B. v. 28.10.1998 – 5 StR 500/98 – NStZ-RR 1999, 218; BGH B. v. 02.11.2010 – 1 StR 544/09 – NZWiSt 2012, 75; OLG Hamm B. v. 02.08.2001 – 2 Ws 156/01 – wistra 2001, 474 (95 %); HansOLG Hamburg v. 02.06.1992 – 1 Ss 119/91 – wistra 1993, 274; FG Düsseldorf U. v. 26.05.2010 – 7 K 298/09 E – EFG 2011, 381.
[122] Jäger, in: Klein, AO, 16. Aufl. 2022, § 370 AO Rn. 92a m. w. N.
[123] BGH B. v. 28.10.1998 – 5 StR 500/98 – NStZ-RR 1999, 218; Ebner, in: Joecks/Jäger/Randt, Steuerstrafrecht, 9. Aufl. 2023, § 376 AO Rn. 39 ff.; Schmitz/Wulf, in: MK-StGB, 4. Aufl. 2023, § 370 AO Rn. 109: erst mit vollständigem Abschluss der Veranlagungsarbeiten.
[124] Rolletschke, Steuerstrafrecht, 5. Aufl. 2021, Rn. 1/172.
[125] Z. B. BGH U. v. 17.03.2009 – 1 StR 627/08 – BGHSt 53, 221; Rolletschke, Steuerstrafrecht, 5. Aufl. 2021, Rn. 1/207; Grötsch, in: Joecks/Jäger/Randt, Steuerstrafrecht, 9. Aufl. 2023, § 370 AO Rn. 132; Schmitz/Wulf, in: MK-StGB, 4. Aufl. 2023, § 370 AO Rn. 129; vgl. auch Peters, in: HHSp, 274. Lfg. 2023, § 370 AO Rn. 315 ff. mit ausführlicher Stellungnahme.

c) Tatbestand

die Strafzumessung relevant.[126] Hierbei sieht der BGH den tatbestandsmäßigen Umfang der verkürzten Steuern auch bei einer Steuerhinterziehung auf Zeit nicht lediglich in dem Zinsschaden des Fiskus, sondern bestimmt ihn nach dem Nominalbetrag der nicht rechtzeitig festgesetzten Steuer.[127]

> **Beispiel**
>
> A gibt während des Jahres 2018 keine Umsatzsteuervoranmeldungen ab, obwohl er zu monatlichen Umsatzsteuervoranmeldungen nach § 18 II 2 UStG verpflichtet war, weil er – wie im Vorjahr – Umsätze aus Warenverkäufen in Höhe von netto EUR 500.000 erzielt hat und sich hieraus eine Umsatzsteuer von 19 % = EUR 95.000 ergab. Nach Abzug der Vorsteuer auf entsprechende Wareneinkäufe von netto EUR 400.000, also EUR 76.000, hätte er aufgrund der Umsatzsteuervoranmeldungen eine Umsatzsteuer von EUR 19.000 während des Jahres 2018 im Rahmen von Umsatzsteuervoranmeldungen anmelden und an das Finanzamt abführen müssen. Wie von A von Anfang an beabsichtigt, meldet er die Umsatzsteuer von EUR 19.000 zutreffend mit seiner Umsatzsteuerjahreserklärung 2018 im Mai 2019 beim Finanzamt an und führt diese ab. ◄

> **Lösung**
>
> Bei gleichmäßiger Verteilung der Umsätze auf das Jahr hat der A die EUR 19.000 im Durchschnitt um 9,5 Monate zu spät abgeführt, sodass bei einem pauschalierten Zinssatz von 0,5 % pro Monat (§ 238 AO) dem Fiskus ein Zinsschaden von EUR 19.000 × 0,5 % × 9,5 = EUR 902,50 entstanden ist. Obwohl eine Steuerverkürzung auf Zeit vorliegt, hat A eine Steuerhinterziehung von EUR 19.000 und nicht nur EUR 902,50 verwirklicht. Die Tatsache, dass A nur eine Steuerhinterziehung auf Zeit erstrebte, wird jedoch im Rahmen der Strafzumessung berücksichtigt. Zudem kann bei Vorliegen der Voraussetzungen des § 371 AO die Nachreichung der Umsatzsteuerjahreserklärung eine strafbefreiende Selbstanzeige bezüglich der Steuerhinterziehung durch Nichtabgabe der Umsatzsteuervoranmeldungen sein. ◄

(c) Erlangung nicht gerechtfertigter Steuervorteile für sich oder einen anderen

Eine **Definition** des Merkmals Steuervorteil geht aus dem Gesetz nicht klar hervor. § 370 IV 2 1. Hs. AO stellt lediglich klar, dass auch Steuervergütungen Steuervorteile in diesem Sinne sind. Auch aus der Systematik der AO lassen sich keine Schlüsse für eine Definition ziehen, da der Begriff lediglich im Steuerstrafrecht sowie im Rahmen der Strafzumessung verwendet wird.[128]

---

[126] Jäger, in: Klein, AO, 16. Aufl. 2022, § 370 AO Rn. 110; vertiefend zur dogmatischen Einordnung Schmitz/Wulf, in: MK-StGB, 4. Aufl. 2023, § 370 AO Rn. 124 ff.
[127] BGH U. v. 17.03.2009 – 1 StR 627/08 – NJW 2009, 1979.
[128] Schmitz/Wulf, in: MK-StGB, 4. Aufl. 2023, § 370 AO Rn. 81.

Daher ist die Definition namentlich in „Abgrenzung" zur Steuerverkürzung strittig.[129]

Ein Teil der Literatur vertritt dabei die Auffassung, dass jede Steuerverkürzung für den Steuerpflichtigen auch einen nicht gerechtfertigten Steuervorteil darstelle. Lediglich die Perspektive unterscheide beide Begriffe. So sei die Steuerverkürzung die Gefährdung des Steueranspruches aus Sicht des Staates und der ungerechtfertigte Steuervorteil ein „Gewinn" aus Sicht des Steuerpflichtigen.[130] Eine Abgrenzung sei unmöglich[131] oder überflüssig.[132] Zwar betreffen beide Varianten die Vermögensgefährdung des Staates, jedoch werfen diese Ansätze vor dem Hintergrund der gesetzlichen Differenzierung in § 370 I und § 370 IV AO Schwierigkeiten auf.[133]

Nach wohl h. L. erfolgt eine Abgrenzung nach **Verfahrensstadien** des Steuerfalls.[134] Das Steuerverfahren gliedert sich in drei Verfahrensabschnitte. Zunächst wird (bei Festsetzungssteuern) im Festsetzungsverfahren (§§ 155 ff. AO) der Steuerbescheid erlassen, der den Steueranspruch gegenüber dem Steuerpflichtigen festsetzt. Im darauf folgenden Erhebungsverfahren (§§ 218 ff. AO) erfolgt die Verwirklichung des Steueranspruches. Sofern der Steuerpflichtige seinen steuerlichen Pflichten nicht nachkommt, wird im Vollstreckungsverfahren (§§ 249 ff. AO) der Steueranspruch zwangsweise durchgesetzt. Daraus folgt auch, dass zwar im Festsetzungsverfahren eine Vermögensgefährdung des Staates einem Vermögensschaden gleichgesetzt wird, in den anderen beiden Stadien jedoch ein konkreter Vermögensschaden erforderlich ist.[135] Demnach kommt im Festsetzungsverfahren nur eine Steuerverkürzung, im Erhebungs- und Vollstreckungsverfahren nur Steuervorteile in Betracht. Für diese Ansicht spricht unter anderem die Verknüpfung der Steuerverkürzung mit dem Festsetzungsverfahren in § 370 IV 1 AO. Dagegen wird jedoch eingewandt, außerhalb des Festsetzungsverfahrens würde § 370 AO so zu einem Verletzungsdelikt, da eine Gefährdung des Steueranspruchs in diesem Verfahrensstadium nicht denkbar ist.[136] Aufgrund der Subsidiarität von Gefährdungsdelikten gegenüber gegen dasselbe Rechtsgut gerichteten Verletzungsdelikten[137] wäre bei Verwirklichung beider Erfolge des § 370 AO dann nur die Vorteilsnahme

---

[129] Ransiek, in: Kohlmann, Steuerstrafrecht, 78. Lfg. 2023, § 370 AO Rn. 371; Schmitz/Wulf, in: MK-StGB, 4. Aufl. 2023, § 370 AO Rn. 81 f.
[130] Seer, in: Tipke/Lang, Steuerrecht, 24. Aufl. 2020, Rn. 23/35.
[131] Seer, in: Tipke/Lang, Steuerrecht, 24. Aufl. 2020, Rn. 23/35; Schmitz/Wulf, in: MK-StGB, 4. Aufl. 2023, § 370 AO Rn. 82.
[132] Ransiek, in: Kohlmann, Steuerstrafrecht, 78. Lfg. 2023, § 370 AO Rn. 371.
[133] BGH B. v. 22.11.2012 – 1 StR 537/12 – wistra 2013, 199 Rn. 13.
[134] Stahlschmidt, Steuerstrafrecht, 2. Aufl. 2020, § 5 Rn. 37; Peters, in: HHSp, 274. Lfg. 2023, § 370 AO Rn. 358 ff.; Grötsch, in: Joecks/Jäger/Randt, Steuerstrafrecht, 9. Aufl. 2023, § 370 AO Rn. 140.
[135] Grötsch, in: Joecks/Jäger/Randt, 9. Aufl. 2023, § 370 AO Rn. 84 f.; Jäger, in: Klein, AO, 16. Aufl. 2022, § 370 AO Rn. 85.
[136] Rolletschke, in: Graf/Jäger/Wittig, Wirtschafs- und Steuerstrafrecht, 2. Aufl. 2017, § 370 AO Rn. 155.
[137] Fischer, StGB, 70. Aufl. 2023, vor § 52 Rn. 41.

c) Tatbestand

zu bestrafen, die entgegen der h. M. zu einem Verletzungsdelikt würde.[138] Führt eine Täuschung außerhalb des Festsetzungsverfahrens dann nicht zu einem solchen Verletzungserfolg, könnten Strafbarkeitslücken entstehen.[139]

Anzumerken ist, dass die Steuervergütungen, welche nach § 370 IV 2 1. Hs. Steuervorteile sind, entgegen dieser Systematisierung im Festsetzungsverfahren erlangt werden.

Beispiel

A gibt eine Umsatzsteuererklärung 2018 ab, in welcher die Umsätze zutreffend mit netto EUR 100.000 und die hierauf entfallende Umsatzsteuer zutreffend mit EUR 19.000 erklärt werden. Die Vorsteuern erklärt er mit EUR 25.000, obwohl diese tatsächlich nur EUR 10.000 betrugen. Nach Zustimmung des Finanzamtes zu der Steueranmeldung, welches die Angaben für zutreffend hält, wird eine Vergütung von EUR 6000 ausgezahlt. ◄

Lösung

Bei der Steuervergütung handelt es sich um einen ungerechtfertigten Steuervorteil,[140] obwohl dieser im Festsetzungsverfahren erlangt wurde. Dies spricht allerdings nicht gegen die vorgenannte Systematisierung, da zumindest denkbar ist, dass die in § 370 IV 2 1. Hs. AO ausdrücklich geregelte Zuordnung der Steuervergütungen zu den Steuererstattungen keine bloß deklaratorische Bedeutung hat, sondern konstitutiv als Ausnahme von der systematischen Abgrenzung erfolgte.

Der **BGH**[141] hat den Steuervorteil demgegenüber definiert als Vorteil spezifisch steuerlicher Art, der auf dem Tätigwerden der Finanzbehörde beruht und eine hinreichend konkrete Gefährdung des Steueranspruchs bewirkt. Im Urteilsfall sah der BGH die Feststellung zu hoher negativer Einkünfte in einem Feststellungsbescheid über die Einkünfte einer Kommanditgesellschaft als ungerechtfertigten Steuervorteil an. Damit wurden auch außerhalb einer Steuervergütung ungerechtfertigte Steuervorteile im Festsetzungsverfahren erkannt, was der vorgenannten Abgrenzung nicht entspricht.[142] Hieran wurde kritisiert, der Steuerverkürzung würde unter Zugrundelegung dieser Definition nur dann ein eigenständiger Anwendungsbereich verbleiben, wenn diese als spezieller Steuervorteil[143] im Steuerfestsetzungsverfahren dem allgemeinen Steuervorteil vorgehe.[144] ◄

---

[138] So Rolletschke, Steuerstrafrecht, 5. Aufl. 2021, Rn. 1/221 unter Bezugnahme auf BGH U. v. 13.10.1992 – 5 StR 253/92 – wistra 1993, 66 = NStZ 1993, 87.
[139] So Rolletschke, Steuerstrafrecht, 5. Aufl. 2021, Rn. 1/221.
[140] BGH B. v. 01.02.1989 – 3 StR 179/88 – BGHSt 36, 100; BGH U. v. 23.03.1994 – 5 StR 91/94 – BGHSt 40, 109.
[141] BGH B. v. 10.12.2008 – 1 StR 322/08 – BGHSt 53, 99.
[142] So auch Schmitz/Wulf in MK-StGB, 4. Aufl. 2023, § 370 AO Rn. 86.
[143] Webel/Dumke, in: Schwarz/Pahlke, AO § 370 AO Rn. 79.
[144] So Rolletschke, Steuerstrafrecht, 5. Aufl. 2021, Rn. 1/223.

Exemplarisch seien einige Steuervorteile aufgeführt, über deren Einordnung (zumindest weitgehend) **Einigkeit** besteht.[145] Dazu zählen die Stundung[146] (§ 222 AO), der Erlass (§ 227 AO), die Einstellung und Beschränkung der Vollstreckung (§§ 257, 258 AO), die Niederschlagung (§ 261 AO) und die Nicht-Pfändung von Sachen oder Forderungen[147] (§§ 281 ff. AO).

Ein Steuervorteil ist **erlangt**, soweit er gewährt oder belassen wird, s. § 370 IV 2 Hs. 2 AO. Gewährt ist ein Steuervorteil, wenn der begünstigende Verwaltungsakt dem Antragsteller bekannt gegeben oder ausdrücklich bewilligt wurde.[148] Zu Unrecht belassen ist ein Steuervorteil, wenn ein bereits zugebilligter steuerlicher Vorteil auch weiterhin gewährt bleibt, obwohl die Voraussetzungen für die Vergünstigung inzwischen weggefallen sind.[149] Belassen werden kann ein Steuervorteil stillschweigend durch Unterlassen eines Widerrufs oder durch ausdrückliche Verfügung mit dem Inhalt, dass Vorteile dem Inhaber verbleiben.[150]

§ 370 I AO stellt klar, dass der Vorteil „**für sich oder einen anderen**" erlangt werden kann. Begünstigter und Täter müssen demnach nicht ein und dieselbe Person sein.

Nicht gerechtfertigt ist die Erlangung eines Steuervorteils, wenn die Gewährung oder Belassung für den gegebenen Sachverhalt nicht im Gesetz vorgesehen ist, der Täter also keinen Anspruch darauf hat.[151] Handelt es sich um eine Ermessensentscheidung der Behörde, so ist die Erlangung dann ungerechtfertigt, wenn sie auf Grund unrichtiger Angaben bewilligt wurde.[152]

(3) Verbringungsverbote, § 370 V AO

Gem. § 370 V AO kann Steuerhinterziehung auch bzgl. Waren begangen werden, deren Einfuhr, Ausfuhr oder Durchfuhr verboten ist.[153] Hierbei handelt es sich um

---

[145] Vgl. die Darstellung bei Rolletschke, Steuerstrafrecht, 5. Aufl. 2021, Rn. 1/225 m. w. N.; ders., in: Graf/Jäger/Wittig, Wirtschafts- und Steuerstrafrecht, 2. Aufl. 2017, § 370 AO Rn. 158; Grötsch, in: Joecks/Jäger/Randt, Steuerstrafrecht, 9. Aufl. 2023, § 370 AO Rn. 157; Schmitz/Wulf, in: MK-StGB, 4. Aufl. 2023, § 370 AO Rn. 147 f.

[146] BGH U. v. 11.09.2007 – 5 StR 213/07 – wistra 2008, 22.

[147] FG Münster B. v. 18.02.1998 – 8 V 8438/97 – EFG 1998, 1240.

[148] Rolletschke, Steuerstrafrecht, 5. Aufl. 2021, Rn. 1/245; Peters, in: HHSp, 274. Lfg. 2023, § 370 AO Rn. 366; Grötsch, in: Joecks/Jäger/Randt, Steuerstrafrecht, 9. Aufl. 2023, § 370 AO Rn. 165, weist darauf hin, dass die Gewährung einer Subvention nach § 2 I SubVG an sich die Auszahlung derselben ist, während die Festsetzung als Bewilligung bezeichnet wird. Gleichwohl plädiert er dafür, wegen der schwierigen Abgrenzung zur Steuerverkürzung auch beim Steuervorteil die Bewilligung genügen zu lassen.

[149] Rolletschke, Steuerstrafrecht, 5. Aufl. 2021, Rn. 1/245; a. A. Peters, in: HHSp § 370 AO 274. Lfg. 2023, § 370 AO Rn. 367, der es für unerheblich hält, ob der Steuervorteil ursprünglich gerechtfertigt war.

[150] Peters, in: HHSp, 274. Lfg. 2023, § 370 AO Rn. 367.

[151] Rolletschke, Steuerstrafrecht, 5. Aufl. 2021, Rn. 1/242; Ransiek, in: Kohlmann, Steuerstrafrecht, 78. Lfg. 2023, § 370 AO Rn. 440; Jäger, in: Klein, AO, 16. Aufl. 2022, § 370 AO Rn. 125.

[152] BGH U. v. 06.06.1973 – 1 StR 82/72 – BGHSt 25, 202; Jäger, in: Klein, AO, 16. Aufl. 2022, § 370 AO Rn. 125; Schmitz/Wulf, in: MK-StGB, 4. Aufl. 2023, § 370 AO Rn. 149.

[153] Vgl. Rolletschke, Steuerstrafrecht, 5. Aufl. 2021, Rn. 1/261.

eine Klarstellung, da es nach § 40 AO ohnehin für die Besteuerung unerheblich ist, ob ein Verhalten, das den Tatbestand eines Steuergesetzes ganz oder zum Teil erfüllt, gegen ein gesetzliches Gebot oder Verbot verstößt. Entstehen z. B. für die verbotene Einfuhr eines Gegenstandes Einfuhrabgaben, so können diese auch i. S. d. § 370 AO verkürzt werden. Die Norm des § 370 V AO bestimmt allerdings nicht, ob überhaupt für eine verbotene Einfuhr, Ausfuhr oder Durchfuhr eine Steuer entsteht.[154] Dies richtet sich nach den materiellen Steuergesetzen.

(4) Abgaben und Steuern von bestimmten ausländischen Staaten, § 370 VI AO
Die Abgabenordnung gilt nach § 1 I 1 AO nur für Steuern einschließlich der Steuervergütungen, die durch Bundesrecht oder Recht der EU geregelt sind und durch Bundesfinanzbehörden oder Landesfinanzbehörden verwaltet werden. Hieraus folgt, dass Steuern ausländischer Staaten, da diese von ausländischen Finanzbehörden verwaltet werden, grundsätzlich nicht Gegenstand einer Steuerhinterziehung i. S. d. § 370 AO sein können. Eine Erweiterung dieses Anwendungsbereiches auf bestimmte ausländische Steuern bestimmter Staaten, ergibt sich aus § 370 VI AO.

Nach § 370 VI 1 AO von der Steuerhinterziehung erfasst sind auch Einfuhr- und Ausfuhrabgaben, die von einem anderen Mitgliedstaat der Europäischen Union verwaltet werden oder die einem Mitgliedstaat der Europäischen Freihandelsassoziation (Island, Liechtenstein, Norwegen und die Schweiz) oder einem mit den EFTA-Staaten assoziierten Staat zustehen. Einfuhr- und Ausfuhrabgaben von Staaten, welche nicht mit EFTA-Staaten, sondern nur mit der Europäischen Union assoziiert sind, werden nicht erfasst. Sie unterliegen nur dem Schutz des Ordnungswidrigkeitentatbestandes des § 379 AO (§ 379 I 2 AO).[155]

Die Norm erfasst zunächst die von den genannten anderen Staaten erhobenen Einfuhr- und Ausfuhrabgaben i. S. d. Art. 5 Nr. 20 und 21 UZK. Soweit diese Abgaben von deutschen Behörden erhoben werden, fallen sie entsprechend § 3 III 1 AO ohnehin in den Anwendungsbereich des § 370 I AO. Daneben erfasst § 370 VI AO aber auch die von den genannten anderen Staaten erhobene Einfuhrumsatzsteuer[156] und die anderen für eingeführte Waren zu erhebenden Verbrauchssteuern i. S. d. § 1 I 3 ZollVG.[157] Hierzu gehören insbesondere die Steuern auf Tabakwaren.[158]

Durch § 370 VI 2 AO findet eine Erweiterung auf bestimmte Steuern anderer Staaten der Europäischen Union statt, welche nicht im Rahmen einer Einfuhr oder Ausfuhr entstehen. Dies sind die Umsatzsteuer sowie die harmonisierten Verbrauchssteuern i. S. d. Art 1 I RL 2008/118/EG.[159] Dies betrifft entsprechend Art. 1

---

[154] Jäger, in: Klein, AO, 16. Aufl. 2022, § 370 AO Rn. 146.
[155] Schmitz/Wulf, in: MK-StGB, 4 Aufl. 2023, § 370 AO Rn. 72.
[156] BGH U. v. 08.11.2000 – 5 StR 440/00 – wistra 2001, 62 bezüglich italienischer Einfuhrumsatzsteuer.
[157] Jäger, in: Klein, AO, 16. Aufl. 2022, § 370 AO Rn. 151.
[158] Jäger, in: Klein, AO, 16. Aufl. 2022, § 370 AO Rn. 151.
[159] Richtlinie 2008/118/EG des Rates vom 16.12.2008 über das allgemeine Verbrauchsteuersystem.

I der genannten Richtlinie die harmonisierten Verbrauchssteuern auf Energieerzeugnisse und elektrischen Strom, Alkohol und alkoholische Getränke sowie Tabakwaren.

(5) Auslandstaten, § 370 VII AO
Nach § 370 VII AO können – unabhängig von dem Recht des Tatortes – auch solche Taten verfolgt werden, die außerhalb des Geltungsbereiches der AO, also in anderen Staaten begangen werden.

Ob die Norm für die Verkürzung deutscher Steuern überhaupt eine Bedeutung hat, wird unterschiedlich beurteilt. Denkbar ist der Fall, dass ein in Deutschland Steuerpflichtiger im Ausland wohnt und dort eine unrichtige Steuererklärung gefertigt und an das deutsche Finanzamt abgesandt hat. Hierbei ist jedoch zu berücksichtigen, dass es sich gleichwohl um eine Inlandstat i. S. d. § 3 StGB handeln kann, da nach § 9 I StGB eine Tat an jedem Ort begangen ist, an dem der Täter gehandelt hat oder hätte handeln müssen oder in dem der zum Tatbestand gehörende Erfolg eingetreten ist oder hätte eintreten müssen.[160] Da der zum Tatbestand gehörende Erfolg einer Steuerhinterziehung jedoch in einer zu niedrigen oder unterbliebenen Steuerfestsetzung liegt und diese bei deutschen Steuern durch ein in Deutschland handelndes Finanzamt erfolgt, liegt nach einer Auffassung mithin ohnehin eine Inlandstat vor.[161] Eine andere Auffassung sieht den Erfolgsort im Falle einer zu niedrigen oder unterbliebenen Steuerfestsetzung dagegen in einem solchen Fall im Ausland, da der entsprechende Steuerbescheid erst mit seiner Bekanntgabe im Ausland wirksam wird und sieht daher auch hier einen Anwendungsbereich für § 370 VII AO.[162]

bb) Subjektiver Tatbestand

(1) Allgemeines
Gemäß § 369 II AO i. V. m. § 15 StGB ist Vorsatz erforderlich.

Grundsätzlich reicht *dolus eventualis* für § 370 AO aus.[163] Teilweise wird dies aber beim Vertreten von objektiv unzutreffenden Rechtsansichten i. R. e. Steuererklärung abgelehnt, da sonst jedenfalls der selbstkritische Steuerpflichtige in wenig sinnvoller Weise inkriminiert würde.[164] Die Rspr. trägt dem Rechnung, indem sie an den Vorsatz in Wirtschaftsstrafsachen besondere Anforderungen stellt, insbesondere muss der Täter nicht bloß eine Vermögensgefährdung, sondern einen konkreten Vermögensnachteil billigend in Kauf nehmen.[165] Anzumerken ist, dass sich die Frage

---

[160] Jäger, in: Klein, AO, 16. Aufl. 2022, § 370 AO Rn. 162.
[161] Joecks in Joecks/Jäger/Randt, Steuerstrafrecht, 9. Aufl. 2023, § 370 AO Rn. 64.
[162] Schmitz/Wulf, in: MK-StGB, 4. Aufl. 2023, § 370 AO Rn. 46 ff.
[163] Vgl. Grötsch, in: Joecks/Jäger/Randt, Steuerstrafrecht, 9. Aufl. 2023, § 370 AO Rn. 275.
[164] So Grötsch, in: Joecks/Jäger/Randt, Steuerstrafrecht, 9. Aufl. 2023, § 370 AO Rn. 275.
[165] BGH B. v. 20.03.2008 – 1 StR 488/07 – wistra 2008, 343 zum bedingten Vorsatz bei Untreuehandlungen; BGH B. v. 16.04.2008 – 5 StR 615/07 – wistra 2008, 342 zum bedingten Vorsatz beim Betrug.

des bedingten Vorsatzes bei der Anwendung objektiv unrichtiger Rechtsauffassungen nur stellen kann, wenn diese nicht in der Erklärung offen gelegt werden und auch nicht aus den mitgeteilten Besteuerungsgrundlagen ersichtlich sind, da es anderenfalls schon an der Verwirklichung des objektiven Tatbestandes der Steuerhinterziehung fehlt.

(2) Anwendung des § 16 StGB
Zum umstrittenen Normcharakter des § 370 AO s. o unter 1 b). Dieser Streit hat Auswirkungen auf die Anwendung von § 16 StGB:[166]
   Nach h. M. handelt es sich bei § 370 AO um eine Blankettnorm.[167] Bei einer solchen gehören – wiederum nach h. M.[168] – die Existenz und Anwendung der tatbestandsausfüllenden Normen nicht zum Tatbestand des Blankettgesetzes.[169] Damit könnte bei einem Irrtum über Existenz oder Anwendung einer tatbestandsausfüllenden Norm § 16 StGB keine Anwendung finden. Derartige Fehlvorstellungen könnten ggf. einen Verbotsirrtum i. S. d. § 17 StGB darstellen. Sieht man in § 370 AO hingegen einen geschlossenen Tatbestand mit normativen Tatbestandsmerkmalen und ist die Existenz und Anwendung der steueranspruchsbeeinflussenden Norm bedeutend für den sozialen Sinn[170] des normativen Tatbestandsmerkmals, führt ein Irrtum über dieses zur Anwendbarkeit des § 16 StGB. Erfasst der Täter den sozialen Sinn dieses Merkmals aufgrund eines Irrtums über Existenz oder Anwendung der steueranspruchsbeeinflussenden Norm auf den konkret verwirklichten Sachverhalt nicht zumindest i. R. e. Parallelwertung in der Laiensphäre, fehlt ihm der Vorsatz.
   Obwohl die Rspr. § 370 AO als Blanketttatbestand qualifiziert,[171] vertritt sie in Abweichung zu den allgemeinen Grundsätzen bei Blanketttatbeständen zur Irrtumsproblematik hier die sog. **Steueranspruchstheorie**: Danach gehört zum Vorsatz der Steuerhinterziehung, dass der Täter den Steueranspruch dem Grunde und der Höhe nach kennt oder zumindest für möglich hält und ihn auch verkürzen will.[172]
   Damit wird die Kenntnis der Existenz zumindest der steueranspruchsbegründenden Norm zur Voraussetzung für den Vorsatz gemacht – ein Ergebnis, das

---

[166] Die weiteren Auswirkungen auf den Bestimmtheitsgrundsatz, das Analogieverbot sowie das Rückwirkungsverbot und Milderungsgebot sind eher theoretischer Natur und demnach nicht Gegenstand dieses Beitrages, hierzu ausführlich: Juchem wistra 2014, 300; Ransiek, in: Kohlmann, Steuerstrafrecht, 79. Lfg. 2023, § 370 AO Rn. 20 ff.
[167] BVerG v. 16.06.2011 – 2 BvR 542/09 – NJW 2011, 3778 (3779); BGH B. v. 28.01.1987 – 3 StR 373/86 – NJW 1987, 1273 (1276); BGH B. v. 02.11.2010 – 1 StR 544/09 – NZWiSt 2012, 75 (76); a. A. Juchem wistra 2014, 300 mit umfassender Darstellung des Meinungsstandes.
[168] Joecks/Kulhanek, in: MK-StGB, 4. Aufl. 2020, § 16 StGB Rn. 76b; Sternberg-Lieben/Schuster, in: Sch/Sch, 30. Aufl. 2019, § 15 Rn. 99 m. w. N.
[169] So Puppe zur h. M., in: Kindhäuser/Neumann/Paeffgen, StGB, 6. Aufl. 2023, § 16 Rn. 64.
[170] Vgl. Roxin, AT I, 4. Aufl. 2006, § 12 Rn. 100 ff.; vgl. auch Puppe, in: Kindhäuser/Neumann/Paeffgen, StGB, 6. Aufl. 2023, § 16 Rn. 42 ff.
[171] S. Fn. 175.
[172] BGH U. v. 08.09.2011 – 1 StR 38/11 – wistra 2011, 465.

gerade der Anwendbarkeit des § 16 StGB entspricht. Diese Inkonsequenz wurde (unabhängig vom Ergebnis) vielfach in der Literatur kritisiert.[173]

Ob es sich bei § 370 AO also um eine Blankettnorm oder um einen Tatbestand mit normativen Tatbestandsmerkmalen handelt, ist bei Zugrundelegung der Steueranspruchstheorie für das Ergebnis bezogen auf die Anwendbarkeit von § 16 StGB irrelevant. Irrt der Täter also dem Grunde oder der Höhe nach über den Steueranspruch, lässt ein Tatumstandsirrtum gemäß § 16 I 1 StGB den Vorsatz entfallen. Folgt man hier der Rspr., dann ist die Kenntnis des Steueranspruchs schon Teil des Vorsatzes.[174] Folgt man einer Einordnung des § 370 AO als normatives Tatbestandsmerkmal, irrt der Täter über die Merkmale der steuerlichen Erheblichkeit, dem Machen unrichtiger, bzw. unvollständiger Angaben oder des pflichtwidrigen In-Unkenntnis-Lassens.

Auch im Ergebnis abweichend wird vertreten, dass bei einem Irrtum des Täters danach unterschieden werden müsse, ob die Unkenntnis vom Steueranspruch auf einem Tatsachenirrtum (Besteuerungsgrundlagen) oder Rechtsirrtum (Besteuerungstatbestand, Steuerschuldnerschaft, Erklärungspflicht) beruht.[175] Der 1. Strafsenat des BGH hatte in einem Urteil[176] die Bedenken im Schrifttum gegen die Anwendbarkeit der Steueranspruchstheorie in Fällen zitiert, in welchen der Irrtum über das Bestehen eines Steueranspruchs allein auf einer Fehlvorstellung über die Reichweite steuerlicher Normen beruht und dies im Urteilsfall als nicht entscheidungserheblich erstmals offengelassen. Danach schien sich eine Abkehr oder zumindest Einschränkung der Steueranspruchstheorie anzukündigen. Der 1. Strafsenat hat jedoch in späteren Entscheidungen[177] daran festgehalten, dass zum Vorsatz der Steuerhinterziehung gehöre, dass der Täter den Steueranspruch dem Grunde und der Höhe nach kennt oder ihn zumindest für möglich hält und auch verkürzen will, sodass er einen Irrtum hierüber weiter als Tatbestandsirrtum i. S. d. § 16 StGB ansieht.

Die Besonderheit bei normativen Tatbestandsmerkmalen ist gerade, dass der soziale Sinn nicht ohne die dem Merkmal zugrunde liegende Rechtsauffassung erfasst werden kann.[178] Die Anwendbarkeit des § 16 StGB auf normative Tatbestandsmerkmale führt dann dazu, dass auch Rechtsirrtümer den Vorsatz entfallen lassen, wenn deren korrekte Erfassung, verkörpert durch ein normatives Tatbestandsmerkmal, zum gesetzlichen Tatbestand gehört.

Teilweise wird betont, wer § 370 AO als Blanketttatbestand einordne, müsse alle Irrtümer über die Merkmale „steuerlich erhebliche Tatsache" und „Steuerver-

---

[173] Vgl. Jäger, in: Klein, AO, 16. Aufl. 2022, § 370 AO Rn. 173 mit umfangreicher Darstellung der Einwände im Schrifttum; Peters, in: HHSp, 274. Lfg. 2023, § 370 AO Rn. 484.
[174] Peters, in: HHSp, 274. Lfg. 2023, § 370 AO Rn. 461, 484 m. w. N.
[175] Vgl. Jäger, in: Klein, AO, 16. Aufl. 2022, § 370 AO Rn. 173; Allgayer, in: Graf/Jäger/Wittig, Wirtschafts- und Steuerstrafrecht, 2. Aufl. 2017, § 369 AO Rn. 26 ff.
[176] BGH B. v. 08.09.2011 – 1 StR 38/11 – NStZ 2012, 160.
[177] BGH U. v. 24.01.2018 – 1 StR 331/17 – NStZ-RR 2018, 180; BGH U. v. 10.01.2019 – 1 StR 347/18 – NZWiSt 2019, 261.
[178] Roxin, AT I, 4. Aufl. 2006, § 12, Rn. 100 ff.

kürzung/Steuervorteil" nach § 17 StGB beurteilen.[179] Dagegen sprächen aber verfassungsrechtliche Bedenken in Ansehung des Art. 103 II GG.[180] Auch käme es zu einer erheblichen Schlechterstellung des Täters in Abgrenzung zu normativen Tatbeständen wie § 266 StGB, wobei die Einordnung als Blanketttatbestand oder normativer Tatbestand schwierig und häufig umstritten ist.[181]

> **Beispiel**
>
> A ist ledig, wohnt in Deutschland und ist hier unbeschränkt steuerpflichtig. Er ist Eigentümer eines Hauses auf Mallorca, welches er einmal als Altersruhesitz nutzen möchte. Bis dahin ist es langfristig vermietet. Nach Abzug der Werbungskosten erzielt er aus der Vermietung jährliche Einkünfte von EUR 10.000. In Deutschland ist er als Angestellter mit einem Jahresgehalt von EUR 50.000 tätig. A versteuert die Einkünfte aus der Vermietung in Spanien und ist deshalb überzeugt, dass er diese in seiner deutschen Einkommensteuererklärung nicht angeben muss und sie auch keinen Einfluss auf die Höhe der deutschen Steuer haben. Aus diesem Grund hat er die Einkünfte aus der Vermietung nicht in seinen deutschen Steuererklärungen erwähnt. ◄

> **Lösung**
>
> Bei unbeschränkter Steuerpflicht sind grundsätzlich die Welteinkünfte in Deutschland steuerpflichtig, sofern nicht eine Ausnahme durch die Regelungen eines Doppelbesteuerungsabkommens bestehen. Nach Art. 6 I DBA Spanien 2011 kann Spanien die Einkünfte aus dem Haus in Spanien besteuern. Diese Einkünfte sind zwar deshalb in Deutschland von der Besteuerung ausgenommen (Art 22 IIa DBA Spanien), sie werden aber im Rahmen des Progressionsvorbehaltes in Deutschland berücksichtigt, d. h. A muss die Einkünfte als Angestellter mit einem höheren Steuersatz versteuern (§ 32b I 1 Nr. 3 EStG, Art. 22 IId DBA Spanien).
>
> Der objektive Tatbestand des § 370 I Nr. 1 AO ist verwirklicht, weil A durch die Nichterklärung der Einkünfte in Spanien in seiner Einkommensteuererklärung unvollständige Angaben gemacht hat und diese auch steuerlich erhebliche Tatsachen betreffen, weil sich die Einkünfte auf den Steuersatz auswirken. Da aufgrund des Fehlens dieser Angaben die Einkünfte aus Deutschland mit einem objektiv zu niedrigen Steuersatz versteuert werden, wurden hierdurch auch Steuern verkürzt.
>
> Nach der Steueranspruchstheorie handelte A aber nicht vorsätzlich, weil er weder wusste noch für möglich hielt und billigte, dass die Einkünfte sich auf die Besteuerung in Deutschland auswirken. ◄

---

[179] Seer, in: Tipke/Lang, Steuerrecht, 24. Aufl. 20120, Rn. 23/45.
[180] So Wedler NZWiSt 2015, 99 (101).
[181] Bülte NStZ 2013, 65; Wedler NZWiSt 2015, 99 (100); vgl. auch Ransiek, in: Kohlmann, Steuerstrafrecht, 79. Lfg. 2023, § 370 AO Rn. 658 ff.

d) Versuch

aa) Allgemeines

Gemäß § 370 II AO ist der Versuch der Steuerhinterziehung strafbar. Vermittels § 369 II AO sind dann die §§ 22–24 StGB anwendbar.

bb) Versuch des § 370 I Nr. 1 AO

Das unmittelbare Ansetzen zur Steuerhinterziehung durch **aktives Tun** gemäß § 370 I Nr. 1 AO ist dann gegeben, wenn der Täter den Kausalverlauf aus den Händen gibt, z. B. bei der Steuererklärung diese in Richtung Finanzbehörde auf den Weg bringt.[182]

Das Versuchsstadium endet mit dem Vollendungszeitpunkt, der bei Anmeldungs- und Veranlagungssteuern auseinanderfällt.[183]

Setzt das Finanzamt bei einer Veranlagungssteuer diese aufgrund der unrichtigen oder unvollständigen Angaben des Steuerpflichtigen zu niedrig fest, ist die Tat mit dem Wirksamwerden des Steuerbescheides vollendet.[184] Dieser wird nach § 124 I 1 AO mit der Bekanntgabe wirksam. Folgt die Finanzbehörde bei **Veranlagungssteuern** dagegen der Erklärung des Steuerpflichtigen nicht und setzt die Steuer zutreffend fest, dauert das Versuchsstadium bis zur formellen Bestandskraft des Steuerbescheides mit Ablauf der Rechtsbehelfsfrist.[185] Ab diesem Zeitpunkt ist der Versuch fehlgeschlagen i. S. d. § 24 I StGB.[186]

Bei **Anmeldungssteuern** steht der Eingang der Steueranmeldung nach § 168 1 AO grundsätzlich bereits einer Steuerfestsetzung gleich, sodass hierdurch bei einer zu niedrigen Steueranmeldung bereits Tatvollendung eintritt.[187] Dies führt zu einer kurzen Zeitspanne zwischen Versuchsbeginn und Vollendung. Führt die Steueranmeldung zu einer Herabsetzung der Steuer oder Steuervergütung, steht diese hingegen nach § 168 2 AO erst mit der nicht formgebundenen Zustimmung des Finanzamtes einer Steuerfestsetzung gleich. Daher ist in diesen Fällen der Versuch erst mit Zugang der Zustimmung der Finanzbehörde vollendet.[188]

---

[182] Rolletschke, Steuerstrafrecht, 5. Aufl. 2021, Rn. 1/308 ff.; Schmitz/Wulf, in: MK-StGB, 4. Aufl. 2023, § 370 AO Rn. 484; a. A. Ransiek, in: Kohlmann, Steuerstrafrecht, 79. Lfg. 2023, § 370 Rn. 706 ff. für den Fall, dass zwischen Abgabe der Steuererklärung und Steuerfestsetzung ein großer Zeitraum liegt, sodass noch nicht von einer Rechtsgutsgefährdung gesprochen werden könne.
[183] Vgl. dazu Schmitz/Wulf, in: MK-StGB, 4. Aufl. 2023, § 370 AO Rn. 97 ff.
[184] Schmitz/Wulf, in: MK-StGB, 4. Aufl. 2023, Rn. 100.
[185] Jäger, in: Klein, AO, 16. Aufl. 2022, § 370 AO Rn. 198; BGH B. v. 17.07.1991 – 5 StR 225/91 – BGHSt 38, 37; Rolletschke, in: Steuerstrafrecht, 4. Aufl. 2012, Rn. 312.
[186] Jäger, in: Klein, AO, 16. Aufl. 2022, § 370 AO Rn. 198.
[187] Schmitz/Wulf, in: MK-StGB, 4. Aufl. 2023, § 370 AO Rn. 99.
[188] Schmitz/Wulf, in: MK-StGB, 4. Aufl. 2023, § 370 AO Rn. 99.

d) Versuch

> **Beispiel**
>
> A gibt eine Umsatzsteuerjahreserklärung ab, welche – da die erklärten Vorsteuern die erklärte Umsatzsteuer übersteigen – zu einer Steuervergütung von EUR 10.000 führt. Bei zutreffend erklärten Umsätzen hätte sich nur eine Steuervergütung von EUR 2000 ergeben. Das Finanzamt überweist den Betrag von EUR 10.000 auf das Konto des A. ◄

> **Lösung**
>
> Der Versuch der Steuerhinterziehung beginnt mit dem Absenden der Umsatzsteuerjahreserklärung, welche eine Steueranmeldung ist (§ 18 III 1 UStG). Da die Steueranmeldung zu einer Steuervergütung führt, tritt Tatvollendung erst mit Zustimmung des Finanzamtes zu der zu hohen Steuervergütung ein. Diese kann auch konkludent durch Auszahlung der Steuervergütung erfolgen.[189] Daher ist die Tat mit dem Zugang der EUR 10.000 auf dem Konto des A vollendet. ◄

cc) Versuch des § 370 I Nr. 2, 3 AO

Versuchsbeginn ist bei **Veranlagungssteuern** i. R. d. § 370 I Nr. 2, 3 AO das Verstreichenlassen der Erklärungsfristen,[190] ohne eine entsprechende Erklärung abgegeben zu haben.[191] Bei Veranlagungssteuern liegt Tatvollendung spätestens vor, wenn der hypothetische Veranlagungszeitpunkt erreicht ist.[192] Dies ist dann der Fall, wenn aufgrund der verspäteten Einreichung der Steuererklärung die Festsetzung erst erfolgt, nachdem die Veranlagungsarbeiten in dem betreffenden Bezirk für den maßgeblichen Zeitraum allgemein abgeschlossen sind.[193] Wird die Steuerfestsetzung durch Schätzung durchgeführt und weicht der geschätzte Betrag negativ von der materiell geschuldeten Steuer ab, ist die Tat bereits mit Wirksamkeit des Schätzungsbescheids vollendet.[194] Weicht der geschätzte Betrag hingegen positiv von der materiell geschuldeten Steuer ab, kann der Verkürzungserfolg i. S. d. § 370 IV 1 Hs. 1 AO nicht mehr eintreten. Der Versuch ist (bei entsprechender Kenntnis) fehlgeschlagen.[195]

---

[189] BFH U. v. 28.02.1996 – XI R 42/94 – DStR 1996, 747.
[190] Z. B. § 25 III, 1 EstG, § 14a 1 GewStG, § 31 Ia KStG, jeweils i. V. m. § 149 II 1 AO: jeweils sieben Monate nach Ablauf des Kalenderjahres, bei Abgabe durch einen steuerlichen Berater bis zum 28.2. des zweiten auf den Besteuerungszeitraum folgenden Jahres (§ 149 III AO).
[191] Schmitz/Wulf, in: MK-StGB, 4. Aufl. 2023, § 370 AO Rn. 490.
[192] Ransiek, in: Kohlmann, Steuerstrafrecht, 79. Lfg. 2023, § 370 AO Rn. 413; zur missbräuchlichen Verfahrenseinleitung nach Abschluss der Veranlagungsarbeiten durch die Ermittlungsbehörden Rolletschke, Steuerstrafrecht, 5. Aufl. 2021, Rn. 1/351.
[193] BGH B. v. 19.03.1991 – 5 StR 516/90 – NJW 1991, 2844.
[194] BGH B. v. 17.09.2019 – 1 StR 334/19 Rz. 10; BGH B v. 22.08.2012 – 1 StR 317/12 Rz. 14; Ransiek, in: Kohlmann, Steuerstrafrecht, 79. Lfg. 2023, § 370 AO Rn. 414.
[195] BGH B v. 22.08.2012 – 1 StR 317/12; Rolletschke, Steuerstrafrecht, 5. Aufl. 2021, Rn. 1/356.

Bei **Anmeldungssteuern** ist der objektive Tatbestand des § 370 I Nr. 2 AO – in Fällen, in denen es nicht zu einer Steuervergütung kommt – mit Ablauf der Anmeldefrist[196] durch In-Unkenntnis-Lassen über steuerlich erhebliche Tatsachen mit dem Taterfolg der nicht rechtzeitig festgesetzten Steuer verwirklicht.[197] Demnach ist ein Zurückbleiben des Taterfolges hinter dem Tatentschluss[198] und damit ein Versuch nicht denkbar.[199]

e) Täterschaft und Teilnahme

aa) Allgemeines

Vermittels § 369 II AO finden die §§ 25–27 StGB Anwendung. Zur Abgrenzung von Täterschaft und Teilnahme gelten die allgemeinen Grundsätze.[200] Bei § 370 I Nr. 1 AO handelt es sich unstreitig[201] um ein Allgemeindelikt.[202] Der BGH hat in neuerer Rspr. entschieden, dass auch das Unterlassungsdelikt des § 370 I Nr. 2 AO grundsätzlich von Jedermann verwirklicht werden kann.[203] Dies wird jedoch dadurch eingeschränkt, dass Täter einer Steuerhinterziehung durch Unterlassen gleichwohl nur derjenige sein kann, der selbst zur Aufklärung steuerlich erheblicher Tatsachen besonders verpflichtet ist.[204]

bb) Sonderfälle

Für Täterschaft und Teilnahme bei § 370 AO sind einzelne Fallgruppen von besonderer Relevanz.

---

[196] Jeweils abhängig von dem Steuertatbestand, vgl. § 18 I 1 UStG für Umsatzsteuervoranmeldungen, § 18 III 1 UStG für Umsatzsteuerjahreserklärung, § 41a I 1 EstG für Lohnsteueranmeldung.
[197] Vgl. § 370 IV 1 3. Var. AO; BGH U. v. 19.01.2011 – 1 StR 640/10 – wistra 2012, 484; BGH U. v. 11.12.1990 – 5 StR 519/90 – wistra 1991, 215; Ransiek, in: Kohlmann, Steuerstrafrecht, 79. Lfg. 2023, § 370 AO Rn. 416.
[198] Zu Nachweisproblemen des Tatentschlusses hinsichtlich der Festsetzungspraxis der Finanzbehörden vgl. Rolletschke DStZ 2001, 671; ders. wistra 2002, 332.
[199] Ransiek, in: Kohlmann, Steuerstrafrecht, 79. Lfg. 2023, § 370 Rn. 719.
[200] BGH U. v. 09.04.2013 – 1 StR 586/12 – NJW 2013, 2449; BGH B. v. 06.10.1989 – 3 StR 80/89 – NStZ 1990, 80; Pelz, in: Leitner/Rosenau, Wirtschafts- und Steuerstrafrecht, 2. Aufl. 2022, § 370 AO Rn. 177.
[201] Pelz, in: Leitner/Rosenau, Wirtschafts- und Steuerstrafrecht, 2. Aufl. 2022, § 370 AO Rn. 178; BGH B. v. 09.04.2013 – 1 StR 586/12 – NJW 2013, 2449.
[202] Zur Unterscheidung zwischen Allgemein- und Sonderdelikten statt aller B. Heinrich, AT, 7. Aufl. 2022, Rn. 172 ff.
[203] BGH B. v. 09.04.2013 – 1 StR 586/12 – NJW 2013, 2449 56 f.
[204] BGH B. v. 09.04.2013 – 1 StR 586/12 Rz. 64; Pelz, in: Leitner/Rosenau, Wirtschafts- und Steuerstrafrecht, 2. Aufl. 2022, § 370 AO Rn. 181; vgl. Auch §§ 34, 35 AO zu der Pflichtenstellung der gesetzlichen Vertreter und Verfügungsberechtigten.

e) Täterschaft und Teilnahme

Problematisch ist insofern die Täterschaft bei der **Zusammenveranlagung** von **Ehegatten** (§§ 26 I, 26b EStG) im Hinblick auf eine Strafbarkeit nach § 370 I Nr. 1 AO.[205] Beziehen sich die unrichtigen Angaben auf steuerliche Sachverhalte, die beide Ehegatten betreffen, kann Mittäterschaft i. S. d. § 25 II StGB vorliegen.[206] Betreffen die unrichtigen oder unvollständigen Angaben nur einen Ehegatten, ist die Frage der Strafbarkeit problematisch.[207] Das bloße Unterzeichnen der Steuererklärung bei Kenntnis der Unrichtigkeit soll für eine Mittäterschaft nicht ausreichen.[208] Eine Strafbarkeit wegen psychischer Beihilfe durch die bloße Mitunterzeichnung der Steuererklärung soll ebenfalls ausscheiden, die Falschangabe des anderen werde durch die Mitunterzeichnung nicht unterstützt, sie könne bei Einzelveranlagung ebenso abgegeben werden.[209] Eine Strafbarkeit durch Unterlassen nach § 370 I Nr. 2 AO scheitert mangels Offenbarungspflicht des Ehegatten für die Einkünfte des jeweils anderen.[210]

Des Weiteren ist die Beihilfestrafbarkeit von **Bankangestellten** problematisch. Unter dem Stichwort der neutralen Beihilfe werden tatbestandliche Restriktionen bei berufstypischem Verhalten erwogen.[211] Eine Beihilfestrafbarkeit läge demnach nur vor, wenn der Gehilfe positive Kenntnis von der Haupttat hatte. Ein bedingter Vorsatz genügte regelmäßig nicht, es sei denn, das von ihm erkannte Risiko strafbaren Verhaltens wäre derart hoch, dass er sich mit seiner Hilfeleistung die Förderung eines erkennbar tatgeneigten Täters angelegen sein ließ.[212] Der **anonymisierte Geldtransfer** ins Ausland durch Bankangestellte wurde von der Literatur teilweise auch als berufstypisch bezeichnet,[213] vom BGH[214] dann aber als weit über eine neutrale Tätigkeit hinausgehende objektive Förderung der Tat eingestuft, die demnach unter § 27 StGB falle.

Der **Steuerberater** kommt, je nach Fallkonstellation, sowohl als (unmittelbarer, mittelbarer oder Mit-)Täter als auch als Teilnehmer in Betracht.

---

[205] Vgl. Rolletschke, Steuerstrafrecht, 5. Aufl. 2021, Rn. 1/368 ff.; Pelz, in: Leitner/Rosenau, Wirtschafts- und Steuerstrafrecht, 2. Aufl. 2022, § 370 AO Rn. 179.
[206] Ransiek, in: Kohlmann, Steuerstrafrecht, 79. Lfg. 2023, § 370 AO Rn. 115.
[207] Rolletschke, Steuerstrafrecht, 5. Aufl. 2021, Rn. 1/368.
[208] BGH B. v. 17.04.2008 – 5 StR 547/07 – wistra 2008, 310 ff.; Ransiek, in: Kohlmann, Steuerstrafrecht, 79. Lfg. 2023, § 370 AO Rn. 115.2; Pelz, in: Leitner/Rosenau, Wirtschafts- und Steuerstrafrecht, 2. Aufl. 2022, § 370 AO Rn. 179.
[209] Ransiek, in: Kohlmann, Steuerstrafrecht, 79. Lfg. 2023, § 370 AO Rn. 115.3; BFH U. v. 16.04.2002 – IX R 40/00 – NJW 2002, 2495; a. A. Rolletschke, Steuerstrafrecht, 5. Aufl. 2021, Rn. 1/370.
[210] BGH B. v. 12.01.2005 – 5 StR 191/04 – NJW 2005, 763; Ransiek, in: Kohlmann, Steuerstrafrecht, 79. Lfg. 2023, § 370 AO Rn. 115.3.
[211] BGH B. v. 20.09.1999 – 5 StR 729/98 – NStZ 2000, 34; BGH U. v. 22.01.2014 – 5 StR 468/12 – NZWiSt 2014, 139 für die Beihilfe zum Betrug; Vgl. auch Hassemer wistra 1995, 41 ff.
[212] Pelz, in: Leitner/Rosenau, Wirtschafts- und Steuerstrafrecht, 2. Aufl. 2022, § 370 AO Rn. 192; BGH U. v. 22.01.2014 – 5 StR 468/12 – NZWiSt 2014, 139.
[213] Hassemer wistra, 1995, 42; Ransiek wistra 1997, 41; vgl. auch Rolletschke, Steuerstrafrecht, 5. Aufl. 2021, Rn. 1/371 m. w. N.
[214] BGH U. v. 01.08.2000 – 5 StR 624/99 – BGHSt 46, 107.

Fehlt dem Steuerberater der Vorsatz, ist eine mittelbare Täterschaft des Mandanten unter Verwendung eines undolosen Werkzeugs möglich.[215]

Für den Steuerberater soll die Restriktion des berufstypischen Verhaltens ebenfalls gelten.[216] Wenn dieser Erklärungen selbst abgibt und nicht als Erklärungsbote seines Mandanten auftritt, kommt bei vorsätzlichem Verhalten auf der Grundlage der Tatherrschaftslehre und entsprechenden Willens täterschaftliche Begehung in Betracht.[217] Dies verlässt den tradierten Kernbereich der Grundsätze des berufstypischen Verhaltens. Die diesbezüglichen Einschränkungen beziehen sich in der Rechtsprechung des BGH auf Fälle der Beihilfe. Ein der Lehre von der objektiven Zurechnung angenähertes Institut der „professionellen Adäquanz"[218] kann hingegen grundsätzlich auch täterschaftliche Delikte erfassen. Dies überzeugt zumindest für diejenigen Tatbestände, die trotz täterschaftlicher Begehung in zahlreichen Konstellationen lediglich die Förderung des rechtswidrigen Verhaltens eines anderen mit Strafe belegen. Ein solches erweitertes Verständnis kann sich auf das für die Geldwäsche inzwischen gesetzlich in § 261 I 3 StGB normierte „Verteidigerprivileg" stützen, das die Rechtsprechungsgrundsätze zur neutralen Beihilfe für bestimmte Berufsträger auf ein täterschaftliches Anschlussdelikt überträgt. Angesichts der sehr vergleichbaren Interessenlage liegt die Anwendung des beschriebenen Grundsatzes auf die vorliegende Konstellation nahe.[219] Ebenfalls diskutiert wird eine Strafbarkeit des Steuerberaters nach § 370 I Nr. 2 AO i. R. e. Garantenstellung aus Ingerenz.[220] Es gilt jedoch, dass auch eine Mittäterschaft oder mittelbare Täterschaft von Personen ausgeschlossen ist, denen nicht selbst die Erklärungspflichten obliegen, welche unterlassen worden sind.[221] Da der Steuerberater regelmäßig nicht seine eigenen steuerlichen Pflichten erfüllt, sondern diejenigen seines Mandanten, kommt er in diesen Fällen nicht als Täter einer Steuerhinterziehung durch Unterlassen in Betracht.

f) Insbesondere: Kapitalertragsteuer, sog. cum/cum- und cum/ex-Fälle

aa) Allgemeines

In der jüngeren Vergangenheit haben vor allem Fallgestaltungen im Zusammenhang mit der Kapitalertragsteuer und ihrer Anrechnung auf die Einkommen- bzw. Körperschaftsteuer im Inland unbeschränkt steuerpflichtiger (natürlicher oder juristischer)

---

[215] Rolletschke, Steuerstrafrecht, 5. Aufl. 2021, Rn. 1/365.
[216] BGH U. v. 15.05.2018 – 5 StR 468/12 – wistra 2014, 176; BFH B. v. 28.02.2023 – VII R 29/18 – BeckRS 2023, 18247; Stahlschmidt, Steuerstrafrecht, 2. Aufl. 2020, § 8 Rn. 17 ff.
[217] Pelz, in: Leitner/Rosenau, Wirtschafts- und Steuerstrafrecht, 2. Aufl. 2022, § 370 AO Rn. 193.
[218] Hassemer wistra 1995, 41 (81 ff.); vgl. bereits Gallandi wistra 1989, 127.
[219] So auch Stahlschmidt, Steuerstrafrecht, 2. Aufl. 2020, § 8 Rn. 17 ff.
[220] Vgl. Stahlschmidt, Steuerstrafrecht, 2. Aufl. 2020, § 8 Rn. 35 ff.
[221] BGH U. v. 22.05.2003 – 5 StR 520/02 – NJW 2003, 2914; BGH U. v. 24.10.2002 – 5 StR 600/01 – wistra 2003, 446 (447); Ransiek, in: Kohlmann, Steuerstrafrecht, 79. Lfg. 2023, § 370 AO Rn. 87.

f) Insbesondere: Kapitalertragsteuer, sog. cum/cum- und cum/ex-Fälle

Personen juristisches[222] und auch mediales[223] Aufsehen erregt, nicht zuletzt wegen der erheblichen Schadenssummen.[224] Im Mittelpunkt standen angesichts der hohen Liquidität, die bei den zumindest den gesetzlichen Zielen widersprechenden Transaktionen in erheblichem Umfang die Auffälligkeit mindert und die Absatzmöglichkeit gewährleistet, sowie angesichts der vergleichsweise geringen Schwankungen bzgl. Kurs und Dividendenhöhe Aktien börsennotierter Gesellschaften, insbesondere von DAX-Unternehmen.[225]

Kapitalerträge aus Aktien sind vor allem Kursgewinne, d. h. die Differenz zwischen Kauf- und Verkaufspreis (§ 20 II 1 Nr. 1 EStG), und Dividenden gemäß § 20 I Nr. 1 EStG, d. h. Anteile am Unternehmensgewinn, die regelmäßig durch Gewinnverteilungsbeschluss unter den Aktionären als „Unternehmenseignern"[226] verteilt werden. Die Kapitalerträge unterliegen der Kapitalertragsteuer nach Maßgabe der §§ 43 ff. EStG; sie beträgt gemäß § 43a I 1 Nr. 1 EStG grds. 25 % zzgl. Solidaritätszuschlag. Die Steuer wird (ähnlich wie die Lohnsteuer) nicht vom Steuerschuldner, dem Gläubiger der Kapitalerträge, sondern von einer anderen Person nach Maßgabe des § 44 I 3, 4 EStG einbehalten und entrichtet. Die differenzierende Regelung ist der Vielzahl der Beteiligten (Käufer und Verkäufer, ggf. Verleiher, Emittent, mehrere Depotbanken, Clearing-Stelle)[227] geschuldet. Im Fall der Dividendenzahlung, auf die sich sowohl cum/cum- als auch cum/ex-Modelle beziehen, wird die Steuer regelmäßig von dem Schuldner der Kapitalerträge (§ 44 I 3

---

[222] Vgl. nur Nickel, Die steuerstrafrechtliche Bewertung von Cum/Ex-Geschäften, 2021; Westermann, Zivilrechtliche Folgen steuerlicher Rechtsirrtümer bei Cum-/Ex-Geschäften, 2018; Mülbert/Sajnovits NJW 2022, 353; Rau DStR 2021, 6; ders. DStR 2013, 838; Spengel/Eisgruber DStR 2015, 785; Florstedt NZG 2017, 601; Wolf NZWiSt 2020, 257; Sartorius/Henckel DStR 2022, 1022; Asmus/Werneburg DStR 2018, 1527; Schmid DStR 2021, 1203; aus der Rspr. vgl. BGH U. v. 28.07.2021 – 1 StR 519/20 (Cum/Ex) – BGHSt 66, 182 = NJW 2022, 90 = NStZ 2022, 176 = StV 2021, 819 (Anm. Heger Lindemann/Bauerkamp wistra 2021, 487; NZWiSt 2021, 443; Saliger NJW 2022, 17; Florstedt NStZ 2022, 129; Bittmann NStZ 2022, 184; Schmid wistra 2022, 265); OLG Frankfurt B. v. 09.03.2021 – 2 Ws 132/20 (Cum/Ex) – NJW 2021, 1969 = StV 2021, 456 (Anm. Mosbacher NJW 2021, 1916; Puppe NStZ 2021, 596; Ransiek StV 2021, 458; Fölsing HRRS 2021, 418; Wulf/Peters wistra 2021, 231; Adick/Linke NZWiSt 2021, 238); LG Bonn U. v. 18.03.2020 – 62 KLs – 213 Js 41/19 – 1/19 (Cum/Ex) (Anm. Rieks/Schneider NZWiSt 2021, 115; Sommerer NZWiSt 2022, 261); BFH U. v. 02.02.2022 – I R 22/20 – NJW 2022, 1038 = DStR 2022, 525 (Anm. Hanslik NZWiSt 2022, 285); FG Hessen U. v. 28.01.2020 – 4 K 890/17 – IStR 2020, 628.

[223] Vgl. nur https://www.deutschlandfunk.de/cum-ex-geschaefte-wie-das-verwirrspiel-mit-aktien-100.html, https://www.zeit.de/wirtschaft/2023-06/cum-cum-geschaefte-finanzamt-hamburg-wartburgbank, https://www.handelsblatt.com/finanzen/banken-versicherungen/cum-ex/cum-ex-skandal-durchgeknallt-hamburger-beamter-wetterte-gegen-koelner-chef-ermittlerin/29298856.html, https://www.faz.net/aktuell/finanzen/cum-ex-skandal-15-millionen-euro-kaution-nach-festnahme-18977333.html, abgerufen am 06.10.2023.

[224] BT-Drs. 16/2712, 47; Rau DStR 2013, 838; Spengel/Eisgruber DStR 2015, 785 (786).

[225] Vgl. OLG Frankfurt B. v. 09.03.2021 – 2 Ws 132/20 – NZWiSt 2021, 229; Derlien/Kern BB 2013, 1943.

[226] Vgl. auch BGH B. v. 28.08.2021 – 1 StR 506/20 – NJW 2021, 3606 (Anm. Oesterle NStZ 2022, 413; Gehm NZWiSt 2022, 13).

[227] Ausführlich Schmid DStR 2021, 1203 (1210).

EStG), d. h. dem Verkäufer oder Emittenten,[228] entrichtet. Wiederum ähnlich wie beim Arbeitslohn kann eine im Inland unbeschränkt steuerpflichtige Person als Gläubiger der Dividende, mithin der Steuerschuldner, nicht aber die Person, die die Steuer entrichtet hat, die gezahlte Kapitalertragsteuer gemäß § 36 II Nr. 2 EStG (vgl. auch § 8b I KStG) auf die Einkommensteuer anrechnen und, wenn die Einbehalte insgesamt die Steuerschuld übersteigen, Erstattung an sich verlangen.

Beispiel

A hält 1000 Aktien der D-AG. Deren Hauptversammlung beschließt im September 2023 eine Dividendenausschüttung von 10 € pro Aktie. Wie ist hinsichtlich der Auszahlung zu verfahren? ◄

Lösung

Die D-AG schuldet A eine Bruttodividende von 10.000 €. Auf diese entfällt gemäß § 43a I 1 Nr. 1 EStG eine Kapitalertragsteuer von 25 %, mithin 2500 €. Diese muss sie gemäß §§ 44 I 3 1. Var. i. V. m. 43 I 1 Nr. 1, 20 I Nr. 1 EStG für Rechnung des A selbst einbehalten und entrichten. A erhält gemäß § 45a II 1 Nr. 1 EStG eine Bescheinigung, die es ihm ermöglicht, die Steuerzahlung von 2500 € auf seine Einkommensteuer anzurechnen und im Falle einer niedrigeren Einkommensteuerschuld eine Steuererstattung zu erlangen. ◄

In diesem Grundfall entstehen keine Probleme; der Steuerabzug erfüllt seinen Zweck, das Steueraufkommen zu sichern und den Steuerschuldner vor Spekulationen mit wirtschaftlich fremdem Vermögen zu schützen.

Komplexität und Missbrauchspotenzial folgen daraus, dass Dividenden stichtagsbezogen gezahlt werden, die Person des Dividendengläubigers und die steuerrechtlichen Modalitäten sich also grundsätzlich danach richten, wer zivilrechtlicher Eigentümer der Aktie (bzw. im heute üblichen Fall der Dauerglobalurkunde Miteigentümer der Sammelurkunde) ist. Da die Übereignung unter Einbeziehung der Depotbanken jedoch dem hohen Geschwindigkeitsbedürfnis des Kapitalmarktes nicht gerecht wird, werden Aktien und andere Wertpapiere auf der Grundlage bloßer Übereignungsansprüche gehandelt; die Computersysteme der Börsen stellen sicher, dass der Käufer einer Aktie diese unmittelbar weiter-, der Verkäufer sie nicht erneut verkaufen kann, obwohl das zivilrechtliche Eigentum noch nicht übergegangen ist. Der Stichtagsbezug prägt darüber hinaus naturgemäß den Kurs, d. h. den Preis einer Aktie an der Börse. Eine Aktie mit Dividendenanspruch in naher Zukunft („cum") ist wertvoller als eine Aktie ohne einen solchen Anspruch („ex"). Die aus diesem komplexen Gefüge entstehenden Regelungsschwierigkeiten haben in dem Bestreben, etwaige Regelungslücken zu schließen, zu zahlreichen Änderungen des Kapitalertragsteuerrechts geführt.[229]

---

[228] Schmid DStR 2021, 1203 (1209 f.).
[229] Zuletzt etwa Jahressteuergesetz 2022, BGBl. I 2022, 2294; Gesetz zur Modernisierung des Körperschaftsteuerrechts, BGBl. I 2021, 2050; Jahressteuergesetz 2020, BGBl. I 2020, 3096; Gesetz zur Einführung einer Pflicht zur Mitteilung grenzüberschreitender Steuergestaltungen, BGBl. I 2019, 2875.

f) Insbesondere: Kapitalertragsteuer, sog. cum/cum- und cum/ex-Fälle

Beispiel

A hält 1000 Aktien der D-AG. Diese verkauft er am 01.09.2023 an B. Am selben Tag beschließt die Hauptversammlung der D-AG eine Dividendenausschüttung von 10 € pro Aktie. Am 02.09.2023 verkauft B 500 Aktien der D-AG zu einem niedrigeren Preis an C. ◄

Lösung

Klar ist, dass B als Erwerber der „cum"-Aktien die Dividende i. H. v. 10.000 € abzüglich der Kapitalertragsteuer i. H. v. 2500 € sowie eine Bescheinigung über diesen Steuerabzug erhalten muss. Wie aber die Zahlung erfolgt – unmittelbar von der D-AG an B oder unter Einschaltung von A – und wer die Kapitalertragsteuer entrichtet – die D-AG oder eine Depotbank –, übersteigt den Stoff eines steuerstrafrechtlichen Lehrbuchs, zumal insbesondere für die sog. cum/ex-Fälle primär die teilweise abweichende Rechtslage zwischen 2007 und 2011 relevant ist. ◄

bb) Sog. cum/ex-Fälle

(a) Grundlagen

Schon aus der Bezeichnung der Fallgruppe ist ersichtlich, dass die Aktien im sog. cum/ex-Geschäft mit Dividendenanspruch verkauft werden, aber jedenfalls die zivilrechtliche Übereignung nach der Dividendenausschüttung erfolgt.[230] Die Konstellation ähnelt somit dem obigen Beispiel. Ziel des Verfahrens ist, für unterschiedliche Personen mehrere Bescheinigungen über die Entrichtung der Kapitalertragsteuer auf eine Dividende zu erlangen, um diese mehrfach auf Einkommen- bzw. Körperschaftsteuer anzurechnen und ggf. Erstattungen zu verlangen, obwohl die Steuer nur ein mal entrichtet wurde.[231] Dass so der Eindruck entsteht, es werde dem Staatsvermögen nicht nur kein Geld hinzugefügt, sondern ein aktiver Mittelabfluss herbeigeführt, dürfte für die starke Fokussierung der Öffentlichkeit auf sog. cum/ex-Geschäfte, auch im Vergleich zu den sog. cum/cum-Geschäften, zumindest mitursächlich sein.[232] Es ist in jedem einzelnen Fall zumindest möglich, dass die Erstattungen die Steuervorauszahlungen an anderer Stelle nicht übersteigen und dem Staat insofern „lediglich" Steuereinnahmen entgingen. Im Nachgang der „Entdeckung" der Praktik wurde das Steuerrecht so nachgebessert, dass im aktuellen Recht keine Methode bekannt ist, um mehrere Bescheinigungen über die Entrichtung derselben Kapitalertragsteuer zu erlangen.[233] Die Diskussion bezieht sich

---

[230] LG Bonn U. v. 18.03.2020 – 62 KLs – 213 Js 41/19 – 1/19 (Cum/Ex) (Anm. Rieks/Schneider NZWiSt 2021, 115; Sommerer NZWiSt 2022, 261); Rau DStR 2021, 6 m. w. N.
[231] BGH U. v. 28.07.2021 – 1 StR 519/20 (Cum/Ex) – BGHSt 66, 182 = NJW 2022, 90 = NStZ 2022, 176 = StV 2021, 819 (Anm. Heger Lindemann/Bauerkamp wistra 2021, 487; NZWiSt 2021, 443; Saliger NJW 2022, 17; Florstedt NStZ 2022, 129; Bittmann NStZ 2022, 184; Schmid wistra 2022, 265).
[232] So wird verbreitet von „Steuerraub" gesprochen, vgl. nur https://taz.de/Cum-Ex-Steuerraub/!5825357/, abgerufen am 06.10.2023.
[233] Vgl. die Nachweise in Fn. 139.

vielmehr auf die Rechtslage zwischen 2007 und 2011, in der sog. cum/ex-Geschäfte an der Frankfurter Wertpapierbörse in großem Umfang durchgeführt wurden.[234]

(b) Fallgestaltung

Im obigen Beispielsfall, in dem ein sog. Bestandsverkäufer tätig wird, der Verkäufer im Verkaufszeitpunkt also Eigentümer der verkauften Aktien ist, wurde nach den Börsenusancen ein Sperrvermerk in das Depot des Verkäufers eingetragen, wenn er die Aktie kurz vor dem Dividendenstichtag verkaufte.[235] Dies schloss die Erlangung mehrerer Bescheinigungen aus. Ein Sperrvermerk konnte jedoch nicht eingetragen werden, wenn der Verkäufer die Aktien im Verkaufszeitpunkt nicht im Depot hielt, sondern selbst erst zu einem späteren Zeitpunkt – nämlich schuldrechtlich vor, sachenrechtlich aber erst nach dem Gewinnverteilungsbeschluss oder überhaupt nicht – erwarb.[236] Der Verkauf einer Aktie, an der der Verkäufer im Verkaufszeitpunkt kein Eigentum hat, ist entsprechend dem allgemeinen Schuld- und Sachenrecht im deutschen Recht grundsätzlich zulässig, angesichts der Liquidität der Börsen besteht zudem praktisch kein Risiko der Unmöglichkeit gemäß § 275 I 1. Var. BGB.

Diese sog. Leerverkäufe[237] sind jenseits der sog. cum/ex-Geschäfte[238] eine im Nachgang der Finanzkrise in der EU stark regulierte, aber legale Praktik.[239] Sie wird wegen ihrer Eignung zur Spekulation auf fallende Kurse durch den Leerverkäufer kritisiert, andere Akteure betonen jedoch ihre Bedeutung für die Stabilität des Finanzsystems, da durch einen Leerverkauf das Risiko abgesichert werden kann, das durch einen eigenen Kauf desselben Finanzinstruments zu einem späteren Termin entsteht.[240] Die insbesondere in der medialen Debatte häufig vermengten Aspekte sind für die rechtliche Beurteilung indes zu trennen: Zumindest sog. gedeckte Leerverkäufe waren und sind legal, sie stellen auch kein Indiz für rechtswidriges Vorgehen dar.

Der Leerverkäufer verkaufte die Aktie „cum" an den Käufer und kaufte sie danach selbst von einem Dritten ein. Er erhielt von der Gesellschaft, deren Aktie verkauft wurde, oder von seinem Verkäufer die Dividende abzüglich der Kapitalertrag-

---

[234] BGH U. v. 28.07.2021 – 1 StR 519/20 (Cum/Ex) – BGHSt 66, 182 = NJW 2022, 90 = NStZ 2022, 176 = StV 2021, 819 (Anm. Heger Lindemann/Bauerkamp wistra 2021, 487; NZWiSt 2021, 443; Saliger NJW 2022, 17; Florstedt NStZ 2022, 129; Bittmann NStZ 2022, 184; Schmid wistra 2022, 265).
[235] Schmid DStR 2021, 1203 (1206).
[236] BFH U. v. 02.02.2022 – I R 22/20 – NJW 2022, 1038 = DStR 2022, 525 Rn. 43 (Anm. Hanslik NZWiSt 2022, 285).
[237] Zum Begriff Hakenberg, in: Weber, Rechtswörterbuch, 30. Ed. 2023, „Leerverkauf".
[238] Dem Wortsinn entsprechend wurde namentlich vor 2007 als cum/ex-Geschäft jeder Verkauf über den Dividendenstichtag bezeichnet. Auch diese Praktik war und ist legal. Im Folgenden werden mit dem Begriff aber entsprechend dem heutigen allgemeinen Sprachgebrauch die beschriebenen Leerverkäufe zur praktisch risikolosen Erlangung einer Steueranrechnung bezeichnet.
[239] Vgl. VO (EO) 236/2012 des Europäischen Parlaments und des Rates vom 14. März 2012 über Leerverkäufe und bestimmte Aspekte von Credit Default Swaps (Leerverkaufs-VO).
[240] Splinter/Gansmeier ZHR 184 (2020), 761 (768).

f) Insbesondere: Kapitalertragsteuer, sog. cum/cum- und cum/ex-Fälle

steuer, welche die Gesellschaft an den Staat entrichtete, sowie eine Bescheinigung, die es ihm erlaubte, die Kapitalertragsteuer auf seine Einkommen- bzw. Körperschaftsteuer anzurechnen. Nach dem Dividendenstichtag übertrug er die Aktie – nunmehr „ex" Dividende – auf den Käufer.[241] Da aber die Dividende den Preis der Aktie prägt – vereinfacht modelliert entspricht der Preis „cum" dem Preis „ex" zuzüglich der Dividende -, war der Leerverkäufer vertraglich verpflichtet, die Dividende an den Käufer weiterzuleiten.[242] Jenseits der rechtlichen Einordnung (dazu sogleich) entsprach es den Usancen an der Börse und im außerbörslichen (sog. over-the-counter-, OTC-)Handel, dass – über die Depotbanken von Leerverkäufer und Käufer sowie eine Clearing-Stelle – zumindest bei Einschaltung ausländischer Kreditinstitute der Leerverkäufer an den Käufer nur die Nettodividende, d. h. den um die Kapitalertragsteuer geminderten Betrag zahlte.[243] Dafür stellte die Depotbank des Käufers diesem eine (zweite) Bescheinigung über die Entrichtung der Kapitalertragsteuer aus, die dieser auf seine Einkommen- bzw. Körperschaftsteuer anrechnete. Der Verkäufer entrichtete die Kapitalertragsteuer jedoch nicht erneut an den Staat.[244]

Für den Fall einer Aktie mit einem „ex"-Wert von 100 € und einer Dividende von 10 € folgt daraus, wenn die Anrechnung mit einem Gewinn gleichgesetzt wird:

Leerverkäufer		Käufer	
Kaufpreis vom Käufer	+110 €	Kaufpreis an Verkäufer	–110 €
Kaufpreis für Deckungsgeschäft	–110 €	Übertragung „ex"-Aktie	+100 €
Auszahlung Nettodividende	+7,50 €	Weiterleitung Nettodividende	+7,50 €
Weiterleitung Nettodividende	–7,50 €	Anrechnung Kapitalertragsteuer	+2,50 €
Anrechnung Kapitalertragsteuer	+2,50 €		
Gesamt	+2,50 €	Gesamt	0,00 €

Wenn der Käufer zur Minimierung von Kursrisiken die Aktie unmittelbar weiterverkauft und die Beteiligten jeweils die Anrechnung der nur ein mal entrichteten Kapitalertragsteuer erreichen, ergibt sich ein Gewinn von 2,50 €, den die Beteiligten untereinander durch weitere, abgesprochene Aktiengeschäfte verteilten.[245] Dieses Minimalbeispiel ist stark vereinfacht, zeigt aber das Grundprinzip der sog. cum/

---

[241] Hennigfeld, in: BeckOK-AO, 25. Ed. 2023, § 42 Rn. 370; Rau DStR 2021, 6.
[242] LG Bonn U. v. 18.03.2020 – 62 KLs – 213 Js 41/19 – 1/19 (Cum/Ex) (Anm. Rieks/Schneider NZWiSt 2021, 115; Sommerer NZWiSt 2022, 261); Schmid DStR 2021, 1203 (1209 f.).
[243] LG Bonn U. v. 18.03.2020 – 62 KLs – 213 Js 41/19 – 1/19 (Cum/Ex) (Anm. Rieks/Schneider NZWiSt 2021, 115; Sommerer NZWiSt 2022, 261); Schmid DStR 2021, 1203 (1209).
[244] BGH U. v. 28.07.2021 – 1 StR 519/20 (Cum/Ex) – BGHSt 66, 182 = NJW 2022, 90 = NStZ 2022, 176 = StV 2021, 819 (Anm. Heger Lindemann/Bauerkamp wistra 2021, 487; NZWiSt 2021, 443; Saliger NJW 2022, 17; Florstedt NStZ 2022, 129; Bittmann NStZ 2022, 184; Schmid wistra 2022, 265).
[245] BGH U. v. 28.07.2021 – 1 StR 519/20 (Cum/Ex) – BGHSt 66, 182 = NJW 2022, 90 = NStZ 2022, 176 = StV 2021, 819 (Anm. Heger Lindemann/Bauerkamp wistra 2021, 487; NZWiSt 2021, 443; Saliger NJW 2022, 17; Florstedt NStZ 2022, 129; Bittmann NStZ 2022, 184; Schmid wistra 2022, 265).

ex-Geschäfte auf. Gegenstand der rechtlichen Diskussion ist die Frage, ob das cum/ex-Modell legal war, ob der Leerverkäufer oder der Käufer die Kapitalertragsteuer trotz Bescheinigung nicht hätte anrechnen dürfen oder ob die Kapitalertragsteuer ein zweites Mal hätte entrichtet werden müssen. An die steuerrechtliche Beurteilung schließt sich ggf. die Frage an, ob ein etwaiges steuerrechtswidriges Verhalten auch eine strafbare Steuerhinterziehung darstellt.

(c) Mehrfachzurechnung der Aktie?
Gemäß §§ 36 II Nr. 2 i. V. m. 43 I 1 Nr. 1, 20 I Nr. 1, 44 I 3 1. Var. EStG führen Einbehalt und Entrichtung der Kapitalertragsteuer auf die Dividende durch die Aktiengesellschaft zu einem anrechenbaren Steuerabzug für den Gläubiger der Kapitalerträge, d. h. hier den Gläubiger der Dividende. Dies ist gemäß § 20 V 1 EStG der Anteilseigner, welcher in § 20 V 2 EStG durch einen Verweis auf § 39 AO für den Zeitpunkt des Gewinnverteilungsbeschlusses legaldefiniert wird. § 39 AO regelt die Zurechnung von Wirtschaftsgütern und bestimmt in Abs. 1 grundsätzlich die Zurechnung zum (zivilrechtlichen) Eigentümer. Die verbreitete Differenzierung zwischen zivilrechtlichem und „wirtschaftlichem" Eigentum,[246] die sich im Gesetz nicht wiederfindet, ist demgegenüber wenig geglückt und trägt gerade in den sog. cum/ex-Fällen nicht zur präzisen Bezeichnung der Rechtsprobleme bei.

Da durch die Aktiengesellschaft Kapitalertragsteuer auf die Dividende entrichtet wurde, handelt derjenige, dem die Aktie im maßgeblichen Zeitpunkt zugerechnet wird, durch die Anrechnung rechtmäßig. Sollte die Aktie zugleich dem Leerverkäufer und dem Käufer zugerechnet werden, sind sog. cum/ex-Geschäfte vorbehaltlich des Umgehungsverbots des § 42 AO bereits steuerrechtlich legal.[247]

Die eine mehrfache Zurechnung von Aktien und somit die Rechtmäßigkeit der Geschäfte bejahende Auffassung stützt sich maßgeblich auf das „Dividendenstripping"-Urteil des BFH vom 15.12.1999.[248] Im Wortsinn handelt es sich auch bei dem dort entschiedenen Sachverhalt um ein cum/ex-Geschäft,[249] indes erfolgte

---

[246] Etwa Schmid DStR 2021, 1203 (1207 ff.); Rau DStR 2021, 6; Hennigfeld, in: BeckOK-AO, § 42 Rn. 370; aus der Rspr. BGH U. v. 28.07.2021 – 1 StR 519/20 (Cum/Ex) – BGHSt 66, 182 = NJW 2022, 90 = NStZ 2022, 176 = StV 2021, 819 (Anm. Heger Lindemann/Bauerkamp wistra 2021, 487; NZWiSt 2021, 443; Saliger NJW 2022, 17; Florstedt NStZ 2022, 129; Bittmann NStZ 2022, 184; Schmid wistra 2022, 265); OLG Frankfurt B. v. 09.03.2021 – 2 Ws 132/20 (Cum/Ex) – NJW 2021, 1969 = StV 2021, 456 (Anm. Mosbacher NJW 2021, 1916; Puppe NStZ 2021, 596; Ransiek StV 2021, 458; Fölsing HRRS 2021, 418; Wulf/Peters wistra 2021, 231; Adick/Linke NZWiSt 2021, 238); LG Bonn U. v. 18.03.2020 – 62 KLs – 213 Js 41/19 – 1/19 (Cum/Ex) (Anm. Rieks/Schneider NZWiSt 2021, 115; Sommerer NZWiSt 2022, 261); BFH U. v. 02.02.2022 – I R 22/20 – NJW 2022, 1038 = DStR 2022, 525 (Anm. Hanslik NZWiSt 2022, 285); FG Hessen U. v. 28.01.2020 – 4 K 890/17 – IStR 2020, 628.

[247] Vgl. LG Bonn U. v. 18.03.2020 – 62 KLs – 213 Js 41/19 – 1/19 (Cum/Ex) (Anm. Rieks/Schneider NZWiSt 2021, 115; Sommerer NZWiSt 2022, 261).

[248] BFH U. v. 15.12.1999 – I R 29-97 – BFHE 190, 446.

[249] Zum Begriff eingehend LG Bonn U. v. 18.03.2020 – 62 KLs – 213 Js 41/19 – 1/19 (Cum/Ex) (Anm. Rieks/Schneider NZWiSt 2021, 115; Sommerer NZWiSt 2022, 261).

f) Insbesondere: Kapitalertragsteuer, sog. cum/cum- und cum/ex-Fälle

ein sog. Bestandsverkauf, d. h. der Verkäufer war im Verkaufszeitpunkt bereits Eigentümer der Aktien, und das Ziel des Geschäfts bestand nicht in der Erlangung mehrerer Bescheinigungen über die Entrichtung derselben Kapitalertragsteuer.[250] Die Sachverhalte sind aber auch insofern vergleichbar, als der Käufer im „Dividendenstripping"-Fall seinem Verkäufer kurz nach dem Gewinnverteilungsbeschluss Aktien „ex" Dividende „zurück" verkaufte und bei summarischer Betrachtung nur für wenige Stunden (zusätzliche) Aktien im gekauften Umfang hielt. Der Fall brachte die Frage zur höchstrichterlichen Entscheidung, wem eine bereits verkaufte, aber noch im Eigentum des Verkäufers stehende Aktie „cum" Dividende i. S. d. § 39 AO zuzurechnen ist, ob dem Käufer also die Dividende zusteht oder ob er nur eine Ausgleichszahlung des Verkäufers i. S. d. heutigen § 20 I Nr. 1 4 EStG erhält.[251] Für die bekannt gewordenen sog. cum/ex-Fälle ist diese Unterscheidung insofern relevant, als nur für die „echte" Dividende Kapitalertragsteuer entrichtet wurde. Die Ausgleichszahlung ist ein separater Kapitalertrag, für den zumindest im Wortsinn keine Steuer entrichtet wurde, was die Anrechnung auf die Einkommen- bzw. Körperschaftsteuer jedenfalls in die Nähe einer Straftat nach § 370 AO rückt.[252] Der BFH rechnete die Aktien nicht dem Verkäufer, sondern gemäß § 39 II Nr. 1 AO abweichend dem Käufer zu. Dieser habe Herrschaft und Ausschließungsmacht über die Aktien i. S. d. § 39 II Nr. 1 1 AO. Dies wird in einer Gesamtbetrachtung nicht nur mit der im entschiedenen Sachverhalt erfolgten Durchführung eines Übergabesurrogates und der daraus folgenden Entstehung eines Anwartschaftsrechts, sondern maßgeblich damit begründet, dass nach den Börsenusancen dem Käufer die Position auch vor der zivilrechtlichen Übereignung nicht mehr entzogen werden konnte, mithin eine tatsächliche Anwartschaft bestand und der Käufer bereits das Kursrisiko für „seine" zukünftigen Aktien trug. Ausdrücklich wurde es als unschädlich eingestuft, dass dieses Kursrisiko durch den umgehenden Rückverkauf minimiert wurde.[253]

Zu den bekannt gewordenen sog. cum/ex-Fällen entschieden BGH[254] und BFH[255] demgegenüber, dass die Aktien nicht dem Käufer, sondern gemäß § 39 I AO dem (Leer-)Verkäufer zuzurechnen seien. Eine abweichende Zurechnung gemäß § 39 II Nr. 1 AO scheide bei Leerverkäufen aus, da im Verkaufszeitpunkt (und auch noch im Zeitpunkt des Gewinnverteilungsbeschlusses) nicht feststehe, welche Aktien übertragen würden, sodass die Herrschaftsmacht des unbekannten Voreigentümers un-

---

[250] BFH U. v. 15.12.1999 – I R 29-97 – BFHE 190, 446.
[251] Eingehend Schmid DStR 2021, 1203 (1208 ff.).
[252] LG Bonn U. v. 18.03.2020 – 62 KLs – 213 Js 41/19 – 1/19 (Cum/Ex) (Anm. Rieks/Schneider NZWiSt 2021, 115; Sommerer NZWiSt 2022, 261).
[253] BFH U. v. 15.12.1999 – I R 29-97 – BFHE 190, 446.
[254] BGH U. v. 28.07.2021 – 1 StR 519/20 (Cum/Ex) – BGHSt 66, 182 = NJW 2022, 90 = NStZ 2022, 176 = StV 2021, 819 (Anm. Heger Lindemann/Bauerkamp wistra 2021, 487; NZWiSt 2021, 443; Saliger NJW 2022, 17; Florstedt NStZ 2022, 129; Bittmann NStZ 2022, 184; Schmid wistra 2022, 265).
[255] BFH U. v. 02.02.2022 – I R 22/20 – NJW 2022, 1038 = DStR 2022, 525 (Anm. Hanslik NZWiSt 2022, 285).

beschränkt sei.²⁵⁶ Diese Differenzierung ist indes in mehrfacher Hinsicht nicht frei von Zweifeln: Zunächst ist das gesetzliche Kriterium der Einwirkungs- und Ausschließungsmacht wie auch die Regelung des § 39 I AO ersichtlich auf Sachen zugeschnitten, vgl. zum Sacheigentum § 903 BGB. Obgleich auch die heute flächendeckend eingesetzten girosammelverwahrten Dauerglobalurkunden (§ 9a DepotG) nach h. M. Sachen sind und nach den §§ 929 ff. BGB übereignet werden,²⁵⁷ sind die tradierten Eigentumsbefugnisse zumindest stark eingeschränkt, insbesondere da die Ausstellung einer Einzelurkunde regelmäßig nicht verlangt werden kann. Für Börsengeschäfte tritt selbst diese abgeschwächte Rechtsposition zugunsten elektronischer Positionen im Börsensystem zurück.²⁵⁸ Dies spricht dafür, wie im „Dividendenstripping"-Urteil weniger die Einwirkungsmacht und wie bei immateriellen Wirtschaftsgütern stärker die wirtschaftliche Nutzung und Risikotragung zu betonen. Diesbezüglich ist zu beachten, dass Aktien fungibel, d. h. untereinander austauschbar sind. Eine einzelne Aktie kann jedenfalls bei Sammelurkunden nicht nachverfolgt werden; auch bei einem Bestandsverkauf ist nicht ausgeschlossen, dass sich die letztlich übereigneten Aktien bei Vertragsschluss noch nicht im Depot des Verkäufers befanden. Größere Bedeutung erlangen somit die Börsenusancen und elektronische Positionen im Börsensystem, die auch aufgrund umfangreicher Vertragswerke in nahezu allen Fällen ein dingliches Erfüllungsgeschäft zur Folge haben.²⁵⁹ Bei sog. ungedeckten Leerverkäufen, bei denen der Leerverkäufer nicht nur kein Eigentum an den verkauften Aktien, sondern diese nicht einmal geliehen hat, kann die hinreichende tatsächliche Anwartschaft im Verkaufszeitpunkt noch verneint werden, da zumindest das abstrakte Risiko eines „short squeeze"²⁶⁰ besteht und noch kein Bezug zu einem konkreten Aktiendepot besteht. Da aber der Leerverkäufer in sog. cum/ex-Fällen (anders als im Regelfall des Leerverkaufs) zeitnah und insbesondere vor dem nach § 20 V 2 EStG maßgeblichen Zeitpunkt des Gewinnverteilungsbeschlusses ein Deckungsgeschäft tätigt, spricht viel dafür, ab diesem Zeitpunkt die Aktie gemäß § 39 II Nr. 1 AO dem Käufer zuzurechnen, der dann das alleinige Kursrisiko trägt.²⁶¹ Die „Ausgleichszahlung" des Leerverkäufers an den Käufer stellt sich auf dieser Grundlage als Weiterleitung einer „echten" Dividende i. S. d. § 20 I Nr. 1 1 EStG dar, die dem Käufer als Anteilseigner zusteht.²⁶²

Eine stark auf die Usancen und Abläufe der Börse abstellende Auffassung hält es auf dieser Grundlage für möglich, dass die Aktie zugleich mehreren Personen zugerechnet wird, namentlich dem Leerverkäufer und dem Käufer. Beide Zahlungen

---

²⁵⁶ BGH U. v. 28.07.2021 – 1 StR 519/20 (Cum/Ex) – BGHSt 66, 182 = NJW 2022, 90 = NStZ 2022, 176 = StV 2021, 819 (Anm. Heger Lindemann/Bauerkamp wistra 2021, 487; NZWiSt 2021, 443; Saliger NJW 2022, 17; Florstedt NStZ 2022, 129; Bittmann NStZ 2022, 184; Schmid wistra 2022, 265); BFH U. v. 02.02.2022 – I R 22/20 – NJW 2022, 1038 = DStR 2022, 525 (Anm. Hanslik NZWiSt 2022, 285).
²⁵⁷ Nickel, Die steuerstrafrechtliche Bewertung von Cum/Ex-Geschäften, 2021, 15 f. m. w. N.
²⁵⁸ Schmid DStR 2021, 1203 (1204 f.).
²⁵⁹ Vgl. Schmid DStR 2021, 1203 (1204 f.).
²⁶⁰ Zum Begriff https://de.wikipedia.org/wiki/Short_Squeeze, abgerufen am 06.10.2023.
²⁶¹ Vgl. BFH U. v. 15.12.1999 – I R 29-97 – BFHE 190, 446.
²⁶² Im Ergebnis auch Schmid DStR 2021, 1203 (1207 f.).

f) Insbesondere: Kapitalertragsteuer, sog. cum/cum- und cum/ex-Fälle

seien somit als „echte" Dividende zu qualifizieren und die Steuerlücke müsse dadurch vermieden werden, dass die an der Zahlung des Leerverkäufers an den Käufer beteiligten Depotbanken erneut Kapitalertragsteuer einbehielten und entrichteten.[263] Zu einer solchen vollständigen Gleichsetzung von elektronischen Positionen im Börsensystem und Zurechnung gemäß § 39 AO besteht indes kein Anlass: Bereits der Wortlaut „abweichend von Absatz 1" und „ein anderer" in § 39 II AO deutet darauf hin, dass die vollständige Zurechnung (vgl. im Übrigen § 39 II Nr. 2 AO) eines Wirtschaftsguts zu jedem Zeitpunkt nur an eine Person erfolgen kann.[264] Eine Mehrfachzurechnung wird auch im „Dividendenstripping"-Urteil nicht erwähnt und widerspräche den dort genannten Kriterien: Der Leerverkäufer trägt das Kursrisiko gerade nicht mehr.[265] Insoweit verstellt die Bezeichnung der Zurechnung nach § 39 II Nr. 1 AO als „wirtschaftliches Eigentum" den Blick dafür, dass das (selbstverständlich fortbestehende) zivilrechtliche Eigentum nicht mit einer fortgesetzten Zurechnung einhergehen muss.

Angesichts der diffusen, in der Praxis auch wegen der Beteiligung weiterer, teilweise ausländischer Akteure deutlich komplizierteren Rechtslage und der Interpretationsoffenheit des „Dividendenstripping"-Urteils ist aber jedenfalls an einen unvermeidbaren Verbotsirrtum gemäß §§ 369 II AO i. V. m. 17 StGB zu denken.[266] So sind mehrere von den Akteuren in Auftrag gegebene anwaltliche Gutachten zu dem Ergebnis gelangt, dass die mehrfache Anrechnung der nur einmal entrichteten Kapitalertragsteuer rechtmäßig gewesen sei.[267]

(d) Anrechnung nur aufgrund der Bescheinigung?
Rechnet man entgegen der hier vertretenen Auffassung mit BGH und BFH die Aktie nur dem Leerverkäufer zu, stellt die Zahlung an den Käufer einen sonstigen Bezug i. S. d. heutigen § 20 I Nr. 1 4 EStG dar, für den der Käufer eine Bescheinigung über einen Steuerabzug erhält, der tatsächlich nicht stattgefunden hat.[268] Dies genügt den Anforderungen des § 36 II Nr. 2 1, 2 EStG prima facie nicht, die neben der Vorlage der Bescheinigung eine „durch Steuerabzug erhobene" Steuer voraussetzen. Zu beachten ist indes, dass der Käufer im Regelfall jedenfalls nicht überprüfen kann, ob

---

[263] Schmid DStR 2021, 1203 (1207 f.).
[264] BGH U. v. 28.07.2021 – 1 StR 519/20 (Cum/Ex) – BGHSt 66, 182 = NJW 2022, 90 = NStZ 2022, 176 = StV 2021, 819 (Anm. Heger Lindemann/Bauerkamp wistra 2021, 487; NZWiSt 2021, 443; Saliger NJW 2022, 17; Florstedt NStZ 2022, 129; Bittmann NStZ 2022, 184; Schmid wistra 2022, 265); BFH U. v. 02.02.2022 – I R 22/20 – NJW 2022, 1038 = DStR 2022, 525 (Anm. Hanslik NZWiSt 2022, 285) m. w. N. zu dieser einen „allgemeiner Grundsatz" postulierenden Auffassung.
[265] Brandis FS Gosch 2016, 37 (44).
[266] Eingehend Nickel, Die steuerstrafrechtliche Bewertung von Cum/Ex-Geschäften, 2021, 319 ff.; ablehnend LG Bonn U. v. 18.03.2020 – 62 KLs – 213 Js 41/19 – 1/19 (Cum/Ex) (Anm. Rieks/Schneider NZWiSt 2021, 115; Sommerer NZWiSt 2022, 261).
[267] LG Bonn U. v. 18.03.2020 – 62 KLs – 213 Js 41/19 – 1/19 (Cum/Ex) (Anm. Rieks/Schneider NZWiSt 2021, 115; Sommerer NZWiSt 2022, 261; Sartorius/Henckel DStR 2022, 1022 (1026).
[268] BGH U. v. 28.07.2021 – 1 StR 519/20 (Cum/Ex) – BGHSt 66, 182 = NJW 2022, 90 = NStZ 2022, 176 = StV 2021, 819 (Anm. Heger Lindemann/Bauerkamp wistra 2021, 487; NZWiSt 2021, 443; Saliger NJW 2022, 17; Florstedt NStZ 2022, 129; Bittmann NStZ 2022, 184; Schmid wistra 2022, 265).

die Steuer durch den Verkäufer tatsächlich entrichtet wird. Der Begriff „erhoben" wird daher von BGH und BFH einschränkend dahingehend ausgelegt, dass lediglich der Einbehalt erforderlich sei, um die Anrechnung durch den Käufer rechtmäßig zu machen. Dies allein entspreche dem Gesetzeswortlaut und dem Willen des Gesetzgebers.[269] Wenn aber der Wortlaut ohnehin aus teleologischen Erwägungen heraus einschränkend ausgelegt wird, kommt eine Übertragung dieser Erwägungen auf den Einbehalt durchaus in Betracht: Der Käufer kann – wenn ein kollusives Zusammenwirken außer Betracht bleibt – zwar erkennen, dass der ihm weitergeleitete Betrag der Nettodividende entspricht, nicht aber, ob der überschießende Betrag einbehalten oder anderweitig verwendet wird.[270] Zurecht wird darauf hingewiesen, dass die durch die Rechtsprechung statuierten Nachforschungsobliegenheiten, die im anonymen Börsenverkehr jenseits abgesprochener sog. cum/ex-Geschäfte nicht erfüllt werden können, Leerverkäufe über den Dividendenstichtag generell unmöglich machten.[271] Ob dies der gesetzgeberischen Intention entspricht, ist zweifelhaft. Jedenfalls kommt auch insoweit ein unvermeidbarer Verbotsirrtum gemäß §§ 369 II AO i. V. m. 17 StGB in Betracht.

(e) Auswirkungen auf die Strafbarkeit der sog. cum/ex-Geschäfte

Nur diejenigen, die eine Mehrfachzurechnung desselben Wirtschaftsgutes für möglich halten und konkret bejahen, können zu einer steuerrechtlichen Legalität der sog. cum/ex-Geschäfte gelangen. Wird dies – wie von der h. M. und auch nach hier vertretener Auffassung – abgelehnt, fehlen entweder dem Leerverkäufer oder dem Käufer die Voraussetzungen, um eine Anrechnung der Kapitalertragsteuer vorzunehmen, oder der Leerverkäufer hätte dem Käufer keine Bescheinigung über den Einbehalt einer tatsächlich nicht einbehaltenen Kapitalertragsteuer ausstellen dürfen. In allen diesen Fällen wird der Tatbestand der Steuerhinterziehung gemäß § 370 I Nr. 1 AO verwirklicht, wenn eine mittäterschaftliche Zurechnung gemäß § 25 II StGB erfolgen kann. Deren Voraussetzungen – gemeinsamer Tatplan und Ausführungsbeiträge der Beteiligten – liegen bei planmäßigem Auftreten als Leerverkäufer und Käufer sowie anschließender Gewinnverteilung über abgesprochene Wertpapiergeschäfte vor.[272] Angesichts der weitgehenden Rechtsprechung im

---

[269] BGH U. v. 28.07.2021 – 1 StR 519/20 (Cum/Ex) – BGHSt 66, 182 = NJW 2022, 90 = NStZ 2022, 176 = StV 2021, 819 (Anm. Heger Lindemann/Bauerkamp wistra 2021, 487; NZWiSt 2021, 443; Saliger NJW 2022, 17; Florstedt NStZ 2022, 129; Bittmann NStZ 2022, 184; Schmid wistra 2022, 265); BFH U. v. 02.02.2022 – I R 22/20 – NJW 2022, 1038 = DStR 2022, 525 (Anm. Hanslik NZWiSt 2022, 285) m. w. N.

[270] Kritisch daher Schmid DStR 2021, 1203 (1208 f.); dazu BGH U. v. 28.07.2021 – 1 StR 519/20 (Cum/Ex) – BGHSt 66, 182 = NJW 2022, 90 = NStZ 2022, 176 = StV 2021, 819 (Anm. Heger Lindemann/Bauerkamp wistra 2021, 487; NZWiSt 2021, 443; Saliger NJW 2022, 17; Florstedt NStZ 2022, 129; Bittmann NStZ 2022, 184; Schmid wistra 2022, 265): „abwegig".

[271] Schmid DStR 2021, 1203 (1208 f.).

[272] BGH U. v. 28.07.2021 – 1 StR 519/20 (Cum/Ex) – BGHSt 66, 182 = NJW 2022, 90 = NStZ 2022, 176 = StV 2021, 819 (Anm. Heger Lindemann/Bauerkamp wistra 2021, 487; NZWiSt 2021, 443; Saliger NJW 2022, 17; Florstedt NStZ 2022, 129; Bittmann NStZ 2022, 184; Schmid wistra 2022, 265).

f) Insbesondere: Kapitalertragsteuer, sog. cum/cum- und cum/ex-Fälle

„Dividendenstripping"-Urteil, der komplexen und in der Literatur nach wie vor umstrittenen Rechtslage[273] und der Einholung anwaltlicher Gutachten liegt ein unvermeidbarer Verbotsirrtum indes nahe. Ein erkannt moral- und intentionswidriges Vorgehen darf insoweit nicht mit einem erkannt rechtswidrigen gleichgesetzt werden.

cc) Sog. cum/cum-Fälle

(a) Fallgestaltung

Anders als im Inland unbeschränkt Steuerpflichtige können sog. Steuerausländer die einbehaltene Kapitalertragsteuer nicht auf ihre Einkommen- bzw. Körperschaftsteuer anrechnen und so ggf. mit Verlusten an anderer Stelle verrechnen, die Steuer ist also definitiv.[274] Dass § 43a I 1 Nr. 2 EStG in diesen Fällen regelmäßig einen geringeren Steuersatz von 15 % vorsieht, gleicht diesen Nachteil nicht vollständig aus. Für die stichtagsbezogenen und insofern vorhersehbaren Dividenden war es daher verbreitete Praxis, die definitive Steuer durch die – naheliegende – Übertragung auf eine inländische juristische Person zu vermeiden: Kurz vor dem Dividendenstichtag übertrug der Steuerausländer (im Börsensystem, potenziell auch zivilrechtlich) die Aktie auf den inländischen Partner. Dieser erhielt die Dividende abzüglich der Kapitalertragsteuer sowie eine Bescheinigung, die ihm (potenziell, s. sogleich) die Anrechnung auf die eigene Einkommen- bzw. Körperschaftsteuer ermöglichte. Der inländische Partner übertrug die Aktie auf den Steuerausländer zurück und leitete ihm die Dividende (abzüglich einer Provision, aber einschließlich zumindest eines Teils der für ihn anrechenbaren Kapitalertragsteuer) weiter.[275] Da die Aktie mit Dividendenanspruch, also „cum" verkauft und übertragen wird, wird dieses Verfahren als cum/cum-Geschäft bezeichnet.[276]

(b) Zurechnung der Aktie

Auch sog. cum/cum-Geschäfte setzen zur steuerrechtlichen Legalität voraus, dass eine bestimmte Person, der inländische Partner, im Zeitpunkt des Gewinnverteilungsbeschlusses Anteilseigner i. S. d. § 20 V 1 EStG ist. Wird die Aktie zu diesem Zeitpunkt dem Steuerausländer zugerechnet, ist der inländische Partner nicht Gläubiger der Kapitalerträge und somit gemäß § 44 I 1 EStG nicht Steuerschuldner, sodass auch keine Anrechnung gemäß § 36 II Nr. 2 EStG erfolgen kann. Wenn also eine Zurechnung zum Steuerausländer gemäß § 39 I, II Nr. 1 AO erfolgt, erfüllt das Vorlegen der Bescheinigung durch den inländischen Partner mit der Folge der An-

---

[273] Zuletzt etwa Schmid DStR 2021, 1203.
[274] §§ 2 Nr. 1, 32 I Nr. 2 KStG a.F., vgl. auch LG Bonn U. v. 18.03.2020 – 62 KLs – 213 Js 41/19 – 1/19 – BeckRS 2020, 13619 Rn. 19.
[275] Hennigfeld, in: BeckOK-AO, 25. Ed. 2023, § 42 Rn. 376; BMF Schr. V. 09.07.2021 – IV C 1 – S 2252/19/10035: 014, DOK 2021/0726914 – DStR 2021, 1767 Rn. 6 ff.
[276] LG Bonn U. v. 18.03.2020 – 62 KLs – 213 Js 41/19 – 1/19 (Cum/Ex) (Anm. Rieks/Schneider NZWiSt 2021, 115; Sommerer NZWiSt 2022, 261); BMF Schr. V. 09.07.2021 – IV C 1 – S 2252/19/10035 :014, DOK 2021/0726914 – DStR 2021, 1767 Rn. 2.

rechnung auf die Einkommen- oder Körperschaftsteuer den Tatbestand des § 370 I Nr. 1 1. Var. AO.[277] Eine Zurechnung zumindest nach § 39 II Nr. 1 AO selbst bei zivilrechtlicher Übereignung liegt insofern nahe, als bereits im Zeitpunkt der Übertragung im Börsensystem die Rückübertragung vereinbart wird, sodass der ausländische Aktionär bei summarischer Betrachtung auch das Risiko eines zwischenzeitlichen Kursverlusts trägt. Gerade diese Zurechnung wurde jedoch im „Dividendenstripping"-Urteil für den Fall abgelehnt, dass die rückgekauften Aktien von den verkauften verschieden waren.[278] Diese Differenzierung erscheint angesichts der Fungibilität und Entmaterialisierung der Aktien (s. o.) wenig plausibel, die höchstrichterliche Rechtsprechung legt aber wiederum die Legalität oder zumindest einen unvermeidbaren Verbotsirrtum gemäß §§ 369 II AO i. V. m. 17 StGB nahe: Für die Funktion der sog. cum/cum-Geschäfte ist es irrelevant, ob der inländische Partner dieselben Aktien (sofern es diese gibt, s. o.) oder andere liefert. Die Option, nach der Dividendenausschüttung im Fall eines Kursverlusts günstiger Aktien zuzukaufen, schafft auch ein gewisses wirtschaftliches Nutzungspotenzial, das den Anforderungen des Urteils genügen dürfte. Aus einer erkennbaren wirtschaftlichen Zurechnung zum ausländischen Aktionär kann die Strafbarkeit der sog. cum/cum-Geschäfte mithin nicht folgen.

(c) Umgehungsverbot gemäß § 42 AO im Strafrecht?

§ 42 I 1 AO bestimmt: „Durch Missbrauch von Gestaltungsmöglichkeiten des Rechts kann das Steuergesetz nicht umgangen werden." § 42 I 3 AO ordnet für den Fall einer „unangemessenen Gestaltung" i. S. d. § 42 II AO an, dass die Rechtsfolgen sich nach einer vergleichbaren „angemessenen rechtlichen Gestaltung" bestimmen sollen. Da das Ziel der sog. cum/cum-Geschäfte darin besteht, die definitive Kapitalertragsteuer für Steuerausländer durch einen anrechenbaren Steuerabzug zu ersetzen, liegt die Einordnung als Gestaltungsmissbrauch zunächst nahe.[279] Andererseits ist zu beachten, dass die Wahl einer steuerlich günstigen Gestaltung legitim, der Gestaltungsmissbrauch von der bloßen Steueroptimierung zu unterscheiden ist.[280] Insbesondere da Transaktionskosten entstehen und der inländische Partner eine Provision erhält, handelt es sich nicht um einen evidenten Missbrauch. § 42 AO knüpft die gesetzlich angeordnete Analogie durch das Merkmal „unangemessen" an eine Erheblichkeitsschwelle, zu deren – primär das materielle Steuerrecht betreffender – Überschreitung hier nicht Stellung genommen werden kann.[281]

Selbst wenn § 42 AO einer Anrechnung durch den inländischen Partner steuerrechtlich entgegenstehen sollte, ist zweifelhaft, ob daraus eine Strafbarkeit gemäß

---

[277] Vgl. LG Bonn U. v. 18.03.2020 – 62 KLs – 213 Js 41/19 – 1/19 (Cum/Ex) (Anm. Rieks/Schneider NZWiSt 2021, 115; Sommerer NZWiSt 2022, 261).

[278] Vgl. BFH U. v. 15.12.1999 – I R 29-97 – BFHE 190, 446.

[279] Peters, in: HHSp, 273. Lfg. 2023, § 370 AO Rn. 212 m. w. N.

[280] Statt aller Peters, in: HHSp, 273. Lfg. 2023, § 370 AO Rn. 213.

[281] Vgl. etwa FG Hessen U. v. 28.01.2020 – 4 K 890/17 – IStR 2020, 628; Rau DStR 2021, 6 (11 f.); BMF Schr. V. 09.07.2021 – IV C 1 – S 2252/19/10035 :014, DOK 2021/0726914 – DStR 2021, 1767 Rn. 16.

§ 370 AO folgen kann. Das akzessorische Steuerstrafrecht wirft exemplarisch die Frage nach der Reichweite des Analogieverbots gemäß Art. 103 II GG, § 1 StGB auf.[282] § 2 RStGB, dem diese Regelungen entgegenwirken sollen,[283] ist in seinem S. 3 – „Findet auf die Tat kein bestimmtes Strafgesetz unmittelbar Anwendung, so wird die Tat nach dem Gesetz bestraft, dessen Grundgedanke auf sie am besten zutrifft." – dem § 42 AO so ähnlich und dessen Kriterien sind so unbestimmt, dass eine Strafbarkeit auf dieser Grundlage in einem Rechtsstaat ausscheiden muss.

(d) Ergebnis

Zur Strafbarkeit sog. cum/cum-Geschäfte existiert bislang keine höchstrichterliche Entscheidung. Auf der Grundlage des „Dividendenstripping"-Urteils, des § 17 StGB und des strafrechtlichen Analogieverbotes muss eine Strafbarkeit gegenwärtig jedoch ausscheiden.

g) Besonders schwerere Fälle

aa) Allgemeines

§ 370 III AO beinhaltet eine Strafrahmenerhöhung für die Steuerhinterziehung in besonders schweren Fällen unter Verwendung der Regelbeispielstechnik in S. 2.

bb) § 370 III 2 Nr. 1 AO

Nach § 370 III 2 Nr. 1 AO liegt ein besonders schwerer Fall vor, wenn der Täter in **großem Ausmaß** Steuern verkürzt oder nicht gerechtfertigte Steuervorteile erlangt. Bis zur Gesetzesänderung 2008 verlangte die Norm zusätzlich das Vorliegen groben Eigennutzes.

Der BGH geht seit 2008[284] grundsätzlich davon aus, dass ein großes Ausmaß vorliegt, wenn die Steuerverkürzung oder der nicht gerechtfertigte Steuervorteil des Täters durch eine Tat mehr als 50.000 € beträgt. Dabei wurde bis 2015 zwischen dem Erlangen von Zahlungen und der bloßen Gefährdung des Steueranspruchs durch zu niedrige Festsetzung geschuldeter Steuer differenziert. Bei letzterer lag ein großes Ausmaß erst ab einem Grenzwert von mehr als 100.000 € vor. Von dieser Rspr. nahm der BGH 2015[285] zugunsten eines aus Gründen der Rechtssicherheit vorzugswürdigen einheitlichen Wertes von mehr als 50.000 € Abstand.[286] Sind mehrere

---

[282] Peters, in: HHSp, 273. Lfg. 2023, § 370 AO Rn. 219: „Grauzone"; Ransiek, in: Kohlmann, Steuerstrafrecht, 79. Lfg. 2023, § 370 AO Rn. 25 ff., 1235 ff. m. w. N.
[283] Vgl. Remmert, in: Dürig/Herzog/Scholz, GG, 100. Lfg. 2023, Art. 103 II Rn. 17.
[284] BGH U. v. 02.12.2008 – 1 StR 416/08 – BGHSt 53, 71.
[285] BGH U. v. 27.10.2015 – 1 StR 373/15 – BGHSt 61, 28.
[286] Rolletschke, in: Graf/Jäger/Wittig, Wirtschafts- und Steuerstrafrecht, 2. Aufl. 2017, § 370 AO Rn. 584a.

Steuerhinterziehungen in Tateinheit gem. § 52 StGB begangen worden, so werden die einzelnen Beträge für die Beurteilung des Ausmaßes addiert.[287]

> **Beispiel**
>
> A gibt für das Jahr 2020 in einem gemeinsamen Umschlag je eine unrichtige Einkommensteuer, Gewerbesteuer und Umsatzsteuererklärung ab. Die Unrichtigkeit der Einkommensteuerverkürzung führt zu einer zu niedrigen Steuerfestsetzung von EUR 48.000 Einkommensteuer und EUR 2640 Solidaritätszuschlag. Die Gewerbesteuererklärung führt zu einer zu niedrigen Steuerfestsetzung von EUR 24.000 und die Umsatzsteuererklärung von EUR 30.000. ◄

> **Lösung**
>
> Die Verkürzung der Einkommensteuer und des Solidaritätszuschlages erfolgt durch dieselbe Steuererklärung und mithin durch eine Tat i. S. d. § 52 StGB.[288] Da durch diese insgesamt EUR 50.640 verkürzt wurden, liegt für die Tat eine Steuerverkürzung in großem Ausmaß im Sinne des § 370 III 2 Nr. 1 AO vor. Dagegen steht die Verkürzung der Gewerbesteuer und Umsatzsteuer durch gesonderte Steuererklärungen jeweils in Tatmehrheit hierzu. Das gilt nach der neueren Rechtsprechung des BGH[289] auch, wenn diese gleichzeitig eingereicht werden. Daher ist für diese beiden Steuerhinterziehungen das Regelbeispiel nicht verwirklicht, weil die Beträge nicht addiert werden. ◄

cc) § 370 III 2 Nr. 2 AO

§ 370 III 2 Nr. 2 AO setzt voraus, dass ein Amtsträger oder Europäischer Amtsträger[290] seine Befugnisse oder seine Stellung missbraucht. Wer **Amtsträger** in diesem Sinne ist, soll sich wegen § 369 II AO nach § 7 AO und nicht nach § 11 I Nr. 2 StGB bestimmen.[291] Nach § 369 II AO haben nicht nur die Normen der §§ 370–376 AO, sondern alle Normen der AO Vorrang vor den allgemeinen Gesetzes des Strafrechts, wenn diese die Auslegung des Steuerstrafrechts abweichend vom allgemeinen Strafrecht verbindlich regeln.[292]

---

[287] BGH U. v. 02.12.2008 – 1 StR 416/08 – BGHSt 53, 71; Rolletschke, in: Graf/Jäger/Wittig, Wirtschafts- und Steuerstrafrecht, 2. Aufl. 2017, § 370 AO Rn. 585.

[288] Ransiek, in: Kohlmann, Steuerstrafrecht, 79. Lfg. 2023, § 370 AO Rn. 904.

[289] BGH B. v. 22.01.2018 – 1 StR 535/17 – NZWiSt 2019, 28; BGH U. v. 17.09.2019 – 1 StR 379/19 – NZWiSt 2020, 109; BGH B. v. 05.09.2019 – 1 StR 12/19 – CB 2020, 391; anders noch BGH U. v. 24.05.2017 – 1 StR 418/16 – NStZ-RR 2017, 315, welcher in solchen Fällen bei inhaltlich übereinstimmenden Falschangaben noch Tateinheit annahm.

[290] § 370 III, 2 Nr. 2 AO verweist für den Europäischen Amtsträger auf die Legaldefinition in § 11 I Nr. 2a StGB.

[291] Schauf, in: Kohlmann, Steuerstrafrecht, 79. Lfg. 2023, § 370 AO Rn. 1100; Schmitz/Wulf in MK-StGB 4. Aufl. 2023, § 370 AO Rn. 541.

[292] Ransiek, in: Kohlmann, Steuerstrafrecht, 79. Lfg. 2023, § 369 AO Rn. 10.

g) Besonders schwerere Fälle

Weiterhin soll § 370 III AO nach teleologischer Auslegung nur auf Amtsträger einer Finanz- oder sonst mit Steuerangelegenheiten befassten Behörde anwendbar sein.[293]

Vom Regelbeispiel erfasst ist jedenfalls der Fall, dass ein Amtsträger auf den entscheidenden Beamten einwirkt.[294] Problematisch ist hingegen der Fall, in dem ein Amtsträger die Steuerfestsetzung selbst vornimmt oder ohne Steuerfestsetzung eine Steuererstattung veranlasst.[295] Diskutiert wurde hier, ob die Steuerhinterziehung, wie § 263 StGB, einen Irrtum oder zumindest die Unkenntnis der Behörde voraussetzt.[296] Der BGH geht jedoch davon, dass jedenfalls eine Steuerhinterziehung nach § 370 I Nr. 1 AO eine solche Unkenntnis nicht voraussetzt.[297] Daher ist § 370 III 2 Nr. 2 AO nicht nur auf den unzuständigen Beamten anzuwenden.[298]

Bei der Amtsträgereigenschaft handelt es sich um ein besonderes persönliches Merkmal i. S. d. § 28 StGB.[299]

Ein **Missbrauch** der Amtsstellung liegt vor, wenn die Tat unter Ausnutzung der durch das Amt eröffneten faktischen Möglichkeiten vorgenommen wird.[300]

Für das Regelbeispiel ist es irrelevant, ob dem Amtsträger Vorteile gewährt wurden.[301]

dd) § 370 III 2 Nr. 3 AO

Gem. § 370 III 2 Nr. 3 AO liegt auch dann ein besonders schwerer Fall vor, wenn der Täter die Mithilfe eines Amtsträger (§ 7 AO) oder Europäischen Amtsträgers (§ 369 II AO i. V. m. § 11 I Nr. 2a StGB) ausnutzt. Das Regelbeispiel setzt das Bewusstsein des Täters voraus, dass der Amtsträger seine Befugnisse missbraucht, indem er bei der Steuerhinterziehung mithilft.[302] Der Amtsträger kann hierbei

---

[293] Schauf, in: Kohlmann, Steuerstrafrecht, 79. Lfg. 2023, § 370 AO Rn. 1100; Grötsch, in: Joecks/Jäger/Randt, Steuerstrafrecht, 9. Aufl. 2023, § 370 AO Rn. 574; a. A. Schmitz/Wulf, in: MK-StGB, 4. Aufl. 2023, § 370 AO Rn. 541.

[294] BGH B. v. 21.10.1997 – 5 StR 328/97 – NStZ 1998, 91; Rolletschke, in: Graf/Jäger/Wittig, Wirtschafts- und Steuerstrafrecht, 2. Aufl. 2017, § 370 AO Rn. 589.

[295] Rolletschke, in: Graf/Jäger/Wittig, Wirtschafts- und Steuerstrafrecht, 2. Aufl. 2017, § 370 AO Rn. 589 ff.; ders., Steuerstrafrecht, 4. Aufl. 2012, Rn. 258 ff.

[296] Rolletschke, in: Graf/Jäger/Wittig, Wirtschafts- und Steuerstrafrecht, 2. Aufl. 2017, § 370 AO Rn. 590 m. w. N.; ders., Steuerstrafrecht, 4. Aufl. 2012, Rn. 259.

[297] BGH U. v. 06.06.2007 – 5 StR 127/07 – NStZ 2007, 596, 597; BGH B. v. 08.07.2009 – 1 StR 214/09 – wistra 2009, 398; BGH B. v. 14.12.2010 – 1 StR 275/10 – NStZ 2011, 283.

[298] BGH B. v. 21.11.2012 – 1 StR 391/12 – NZWiSt 2013, 235; Schauf, in: Kohlmann, Steuerstrafrecht, 79. Lfg. 2023, § 370 AO Rn. 1102; Jäger, in: Klein, AO, 16. Aufl. 2022, § 370 AO Rn. 287.

[299] Schauf, in: Kohlmann, Steuerstrafrecht, 79. Lfg. 2023, § 370 AO Rn. 1100.

[300] Schmitz/Wulf, in: MK-StGB, 4. Aufl. 2023, § 370 AO Rn. 543; Schauf, in: Kohlmann, Steuerstrafrecht, 79. Lfg. 2023, § 370 AO Rn. 1105.

[301] Schauf, in: Kohlmann, Steuerstrafrecht, 79. Lfg. 2023, § 370 AO Rn. 1107.

[302] Jäger, in: Klein, AO, 16. Aufl. 2022, § 370 AO Rn. 290.

Haupttäter, Mittäter oder Teilnehmer sein.[303] Bei vorgestellter mittelbarer Täterschaft i. S. d. § 25 I 2. Var. StGB ist das Regelbeispiel also nicht erfüllt.[304]

ee) § 370 III 2 Nr. 4 AO

Ein besonders schwerer Fall liegt nach § 370 III 2 Nr. 4 AO auch vor, wenn der Täter unter Verwendung nachgemachter oder verfälschter Belege fortgesetzt Steuern verkürzt oder nicht gerechtfertigte Steuervorteile erlangt. Zur Konkretisierung wird maßgeblich auf Definitionen zu § 267 StGB zurückgegriffen.[305]

Belege sind alle Buchungsbelege sowie sonstige Unterlagen, die zwar nicht der Buchung in Handelsbüchern dienen, jedoch für die Besteuerung von Bedeutung sind.[306]

Belege sind **nachgemacht**, wenn sie unechte Urkunden i. S. d. § 267 StGB sind,[307] wenn also die in ihnen enthaltenen Erklärungen nicht von demjenigen herrühren, der als Aussteller zu erkennen ist.[308] Zu unterscheiden sind hiervon Urkunden mit bloß unrichtigem Inhalt.[309]

Verfälscht sind Belege, wenn sie durch nachträgliches Verändern des gedanklichen Inhalts den Anschein erwecken, als habe der Aussteller die Erklärung in der durch die Veränderung erlangten Form abgegeben.[310] Als Täter kommt auch der ursprüngliche Aussteller in Betracht, wenn dieser seine alleinige Verfügungsgewalt über den Beleg verloren hat (z. B. durch Eingang bei der Finanzbehörde).[311]

Ein **Verwenden** liegt vor, wenn die Belege beim Finanzamt eingereicht oder dem Betriebsprüfer vorgelegt werden. Bei vorherigen Anfertigungen oder Verfälschungen handelt es sich um bloße Vorbereitungshandlungen, auch wenn der Steuerpflichtige diese Belege in seine Buchhaltung aufnimmt oder der Steuer-

---

[303] Rolletschke, Steuerstrafrecht, 5. Aufl. 2021, Rn. 1/560; Grötsch, in: Joecks/Jäger/Randt, Steuerstrafrecht, 9. Aufl. 2023, § 370 AO Rn. 575; Schmitz/Wulf, in: MK-StGB, 4. Aufl. 2023, § 370 AO Rn. 544; Schauf, in: Kohlmann, Steuerstrafrecht, 79. Lfg. 2023, § 370 AO Rn. 1111.
[304] Schauf, in: Kohlmann, Steuerstrafrecht, 79. Lfg. 2023, § 370 AO Rn. 1112.
[305] Schmitz/Wulf, in: MK-StGB, 4. Aufl. 2023, § 370 AO Rn. 546 m. w. N.
[306] Rolletschke, in: Graf/Jäger/Wittig, Wirtschafts- und Steuerstrafrecht, 2. Aufl. 2017, § 370 AO Rn. 597.
[307] BGH B. v. 16.08.1989 – 3 StR 91/89 – wistra 1990, 26; Schmitz/Wulf, in: MK-StGB, 4. Aufl. 2023, § 370 AO Rn. 546; Grötsch, in: Joecks/Jäger/Randt, Steuerstrafrecht, 9. Aufl. 2023, § 370 AO Rn. 576; Rolletschke, in: Graf/Jäger/Wittig, Wirtschafts- und Steuerstrafrecht, 2. Aufl. 2017, § 370 AO Rn. 598.
[308] Heine/Schuster, in: Sch/Sch, StGB, 30. Aufl. 2019, § 267 Rn. 48 ff.
[309] Peters, in: HHSp, 274. Lfg. 2023, § 370 AO Rn. 758; Schauf, in: Kohlmann, Steuerstrafrecht, 79. Lfg. 2023, § 370 AO Rn. 1116.
[310] Schauf, in: Kohlmann, Steuerstrafrecht, 79. Lfg. 2023, § 370 AO Rn. 1117.
[311] Fischer, StGB, 70. Aufl. 2023, § 267 Rn. 34; Schauf, in: Kohlmann, Steuerstrafrecht, 79. Lfg. 2023, § 370 AO Rn. 1117.

g) Besonders schwerere Fälle

erklärung zu Grunde legt, sie aber nicht dem Finanzamt vorlegt.[312] Der Versuch des § 370 III 2 Nr. 4 AO beginnt demnach erst mit dem unmittelbaren Ansetzen zur fortgesetzten Verwendung.[313]

Fortgesetzt ist die Steuerhinterziehung, wenn der Täter bereits mehrere (mindestens zwei) begangen hat.[314]

ff) § 370 III 2 Nr. 5 AO

Einen besonders schweren Fall nach § 370 III 2 Nr. 5 AO verwirklicht, wer als Mitglied einer Bande, die sich zur fortgesetzten Begehung von Taten nach § 370 I AO verbunden hat, Umsatz- oder Verbrauchssteuern verkürzt oder nicht gerechtfertigte Umsatz- oder Verbrauchssteuervorteile erlangt.

Eine **Bande** ist ein Zusammenschluss von mindestens drei Personen, die sich mit dem Willen verbunden haben, künftig für eine gewisse Dauer mehrere selbstständige, im Einzelnen noch ungewisse Straftaten des im Gesetz genannten Deliktstyps zu begehen.[315]

Eine fortgesetzte Begehung ist geplant, wenn die Bande mehrere selbstständige, im Einzelnen ggf. noch ungewisse Steuerhinterziehungen begehen will.[316] Schließen sich drei oder mehr Beteiligte zunächst zu einem legalen Zweck zusammen, begehen innerhalb dieses Zusammenschlusses aber auch Umsatz- oder Verbrauchssteuerhinterziehungen, liegt keine Bande vor.[317] Es fehlt an einer Bandenabrede mit deliktischem Inhalt.[318] Eine Verabredung für wenige Stunden genügt für das Vorliegen einer Bande nicht.[319]

Erfasst sind von diesem Regelbeispiel derzeit nur Umsatz- und Verbrauchssteuern.[320] Ein Gesetzentwurf des Bundesrates,[321] der vorsieht, das Regelbeispiel des § 370 III Nr. 5 AO auf alle Steuerarten auszuweiten, wurde in der aktuellen Legislaturperiode erneut in den Bundestag eingebracht.[322]

---

[312] BGH B. 05.04.1989 – 3 StR 87/89 – wistra 1989, 218; Schauf, in: Kohlmann, Steuerstrafrecht, 79. Lfg. 2023, § 370 AO Rn. 1118.
[313] Schauf, in: Kohlmann, Steuerstrafrecht, 79. Lfg. 2023, § 370 AO Rn. 1119.
[314] Grötsch, in: Joecks/Jäger/Randt, Steuerstrafrecht, 9. Aufl. 2023, § 370 AO Rn. 576; Rolletschke, in: Graf/Jäger/Wittig, Wirtschafts- und Steuerstrafrecht, 2. Aufl. 2017, § 370 AO Rn. 601.
[315] BGH B. v. 22.03.2001 – GSSt 1/00 – BGHSt 46, 321.
[316] Jäger, in: Klein, AO, 16. Aufl. 2022, § 370 AO Rn. 300; Grötsch, in: Joecks/Jäger/Randt, Steuerstrafrecht, 9. Aufl. 2023, § 370 AO Rn. 579.
[317] Schmitz/Wulf, MK-StGB, 4. Aufl. 2023, § 370 AO Rn. 553; Schauf, in: Kohlmann, Steuerstrafrecht, 79. Lfg. 2023, § 370 AO Rn. 1123.1.
[318] Wulf wistra 2008, 321.
[319] Grötsch, in: Joecks/Jäger/Randt, Steuerstrafrecht, 9. Aufl. 2023, § 370 AO Rn. 579.
[320] Vgl. bzgl. der Auswirkungen auf die bandenmäßige Hinterziehung anderer Steuerarten Rolletschke, in: Graf/Jäger/Wittig, Wirtschafts- und Steuerstrafrecht, 2. Aufl. 2017, § 370 AO Rn. 614.
[321] BR-DrS 638/20; BT-DrS. 19/25819.
[322] BR-Drs. 66/22.

gg) § 370 III 2 Nr. 6 AO

Durch das am 25.06.2017 in Kraft getretene Steuerumgehungsbekämpfungsgesetz[323] wurde § 370 III 2 Nr. 6 AO eingefügt. Einen besonders schweren Fall der Steuerhinterziehung verwirklicht demnach, wer eine Drittstaaten-Gesellschaft i. S. d. § 138 III AO, auf die er alleine oder zusammen mit nahestehenden Personen i. S. d. § 1 II AStG unmittelbar oder mittelbar einen beherrschenden oder bestimmenden Einfluss ausüben kann, zur Verschleierung steuerlich erheblicher Tatsachen nutzt und auf diese Weise fortgesetzt Steuern verkürzt oder ungerechtfertigte Steuervorteile erlangt.

Die Gesetzesnovelle war zurückzuführen auf die Enthüllungen der „Panama-Papers". Die Tatbestandsmerkmale „Drittstaaten-Gesellschaft" und „nahestehende Personen" sind legaldefiniert. Bzgl. des beherrschenden oder bestimmenden Einflusses wird erwogen, die konzernrechtlichen Bestimmungen des Aktienrechts (§ 17 I AktG) heranzuziehen, welche auch dem Begriff des beherrschenden Einfluss in § 1 II AStG zu Grunde liegen.[324] Danach wäre ein entsprechender Einfluss anzunehmen, wenn anderen Personen kein wesentlicher Entscheidungsspielraum verbleibt, zwischen Steuerpflichtigem und Gesellschaft also ein Abhängigkeitsverhältnis besteht.[325] Nach anderer Auffassung sind hierbei Tatherrschaftskriterien zu Hilfe zu nehmen.[326] Aus systematischen Aspekten spricht viel dafür, den Begriff des Verschleierns wie in den §§ 261, 283 StGB[327] als die Vornahme irreführender Maßnahmen auszulegen, die für die Ermittlungsbehörden die Erkennbarkeit oder den Zugriff erschweren.[328] Nach anderer Auffassung wird die Schaffung systematischer Strukturen verlangt, um das steuerunehrliche Tun zu tarnen.[329] Zur fortgesetzten Begehung s. o. zu § 370 III 2 Nr. 4 AO.

Die Norm ist auf alle nach dem 25.06.2017 verwirklichten Sachverhalte anzuwenden.[330]

h) Konkurrenzen

Mehrere Erklärungen zur Verkürzung derselben Steuer können eine tatbestandliche Bewertungseinheit bilden.[331] Werden innerhalb einer Steuererklärung mehrere Steuerarten verkürzt oder mehrere unrichtige Teilerklärungen vorgenommen, liegt Tateinheit vor (s. bereits oben), bei Abgabe mehrerer unrichtiger Steuererklärungen

---

[323] BGBl. I 2017, 1682.
[324] Rolletschke/Roth wistra 2017, 469 (470 f.).
[325] Rolletschke/Roth wistra 2017, 469 (471).
[326] Schauf, in: Kohlmann, Steuerstrafrecht, 79. Lfg. 2023, § 370 AO Rn. 1126.28.
[327] So Rolletschke/Roth wistra 2017, 469 (471).
[328] Eschelbach, in: Graf/Jäger/Wittig, Wirtschafts- und Steuerstrafrecht, 2. Aufl. 2017, § 261 Rn. 44.
[329] Schauf, in: Kohlmann, Steuerstrafrecht, 79. Lfg. 2023, § 370 AO Rn. 1126.30; vgl. BGH U. v. 05.05.2011 – 1 StR 116/11 – 1 StR 116/11, ZWH 2012, 69; BGH U. v. 02.12.2008 – 1 StR 416/08 – BGHSt 53, 71, 87, welche hierauf vor Einführung des Regelbeispiels für die Strafzumessung abstellen.
[330] Schauf, in: Kohlmann, Steuerstrafrecht, 79. Lfg. 2023, § 370 AO Rn. 1126.3.
[331] Zuletzt BGH B. v. 13.06.2023 –1 StR 53/23 – BeckRS 2023, 14022.

h) Konkurrenzen

(zu verschiedenen Steuerarten oder verschiedenen Jahren) grundsätzlich Tatmehrheit.[332] Dies ist nach der neueren Rechtsprechung des BGH[333] auch dann der Fall, wenn diese gleichzeitig eingereicht werden. Gleiches gilt beim Begehen durch Nichtabgabe von Steuererklärungen.[334] Abweichend werden nur die Fälle beurteilt, in denen die erforderlichen Angaben, die der Täter unterlassen hat, durch ein und dieselbe Handlung zu erbringen gewesen wären.[335] Ob dies auch in den Fällen gilt, in welchen der Täter gleichzeitig nachträglich entdeckt, dass mehrere von ihm oder seinem Rechtsvorgänger früher eingereichte Steuererklärungen unrichtig oder unvollständig waren und es hierdurch zu einer Verkürzung von Steuern kommen kann oder bereits gekommen ist, und die dann nach § 153 AO erforderliche Berichtigung dieser Erklärungen vorsätzlich unterlässt, ist streitig.[336]

Beispiel

A ist Erbe seines in 2018 verstorbenen Vaters V, welcher in Deutschland lebte. In dessen Unterlagen entdeckt er im Jahre 2019, dass V seit 1990 ein Konto bei einer Bank in der Schweiz hatte und die dort erzielten Zinseinnahmen von ca. EUR 10.000 jährlich in allen seinen Steuererklärungen nicht erklärt hat. Obwohl A weiß, dass er zur Nacherklärung verpflichtet ist, entschließt er sich dies zu unterlassen, um sein Erbe nicht durch die nachzuzahlende Steuer zu schmälern. ◄

Lösung

Die Einkünfte aus Kapitalvermögen hätte V in seinen Einkommensteuererklärungen deklarieren müssen, weil diese nach Art. 11 I DBA Schweiz in Deutschland zu versteuern waren. Die Berichtigungspflicht nach § 153 AO trifft auch den Rechtsnachfolger, der ursprünglich nicht an den unrichtigen Steuererklärungen des Rechtsvorgängers mitgewirkt hat (§ 153 I 2 AO). Unterlässt dieser vorsätzlich die Berichtigung, so liegt eine Steuerhinterziehung durch Unterlassen i. S. d. § 370 I Nr. 2 AO vor, welche A hier in 2019 begangen hat, weil die Anzeige der Unrichtigkeit unverzüglich nach Erkennen derselben erfolgen muss.

---

[332] BGH U. v. 28.10.2004 – 5 StR 276/04 – wistra 2005, 30; BGH B. v. 02.04.2008 – 5 StR 62/08 – wistra 2008, 266; Grötsch, in: Joecks/Jäger/Randt, Steuerstrafrecht, 9. Aufl. 2023, § 370 AO Rn. 723; Jäger, in: Klein, AO, 16. Aufl. 2022, § 370 AO Rn. 231.
[333] BGH B. v. 22.01.2018 – 1 StR 535/17 – NZWiSt 2019, 28; BGH U. v. 17.09.2019 – 1 StR 379/19 – NZWiSt 2020, 109; BGH B. v. 05.09.2019 – 1 StR 12/19, CB 2020, 391, anders noch BGH B. v. 02.04.2008 – 5 StR 62/08 – wistra 2008, 266 u. BGH U. v. 24.05.2017 – 1 StR 418/16 – NStZ-RR 2017, 315.
[334] BGH B. v. 23.07.2014 – 1 StR 207/14 – NZWiSt 2015, 262; Grötsch, in: Joecks/Jäger/Randt, Steuerstrafrecht, 9. Aufl. 2023, § 370 AO Rn. 723.
[335] BGH B. v. 01.10.2022 – 1 StR 300/22 – wistra 2023, 297; BGH B. v 23.07.2014 – 1 StR 207/14 – NZWiSt 2015, 262.
[336] Für Tateinheit Radermacher StBW 2014, 956; Klümper-Neusel/Krost ErbStG 2013, 266; für Tatmehrheit Fromm DStR 2014, 1747; Wulf, PStR 2014, 255; Heuel wistra 2015, 289; Sommer/Kauffmann NZWiSt 2015, 63; offen gelassen in Höpfner PStR 2016, 147; Madauß NZWiSt 2016, 343.

Zu berichtigen sind alle im Zeitpunkt der Berichtigung noch nicht festsetzungsverjährten Jahre. Da V durch die Nichterklärung in seinen Einkommensteuererklärungen eine Steuerhinterziehung i. S. d. § 370 I Nr. 1 AO begangen hat, beträgt die Festsetzungsfrist zehn Jahre (§ 169 II 2 AO).

Von der Frage, ob die Steuerhinterziehung durch Unterlassen des A bezogen auf alle Steuererklärungen dieser zehn Jahre tateinheitlich oder tatmehrheitlich begangen wurde, hängt ab, ob das Regelbeispiel des besonders schweren Falles der Steuerhinterziehung nach § 370 III 2 Nr. 1 AO verwirklicht ist. Im Falle der Tateinheit sind die Beträge von jeweils EUR 10.000 zu addieren und wird somit die Grenze von EUR 50.000 für eine Steuerhinterziehung in großem Ausmaß überschritten.

Die Zuordnung zu Tateinheit oder Tatmehrheit ist streitig. Für eine Tatmehrheit spricht, dass A die Nacherklärung zwar durch eine Handlung (ein Schreiben an das Finanzamt) hätte vornehmen können, dies aber nicht notwendig durch eine Handlung erfolgen musste. A musste nur den zeitlichen Rahmen der Unverzüglichkeit wahren, konnte aber auch für jedes Jahr eine gesonderte Nacherklärung einreichen. ◄

Verwirklicht der Täter gleichzeitig eine Steuerstraftat und eine Steuerordnungswidrigkeit, so wird gem. § 21 OWiG nur das Strafgesetz angewendet.

Beispiel

A stellt für B einen unrichtigen Beleg über eine vermeintliche Warenlieferung an A aus, um diesem zu ermöglichen, den bescheinigten Betrag zu Unrecht als Betriebsausgaben in seiner Einkommensteuererklärung geltend zu machen und hierdurch eine geringere Steuerfestsetzung zu erreichen. B verwendet den Beleg auch entsprechend. ◄

Lösung

A begeht durch die Ausstellung des unrichtigen Beleges eine Beihilfe zur Steuerhinterziehung des B. Die zugleich verwirklichte Ordnungswidrigkeit des § 379 I 1 Nr. 1 AO tritt dahinter zurück. ◄

Der Betrug gem. § 263 StGB wird grundsätzlich von § 370 AO als *lex specialis* verdrängt.[337] Dies gilt auch im Fall eines nach § 263 V StGB qualifizierten Betrugs.[338]

---

[337] BGH U. v. 23.03.1994 – 5 StR 91/94 – BGHSt 40, 109; BGH B. v. 27.09.2002 – 5 StR 97/02 – NStZ-RR 2003, 20; Ransiek, in: Kohlmann, Steuerstrafrecht, 79. Lfg. 2023, Rn. 882; zum Konkurrenzverhältnis zu sonstigen Straftatbeständen vgl. die Übersicht bei Grötsch, in: Joecks/Jäger/Randt, Steuerstrafrecht, 9. Aufl. 2023, § 370 AO Rn. 742 f.
[338] OLG Frankfurt B. v. 09.03.2021 – 2 Ws 132/20 – NZWiSt 2021, 229.

Selbstanzeige bei Steuerhinterziehung, § 371 AO

§ 371 AO (Selbstanzeige bei Steuerhinterziehung)
(1) Wer gegenüber der Finanzbehörde zu allen Steuerstraftaten einer Steuerart in vollem Umfang die unrichtigen Angaben berichtigt, die unvollständigen Angaben ergänzt oder die unterlassenen Angaben nachholt, wird wegen dieser Steuerstraftaten nicht nach § 370 bestraft. Die Angaben müssen zu allen unverjährten Steuerstraftaten einer Steuerart, mindestens aber zu allen Steuerstraftaten einer Steuerart innerhalb der letzten zehn Kalenderjahre erfolgen.

(2) Straffreiheit tritt nicht ein, wenn

1. bei einer der zur Selbstanzeige gebrachten unverjährten Steuerstraftaten vor der Berichtigung, Ergänzung oder Nachholung

a) dem an der Tat Beteiligten, seinem Vertreter, dem Begünstigten im Sinne des § 370 Absatz 1 oder dessen Vertreter eine Prüfungsanordnung nach § 196 bekannt gegeben worden ist, beschränkt auf den sachlichen und zeitlichen Umfang der angekündigten Außenprüfung, oder

b) dem an der Tat Beteiligten oder seinem Vertreter die Einleitung des Straf- oder Bußgeldverfahrens bekannt gegeben worden ist oder

c) ein Amtsträger der Finanzbehörde zur steuerlichen Prüfung erschienen ist, beschränkt auf den sachlichen und zeitlichen Umfang der Außenprüfung, oder

d) ein Amtsträger zur Ermittlung einer Steuerstraftat oder einer Steuerordnungswidrigkeit erschienen ist oder

e) ein Amtsträger der Finanzbehörde zu einer Umsatzsteuer-Nachschau nach § 27b des Umsatzsteuergesetzes, einer Lohnsteuer-Nachschau nach § 42g des Einkommensteuergesetzes oder einer Nachschau nach anderen steuerrechtlichen Vorschriften erschienen ist und sich ausgewiesen hat oder

2. eine der Steuerstraftaten im Zeitpunkt der Berichtigung, Ergänzung oder Nachholung ganz oder zum Teil bereits entdeckt war und der Täter dies wusste oder bei verständiger Würdigung der Sachlage damit rechnen musste,

3. die nach § 370 Absatz 1 verkürzte Steuer oder der für sich oder einen anderen erlangte nicht gerechtfertigte Steuervorteil einen Betrag von 25.000 € je Tat übersteigt, oder

4. ein in § 370 Absatz 3 Satz 2 Nummer 2 bis 6 genannter besonders schwerer Fall vorliegt.

Der Ausschluss der Straffreiheit nach Satz 1 Nummer 1 Buchstabe a und c hindert nicht die Abgabe einer Berichtigung nach Absatz 1 für die nicht unter Satz 1 Nummer 1 Buchstabe a und c fallenden Steuerstraftaten einer Steuerart.

(2a) Soweit die Steuerhinterziehung durch Verletzung der Pflicht zur rechtzeitigen Abgabe einer vollständigen und richtigen Umsatzsteuervoranmeldung oder Lohnsteueranmeldung begangen worden ist, tritt Straffreiheit abweichend von den Absätzen 1 und 2 Satz 1 Nummer 3 bei Selbstanzeigen in dem Umfang ein, in dem der Täter gegenüber der zuständigen Finanzbehörde die unrichtigen Angaben berichtigt, die unvollständigen Angaben ergänzt oder die unterlassenen Angaben nachholt. Absatz 2 Satz 1 Nummer 2 gilt nicht, wenn die Entdeckung der Tat darauf beruht, dass eine Umsatzsteuervoranmeldung oder Lohnsteueranmeldung nachgeholt oder berichtigt wurde. Die Sätze 1 und 2 gelten nicht für Steueranmeldungen, die sich auf das Kalenderjahr beziehen. Für die Vollständigkeit der Selbstanzeige hinsichtlich einer auf das Kalenderjahr bezogenen Steueranmeldung ist die Berichtigung, Ergänzung oder Nachholung der Voranmeldungen, die dem Kalenderjahr nachfolgende Zeiträume betreffen, nicht erforderlich.

(3) Sind Steuerverkürzungen bereits eingetreten oder Steuervorteile erlangt, so tritt für den an der Tat Beteiligten Straffreiheit nur ein, wenn er die aus der Tat zu seinen Gunsten hinterzogenen Steuern, die Hinterziehungszinsen nach § 235 und die Zinsen nach § 233a, soweit sie auf die Hinterziehungszinsen nach § 235 Absatz 4 angerechnet werden, sowie die Verzugszinsen nach Artikel 114 des Zollkodex der Union innerhalb der ihm bestimmten angemessenen Frist entrichtet. In den Fällen des Absatzes 2a Satz 1 gilt Satz 1 mit der Maßgabe, dass die fristgerechte Entrichtung von Zinsen nach § 233a oder § 235 unerheblich ist.

(4) Wird die in § 153 vorgesehene Anzeige rechtzeitig und ordnungsmäßig erstattet, so wird ein Dritter, der die in § 153 bezeichneten Erklärungen abzugeben unterlassen oder unrichtig oder unvollständig abgegeben hat, strafrechtlich nicht verfolgt, es sei denn, dass ihm oder seinem Vertreter vorher die Einleitung eines Straf- oder Bußgeldverfahrens wegen der Tat bekannt gegeben worden ist. Hat der Dritte zum eigenen Vorteil gehandelt, so gilt Absatz 3 entsprechend.

a) Aufbau

I. Anwendungsbereich
II. Berichtigung, § 371 I AO
 1. Tauglicher Anzeigeerstatter
 2. Adressat der Selbstanzeige
 3. Form und Inhalt der Selbstanzeige
III. Ggf. fristgerechte Nachentrichtung, § 371 III AO
IV. Sperrgründe, § 371 II AO

b) Allgemeines

aa) Grundlagen

Bei der strafbefreienden Selbstanzeige gem. § 371 AO handelt es sich um ein Rechtsinstitut, welches bereits in den einzelnen Steuergesetzen der Länder vorgesehen war und das 1919 reichseinheitlich in § 374 RAO normiert wurde.[1] Durch das Schwarzgeldbekämpfungsgesetz[2] vom 28.04.2011 (SchwGBG) und das AOÄndG 2015[3] vom 01.01.2015 hat die Selbstanzeige grundlegende Veränderungen erfahren. Aufbauend auf einer geänderten gesellschaftlichen Wahrnehmung der Steuerhinterziehung wurden die Voraussetzungen der strafbefreienden Selbstanzeige durch Einführung eines Vollständigkeitsgebots, Abschaffung der Teilselbstanzeige, Ausweitung der Sperrgründe, Ausdehnung der zeitlichen Erklärungsanforderungen, Nachzahlungspflicht bzgl. Hinterziehungszinsen etc. deutlich verschärft.[4] Als Konsequenz dieser Verschärfungen wurde bereits das (weitgehende) Ende des Instituts heraufbeschworen.[5]

Die Selbstanzeige ist dogmatisch nach ganz h. M.[6] ein **persönlicher Strafaufhebungsgrund**.[7]

Obwohl ähnliche Selbstanzeige-Möglichkeiten bei anderen Straftatbeständen fehlen, ist § 371 AO nach Auffassung des BVerfG mit Art. 3 I GG vereinbar und auch i. Ü. verfassungsgemäß.[8]

---

[1] Vgl. Joecks/Randt, in: Joecks/Jäger/Randt, Steuerstrafrecht, 9. Aufl. 2023, § 371 AO Rn. 1 ff.; Kohler, in: MK-StGB, 4. Aufl. 2023, § 371 AO Rn. 3.
[2] BGBl. I 2011, 676.
[3] Gesetz zur Änderung der Abgabenordnung und des Einführungsgesetzes zur Abgabenordnung, BGBl. 2014 I, 2415.
[4] Vgl. Kohler, in: MK-StGB, 4. Aufl. 2023, § 371 AO Rn. 6 ff.; Joecks/Randt, in: Joecks/Jäger/Randt, Steuerstrafrecht, 9. Aufl. 2023, § 371 AO Rn. 12 f.
[5] So Kohler, in: MK-StGB, 4. Aufl. 2023, § 371 AO Rn. 8.
[6] BGH U. v. 24.10.1984 – 3 StR 315/84 – wistra 1985, 75; BGH B. v. 05.05.2004 – 5 StR 548/03 – wistra 2004, 310; vgl. nur Kohler, in: MK-StGB, 4. Aufl. 2023, § 371 AO Rn. 11 m. w. N.
[7] Vgl. die Übersicht der Rechtsfolgen bei Joecks/Randt, in: Joecks/Jäger/Randt, Steuerstrafrecht, 9. Aufl. 2023, § 371 AO Rn. 41.
[8] BVerfG B. v. 28.06.1983 – 1 BvL 31/82 – wistra 1983, 251.

bb) Regelungszweck

Der Zweck des § 371 AO ist i. E. umstritten.[9]

Überwiegend wird auf die **Erschließung bisher verheimlichter Steuerquellen** abgestellt.[10] Gerade auch anlässlich jüngerer Verschärfungen beim Institut der Selbstanzeige[11] wird ferner auf die **Rückkehr** in die **Steuerehrlichkeit** rekurriert.[12] Teilweise wird versucht, Grund und Grenzen des § 371 AO anhand des strafrechtlichen Instituts des Rücktritts zu erklären.[13] Die Regelungszwecke werden teilweise kumuliert.[14]

Der fiskalische Regelungszweck des § 371 AO wird durch die Nachzahlungspflicht als Voraussetzung der Straffreiheit manifestiert. Allerdings reicht z. B. die anonyme Nachzahlung der hinterzogenen Steuern nicht zur Straffreiheit aus, obwohl die Rechtsgutsverletzung der Steuerhinterziehung vollständig reparabel ist.[15] Es bedarf vielmehr auch der Kompensation des (Unterlassungs- und) Handlungsunrechts der Steuerhinterziehung.[16] Erst in der Kumulation fiskalischer und kriminalpolitischer Zwecksetzungen lassen sich die Voraussetzungen des § 371 AO überzeugend erklären.[17] Nach Auffassung des BGH haben sich Ermittlungsmethoden und internationale Zusammenarbeit derart verbessert, dass der fiskalische Zweck an Bedeutung verloren und der Honorierungsgedanke für die Rückkehr zur Steuerehrlichkeit zusätzliches Gewicht erlangt habe.[18] Der BGH leitete hieraus im Jahre 2010 noch vor der entsprechenden gesetzlichen Regelung durch das SchwGBG ab, dass die Selbstanzeige die vollständige Rückkehr zur Steuerehrlichkeit erfordere und daher eine Teilselbstanzeige nicht hinreichend sei.

Ansätze, die § 371 AO in Anlehnung an das Rücktrittsrecht deuten und konsequenterweise die Täterfreiwilligkeit als ungeschriebenes Erfordernis der strafbefreienden Wirkung der Selbstanzeige in § 371 AO hineininterpretieren wollen,[19] überzeugen nicht: Die Ausschlussgründe des § 371 II AO sind als solche ab-

---

[9] Joecks/Randt, in: Joecks/Jäger/Randt, Steuerstrafrecht, 9. Aufl. 2023, § 371 AO Rn. 20.
[10] RG U. v. 08.06.1923 – I 372/23 – RGSt 57, 313; BGH U. v. 11.11.1958 – 1 StR 370/58 – BGHSt 12, 100; Joecks/Randt, in: Joecks/Jäger/Randt, Steuerstrafrecht, 9. Aufl. 2023, § 371 AO Rn. 21 m. w. N.
[11] Kohler, in: MK-StGB, 4. Aufl. 2023, § 371 AO Rn. 24 m. w. N.
[12] BGH U. v. 13.11.1952 – 3 StR 398/52 – BGHSt 3, 373; Joecks/Randt, in: Joecks/Jäger/Randt, Steuerstrafrecht, 9. Aufl. 2023, § 371 AO Rn. 22 m. w. N.
[13] Löffler, Grund und Grenzen der steuerstrafrechtlichen Selbstanzeige, 1992, 104 ff.; Hoffschmidt, Über die Rechtfertigung der strafbefreienden Selbstanzeige im Steuerstrafrecht, 1988, 158 ff.
[14] Brauns wistra 1987, 223.
[15] Joecks/Randt, in: Joecks/Jäger/Randt, Steuerstrafrecht, 9. Aufl. 2023, § 371 AO Rn. 30, 26.
[16] So richtigerweise Joecks/Randt, in: Joecks/Jäger/Randt, Steuerstrafrecht, 9. Aufl. 2023, § 371 AO Rn. 30.
[17] So auch Joecks/Randt, in: Joecks/Jäger/Randt, Steuerstrafrecht, 9. Aufl. 2023, § 371 AO Rn. 25, der kriminalpolitischen und strafrechtlichen Erwägungen größere Bedeutung beimisst.
[18] BGH B. v. 20.05.2010 – 1 StR 577/09 – BGHSt 55, 180.
[19] Vgl. Joecks/Randt, in: Joecks/Jäger/Randt, Steuerstrafrecht, 9. Aufl. 2023, § 371 AO Rn. 19 m. w. N.

schließend;[20] eine restringierende Auslegung scheitert an Art. 103 II GG.[21] Für den Versuch ist daneben allerdings auch über § 369 II AO die Norm des § 24 StGB für den Rücktritt als weiteres selbstständig daneben anwendbares Rechtsinstitut mit eigenen Voraussetzungen anwendbar.[22]

Beispiel

A hat für die Jahre 2017 bis 2019 vorsätzlich unrichtige Einkommensteuererklärungen abgegeben. Für die Jahre 2017 und 2018 ergingen entsprechende Einkommensteuerbescheide mit zu niedrigen Steuerfestsetzungen. Für das Jahr 2019 ist noch kein Einkommensteuerbescheid ergangen. Das Finanzamt übersendet eine Prüfungsanordnung für die Einkommensteuer 2017 bis 2019, in deren Rahmen auch die Einkommensteuererklärung 2019 erstmals überprüft werden soll. A glaubt zwar, dass die Betriebsprüfung die Unrichtigkeit nicht aufdecken wird, reicht jedoch aus Reue vor Beginn der Prüfung berichtigte Steuererklärungen für alle drei Jahre ein. Für 2019 ergeht aufgrund der Erklärung ein zutreffender Steuerbescheid. ◂

Lösung

Einer wirksamen Selbstanzeige steht wegen der Bekanntgabe der Prüfungsanordnung für alle drei Jahre der Sperrgrund des § 371 II Nr. 1 a) AO entgegen. Für das Jahr 2019 kommt jedoch eine Straffreiheit nach § 24 StGB in Betracht, da der Versuch des A aus dessen Sicht nicht fehlgeschlagen ist und er die Tatvollendung freiwillig verhindert. Für die Jahre 2017 und 2018 bleibt es bei der Strafbarkeit nach § 370 I Nr. 1 AO, da die Steuerhinterziehung mit der Bekanntgabe der unrichtigen Steuerbescheide vollendet wurde. ◂

c) Anwendungsbereich

§ 371 AO beschränkt den Anwendungsbereich auf Delikte nach **§ 370 AO**.

§ 371 AO findet damit keine Anwendung insbesondere auf die Steuerzeichenfälschung (§§ 148, 149 StGB), die Begünstigung einer Steuerhinterziehung (§ 257 StGB), den Bannbruch (§ 372 AO), den gewerbsmäßigen, gewaltsamen und bandenmäßigen Schmuggel (§ 373 AO) und die Steuerhehlerei (§ 374 AO).[23] Über Gesetzes-

---

[20] Joecks/Randt, in: Joecks/Jäger/Randt, Steuerstrafrecht, 9. Aufl. 2023, § 371 AO Rn. 18.
[21] Joecks/Randt, in: Joecks/Jäger/Randt, Steuerstrafrecht, 9. Aufl. 2023, § 371 AO Rn. 19.
[22] BGH B. v. 19.03.1991 – 5 StR 516/90 – BGHSt 37, 340, 345; BGH U. v. 30.03.1993 – 5 StR 77/93 – wistra 1993, 227; Schauf, in: Kohlmann, Steuerstrafrecht, 79. Lfg. 2023, § 371 AO Rn. 821.
[23] Kohler, in: MK-StGB, 4. Aufl. 2023, § 371 AO Rn. 43; Joecks/Randt, in: Joecks/Jäger/Randt, Steuerstrafrecht, 9. Aufl. 2023, § 371 AO Rn. 44 f.; Beckemper, in: HHSp, 274. Lfg. 2023, § 371 AO Rn. 28; Schauf, in: Kohlmann, Steuerstrafrecht, 79. Lfg. 2023, § 371 AO Rn. 65; Seer, in: Tipke/Kruse, 176. Lfg. 2023, § 371 AO Rn. 6.

verweisungen gilt § 371 AO indes für die Hinterziehung von Abgaben zu Marktordnungszwecken (§§ 12 I 1, 35 MOG), die Hinterziehung von Abwasserabgaben (§ 14 AbwAG), das Erschleichen von Wohnungsbauprämien (§ 8 II 1 WoPG), Arbeitnehmerzulagen (§ 14 III 1 5. VermBG) und das Kommunalabgabenrecht auf Grundlage der Ländergesetze, soweit diese hierauf verweisen.[24]

d) Berichtigung, § 371 I AO

aa) Tauglicher Anzeigeerstatter

Die Selbstanzeige kann der **Täter** (§ 25 StGB) oder **Teilnehmer** (§§ 26, 27 StGB) der Steuerhinterziehung erstatten.[25] Dies ergibt sich schon aus dem dahingehend offen formulierten Wortlaut des § 371 I 1 AO.[26] Unerheblich ist diesbezüglich, ob der Täter selbst Steuerschuldner ist oder nur gem. § 71 AO wegen seiner Tatbeteiligung für die verkürzte Steuer haftet.[27] Die fiskalische und kriminalpolitische Teleologie[28] des § 371 AO streitet gegen eine höchstpersönliche Erstattungspflicht.[29] Sie kann also auch von **Dritten** mit strafbefreiender Wirkung für den Täter oder Teilnehmer erfolgen, sofern der Dritte von diesen zur Erstattung der Selbstanzeige **beauftragt** und **bevollmächtigt** wurde.[30] Das der Vollmacht zugrunde liegende Rechtsgeschäft muss sich nach „weitaus" h. M.[31] konkret auf die Erstattung einer Selbstanzeige beziehen, also nach Tatbegehung und vor Anzeigeerstattung vorgenommen werden.[32] Allgemeine Vollmachten reichen daher nicht für eine wirksame Zurechnung der Erklärung aus. Entscheidend ist vielmehr, dass die Abgabe der Selbstanzeige auf dem Willen des maßgeblichen Steuerpflichtigen beruht und

---

[24] Kohler, in: MK-StGB, 4. Aufl. 2023, § 371 AO Rn. 42; Beckemper, in: HHSp, 274. Lfg. 2023, § 371 AO Rn. 30; Schauf, in: Kohlmann, Steuerstrafrecht, 79. Lfg. 2023, § 371 AO Rn. 62.
[25] Rolletschke, Steuerstrafrecht, 5. Aufl. 2021, Rn. 4/23; Joecks/Randt, in: Joecks/Jäger/Randt, Steuerstrafrecht, 9. Aufl. 2023, § 371 AO Rn. 44; Schauf, in: Kohlmann, Steuerstrafrecht, 79. Lfg. 2023, § 371 AO Rn. 81.
[26] So Kohler, in: MK-StGB, 4. Aufl. 2023, § 371 AO Rn. 113.
[27] BGH U. v. 03.06.1954 – 3 StR 302/53 – BGHSt 7, 336; Kohler, in: MK-StGB, 4. Aufl. 2023, § 371 AO Rn. 113; Schauf, in: Kohlmann, Steuerstrafrecht, 79. Lfg. 2023, § 371 AO Rn. 81.
[28] Kohler, in: MK-StGB, 4. Aufl. 2023, § 371 AO Rn. 114; Schauf, in: Kohlmann, Steuerstrafrecht, 79. Lfg. 2023, § 371 AO Rn. 83, der zusätzlich die Erfordernisse der Praxis als Argument gegen eine höchstpersönliche Erstattungspflicht anführt.
[29] BGH U. v. 13.11.1952 – 3 StR 398/52 – NJW 1953, 475.
[30] BGH U. v. 24.10.1984 – 3 StR 315/84 – NStZ 1985, 126; Schauf, in: Kohlmann, Steuerstrafrecht, 79. Lfg. 2023, § 371 AO Rn. 84; Kohler in MK-StGB 4. Aufl. 2023 § 371 AO Rn. 114 ff.; Joecks/Randt, in: Joecks/Jäger/Randt, Steuerstrafrecht, 9. Aufl. 2023, § 371 AO Rn. 107 ff.; Beckemper, in: HHSp, 274. Lfg. 2023, § 371 AO Rn. 32 ff.
[31] So Kohler, in: MK-StGB, 4. Aufl. 2023, § 371 AO Rn. 115 m. w. N.
[32] RG U. v. 11.05.1922 – 142/22 – RGSt 56, 385; Schauf, in: Kohlmann, Steuerstrafrecht, 79. Lfg. 2023, § 371 AO Rn. 84.

d) Berichtigung, § 371 I AO

von diesem veranlasst wurde, ihm deshalb zuzurechnen ist.[33] Die nachträgliche Genehmigung der Selbstanzeige des vollmachtlosen Stellvertreters wirkt nur *ex nunc*, bzgl. der Ausschlussgründe des § 371 II AO ist also auf den Zeitpunkt der Genehmigung abzustellen.[34] Wird jedoch eine Selbstanzeige zunächst ohne Genehmigung des Tatbeteiligten von einem Dritten bei der Finanzbehörde eingereicht, dürfte hierdurch dort regelmäßig der Sperrgrund der Tatentdeckung (§ 371 II 1 Nr. 2 AO) eintreten, sodass die nachfolgende Genehmigung keine wirksame Selbstanzeige mehr bewirken kann. Hier ist jedoch ebenfalls der Zweifelsgrundsatz zu beachten, eine entsprechende Beauftragung vor Erstattung ist also widerleglich zu vermuten.[35] Erwägungen, vom Erfordernis der gesonderten Bevollmächtigung bei Erstattung der Selbstanzeige durch einen Täter oder Teilnehmer mit Wirkung auch für andere Tatbeteiligte abzusehen,[36] mögen zwar kriminalpolitisch[37] und praktisch[38] wünschenswert sein, sind aber mit dem Wortlaut des § 371 I AO nicht vereinbar und demnach *de lege lata* abzulehnen.[39] Die Bevollmächtigung kann **formlos** erfolgen.[40] Zulässig ist grundsätzlich nach überwiegender Ansicht ebenfalls die verdeckte Stellvertretung, wenn nach außen hin nicht erkennbar wird, dass die Berichtigungserklärung (auch) für einen anderen abgegeben wird.[41] Dies ist allerdings fraglich, sofern gegen den Tatbeteiligten, z. B. bei einer Steuerhinterziehung von mehr als 25.000 € je Tat (§ 371 II 1 Nr. 3 AO), von der Strafverfolgung nur nach Zahlung eines Geldbetrages nach § 398a I Nr. 2 AO abzusehen ist. Soweit man annimmt, dass dieser Betrag von jedem Tatbeteiligten gesondert zu zahlen ist,[42] setzt das Absehen von der Strafverfolgung voraus, dass der Tatbeteiligte den Ermittlungsbehörden bekannt wird. Daher scheidet in diesen Fällen eine verdeckte Selbstanzeige aus[43] oder setzt zumindest voraus, dass der Tatbeteiligte den Ermittlungs-

---

[33] Vgl. zum sog. Veranlasserprinzip Joecks/Randt, in: Joecks/Jäger/Randt, Steuerstrafrecht, 9. Aufl. 2023, § 371 AO Rn. 108.
[34] Kohler, in: MK-StGB, 4. Aufl. 2023, § 371 AO Rn. 115, 119, der zusätzlich darauf hinweist, dass eine nachträgliche Genehmigung nach den Grundsätzen der GoA (§§ 677 ff. BGB) ebenfalls keine Rückwirkung entfaltet; Beckemper, in: HHSp, 274. Lfg. 2023, § 371 AO Rn. 33 f.; Joecks/Randt, in: Joecks/Jäger/Randt, Steuerstrafrecht, 9. Aufl. 2023, § 371 AO Rn. 108.
[35] Schauf, in: Kohlmann, Steuerstrafrecht, 79. Lfg. 2023, § 371 AO Rn. 92.
[36] So Franzen, in: Franzen/Gast/Samson, 3. Aufl. 1985, § 371 AO Rn. 57, 59.
[37] So Kohler, in: MK-StGB, 4. Aufl. 2023, § 371 AO Rn. 116.
[38] So Joecks/Randt, in: Joecks/Jäger/Randt, Steuerstrafrecht, 9. Aufl. 2023, § 371 AO Rn. 113.
[39] Joecks/Randt, in: Joecks/Jäger/Randt, Steuerstrafrecht, 9. Aufl. 2023, § 371 AO Rn. 113; Kohler, in: MK-StGB, 4. Aufl. 2023, § 371 AO Rn. 116.
[40] Beckemper, in: HHSp, 274. Lfg. 2023, § 371 AO Rn. 85, die jedoch aus Beweisgründen eine schriftliche Fixierung empfiehlt.
[41] Kohler, in: MK-StGB, 4. Aufl. 2023, § 371 AO Rn. 119; Joecks/Randt, in: Joecks/Jäger/Randt, Steuerstrafrecht, 9. Aufl. 2023, § 371 AO Rn. 110, jeweils m. w. N.
[42] Jäger, in: Klein, AO, 16. Aufl. 2022, § 371 AO Rn. 63; Seer, in: Tipke/Kruse, 176. Lfg. 2023, § 398a AO Rn. 24; a.A. Schauf, in: Kohlmann, Steuerstrafrecht, 79. Lfg. 2023, § 370 AO Rn. 13 m. w. N.
[43] Schauf, in: Kohlmann, Steuerstrafrecht, 79. Lfg. 2023, § 371 AO Rn. 89.

behörden nachträglich bekannt wird.[44] Die Erstattung einer Selbstanzeige ist noch keine Maßnahme der Verteidigung in einem Strafverfahren,[45] das Verbot der Mehrfachvertretung (§ 147 StPO) steht einer Vertretung mehrerer Steuerpflichtiger also nicht im Wege.[46]

bb) Adressat der Selbstanzeige

Gem. § 371 I 1 AO ist die Selbstanzeige gegenüber der Finanzbehörde zu erstatten. Zur Behördendefinition s. o. unter 2 c) aa) (1) (a) und § 6 II AO.

Die in § 386 I 2 AO enthaltene Definition der Finanzbehörde gilt ausweislich des eigenen Wortlauts nur für die verfahrensrechtlichen Vorschriften des 3. Abschnitts des 8. Teils der AO und daher nicht für die Erstattung einer Selbstanzeige nach § 371 AO, welche im 1. Abschnitt geregelt ist.[47] Ob jede der in § 6 II AO genannten Finanzbehörden auch eine Finanzbehörde i. S. d. § 371 I AO darstellt, ist umstritten.[48] Auswirkungen hat der Streit darauf, ob und zu welchem Zeitpunkt die Selbstanzeige als erstattet gilt.

Ausgehend von dem Wortlaut des § 371 I 1 AO, die Berichtigung sei bei „der" Finanzbehörde abzugeben, ist nach früher überwiegender Auffassung die Selbstanzeige gegenüber der im Einzelfall örtlich und sachlich zuständigen Finanzbehörde abzugeben.[49] Dies wurde teilweise weiter dahingehend konkretisiert, dass die Anzeige bei der zuständigen Amtsstelle oder bei der zuständigen Veranlagungsstelle eingehen müsste, eine Erklärung gegenüber dem Außenbeamten also nicht genüge.[50]

Dem hat die früher herrschende Literatur[51] entgegengehalten, dass die Finanzbehörden im Wege der Amtshilfe (§§ 111 ff. AO) zur Weiterleitung der Anzeige an die zuständige Behörde verpflichtet seien. Zudem wird auf das Telos des § 371 AO hingewiesen, nach welchem dem Steuerpflichtigen die Rückkehr in die Steuerehrlichkeit ermöglicht und zudem dem Staat verborgene Steuerquellen eröffnet werden

---

[44] So Kohler in MK-StGB 3. Aufl. § 371 AO Rn. 119.

[45] Joecks/Randt, in: Joecks/Jäger/Randt, Steuerstrafrecht, 9. Aufl. 2023, § 371 AO Rn. 109 m. w. N.

[46] Joecks/Randt, in: Joecks/Jäger/Randt, Steuerstrafrecht, 9. Aufl. 2023, § 371 AO Rn. 109; Schauf, in: Kohlmann, Steuerstrafrecht, 79. Lfg. 2023, § 371 AO Rn. 86.

[47] Vgl. Kohler, in: MK-StGB, 4. Aufl. 2023, § 371 AO Rn. 133; Joecks/Randt, in: Joecks/Jäger/Randt, Steuerstrafrecht, 9. Aufl. 2023, § 371 AO Rn. 118.

[48] Vgl. Joecks/Randt, in: Joecks/Jäger/Randt, Steuerstrafrecht, 9. Aufl. 2023, § 371 AO Rn. 118 ff. m. w. N.; Kohler, in: MK-StGB, 4. Aufl. 2023, § 371 AO Rn. 134; Rolletschke, Steuerstrafrecht, 5. Aufl. 2021, Rn. 4/29 ff.

[49] RG U. v. 15.11.1926 – II 826/26 – RGSt 61, 10; OLG Bremen U. v. 31.01.1951 – Ss 100/50 – DStZ/B 1954, 58; Wiedergabe dieser Auffassung bei Kohler, in: MK-StGB, 4. Aufl. 2023, § 371 AO Rn. 135 m. w. N.

[50] OLG Frankfurt U. v. 16.01.1954 – 2 Ss 755/53 – DStZ/B 1954, 58, wiedergegeben bei Kohler, in: MK-StGB, 4. Aufl. 2023, § 371 AO Rn. 135.

[51] Joecks/Randt, in: Joecks/Jäger/Randt, Steuerstrafrecht, 9. Aufl. 2023, § 371 AO Rn. 120 ff.; Kohler, in: MK-StGB, 4. Aufl. 20123, § 371 AO Rn. 136; Schauf, in: Kohlmann, Steuerstrafrecht, 79. Lfg. 2023, § 371 AO Rn. 276.

d) Berichtigung, § 371 I AO

solle. Eine enge Auslegung des § 371 AO widerspreche also zum einen der Teleologie, wäre zum anderen bei bestehender Weiterleitungspflicht als Förmelei zu Lasten des Steuerpflichtigen anzusehen. Die Selbstanzeige wäre demnach unmittelbar mit Zugang bei der Eingangsbehörde wirksam, die nachfolgende Verwirklichung von Ausschlussgründen nach § 371 II AO irrelevant.

2011 hat der Gesetzgeber dann Art. 97 § 24 1 EGAO geschaffen, der für die Frage, nach welcher Rechtslage die Wirksamkeit der Teilselbstanzeige zu beurteilen ist, auf den Eingang bei der zuständigen Finanzbehörde abstellt. I. R. d. AOÄndG 2015 wurde § 371 IIa AO eingefügt, welcher die gleiche Formulierung enthält.

Hieraus wurde nun gefolgert, dass nach dem Willen des Gesetzgebers die Selbstanzeige gegenüber der zuständigen Finanzbehörde abzugeben sei, man an der bis dato herrschenden Literaturauffassung nun nicht mehr festhalten könne.[52] Zwar ist die Wortlautargumentation zu § 371 IIa AO,[53] dieser modifiziere lediglich § 371 I AO, drücke also generell den Willen des Gesetzgebers zur Auslegung des § 371 I AO aus, alles andere als zwingend: § 371 IIa AO lässt in gewissen Grenzen die Teilselbstanzeige entgegen dem Grundsatz aus § 371 I AO zu. Warum das Ergebnis, dass für diese Ausnahmeregelung strengere Anforderungen als für den Grundsatz nach § 371 I AO gelten, befremdlich[54] sein soll, ist unklar. Soll dem Grundsatz nach eine Teilselbstanzeige eben nicht zur Straffreiheit führen, kann eine Einschränkung dieses Grundsatzes ohne Bedenken an höhere Anforderungen geknüpft werden.

Auch ist vor diesem Hintergrund unverständlich, aus welchem Grund der Gesetzgeber, wollte er den Meinungsstreit einer Lösung zuführen, nur Art. 97 § 27 EGAO und § 371 IIa AO entsprechend modifiziert, den Wortlaut des § 371 I AO aber unverändert gelassen hat.[55]

Insgesamt zeigen die Gesetzesänderungen aus den Jahren 2011 und 2015 eine deutliche Verschärfung des Instituts der Selbstanzeige,[56] sodass eine teleologisch weite Auslegung im Hinblick auf möglichst einfache Rückkehr in die Steuerehrlichkeit insgesamt an Überzeugungskraft verloren hat. Aufgrund des unveränderten Wortlauts des § 371 I 1 AO wurde der Meinungsstreit jedoch nicht durch den Gesetzgeber eindeutig entschieden, sodass weiterhin erhebliche Stimmen im Schrifttum[57] an der Auffassung festhalten, dass die Selbstanzeige bei jeder Finanzbehörde erstattet werden kann.

Um eine Gefährdung der Selbstanzeige in der Praxis zu vermeiden, sollte diese jedoch vorsorglich bei der **örtlich** und **sachlich zuständigen Finanzbehörde** erstattet werden.[58] Dagegen ergibt sich aus dem Wortlaut des § 371 I 1 AO eindeutig,

---

[52] Rolletschke, Steuerstrafrecht, 5. Aufl. 2021, Rn. 5/30; so auch Roth NZWiSt 2018, 63.
[53] Roth NZWiSt 2018, 63.
[54] So Roth NZWiSt 2018, 63.
[55] So schon Kohler, in: MK-StGB, 4. Aufl. 2023, § 371 AO Rn. 138.
[56] So auch Kohler, in: MK-StGB, 4. Aufl. 2023, § 371 AO Rn. 8.
[57] Jäger, in: Klein, AO, 16. Aufl. 2022, § 371 AO Rn. 60; Kohler, in: MK-StGB, 4. Aufl. 2023, § 371 AO Rn. 138; Schauf, in: Kohlmann, Steuerstrafrecht, 79. Lfg. 2023, § 371 AO Rn. 276.
[58] Kohler, in: MK-StGB, 4. Aufl. 2023, § 371 AO Rn. 139.

dass eine Selbstanzeige noch nicht mit dem Eingang bei einer Behörde wirksam wird, die keine Finanzbehörde ist, wie z. B. Staatsanwaltschaft, Polizei oder Gerichte.[59] Erfolgt die Berichtigung gegenüber einer solchen unzuständigen Behörde, wird diese zum Zeitpunkt der Weiterleitung an die zuständige Behörde wirksam. Damit trägt der Steuerpflichtige das Risiko des Eintritts von Ausschlussgründen nach § 371 II AO vor der Weiterleitung.

Der **Zugang** und damit die Wirksamkeit der Berichtigungserklärung richtet sich nach h. M. nach den Grundsätzen der §§ 130 ff. BGB.[60] Unter Abwesenden geht die Berichtigungserklärung also zu, wenn sie derart in den Machtbereich der Finanzbehörde gelangt ist, dass diese unter normalen Verhältnissen die Möglichkeit hat, vom Inhalt der Erklärung Kenntnis zu nehmen und die Kenntnisnahme nach den getroffenen Vorkehrungen und allgemeinen Gepflogenheiten auch erwartet werden kann.[61]

cc) Form und Inhalt der Selbstanzeige

§ 371 I AO differenziert zwischen **Berichtigung unrichtiger Angaben, Ergänzung unvollständiger Angaben** und **Nachholung unterlassener Angaben**. Dennoch hat es sich in Rechtsprechung und Literatur eingebürgert, die Varianten des § 371 I AO unter dem Begriff der Berichtigung zusammenzufassen.[62]

Berichtigen wird somit verstanden als Ersetzen der unrichtigen, unvollständigen oder fehlenden Angaben durch richtige und vollständige.[63]

Konkret bedeutet dies, dass der Täter eine aktive Tätigkeit in Richtung einer Berichtigung oder Ergänzung seiner früheren Angaben entfaltet[64] und so einen wesentlichen Beitrag dazu setzt, dass die Finanzbehörde eine nachträgliche Veranlagung vornehmen kann,[65] so als wäre die Steuererklärung ordnungsgemäß abgegeben worden.[66]

---

[59] Rolletschke, Steuerstrafrecht, 5. Aufl. 2021, Rn. 4/36, der zu Recht darauf hinweist, dass durch den Eingang bei diesen Behörden jedoch Tatentdeckung i. S. d. § 371 II, 1 Nr. 2 AO eintreten kann; Jäger, in: Klein, AO, 16. Aufl. 2022, § 371 AO Rn. 60; Seer, in: Tipke/Kruse, 176. Lfg. 2023, § 371 AO Rn. 22; Kohler in MK-StGB, 4. Aufl. 2023, § 371 AO Rn. 140; a. A. Schauf, in: Kohlmann, Steuerstrafrecht, 79. Lfg. 2023, § 371 AO Rn. 280; Joecks/Randt, in: Joecks/Jäger/Randt, Steuerstrafrecht, 9. Aufl. 2023, § 371 AO Rn. 121.

[60] Kohler, in: MK-StGB, 4. Aufl. 2023, § 371 AO Rn. 141 m. w. N.

[61] Rolletschke, Steuerstrafrecht, 5. Aufl. 2021, Rn. 4/32; BFH U. v. 26.06.1996 – X R 97/95 – BFH/NV 1998, 90.

[62] Kohler, in: MK-StGB, 4. Aufl. 2023, § 371 AO Rn. 52.

[63] BGH U. v. 24.09.1954 – 2 StR 683/53 – BStBl. I 1954, 528.

[64] BGH U. v. 13.11.1952 – 3 StR 398/52 – BGHSt 3, 373; BGH U. v. 14.12.1976 – 1 StR 196/76 – DB 1977, 1347 = BB 1978, 698; Kohler, in: MK-StGB, 4. Aufl. 2023, § 371 AO Rn. 53 m. w. N.; Schauf, in: Kohlmann, Steuerstrafrecht, 79. Lfg. 2023, § 371 AO Rn. 154.

[65] BGH U. v. 13.11.1952 – 3 StR 398/52 – BGHSt 3, 373; BGH B. v. 16.06.2005 – 5 StR 118/05 – NStZ 2006, 45; Kohler, in: MK-StGB, 4. Aufl. 2023, § 371 AO Rn. 53 m. w. N.

[66] BGH U. v. 11.11.1958 – 1 StR 370/58 – BGHSt 12, 100; OLG Stuttgart B. v. 31.01.1996 – 1 Ws 1/96 – NStZ 1996, 559; Beckemper, in: HHSp, 274. Lfg. 2023, § 371 AO Rn. 59 m. w. N.

d) Berichtigung, § 371 I AO

Der notwendige **Inhalt** richtet sich v. a. nach den Erklärungspflichten des Steuerpflichtigen nach §§ 149 ff. AO i. V. m. den einschlägigen Steuergesetzen. Der Täter muss seine steuerrechtlichen Erklärungspflichten durch die Berichtigung so erfüllen, wie dies schon ursprünglich hätte geschehen müssen.[67] Auch vom Wortlaut umfasst sind unrichtige Angaben außerhalb von förmlichen Steuererklärungen, die zu einer Steuerverkürzung geführt haben (Stundung, § 222 AO, Erlass, § 227 AO, Verhinderung von Vollstreckungsmaßnahmen nach § 249 ff. AO), sowie Erklärungen erst im Rechtsbehelfs- oder Klageverfahren.[68]

Inhaltlich muss die Berichtigung derart **konkret** sein, dass die Finanzbehörde in der Lage ist, ohne weitere langwierige Nachforschungen und unabhängig von einer weiteren Mithilfebereitschaft des Steuerpflichtigen den Sachverhalt vollends aufzuklären und die Steuer richtig festzusetzen.[69] Nicht erforderlich ist demgegenüber, dass die Finanzbehörde die Neuveranlagung auf der Stelle durchführen[70] oder ohne jede Aufklärungstätigkeit[71] festsetzen kann.[72] Eine Selbstbezichtigung ist nicht notwendig.[73]

Ob die vom Täter gelieferten Angaben „neu" für die Finanzbehörde sind, ist i. R. d. Berichtigung irrelevant, solange nicht Tatentdeckung i. S. d. § 371 II 1 Nr. 2 AO eingetreten war.[74] Dies ergibt sich bereits aus der Systematik des § 371 AO, der die negativen Wirksamkeitsvoraussetzungen der Selbstanzeige abschließend in Abs. 2 aufführt.[75] Folglich kann es zudem auf eine Freiwilligkeit als Wirksamkeitsvoraussetzung nicht ankommen, s. o.[76]

Eine besondere **Form** der Berichtigungserklärung ist vom Gesetz **nicht** vorgesehen. Sie kann bspw. schriftlich, mündlich oder zu Protokoll bei der zuständigen Finanzbehörde abgegeben werden.[77]

Die **Intention** der Selbstanzeige ist unerheblich, ein besonderer Berichtigungswille also nicht erforderlich.[78] Demnach kann eine Selbstanzeige auch durch unbewusste Berichtigung erfolgen.

---

[67] Joecks/Randt, in: Joecks/Jäger/Randt, Steuerstrafrecht, 9. Aufl. 2023, § 371 AO Rn. 54 ff.; Schauf, in: Kohlmann, Steuerstrafrecht, 79. Lfg. 2023, § 371 AO Rn. 159 ff.
[68] Joecks/Randt, in: Joecks/Jäger/Randt, Steuerstrafrecht, 9. Aufl. 2023, § 371 AO Rn. 54.
[69] LG München II U. v. 13.03.2014 – W 5 KLs 68 Js 3284/13 – wistra 2015, 77; BGH B. v. 20.05.2010 – 1 StR 577/09 – BGHSt 55, 180; Schauf, in: Kohlmann, Steuerstrafrecht, 79. Lfg. 2023, § 371 AO Rn. 161 m. w. N.
[70] BGH U. v. 05.09.1973 – 4 StR 369/74 – NJW 1974, 2293.
[71] BGH U. v. 13.11.1952 – 3 StR 398/52 – BGHSt 3, 373.
[72] Schauf, in: Kohlmann, Steuerstrafrecht, 79. Lfg. 2023, § 371 AO Rn. 162; Joecks/Randt, in: Joecks/Jäger/Randt, Steuerstrafrecht, 9. Aufl. 2023, § 371 AO Rn. 60.
[73] Schauf, in: Kohlmann, Steuerstrafrecht, 79. Lfg. 2023, § 371 AO Rn. 158.
[74] Schauf, in: Kohlmann, Steuerstrafrecht, 79. Lfg. 2023, § 371 AO Rn. 156; Joecks/Randt, in: Joecks/Jäger/Randt, Steuerstrafrecht, 9. Aufl. 2023, § 371 AO Rn. 56; a. A. Mattern DStZ 1950, 134 (137).
[75] Schauf, in: Kohlmann, Steuerstrafrecht, 79. Lfg. 2023, § 371 AO Rn. 156.
[76] Schauf, in: Kohlmann, Steuerstrafrecht, 79. Lfg. 2023, § 371 AO Rn. 148.
[77] Schauf, in: Kohlmann, Steuerstrafrecht, 79. Lfg. 2023, § 371 AO Rn. 144 m. w. N.
[78] Schauf, in: Kohlmann, Steuerstrafrecht, 79. Lfg. 2023, § 371 AO Rn. 157.

Die als Rechtsfolge des § 371 I AO gewährte Straffreiheit setzt bereits eine Strafbarkeit voraus, § 371 I AO ist also nur bei einer **bereits** zumindest als Versuch **verübten Straftat** anwendbar.[79] Eine Berichtigung im Voraus kann also keine Straffreiheit für eine beabsichtigte Steuerhinterziehung erzeugen.[80]

Durch das SchwGBG wurde 2011 das sog. **Vollständigkeitsgebot** eingeführt. Danach waren alle unverjährten Steuerstraftaten vollständig zu berichtigen.[81]

Durch das AOÄndG wurde 2015 § 371 I 2 AO eingefügt, nach dem Berichtigungen zu allen unverjährten Steuerstraftaten einer Steuerart, mindestens aber zu allen Steuerstraftaten einer Steuerart innerhalb der letzten zehn Kalenderjahre gemacht werden müssen.[82] Die Einführung dieses Zehnjahreszeitraums als Mindestzeitraum (sog. erweiterter Berichtigungsverbund)[83] sollte zu einer gewissen Angleichung mit den steuerrechtlichen Festsetzungsfristen (bei Steuerhinterziehung zehn Jahre, § 169 II 2 AO) führen.[84] Eine völlige Angleichung trat allerdings nicht ein, weil der Verjährungsbeginn unterschiedlich bestimmt wird.[85]

> **Beispiel**
>
> Der Steuerpflichtige A gibt die vorsätzlich unrichtige Einkommensteuererklärung für das Jahr 2010 im Dezember 2011 ab. Entsprechend den Angaben in der Erklärung wird die Einkommensteuer 2010 im April 2012 um EUR 20.000 zu niedrig festgesetzt. Daneben führte auch die unrichtige Einkommensteuererklärung für 2019, welche im Juli 2020 eingereicht wurde im November 2020 zu einer zu niedrigen Steuerfestsetzung. A möchte im März 2022 eine wirksame Selbstanzeige einreichen und fragt sich, welche Jahre einzubeziehen sind und für welche Jahre er die Steuer noch nachzahlen muss. ◀

> **Lösung**
>
> Fraglos ist die unrichtige Einkommensteuererklärung 2019 einzubeziehen, da sie eindeutig in den Zehnjahreszeitraum des § 371 I 2 AO fällt. Hier ist auch eindeutig die im Falle einer Steuerhinterziehung nach § 169 II 2 AO zehnjährige Festsetzungsfrist noch nicht abgelaufen.
>
> Bezüglich der Einkommensteuer 2010 ist jedoch genau zu betrachten, wie sich die Festsetzungsfrist und der Zehnjahreszeitraum des § 371 I 2 AO bestimmen.
>
> Die auch hier zehnjährige Festsetzungsfrist beginnt nach § 170 II 1 Nr. 1 AO mit Ablauf des Kalenderjahres, in welchem die Steuererklärung eingereicht

---

[79] Joecks/Randt, in: Joecks/Jäger/Randt, Steuerstrafrecht, 9. Aufl. 2023, § 371 AO Rn. 55; Beckemper, in: HHSp, 274. Lfg. 2023, § 371 AO Rn. 73.
[80] BGH U. v. 20.07.1965 – 1 StR 95/65 – BB 1966, 107.
[81] Schauf, in: Kohlmann, Steuerstrafrecht, 79. Lfg. 2023, § 371 AO Rn. 115.
[82] Vgl. Schauf, in: Kohlmann, Steuerstrafrecht, 79. Lfg. 2023, § 371 AO Rn. 116.
[83] Schauf, in: Kohlmann, Steuerstrafrecht, 79. Lfg. 2023, § 371 AO Rn. 116.
[84] Joecks/Randt, in: Joecks/Jäger/Randt, Steuerstrafrecht, 9. Aufl. 2023, § 371 AO Rn. 78.
[85] Joecks in DStR 2014, 2261 (2262).

d) Berichtigung, § 371 I AO

wurde, spätestens mit Ablauf des dritten Kalenderjahres, das auf das Kalenderjahr folgt, in dem die Steuer entstanden ist. Somit begann die Festsetzungsfrist am 31.12.2011 und ist – sofern keine Ablaufhemmung nach § 171 AO eintritt – am 31.12.2021 abgelaufen.

Allerdings endet nach § 171 VII AO in den Fällen der Steuerhinterziehung die steuerliche Festsetzungsfrist nicht, bevor die Verfolgung der Steuerstraftat verjährt ist. Bei einer Steuerverkürzung von EUR 20.000 liegt kein besonders schwerer Fall der Steuerhinterziehung i. S. d. § 370 III 2 Nr. 1 AO vor. Eine hierfür erforderliche Steuerverkürzung in großem Ausmaß nimmt die Rechtsprechung[86] erst ab einem Verkürzungsbetrag von mehr als EUR 50.000 an. Die strafrechtliche Verjährung in einem Fall der einfachen Steuerhinterziehung beträgt nach § 78 III Nr. 4 StGB fünf Jahre, sodass diese Frist für die Hinterziehung der Einkommensteuer 2010 in 2022 fraglos abgelaufen ist. Eine Ablaufhemmung nach § 171 VII AO bestand daher im März 2022 nicht mehr. Die Einkommensteuer 2010 ist festsetzungsverjährt und kann steuerlich nicht mehr festgesetzt werden.

In die Selbstanzeige sind nach § 371 I 2 AO zunächst alle unverjährten Steuerstraftaten einer Steuerart einzubeziehen. Wie dargelegt, ist die Einkommensteuerhinterziehung 2010 jedoch im März 2022 bereits strafrechtlich verjährt. Es kommt mithin darauf an, ob diese in den Mindestzeitraum der Steuerstraftaten „innerhalb der letzten zehn Kalenderjahre" fällt.

Unklar ist allerdings, wie der erweiterte Berichtigungsverbund genau zu bestimmen ist.[87] „Innerhalb der letzten zehn Kalenderjahre" kann sich sowohl auf die zurückliegenden Besteuerungszeiträume[88] als auch auf alle Taten einer Steuerart beziehen, deren Begehungszeitpunkt[89] innerhalb der letzten zehn Jahre liegt. Sollte auf den Begehungszeitpunkt abgestellt werden, ist weiterhin unklar, ob es dabei auf die Tathandlung, also in den Fällen des § 370 I Nr. 1 AO regelmäßig die Abgabe der unrichtigen Steuererklärung, die Tatvollendung oder die Tatbeendigung, also regelmäßig die zu niedrige Steuerfestsetzung, ankommt.[90] Das Telos des § 371 AO sowie die Gesetzesgenese des AOÄndG sprechen dafür, auf die Besteuerungszeiträume abzustellen. Im Gegenzug zur gewährten Straffreiheit soll § 371 AO eine möglichst umfassende Steuerfestsetzung ermöglichen und gleichzeitig schwierige Fristberechnungen aufgrund von Anlauf- und Ablaufhemmung

---

[86] BGH B. v. 27.10.2015 – 1 StR 373/15 – BGHSt 61, 28; BGH U. v. 05.09.2017 – 1 StR 365/16 – wistra 2018, 224.

[87] Schauf, in: Kohlmann, Steuerstrafrecht, 79. Lfg. 2023, § 371 AO Rn. 117.

[88] So Schauf, in: Kohlmann, Steuerstrafrecht, 79. Lfg. 2023, § 371 AO Rn. 119; Joecks DStR 2014, 2261.

[89] So wohl Kohler, in: MK-StGB, 4. Aufl. 2023 § 371 AO, Rn. 67; Habammer/Pflaume DStR 2014, 2268.

[90] Für die Tatbeendigung Beckemper, in: HHSp, 274. Lfg. 2023, § 371 AO Rn. 64; für die Tatbegehung als Zeitpunkt der Tathandlung Kohler, in: MK-StGB, 4. Aufl. 2023, § 371 AO Rn. 67; Seer, in: Tipke/Kruse, 176. Lfg. 2023, § 371 AO Rn. 32; differenzierend die Finanzverwaltung in Nr. 11 III AStBV 2020: bei § 370 I Nr. 1 AO mit Abgabe der unrichtigen Steuererklärung, bei § 370 I Nr. 2 AO mit Tatvollendung, also im Zeitpunkt des Abschluss der wesentlichen Veranlagungsarbeiten.

steuerlicher Festsetzungsfristen zugunsten der strafrechtlich notwendigen Rechtsklarheit (Art. 103 II GG) vermeiden.[91] Somit sind i. R. d. Mindestberichtigung alle Steuerstraftaten offenzulegen, die sich auf die der Selbstanzeige vorausgehenden zehn abgeschlossenen Kalenderjahre beziehen.

Im Beispielsfall wären nach dieser Auffassung im Jahre 2022 nur alle Hinterziehungen von Einkommensteuer für die Jahre ab 2012 in die Selbstanzeige einzubeziehen. Die Verkürzung von Einkommensteuer 2010 muss daher nicht einbezogen werden. Zu demselben Ergebnis führt im Beispielsfall die Auffassung, wonach es auf die Tathandlung, also den Zeitpunkt der Abgabe der Steuererklärung, hier in 2011, ankommt. Auch dies liegt außerhalb des in 2012 beginnenden Zehnjahreszeitraums. Folgt man dagegen den Auffassungen, welche auf den Zeitpunkt der Tatvollendung oder Tatbeendigung abstellen, wäre hier die Verkürzung der Einkommensteuer 2010 einzubeziehen, weil diese erst mit der zu niedrigen Steuerfestsetzung in 2012 vollendet und beendet wurde. Dies müsste erfolgen, obwohl die Tat steuerstrafrechtlich verjährt ist und die Steuer für dieses Jahr wegen der Festsetzungsverjährung nicht mehr erhoben werden kann. Dies wäre ein sinnwidriges Ergebnis.

Auch diese Auffasung kann allerdings nicht vermeiden, dass es zu drei unterschiedlich laufenden Fristen kommt,[92] nämlich der Verfolgungsverjährung der Steuerstraftat gem. § 369 II AO i. V. m. §§ 78 ff. StGB (5 Jahre bei einfacher Steuerhinterziehung gem. § 78 III Nr. 4 StGB, 10 Jahre bzw. für alle am 29.12.2020 unverjährten Taten 15 Jahre[93] bei einem besonders schweren Fall der Steuerhinterziehung gem. § 376 I AO; jeweils beginnend mit der Tatbeendigung, z. B. durch Bekanntgabe des Steuerbescheids mit der zu niedrigen Steuerfestsetzung), der Festsetzungsverjährung des Steuersachverhalts gem. §§ 169 ff. AO (bei Verpflichtung zur Abgabe einer Steuererklärung, Steueranmeldung oder zur Anzeigeerstattung mit Ablauf des Jahres, in dem die Erklärung vorzunehmen ist, spätestens mit Ablauf des der Steuerentstehung folgenden dritten Kalenderjahres gem. § 170 II Nr. 1 AO) und des fiktiven erweiterten Berichtigungsverbunds gem. § 371 I 2 AO (zurück gerechnet ab dem der Abgabe der Selbstanzeige vorausgehenden abgeschlossenen Kalenderjahr[94]). ◄

Die Verlängerung der Strafverfolgungsverjährung durch das Jahressteuergesetz 2020 für alle am 29.12.2020 noch nicht verjährten Taten hat in Zukunft für die Fälle, in welchen ein Regelbeispiel des § 370 III 2 Nr. 1 bis 6 AO verwirklicht ist, erhebliche Auswirkungen auf die zu berichtigenden Jahre. Der Berichtigungszeitraum verlängert sich in diesen Fällen nach Ablauf des Übergangszeitraums auf mindestens 15 Jahre, da die Berichtigungserklärung für alle unverjährten Steuerstraftaten derselben Steuerart erfolgen muss.

---

[91] So richtigerweise Schauf, in: Kohlmann, Steuerstrafrecht, 79. Lfg. 2023, § 371 AO Rn. 119 m. w. N.
[92] Schauf, in: Kohlmann, Steuerstrafrecht, 79. Lfg. 2023, § 371 AO Rn. 121.
[93] Geändert durch das JStG 2020 v. 21.12.2020 (BGBl. I 2020, 3096).
[94] Schauf, in: Kohlmann, Steuerstrafrecht, 79. Lfg. 2023, § 371 AO Rn. 119.

d) Berichtigung, § 371 I AO

Beispiel

A hat seit dem Jahr 2000 ein Auslandskonto mit erheblichen Kapitaleinkünten in seinen Einkommensteuererklärungen nicht angegeben. Hierdurch wurden in jedem Jahr Steuern von mehr als EUR 50.000 verkürzt. Die hierdurch zu niedrigen Steuerfestsetzungen erfolgten jeweils vor Weihnachten des Folgejahres. A fragt sich im März 2022, welche Jahre er in die Selbstanzeige einbeziehen muss. ◄

Lösung

Der im Jahr 2012 beginnende Zehnjahreszeitraum des § 371 I 2 AO erfasste nach der hier vertretenen Auffassung die Steuerverkürzungen für die Jahre ab 2012. Stellt man dagegen für die Bestimmung des Zehnjahreszeitraums auf die Einreichung der Steuererklärung oder die Tatbeendigung durch die Steuerfestsetzung ab, so ist auch die Einkommensteuerverkürzung für 2011 noch einzubeziehen, da die Abgabe der Einkommensteuererklärung und Steuerfestsetzung für dieses Jahr in 2012 erfolgte.

Unabhängig von der Bestimmung des Zehnjahreszeitraums sind jedoch in jedem Fall die Einkommensteuererklärungen 2010 und 2011 mit einzubeziehen, da diese nach der bisherigen zehnjährigen Verjährungsfrist ab dem Zeitpunkt der Bekanntgabe der Steuerbescheide am 29.12.2020 noch nicht verjährt waren und somit die fünfzehnjährige Verjährungsfrist greift, welche im März 2022 noch nicht beendet ist. Dagegen muss das Jahr 2009 nicht einbezogen werden, da hier die bisherige zehnjährige Verjährungsfrist vor dem 29.12.2020 endete und sich daher nicht mehr auf 15 Jahre verlängerte. ◄

In sachlicher Hinsicht fordert das Vollständigkeitsgebot, dass die Berichtigung alle Steuerstraftaten **einer Steuerart** betrifft. Das Institut der **Teilselbstanzeige** wurde also durch Etablierung des Vollständigkeitsgebots i. R. d. SchwGBG zeitweise abgeschafft, dann aber durch das AOÄndG sachlich beschränkt auf den Bereich der Umsatzsteuervoranmeldung und der Lohnsteueranmeldung[95] i. R. d. § 371 IIa AO wieder eingeführt.[96]

Mit der Abschaffung geht die **Problematik der Bagatellabweichung** einher.[97] Dass jegliche Abweichung der strafbefreienden Wirkung der Selbstanzeige entgegenstehen soll,[98] kann nach dem Telos des § 371 AO, dem Täter die Rückkehr in die Steuerehrlichkeit zu ermöglichen und gleichzeitig verheimlichte Steuerquellen zu eröffnen, nicht überzeugen. In der Beschlussempfehlung zum SchwGBG[99] heißt es folglich, das Vollständigkeitsgebot bedeute nicht, dass jede Selbstanzeige auf

---

[95] Vgl. dazu unten.
[96] Schauf, in: Kohlmann, Steuerstrafrecht, 79. Lfg. 2023, § 371 AO Rn. 124.
[97] Hierzu Joecks/Randt, in: Joecks/Jäger/Randt, Steuerstrafrecht, 9. Aufl. 2023, § 371 AO Rn. 77.
[98] Aufgrund des Wortlauts erörtert, aber wohl letztlich ablehnend Joecks/Randt, in: Joecks/Jäger/Randt, Steuerstrafrecht, 9. Aufl. 2023, § 371 AO Rn. 77.
[99] BT-Drs. 17/5067.

Euro und Cent genau deckungsgleich mit der am Ende des Verfahrens von der Finanzbehörde festzusetzenden Steuer sein müsse.[100] Entsprechend hält der BGH[101] eine Abweichung von bis zu 5 % bei unbeabsichtigter Unvollständigkeit für unerheblich.[102] Diesen Prozentsatz bezieht der 1. Strafsenat nicht auf die Besteuerungsgrundlagen, sondern den Verkürzungsbetrag.[103] Nicht entschieden und streitig ist, ob sich die Abweichung auf den Gesamtbetrag der Steuerverkürzung für den Berichtigungszeitraum[104] oder auf die einzelne Tat bezieht.[105] Für die erste Lösung spricht, dass das Gesetz einen Berichtigungsverbund konstituiert und es zu unbilligen Ergebnisse käme, wenn eine Selbstanzeige wegen einer undolosen Abweichung in einem von zehn Jahren von etwas mehr als 5 % unwirksam wäre, obwohl über den gesamten Zeitraum keine zu niedrigen Beträge angesetzt sind.

Unklar ist zudem die Auslegung des Begriffs **Steuerart**.[106] In der Literatur wird diesbezüglich auf das Vorliegen verschiedener Steuergesetze (z. B. EStG, UStG) abgestellt.[107] Als Steuerarten kommen demnach z. B. Einkommen-, Umsatz-, Körperschaft-, Gewerbe- und Erbschaftsteuer in Betracht.[108]

An dem auf alle Steuerstraftaten einer Steuerart innerhalb des Berichtigungszeitraumes bezogenen Vollständigkeitsgebot kritisiert wird, dass dieses nicht mit dem materiell-rechtlichen Tatbegriff korrespondiert; dies sei inkonsequent im Hinblick darauf, dass der strafrechtliche Vorwurf an die Tat im materiellen Sinne anknüpft.[109]

Auch führt das Vollständigkeitsgebot in sachlicher Hinsicht zu Problemen, wenn **mehrere Steuersubjekte** betroffen sind, beispielsweise wenn ein Täter **mehrere fremdnützige Steuerhinterziehungen** begangen oder **zugleich** als **Teilnehmer** an der Steuerhinterziehung **Dritter** mitgewirkt hat.[110] Die uneingeschränkte Anwendung würde in den Beispielsfällen dazu führen, dass dem Vollständigkeitsgebot umso schwieriger entsprochen werden kann, je mehr Steuersubjekte an den Steuer-

---

[100] Vgl. BT-Drs. 17/5067, 19.
[101] BGH B. v. 25.07.2011 – 1 StR 631/10 – NJW 2011, 3249.
[102] Vgl. auch Joecks/Randt, in: Joecks/Jäger/Randt, Steuerstrafrecht, 9. Aufl. 2023, § 371 AO Rn. 77; Schauf, in: Kohlmann, Steuerstrafrecht, 79. Lfg. 2023, § 371 AO Rn. 220 ff.
[103] Schauf, in: Kohlmann, Steuerstrafrecht, 79. Lfg. 2023, § 371 AO Rn. 225.
[104] So Schauf, in: Kohlmann, Steuerstrafrecht, 79. Lfg. 2023, § 371 AO Rn. 231; Joecks/Randt, in: Joecks/Jäger/Randt, Steuerstrafrecht, 9. Aufl. 2023, § 371 AO Rn. 77; Kohler, in: MK-StGB, 4. Aufl. 2023, § 371 AO Rn. 95; Seer, in: Tipke/Kruse, 176. Lfg. 2023, § 371 AO Rn. 31.
[105] Jäger, in: Klein, AO, 16. Aufl. 2022, § 371 AO Rn. 73.
[106] Schauf, in: Kohlmann, Steuerstrafrecht, 79. Lfg. 2023, § 371 AO Rn. 129; Kohler, in: MK-StGB, 4. Aufl. 2023, § 371 AO Rn. 56; vgl. auch Rolletschke, Steuerstrafrecht, 5. Aufl. 2021, Rn. 4/47 ff.
[107] Rolletschke, Steuerstrafrecht, 5. Aufl. 2021, Rn. 4/47, der selbst auf die Formulierung in BT-Drs. 17/5067, 21 abstellt.
[108] Kohler, in: MK-StGB, 4. Aufl. 2023, § 371 AO Rn. 56 m. w. N.
[109] Vgl. Schauf, in: Kohlmann, Steuerstrafrecht, 79. Lfg. 2023, § 371 AO Rn. 127; Kohler, in: MK-StGB, 4. Aufl. 2023, § 371 AO Rn. 55.
[110] Rolletschke, Steuerstrafrecht, 5. Aufl. 2021, Rn. 4/51; Joecks/Randt, in: Joecks/Jäger/Randt, Steuerstrafrecht, 9. Aufl. 2023, § 371 AO Rn. 80; Kohler, in: MK-StGB, 4. Aufl. 2023, § 371 AO Rn. 59; Schauf, in: Kohlmann, Steuerstrafrecht, 79. Lfg. 2023, § 371 AO Rn. 130.

d) Berichtigung, § 371 I AO

hinterziehungen beteiligt sind.[111] Um diesem Problem zu begegnen, wird in der Literatur erwogen, den Begriff der Steuerart dahingehend einschränkend auszulegen, dass diesbezüglich neben dem Steuergesetz auf das Steuersubjekt abzustellen ist.[112]

Probleme wirft weiterhin die Frage auf, ob unterschiedliche Erhebungsarten einer Steuer als eine Steuerart i. S. d. Norm anzusehen sind. Dies betrifft z. B. die Frage, ob Lohnsteuer bzw. Kapitalertragsteuer und Einkommensteuer unterschiedliche Steuerarten i. S. d. § 371 I 2 AO darstellen. Hierbei ist zunächst zu unterscheiden, worauf sich die Frage bezieht. Geht es um die Frage, ob ein Arbeitgeber mit der Berichtigung der Lohnsteuer für seine Arbeitnehmer auch Unrichtigkeiten in seiner eigenen Steuererklärung berichtigen muss, so geht es um die vorstehende Frage der Erstreckung des Begriffs der Steuerart auf unterschiedliche Steuersubjekte.[113] Eine andere Frage ist, ob im Rahmen der Berichtigung der Lohnsteuer auch andere Unrichtigkeiten in der Einkommensteuererklärung desselben Arbeitnehmers berichtigt werden müssen. Dies betrifft dasselbe Steuersubjekt, aber eine andere Erhebungsart. Für die Auffassung, dass es sich auch hier um unterschiedliche Steuerarten handele, spricht, dass die Lohnsteueranmeldung von dem Arbeitgeber und die Einkommensteuererklärung des Arbeitnehmers von diesem selbst einzureichen sind.[114] Für die Berichtigung unrichtiger Lohnsteueranmeldung ist diese dogmatische Frage allerdings im Ergebnis dadurch gelöst, dass das Gesetz nunmehr in § 371 IIa 1 AO insoweit eine Teilselbstanzeige zulässt. Eine weitere Frage ist, ob bei Korrektur des einheitlichen und gesonderten Gewinnfeststellungsbescheids[115] die Gewinnfeststellung eine eigene Steuerart i. S. d. § 371 AO gegenüber der Einkommensteuer darstellt.[116] Auch hier dürfte zu differenzieren sein. Wer eine immer auf mehrere Steuerpflichtige bezogene einheitliche und gesonderte Gewinnfeststellung berichtigt, muss auch weitere Unrichtigkeiten in seiner eigenen Einkommensteuererklärung berichtigen, nicht jedoch solche in den Berichtigungserklärungen der anderen Feststellungsbeteiligten.[117] Dagegen wird insgesamt eingewandt, eine einschränkende Auslegung wäre eher auf pragmatische als auf systematische Erwägungen gestützt und fände weder im Wortlaut des Gesetzes noch in den Gesetzesmaterialien eine tragfähige Grundlage.[118] Dass der Wortlaut diesbezüglich indifferent ist, zwingt vielmehr zu einer Auslegung und steht dieser nicht im

---

[111] Schauf, in: Kohlmann, Steuerstrafrecht, 79. Lfg. 2023, § 371 AO Rn. 131.
[112] Kohler, in: MK-StGB, 4. Aufl. 2023, § 371 AO Rn. 59; Rolletschke, Steuerstrafrecht, 5. Aufl. 2021, Rn. 4/51; Joecks/Randt, in: Joecks/Jäger/Randt, Steuerstrafrecht, 9. Aufl. 2023, § 371 AO Rn. 80; Seer, in: Tipke/Kruse, 176. Lfg. 2023, § 371 AO Rn. 37.
[113] Vgl. Schauf, in: Kohlmann, Steuerstrafrecht, 79. Lfg. 2023, § 371 AO Rn. 131.
[114] Seer, in: Tipke/Kruse, 176. Lfg. 2023, § 371 AO Rn. 35; Kohler, in: MK-StGB, 4. Aufl. 2023, § 371 AO Rn. 61.
[115] Vgl. § 180 I 1 Nr. 2a AO.
[116] So Wulf/Kamps BB 2011, 1711.
[117] So Schauf, in: Kohlmann, Steuerstrafrecht, 79. Lfg. 2023, § 371 AO Rn. 136; Seer, in: Tipke/Kruse, 176. Lfg. 2023, § 371 AO Rn. 36: Kohler, in: MK-StGB, 4. Aufl. 2023, § 371 AO Rn. 60; zweifelnd Joecks/Randt, in: Joecks/Jäger/Randt, Steuerstrafrecht, 9. Aufl. 2023, § 371 AO Rn. 80.
[118] Jäger, in: Klein, AO, 16. Aufl. 2022, § 371 AO Rn. 44.

Wege. Es kann für eine einschränkende Auslegung angeführt werden, dass auch nach den jüngsten Verschärfungen im Recht der Selbstanzeige diese bezweckt, dem Steuerpflichtigen die Möglichkeit der Rückkehr in die Steuerehrlichkeit zu geben. Eine diesbezüglich uneingeschränkte Auslegung des Begriffs „Steuerart" erschwert die Selbstanzeigemöglichkeit des Täters in einer Vielzahl praktisch relevanter Fälle bis hin zur praktischen Unmöglichkeit. Da dem Vollständigkeitsgebot bei einer solchen Interpretation bei einer Beteiligung von mehreren Steuersubjekten, beispielsweise bei einer Steuerhinterziehung des Geschäftsführers einer Publikumsgesellschaft, kaum entsprochen werden kann,[119] entfaltete diese eine abschreckende Wirkung hinsichtlich des Instituts der Selbstanzeige. Diese Dynamik widerstrebt dem weiteren Zweck der Selbstanzeige, dem Staat bislang verheimlichte Steuerquellen zu offenbaren. Die *ratio* des § 371 AO stellt also sehr wohl eine tragfähige Grundlage für eine einschränkende Auslegung dar. Der Begriff der **Steuerart** ist demnach zusätzlich **steuersubjektsbezogen** auszulegen.

Ein Widerruf der tatsächlichen Angaben der Selbstanzeige führt nach h. M. zum Entfallen der strafbefreienden Wirkung.[120] Hiervon zu unterscheiden und unschädlich ist, wenn z. B. in einem späteren Rechtsbehelfsverfahren eine für den Steuerpflichtigen günstigere Rechtsauffassung vertreten wird, als vorsichtshalber der Selbstanzeige zu Grunde lag.[121]

dd) Sonderfälle

(1) Teilselbstanzeige

Der Wortlaut des § 371 I AO a. F. gewährte Straffreiheit „insoweit" die Angaben berichtigt wurden. Möglich war also die Teilselbstanzeige mit strafbefreiender Wirkung im Umfang der Berichtigung. Diese Möglichkeit wurde zunächst durch das SchwGBG abgeschafft,[122] um sie dann i. R. d. AOÄndG nur für Umsatzsteuervoranmeldungen und Lohnsteueranmeldungen wieder einzuführen.[123]

Bei einem „fehleranfälligen Massengeschäft"[124] wie Umsatzsteuervoranmeldungen und Lohnsteueranmeldungen, bei welchem erste Erklärungen häufig in dem Bewusstsein abgegeben werden, dass sie später mehrfach korrigiert werden müssen[125] und bei welchem diese Korrekturen nach alter Rechtslage als strafbefreiende (Teil-)Selbstanzeigen zu bewerten waren, schneidet die konsequente Anwendung des Vollständigkeitsgebots den Steuerpflichtigen diese Korrekturmöglichkeit in vie-

---

[119] Vgl. Schauf, in: Kohlmann, Steuerstrafrecht, 79. Lfg. 2023, § 371 AO Rn. 131.
[120] Joecks/Randt, in: Joecks/Jäger/Randt, Steuerstrafrecht, 9. Aufl. 2023, § 371 AO Rn. 124; differenzierend Kohler, in: MK-StGB, 4. Aufl. 2023, § 371 AO Rn. 143; Schauf, in: Kohlmann, Steuerstrafrecht, 79. Lfg. 2023, § 371 AO Rn. 252.
[121] Kohler, in: MK-StGB, 4. Aufl. 2023, § 371 AO Rn. 143 ff.
[122] Vgl. auch Schauf, in: Kohlmann, Steuerstrafrecht, 79. Lfg. 2023, § 371 AO Rn. 201 ff.
[123] Schauf, in: Kohlmann, Steuerstrafrecht, 79. Lfg. 2023, § 371 AO Rn. 205.
[124] Erdbrügger/Jehke DStR 2015, 385, 386.
[125] Vgl. Schauf, in: Kohlmann, Steuerstrafrecht, 79. Lfg. 2023, § 371 AO Rn. 204.

d) Berichtigung, § 371 I AO

len Fällen ab. Dies wurde weder als sachgerecht noch als praxistauglich empfunden;[126] schließlich schuf das AOÄndG Abhilfe, indem Umsatzsteuervoranmeldungen und Lohnsteueranmeldungen aus dem Anwendungsbereich des Vollständigkeitsgebots ausgenommen wurden, § 371 IIa AO. Dabei ist eine Teilselbstanzeige im Bereich der Umsatzsteuervoranmeldung sowie Lohnsteueranmeldung trotz des insoweit missverständlichen Wortlauts des § 371 IIa AO sowohl bei verspäteter als auch bei unrichtiger, aber fristgerechter Abgabe möglich.[127] Dafür spricht die insoweit eindeutige Gesetzesbegründung.[128] Um mehrfache Korrekturen zu ermöglichen, wird durch § 371 IIa 2 AO die Anwendung des Sperrtatbestandes der Tatentdeckung ausgeschlossen, wenn diese auf der vorherigen Nachholung oder Berichtigung einer Umsatzsteuervoranmeldung oder Lohnsteueranmeldung beruht.[129]

Die Möglichkeit der Teilselbstanzeige gilt allerdings nach dem eindeutigen Wortlaut der Norm nicht für die Berichtigung einer Umsatzsteuerjahreserklärung. Allerdings ist nach § 371 IIa 4 AO für die Wirksamkeit einer auf die Umsatzsteuerjahreserklärung bezogenen Selbstanzeige die Berichtigung nachfolgender Umsatzsteuervoranmeldungen nicht notwendig.

Beispiel

A hat für April bis Juni 2020 und Mai bis Dezember 2021 sowie für Januar bis Juni 2022 unrichtige Umsatzsteuervoranmeldungen abgegeben. Die entsprechenden Umsatzsteuerjahreserklärungen 2020 und 2021 sind ebenfalls unrichtig. A korrigiert im August 2022 nur die Umsatzsteuerjahreserklärungen für 2020 und 2021 sowie die Umsatzsteuervoranmeldungen für Januar bis März 2022. ◄

Lösung

Mit der Berichtigung der Umsatzsteuerjahreserklärungen 2020 und 2021 müssen an sich auch alle anderen vorsätzlichen Unrichtigkeiten bei der Umsatzsteuer bezogen sowohl auf Umsatzsteuerjahreserklärungen als auch auf Umsatzsteuervoranmeldungen berichtigt werden. Allerdings ist in der Berichtigung der Umsatzsteuerjahreserklärung zugleich auch eine Berichtigung der Umsatzsteuervoranmeldungen desselben Jahres zu sehen. Eine Aufteilung der für das Jahr berichtigten Besteuerungsgrundlagen auf die einzelnen Voranmeldungszeiträume ist hierbei nicht erforderlich.[130] Nach dem Grundsatz der Vollständigkeit der Selbstanzeige bezüglich der Umsatzsteuerjahreserklärungen müssten an sich

---

[126] Schauf, in: Kohlmann, Steuerstrafrecht, 79. Lfg. 2023, § 371 AO Rn. 204.
[127] Schauf, in: Kohlmann, Steuerstrafrecht, 79. Lfg. 2023, § 371 AO Rn. 206.
[128] So Schauf, in: Kohlmann, Steuerstrafrecht, 79. Lfg. 2023, § 371 AO Rn. 206; vgl. BR-Drs. 431/14, 11.
[129] Vgl. Schauf, in: Kohlmann, Steuerstrafrecht, 79. Lfg. 2023, § 371 AO Rn. 207.
[130] BGH B. v. 20.11.2018 – 1 StR 349/18 – NStZ-RR 2019, 81; Jäger, in: Klein, AO, 16. Aufl. 2022, § 371 AO Rn. 80.

auch die Umsatzsteuervoranmeldungen Januar bis Juni 2022 sämtlich berichtigt werden. Dies ist aber nach § 371 IIa 4 AO für die Wirksamkeit der Selbstanzeige für die Jahreserklärungen nicht erforderlich. Damit ist diese Selbstanzeige wirksam. Diese Wirksamkeit erstreckt sich allerdings nicht auf die durch Abgabe der Umsatzsteuervoranmeldungen Januar bis Juni 2022 verwirklichten weiteren Steuerhinterziehungen. Um auch diesbezüglich Straffreiheit zu erlangen, müssen diese – ggf. gesondert – ebenfalls berichtigt werden. Da dies für April bis Juni 2022 nicht erfolgt ist, bleibt es insoweit bei der Strafbarkeit. Dagegen liegt bezüglich der Berichtigung der Umsatzsteuervoranmeldungen Januar bis März 2022 eine nach § 371 IIa 1 AO zulässige Teilselbstanzeige vor. ◄

(2) Stufenselbstanzeige

Unter einer Stufenselbstanzeige oder gestuften Selbstanzeige versteht man die Konstellation, dass mehrere zeitlich auseinanderliegende Erklärungen abgegeben werden, die erst als Einheit die Anforderungen des § 371 I AO erfüllen.[131]

Im Gegensatz zur Teilselbstanzeige und zur Ankündigung, eine Selbstanzeige erstatten zu wollen,[132] stellt bei einer Stufenselbstanzeige bereits die erste Erklärung eine Selbstanzeige für den gesamten Berichtigungssachverhalt dar,[133] wird dann aber der Höhe nach durch weitere Erklärungen konkretisiert.

Der Wortlaut des § 371 I 1 AO steht einer mehrteiligen Selbstanzeige nicht entgegen,[134] vielmehr stellt sich allein die Frage, ob die „rechtliche Einheit"[135] der Erklärungen eine zwischenzeitige Verwirklichung der Sperrgründe gem. § 371 II AO, insbesondere der Tatentdeckung durch den ersten, noch unvollständigen Akt der Selbstanzeige, ausschließt. Nachdem einige Zeit die Stufenselbstanzeige großzügig gehandhabt wurde,[136] hat die neuere höchstrichterliche Rspr.[137] dies verneint. Nach dem 1. Strafsenat des BGH hindert die Stufenselbstanzeige eine Verwirklichung von Sperrgründen durch oder nach dem ersten Akt der Selbstanzeige nicht. Der 1. Strafsenat führt (wenn auch im Rahmen eines *obiter dictum*) aus, dass mit einer gestuften Selbstanzeige die Sperrwirkung des § 371 II AO nicht umgangen werden kann, und weist dem Anzeigeerstatter das Risiko einer fehlerhaften Schätzung zu; ohne eine Schätzung liege lediglich die Ankündigung einer Selbstanzeige vor. Dieses Ergebnis entspricht der Gesetzessystematik, dem Erfordernis einer vollständigen Berichtigung aller unrichtigen Angaben nach § 371 I 1 AO und dem Sperrgrund der Tatentdeckung des § 371 II Nr. 2 AO, auch wenn sie dem Gesetzeszweck, zur Rückkehr zur Steuerehrlichkeit und Nachzahlung der Steuer zu motivieren, durch höhere Hürden für eine wirksame Selbstanzeige nicht dient. Allerdings wurde in der Ver-

---

[131] Schauf, in: Kohlmann, Steuerstrafrecht, 79. Lfg. 2023, § 371 AO Rn. 149; Kohler, in: MK-StGB, 4. Aufl. 2023, § 371 AO Rn. 99.
[132] Vgl. Kohler, in: MK-StGB, 4. Aufl. 2023, § 371 AO Rn. 102.
[133] Vgl. Kohler, in: MK-StGB, 4. Aufl. 2023, § 371 AO Rn. 105.
[134] Kohler, in: MK-StGB, 4. Aufl. 2023, § 371 AO Rn. 106.
[135] Vgl. Schauf, in: Kohlmann, Steuerstrafrecht, 79. Lfg. 2023, § 371 AO Rn. 149.
[136] Kohler, in: MK-StGB, 4. Aufl. 2023, § 371 AO Rn. 105; AStBV a.F Nr. 120 I.
[137] BGH B. v. 20.05.2010 – 1 StR 577/09 – DStR 2010, 1133.

d) Berichtigung, § 371 I AO

gangenheit eine damals noch als zulässig angesehene gestufte Selbstanzeige häufig dann genutzt, wenn die Verwirklichung eines Sperrgrundes, beispielsweise der Tatentdeckung, unmittelbar befürchtet wurde und für das Zusammentragen der notwendigen Unterlagen nicht genügend Zeit blieb. Der Sperrgrund der Tatentdeckung konnte hier durch den ersten Akt der gestuften Selbstanzeige überholt werden. In dieser Konstellation ist aus Sicht des Fiskus eine Selbstanzeige zur Offenbarung verheimlichter Steuerquellen nicht mehr notwendig, da diese ohnehin aus anderer Quelle vor der Entdeckung stehen. Zudem spricht in solchen Fällen viel für eine heteronome Veranlassung der Selbstanzeige, sodass der weitere Gesetzeszweck, die Rückkehr zur Steuerehrlichkeit zu belohnen,[138] in den Hintergrund tritt. Allerdings hat der Gesetzgeber – anders als beim Rücktritt vom Versuch i. S. d. § 24 StGB – darauf verzichtet, dessen Freiwilligkeit als Voraussetzung zu normieren.[139] Da die Möglichkeit besteht, das Entdeckungsrisiko durch (großzügige) Schätzung zu mindern,[140] geht es letztlich um die Frage, ob dem Täter das Risiko der Unwirksamkeit der Selbstanzeige bei einer zu niedrigen Schätzung und die Liquiditätsbelastung bei einer zu hohen Schätzung[141] zugemutet werden kann. Häufig wird die Berechnungsproblematik gerade in länger zurückliegenden Steuersachverhalten auf eine defizitäre Buchführung oder mangelnde Aufzeichnungen zurückgehen, wurde also in diesen Fällen durch den Täter selbst verschuldet. Die Liquiditätsbelastung durch überhöhte Schätzung erscheint dann als zumutbar. Eine spätere Korrektur der überhöhten Schätzung ist ohne Gefährdung der Wirksamkeit der Selbstanzeige möglich.[142] Danach erscheint die Abkehr von der Zulässigkeit der gestuften Selbstanzeige als nachvollziehbar.

(3) Koordinierte Selbstanzeige
Unter einer koordinierten (auch kollektiven, konzentrierten) Selbstanzeige versteht man zahlreiche individuelle Selbstanzeigen, die auf einen einheitlichen Steuersachverhalt zurückzuführen sind, ausgelöst z. B. durch Fahndungswellen, bei denen durch Koordination versucht wird, das Eintreten von Sperrgründen des § 371 II AO zu verhindern.[143]

Teilweise missverständlich allgemein als koordinierte Selbstanzeige bezeichnet[144] wird das vormalig in der Praxis zu beobachtende Vorgehen, das unter dem Stichwort des **„Monheimer Modells"**[145] diskutiert wird.[146] Dabei wurde bei

---

[138] BGH U. v. 20.05.2010 – 1 StR 577/09, DStR 2010, 1133 (1134); Schauf, in: Kohlmann, Steuerstrafrecht, 79. Lfg. 2023, § 371 AO Rn. 40.
[139] Jäger, in: Klein, AO, 16. Aufl. 2022, § 371 AO Rn. 4.
[140] Kohler, in: MK-StGB, 4. Aufl. 2023, § 371 AO Rn. 107.
[141] Die Finanzverwaltung erlässt häufig vorläufige Bescheide auf Grundlage der geschätzten Erträge, vgl. Schauf, in: Kohlmann, Steuerstrafrecht, 79. Lfg. 2023, § 371 AO Rn. 153.
[142] Vgl. nur Schauf, in: Kohlmann, Steuerstrafrecht, 79. Lfg. 2023, § 371 AO Rn. 153.
[143] Vgl. Kohler, in: MK-StGB, 4. Aufl. 2023, § 371 AO Rn. 125.
[144] Kohler, in: MK-StGB, 4. Aufl. 2023, § 371 AO Rn. 126 mit entsprechender Differenzierung.
[145] Feldhausen PStR 1998, 24 (27).
[146] Vgl. hierzu Kohler, in: MK-StGB, 4. Aufl. 2023, § 371 AO Rn. 126.

Durchsuchungen im Bankenbereich zwischen den Bankmitarbeitern und den Ermittlungsbeamten ein Moratorium vereinbart, bei dem die Bankmitarbeiter die Kunden über eine Selbstanzeigemöglichkeit aufklärten und diese dazu animierten und die Ermittlungsbeamten vorerst weitere Ermittlungsmaßnahmen unterließen.[147] Dieses Vorgehen wurde zu Recht mit Hinweis auf eine im Raum stehende Strafvereitelung im Amt kritisiert,[148] ist aber aktuell kaum denkbar[149] und ohnehin nach den Verschärfungen um das Vollständigkeitsgebot wenig praktikabel und mit dem hohen Risiko einer unwirksamen Selbstanzeige belastet.[150]

Dagegen ist – ohne Einbindung von Ermittlungsbeamten – ein koordiniertes Vorgehen mehrerer zur Selbstanzeige entschlossener Steuerpflichtiger, die durch einen sich überschneidenden Besteuerungssachverhalt verbunden sind, zu empfehlen, damit nicht durch eine vorgezogene Selbstanzeige eines der Betroffenen die Selbstanzeigen aller Anderen wegen Tatentdeckung unwirksam werden. Hier ist eine gemeinsame oder zumindest gleichzeitige Selbstanzeige aller Betroffener angeraten.

(4) Selbstanzeige durch einen Teilnehmer

Die Selbstanzeige kann auch durch einen Teilnehmer der Tat abgegeben werden.[151] Für diesen gelten dem Grundsatz nach die gleichen inhaltlichen Anforderungen an die Berichtigungserklärung; der Inhalt der Selbstanzeige muss die Finanzbehörde also in die Lage versetzen, den Steuersachverhalt ohne langwierige Nachforschungen zutreffend veranlagen zu können.[152] Dabei ist aber auf den Kenntnisstand und die Möglichkeiten des Teilnehmers Rücksicht zu nehmen, sonst wäre dem Teilnehmer eine den Voraussetzungen des § 371 I AO genügende Selbstanzeige oft nicht möglich, eine Straffreiheit durch ihn also nicht zu erlangen.[153]

Beispiel – OLG Hamburg B. v. 21.11.1985 – 1 Ss 108/85 – wistra 1986, 117

B1 ist Steuerberater des B2 und gab für diesen von Juli bis Oktober 1982 Umsatzsteuervoranmeldungen ab, ohne dabei die dafür notwendigen Unterlagen von B2 erhalten zu haben. In einem Telefongespräch mit dem zuständigen Finanzamt gab B1 an, die Voranmeldungen wären fehlerhaft, er werde unverzüglich die fal-

---

[147] Kohler, in: MK-StGB, 4. Aufl. 2023, § 371 AO Rn. 126; Joecks/Randt, in: Joecks/Jäger/Randt, Steuerstrafrecht, 9. Aufl. 2023, § 371 AO Rn. 116 f.
[148] Vgl. Kohler, in: MK-StGB, 4. Aufl. 2023, § 371 AO Rn. 126 m. w. N.; Joecks/Randt, in: Joecks/Jäger/Randt, Steuerstrafrecht, 9. Aufl. 2023, § 371 AO Rn. 117.
[149] Kohler, in: MK-StGB, 4. Aufl. 2023, § 371 AO Rn. 126.
[150] Kohler, in: MK-StGB, 4. Aufl. 2023, § 371 AO Rn. 126.
[151] BGH B. v. 18.06.2003 – 5 StR 489/02 – NJW 2003, 2996; Schauf, in: Kohlmann, Steuerstrafrecht, 79. Lfg. 2023, § 371 AO Rn. 81.
[152] Vgl. auch Kohler, in: MK-StGB, 4. Aufl. 2023, § 371 AO Rn. 121.
[153] Vgl. Rolletschke, Steuerstrafrecht, 5. Aufl. 2021, Rn. 4/94 f.; Kohler, in: MK-StGB, 4. Aufl. 2023, § 371 AO Rn. 122 f.

schen Erklärungen berichtigen, sobald er dazu in der Lage sei. Eine nachträgliche Berichtigung durch B1 erfolgte nicht, weil B2 nicht zur Herausgabe der Unterlagen bereit war. ◄

> **Lösung**
>
> Allein die Erklärung, Umsatzsteuervoranmeldungen seien unrichtig, versetzt die Finanzbehörde nicht in die Lage, eine zutreffende Veranlagung durchzuführen. Weitere Unterlagen waren durch den B1 aufgrund der Weigerung des B2 aber nicht zu erlangen. ◄

Sind dem Teilnehmer keine über seinen eigenen Tatbeitrag hinausgehenden Angaben zum Steuersachverhalt möglich, weil er entsprechende Unterlagen vom Täter nicht erhält, muss die Offenlegung seines Tatbeitrags i. R. e. Selbstanzeige für die Straffreiheit ausreichen.[154]

e) Fristgerechte Nachentrichtung, § 371 III AO

aa) Allgemeines

Gem. § 371 III AO muss der Tatbeteiligte zur Erlangung der Straffreiheit, sofern Steuerverkürzungen bereits eingetreten oder Steuervorteile erlangt sind, die aus der Tat zu seinen Gunsten hinterzogenen Steuern, die Hinterziehungszinsen nach § 235 AO, die Zinsen gem. § 233a AO, soweit sie nach § 235 IV AO auf die Hinterziehungszinsen angerechnet werden, sowie unionsrechtliche Verzugszinsen innerhalb der ihm bestimmten angemessenen Frist (nach)entrichten.

Bis dahin begründet die Berichtigung lediglich eine Anwartschaft auf Straffreiheit; der staatliche Strafanspruch ist durch die fristgemäße Nachentrichtung auflösend bedingt.[155] Die Rückkehr des Täters in die Steuerehrlichkeit erfordert neben einer Kompensation des Handlungsunrechts durch Berichtigungserklärung eine Wiedergutmachung des Erfolgsunrechts durch Nachzahlung.[156] Die Aufdeckung verheimlichter Steuerquellen rechtfertigt nur dann eine Straffreiheit, wenn so zusätzliche Einnahmen für den Staat auch tatsächlich generiert werden.[157]

---

[154] OLG Hamburg B. v. 21.11.1985 – 1 Ss 108/85 – wistra 1986, 117 bzgl. des Gehilfen; Kohler, in: MK-StGB, 4. Aufl. 2023, § 371 AO Rn. 123 hält diese Grundsätze bzgl. der Teilnahme für allgemeingültig.
[155] BGH U. v. 03.06.1954 – 3 StR 302/53 – BGHSt 7, 336 (341); Schauf, in: Kohlmann, Steuerstrafrecht, 79. Lfg. 2023, § 371 AO Rn. 294; Joecks/Randt, in: Joecks/Jäger/Randt, Steuerstrafrecht, 9. Aufl. 2023, § 371 AO Rn. 140.
[156] Löffler, Grund und Grenzen der steuerstrafrechtlichen Selbstanzeige, 1992, 187.
[157] Zum Wiedergutmachungseffekt Joecks/Randt, in: Joecks/Jäger/Randt, Steuerstrafrecht, 9. Aufl. 2023, § 371 AO Rn. 140.

Andersherum reicht mangels Erfolgsunrechts bereits die Berichtigungserklärung zur Straffreiheit aus, wenn es (noch) nicht zu einer Steuerverkürzung gekommen ist, etwa weil die Tat im Versuch stecken geblieben ist.[158]

Durch fristgerechte Nachzahlung tritt die aufschiebende Bedingung ein und die durch die Berichtigungserklärung entstandene Anwartschaft auf Straffreiheit erstarkt zur endgültigen Straffreiheit.[159] Verstreicht die Frist ohne Nachzahlung ist die Straffreiheit unwiderruflich verwirkt.[160] Aus der objektiven Formulierung des § 371 III 1 AO ergibt sich, dass es sich bei der Nachzahlungspflicht um eine **objektive Bedingung** der **Straffreiheit** handelt.[161] Auf ein Verschulden des Nachzahlungsverpflichteten bezüglich der nicht fristgerechten Zahlung kommt es demnach nicht an.[162] Eine Wiedereinsetzung in den vorigen Stand gem. § 44 StPO oder § 110 AO kommt nicht in Betracht.[163]

Unbeachtlich für die strafbefreiende Wirkung der Selbstanzeige ist, wer die Nachzahlung leistet.[164] § 371 III AO statuiert insoweit **keine höchstpersönliche Pflicht**. Dies kann aus der Rspr. des BGH[165] zur Zahlung einer Geldstrafe oder Geldbuße durch einen Dritten gefolgert werden: Stellt die Zahlung keine Strafvereitelung i. S. d. § 258 StGB oder Begünstigung i. S. d. § 257 StGB dar, gilt dieses *a fortiori* angesichts des fehlenden Sanktionscharakters des § 371 III AO auch für die von einem Dritten erbrachte Nachzahlung.[166]

bb) Umfang der Nachzahlungspflicht

Problematisch ist die Auslegung des Merkmals „**zu seinen Gunsten**".[167] Sofern der Anzeigeerstatter zugleich Steuerschuldner durch Verwirklichung des Steuertat-

---

[158] Joecks/Randt, in: Joecks/Jäger/Randt, Steuerstrafrecht, 9. Aufl. 2023, § 371 AO Rn. 141.

[159] Kohler, in: MK-StGB, 4. Aufl. 2023, § 371 AO Rn. 176.

[160] Kohler, in: MK-StGB, 4. Aufl. 2023, § 371 AO Rn. 176 m. w. N.; Schauf, in: Kohlmann, Steuerstrafrecht, 79. Lfg. 2023, § 371 AO Rn. 384.

[161] Kohler, in: MK-StGB, 4. Aufl. 2023, § 371 AO Rn. 176; Joecks/Randt, in: Joecks/Jäger/Randt, Steuerstrafrecht, 9. Aufl. 2023, § 371 AO Rn. 169.

[162] RG U. v. 27.11.1939 – 3 D 626/39 – RGSt 73, 368, 369; BayObLG v. 03.11.1989 Rreg 4 St 135/89 – wistra 1990, 159, 163; Joecks/Randt, in: Joecks/Jäger/Randt, Steuerstrafrecht, 9. Aufl. 2023, § 371 AO Rn. 169; Kohler, in: MK-StGB, 4. Aufl. 2023, § 371 AO Rn. 176; Schauf, in: Kohlmann, Steuerstrafrecht, 79. Lfg. 2023, § 371 AO Rn. 388.

[163] Kohler, in: MK-StGB, 4. Aufl. 2023, § 371 AO Rn. 176 m. w. N.; vgl. zur Problematik der Anfechtung der Nachzahlung durch den Insolvenzverwalter gem. §§ 129 ff. InsO Kohler, in: MK-StGB, 4. Aufl. 2023, § 371 AO Rn. 177 m. w. N.

[164] Joecks/Randt, in: Joecks/Jäger/Randt, Steuerstrafrecht, 9. Aufl. 2023, § 371 AO Rn. 177 f.; Schauf, in: Kohlmann, Steuerstrafrecht, 79. Lfg. 2023, § 371 AO Rn. 396.

[165] BGH U. v. 07.11.1990 – 2 StR 439/90 – NJW 1991, 990.

[166] Schauf, in: Kohlmann, Steuerstrafrecht, 79. Lfg. 2023, § 371 AO Rn. 396.

[167] Näher Joecks/Randt, in: Joecks/Jäger/Randt, Steuerstrafrecht, 9. Aufl. 2023, § 371 AO Rn. 142 ff.; Schauf, in: Kohlmann, Steuerstrafrecht, 71. Lfg. Juli 2021, § 371 AO Rn. 298 ff.

e) Fristgerechte Nachentrichtung, § 371 III AO

bestands ist, fällt dies zweifelsfrei unter das Merkmal „zu seinen Gunsten".[168] Bei einer Beschränkung auf steuerliche Vorteile würde eine Rückzahlungspflicht allerdings in allen anderen Fällen, insbesondere bei Steuerhinterziehungen zugunsten einer Kapitalgesellschaft, z. B. durch deren Geschäftsführer, mangels formaler Steuerschuld ausscheiden[169] und demnach der *ratio* des § 371 AO nicht gerecht werden. Folglich sind auch **fremde Steuerschulden** zugunsten des Anzeigeerstatters hinterzogen, sofern dieser dadurch einen **unmittelbaren wirtschaftlichen Vorteil** erlangt.[170]

> **Beispiel – BayObLG U. v. 17.04.1972 – BayOblGSt 1972, 105**
>
> B ist Gesellschaftergeschäftsführer einer Einmann-GmbH und gab bei den Umsatzsteuervoranmeldungen für die GmbH zu geringe Umsätze an. In einer Berichtigungserklärung gab er nachträglich die richtigen Umsätze an, unterließ indes eine Nachentrichtung des Differenzbetrags innerhalb einer von der zuständigen Finanzbehörde angemessen gesetzten Frist. ◄

> **Lösung**
>
> Schuldner der Umsatzsteuer gem. §§ 13a I Nr. 1 UStG ist die GmbH und nicht B, es handelt sich also um eine fremde Steuerschuld. Als Alleingesellschafter ist das Gesellschaftsvermögen der GmbH, vorbehaltlich der Kapitalerhaltungsvorschriften, jedoch unter wirtschaftlicher Betrachtung allein dem B zuzurechnen.[171] B hat durch die Verwirklichung des § 370 AO demnach einen unmittelbaren wirtschaftlichen Vorteil erlangt, die Steuern wurden also zu seinen Gunsten hinterzogen. Damit hat B mangels Nachentrichtung keine Straffreiheit erlangt. ◄

Ebenfalls einen unmittelbaren wirtschaftlichen Vorteil erlangt derjenige, der eine Steuerhinterziehung zugunsten des Arbeitgebers begeht und den Differenzbetrag aus der Kasse nimmt.[172] Demgegenüber ist lediglich ein mittelbarer wirtschaftlicher Vorteil erlangt, der nicht unter das Tatbestandsmerkmal der Hinterziehung zu seinen Gunsten fällt, wenn eine Steuerhinterziehung begangen oder sich an ihr beteiligt

---

[168] Schauf, in: Kohlmann, Steuerstrafrecht, 79. Lfg. 2023, § 371 AO Rn. 299.
[169] Kohler, in: MK-StGB, 4. Aufl. 2023, § 371 AO Rn. 153.
[170] BGH U. v. 04.07.1979 – 3 StR 130/79 – BGHSt 29, 37; LG Stuttgart U. v. 20.01.1987 – 6 KLs 243/86 – wistra 1998, 36; Joecks/Randt, in: Joecks/Jäger/Randt, Steuerstrafrecht, 9. Aufl. 2023, § 371 AO Rn. 143 f.; Schauf, in: Kohlmann, Steuerstrafrecht, 79. Lfg. 2023, § 371 AO Rn. 302.
[171] Kohler, in: MK-StGB, 4. Aufl. 2023, § 371 AO Rn. 155; Schauf, in: Kohlmann, Steuerstrafrecht, 79. Lfg. 2023, § 371 AO Rn. 313; vgl. Joecks/Randt, in: Joecks/Jäger/Randt, Steuerstrafrecht, 9. Aufl. 2023, § 371 AO Rn. 145, der m. w. N. eine Rückzahlungspflicht ablehnt, sofern die Gesellschaft überschuldet ist und nach wirtschaftlicher Betrachtung folglich nicht von einem Vorteil gesprochen werden kann.
[172] BGH U. v. 04.07.1979 – 3 StR 130/79 – BGHSt 29, 37; Kohler, in: MK-StGB, 4. Aufl. 2023, § 371 AO Rn. 154.

wird, um den eigenen Arbeitsplatz[173] oder die Mandatsbeziehung zu sichern.[174] Gleiches gilt für einen Ehegatten, der im Betrieb des anderen angestellt ist und für diesen Steuern hinterzieht.[175] Die Haftung für verkürzte Steuern aus §§ 69 oder 71 AO reicht für die Begründung eines unmittelbaren wirtschaftlichen Vorteils nicht aus.[176]

Ausweislich des Gesetzeswortlautes sind die **hinterzogenen Steuerbeträge**, die **Hinterziehungszinsen** gem. § 235 AO und die **Nachzahlungszinsen**, soweit sie gem. §§ 235 IV, 233a AO auf diese angerechnet werden, nachzuentrichten.

Nicht von der Nachzahlungspflicht umfasst sind also **steuerliche Nebenleistungen** – wie insbesondere Verspätungszuschläge für die verspätete Einreichung von Steuererklärungen und Säumniszuschläge für die verspätete Zahlung einer festgesetzten Steuer[177] –, zu denen es in Fällen einer Steuerhinterziehung in der Praxis häufig kommt.

Bei Umsatzsteuervor- und Lohnsteueranmeldungen, nicht aber bei den entsprechenden Jahreserklärungen,[178] ist gem. § 371 III 2 AO nur die Zahlung der hinterzogenen Steuerbeträge Voraussetzung für die Straffreiheit.

Der Umfang der Nachzahlungspflicht richtet sich ausweislich des Wortlauts nach den hinterzogenen Steuern, also nach einer **strafrechtlichen Berechnung**.[179] Von der Nachzahlungspflicht aus § 371 III 1 AO umfasst sind nur **vorsätzlich** hinterzogene Steuern.[180] Bzgl. leichtfertig hinterzogener Steuern statuiert § 378 III 2 AO eine Rückzahlungspflicht.[181] Darüber hinaus wird die genaue Berechnung teilweise als zweifelhaft angesehen.[182] Zweck des § 371 AO ist es, verdeckte Steuerquellen aufzudecken und dem Steuerpflichtigen die Rückkehr in die Steuerehrlichkeit zu ermöglichen; ihm wohnt also ein Wiedergutmachungsgedanke inne. Legt man dies zu Grunde, spricht viel dafür, dass dieser Wiedergutmachungsgedanke die Rückzahlungspflicht aus § 371 III 1 AO der Höhe nach begrenzt.[183] Die Kompensation

---

[173] BGH U. v. 22.07.1987 – 3 StR 224/87 – NStZ 1987, 514.
[174] OLG Hamburg v. 21.11.1985 – 1 Ss 108/85 – wistra 1986, 116 (117); Kohler in MK-StGB, 4. Aufl. 2023, § 371 AO Rn. 155.
[175] Kohler, in: MK-StGB, 4. Aufl. 2023, § 371 AO Rn. 157 m. w. N.
[176] Kohler, in: MK-StGB, 4. Aufl. 2023, § 371 AO Rn. 157; BGH U. v. 22.07.1987 – 3 StR 224/87 – NStZ 1987, 514.
[177] Kohler, in: MK-StGB, 4. Aufl. 2023, § 371 AO Rn. 158; Vgl. auch Joecks/Randt, in: Joecks/Jäger/Randt, Steuerstrafrecht, 9. Aufl. 2023, § 371 AO Rn. 147, der davon eine Ausnahme machen will, wenn die steuerliche Nebenleistung selbst Gegenstand der Steuererschleichung war.
[178] Vgl. 371 III 2 i. V. m. IIa 1 AO.
[179] Kohler, in: MK-StGB, 4. Aufl. 2023, § 371 AO Rn. 160; Schauf, in: Kohlmann, Steuerstrafrecht, 79. Lfg. 2023, § 371 AO Rn. 327.
[180] Schauf, in: Kohlmann, Steuerstrafrecht, 79. Lfg. 2023, § 371 AO Rn. 322.
[181] Kohler, in: MK-StGB, 4. Aufl. 2023, § 371 AO Rn. 160.
[182] So Joecks/Randt, in: Joecks/Jäger/Randt, Steuerstrafrecht, 9. Aufl. 2023, § 371 AO Rn. 147.
[183] Vgl. Joecks/Randt, in: Joecks/Jäger/Randt, Steuerstrafrecht, 9. Aufl. 2023, § 371 AO Rn. 149 ff.; Kohler, in: MK-StGB, 4. Aufl. 2023, § 371 AO Rn. 160; Schauf, in: Kohlmann, Steuerstrafrecht, 79. Lfg. 2023, § 371 AO Rn. 328.

e) Fristgerechte Nachentrichtung, § 371 III AO

von Handlungs- und Erfolgsunrecht ist damit notwendig, aber auch hinreichend für die Rechtfertigung der Straffreiheit. Eine darüber hinausgehende Nachzahlungspflicht würde den Fiskus ungerechtfertigt privilegieren.[184] Ausgangspunkt ist der Vergleich der tatsächlich festgesetzten mit der nach wahrheitsgemäßen Angaben des Steuerpflichtigen festzusetzenden Steuer.[185] Streitig ist, ob bei einer Steuerverkürzung auf Zeit, also insbesondere bei der verspäteten Einreichung einer Steuererklärung, sich die hinterzogene Steuer nur nach dem eingetretenen Zinsschaden oder ebenfalls nach dem vorgenannten Differenzbetrag[186] berechnet. Auch wenn eine wirtschaftliche Betrachtungsweise für die erste Auffassung spricht, ist zu berücksichtigen, dass sich der Umfang der hinterzogenen Steuer nach der neueren Rechtsprechung des 1. Strafsenat des BGH[187] auch bei einer Steuerhinterziehung auf Zeit nach dem vorgenannten Nominalbetrag richtet. Dies dürfte dann auch für den Begriff der hinterzogenen Steuer i. S. d. § 371 III 1 AO gelten. Hiervon ausgehend ist allerdings die folgende Besonderheit zu berücksichtigen: Das **Kompensationsverbot** aus § 370 IV 3 AO findet **keine Anwendung** auf die Nachzahlungspflicht, **Steuerermäßigungsgründe** sind bei der Nachentrichtung also uneingeschränkt zu **berücksichtigen**.[188]

Beispiel

A gibt vorsätzlich in seiner Einkommensteuererklärung im Rahmen des Gewinns aus seinem Handwerksbetrieb Schwarzeinnahmen in Höhe von EUR 20.000 nicht an. Zudem vergisst er, eine Gewinnminderung aus dem Ausfall einer Forderung gegen einen anderen Kunden in Höhe von EUR 30.000 zu berücksichtigen. Das Finanzamt erlässt einen unter Vorbehalt der Nachprüfung stehenden Steuerbescheid, in dem beide Vorgänge nicht berücksichtigt sind. Im Rahmen einer Selbstanzeige erklärt A die Schwarzeinnahmen nach und macht zugleich gewinnmindernd den Forderungsausfall geltend, sodass sich im Ergebnis ein um EUR 10.000 verminderter Gewinn aus Gewerbebetrieb ergibt. Dies führt zu einer Herabsetzung der Steuer. ◄

Lösung

Trotz der im Ergebnis zu hohen Steuerfestsetzung in der ursprünglichen Einkommensteuererklärung, lag eine Steuerhinterziehung vor, da im Rahmen der Ermittlung der verkürzten Steuer i. S. d. § 370 IV 1 AO das Kompensations-

---

[184] Kohler, in: MK-StGB, 4. Aufl. 2023, § 371 AO Rn. 162.
[185] So Kohler, in: MK-StGB, 4. Aufl. 2023, § 371 AO Rn. 162; Schauf, in: Kohlmann, Steuerstrafrecht, 79. Lfg. 2023, § 371 AO Rn. 330.
[186] So Jäger, in: Klein, AO, 16. Aufl. 2022, § 371 AO Rn. 215; Joecks/Randt, in: Joecks/Jäger/Randt, Steuerstrafrecht, 9. Aufl. 2023, § 371 AO Rn. 153.
[187] BGH U. v. 17.03.2009 – 1 StR 627/08 – BGHSt 53, 221.
[188] Schauf, in: Kohlmann, Steuerstrafrecht, 79. Lfg. 2023, § 371 AO Rn. 328, Kohler, in: MK-StGB, 4. Aufl. 2023, § 371 AO Rn. 162; Seer, in: Tipke/Kruse, 176. Lfg. 2023, § 371 AO Rn. 47.

verbot des § 370 IV 3 AO zu berücksichtigen ist. Die Gewinnminderung aus dem Forderungsausfall stand auch nicht in unmittelbarem wirtschaftlichen Zusammenhang mit den Schwarzeinnahmen, sodass auch keine Ausnahme von dem Kompensationsverbot galt. ◄

Für die Bestimmung der zu entrichtenden hinterzogenen Steuer i. S. d. § 371 III 1 AO als Voraussetzung für die Wirksamkeit der Selbstanzeige findet das Kompensationsverbot jedoch keine Anwendung. Mithin muss A für die Wirksamkeit der Selbstanzeige keine Steuerzahlung leisten. Eine andere Auffassung würde zu dem sinnwidrigen Ergebnis führen, dass A zunächst den auf die Schwarzeinnahmen entfallenden Steuerbetrag entrichten müsste, welchen danach das Finanzamt aufgrund der niedrigeren Steuerfestsetzung jedoch wieder zurück zahlen müsste.

Da nur die zu Gunsten des jeweiligen Tatbeteiligten hinterzogene Steuer zu entrichten ist, orientiert sich die Rückzahlungspflicht des einzelnen Tatbeteiligten an dem von ihm erlangten unmittelbaren wirtschaftlichen Vorteil.[189] Damit besteht bei **mehreren Tatbeteiligten** nicht etwa eine gesamtschuldnerische Nachzahlungspflicht in voller Höhe, sondern vielmehr nur in der Höhe des auf den jeweiligen Tatbeteiligten entfallenden Vorteils. Soweit die verkürzte Steuer mehr als EUR 25.000 beträgt oder das Regelbeispiel eines besonders schweren Falls i. S. d. § 370 III 2 Nr. 2 bis 6 AO verwirklicht ist, muss er zudem zusätzlich je nach Höhe der verkürzten Steuer einen Betrag von 10 % bis 20 % der hinterzogenen Steuer zahlen. Parallel zur Selbstanzeige durch Teilberichtigung bzw. Teilselbstanzeige erlangte der Nachzahlungsverpflichtete gem. § 371 AO i. d. F. vor dem SchGBekG Straffreiheit, **soweit** er die hinterzogenen Steuern nachentrichtete. Möglich war also eine **Teilzahlung** mit teilweise strafbefreiender Wirkung.[190] I. R. d. SchwGBekG wurde „soweit" durch „wenn" ersetzt. Die Formulierung „wenn" enthält eine binäre Rechtsfolgenregelung, eine teilweise Straffreiheit für eine Tat durch teilweise Nachentrichtung der durch diese Tat hinterzogenen Steuern ist nach dem aktuellen Wortlaut der Norm sowie dem durch die Änderung zum Ausdruck kommenden Willen des Gesetzgebers also nicht mehr bewirkt.[191] Ob sich die Nachentrichtungspflicht indes auch auf den erweiterten Berichtigungsverbund bezieht, insofern eine vollständige Nachentrichtung hinterzogener Steuern auch bzgl. verjährter Steuerstraftaten Voraussetzung für die Straffreiheit ist, ist fraglich. Der Wortlaut des § 371 III 1 AO stellt auf „die Tat" und nicht „die Taten" ab,[192] mit diesem lässt sich also die Beschränkung der Nachrichtungs-

---

[189] Schauf, in: Kohlmann, Steuerstrafrecht, 79. Lfg. 2023, § 371 AO Rn. 329; Joecks/Randt, in: Joecks/Jäger/Randt, Steuerstrafrecht, 9. Aufl. 2023, § 371 AO Rn. 148.

[190] RG U. v. 30.10.1929 – II 78/29 – RGSt 63, 307; RG U. v. 27.11.1939 – 3 D 626/39 – RGSt 73, 368; Schauf, in: Kohlmann, Steuerstrafrecht, 79. Lfg. 2023, § 371 AO Rn. 404.

[191] Schauf, in: Kohlmann, Steuerstrafrecht, 79. Lfg. 2023, § 371 AO Rn. 404; Kohler, in: MK-StGB, 4. Aufl. 2023, § 371 AO Rn. 161; Joecks/Randt, in: Joecks/Jäger/Randt, Steuerstrafrecht, 9. Aufl. 2023, § 371 AO Rn. 173; Hunsmann NJW 2011, 1486; Schwartz/Külz PStR 2011, 249.

[192] So Joecks/Randt, in: Joecks/Jäger/Randt, Steuerstrafrecht, 9. Aufl. 2023, § 371 AO Rn. 173.

e) Fristgerechte Nachentrichtung, § 371 III AO

pflicht auf die Tat im materiellen Sinne begründen.[193] Die Gesetzesbegründung i. R. d. SchwGBG stellt hinsichtlich der Nachentrichtungspflicht ebenfalls auf „die Tat" ab.[194] Für ein entsprechendes Ergebnis spricht auch der Zweck der Erweiterung des Berichtigungsverbundes sowie die *ratio legis* des § 371 AO. Der erweiterte Berichtigungsverbund soll der Finanzverwaltung die Möglichkeit geben, die nach § 169 II 2 AO erweiterte Festsetzungsfrist durch Veranlagung umzusetzen. Dazu ist sie auch bei entsprechender Berichtigung im Stande. Der Wiedergutmachungsgedanke des § 371 AO kann indes nur bzgl. des Tatunrechts eine Kompensation erfordern. Einer Erweiterung der Rückzahlungspflicht auf bereits verjährte Steuerstraftaten i. R. d. Kompensationsgedankens steht schon der mit der Verfolgungsverjährung bezweckte Rechtsfrieden im Wege.

Für die **Zahlung** gelten die allgemeinen Regeln der §§ 224–225 AO.[195] Bei bestehender Aufrechnungslage kommt auch diese gem. § 226 AO in Betracht.[196]

Ob ein Erlass gem. § 227 AO die Nachentrichtungspflicht i. S. d. § 371 III AO erfüllt, ist umstritten.[197] Indes fehlt es diesem Streit an praktischer Relevanz, scheitert die Erfüllungswirkung hier regelmäßig zumindest an den Voraussetzungen des § 227 AO.[198]

Die **Zahlungsunfähigkeit** des Nachentrichtungsschuldners ist unbeachtlich.[199] Dies folgt schon aus dem Charakter der Nachzahlung als objektive Bedingung der Straffreiheit und entspricht der zivilrechtlichen Dogmatik, die aus der Existenz eines eigenständigen Insolvenzrechts auf die Unanwendbarkeit des § 275 BGB auf Geldschulden schließt.[200]

cc) Nachzahlungsfrist

§ 371 III AO gewährt der Finanzbehörde unabhängig davon, ob es sich um Fälligkeits- oder Veranlagungssteuern handelt oder ob der Beteiligte zahlungsfähig ist, ein Recht zur Setzung einer „**angemessenen Frist**" für die Nachzahlung.[201] Ein solches entfällt freilich, wenn der Täter freiwillig eine vorzeitige Tilgung vornimmt.[202]

---

[193] Joecks/Randt, in: Joecks/Jäger/Randt, Steuerstrafrecht, 9. Aufl. 2023, § 371 AO Rn. 173; Kohler, in: MK-StGB, 4. Aufl. 2023, § 371 AO Rn. 168; vgl. auch Rolletschke/Roth Stbg 2011, 200.
[194] BT-Drs. 17/5067, 22.
[195] Schauf, in: Kohlmann, Steuerstrafrecht, 79. Lfg. 2023, § 371 AO Rn. 397.
[196] Schauf, in: Kohlmann, Steuerstrafrecht, 79. Lfg. 2023, § 371 AO Rn. 398.
[197] Vgl. Schauf, in: Kohlmann, Steuerstrafrecht, 79. Lfg. 2023, § 371 AO Rn. 401 m. w. N.
[198] Vgl. Schauf, in: Kohlmann, Steuerstrafrecht, 79. Lfg. 2023, § 371 AO Rn. 401.
[199] Schauf, in: Kohlmann, Steuerstrafrecht, 79. Lfg. 2023, § 371 AO Rn. 403.
[200] Riehm, in: BeckOGK-BGB, Stand 01.08.2023, § 275 Rn. 29 m. w. N.
[201] Schauf, in: Kohlmann, Steuerstrafrecht, 79. Lfg. 2023, § 371 AO Rn. 343; Kohler, in: MK-StGB, 4. Aufl. 2023, § 371 AO Rn. 152; Joecks/Randt, in: Joecks/Jäger/Randt, Steuerstrafrecht, 9. Aufl. 2023, § 371 AO Rn. 154.
[202] Kohler, in: MK-StGB, 4. Aufl. 2023, § 371 AO Rn. 170; Schauf, in: Kohlmann, Steuerstrafrecht, 79. Lfg. 2023, § 371 AO Rn. 344.

Bei der Nachzahlungsfrist aus § 371 III AO handelt es sich um eine rein strafrechtliche Frist.[203] Dieser steht also nicht im Wege, dass nach der Selbstanzeige ein Änderungsbescheid mit einer Nachzahlungsfrist erlassen wird, die die Voraussetzung der Angemessenheit i. S. d. § 371 III 1 AO nicht erfüllt.[204] Vielmehr ist Nachzahlungsfrist vom Besteuerungsverfahren unabhängig.

Zuständig für die Fristsetzung ist nach h. M. die Strafverfolgungsbehörde (Staatsanwaltschaft, BuStra), bei der das Verfahren anhängig ist.[205] Nach Anklageerhebung besteht die Möglichkeit zur Fristsetzung durch das Gericht.[206]

Die Fristsetzung muss **angemessen** sein. Die Entscheidung über die Angemessenheit steht im pflichtgemäßen Ermessen der Finanzbehörde.[207] Bei ihr ist der Zweck der Fristsetzung zu berücksichtigen: Zum einen soll sie dem Nachzahlungspflichtigen die Möglichkeit geben, die Nachzahlung auch leisten zu können,[208] und zusätzlich die Dauer des Schwebezustandes der Anwartschaft begrenzen.[209] Darüber hinaus sind steuerpolitische Gesichtspunkte zu berücksichtigen,[210] denen gegenüber die aus dem Zweck der Selbstanzeige abgeleiteten Erwägungen allerdings Vorrang genießen.[211] Der Zeitraum ist demnach so zu bemessen, dass der Steuerpflichtige bei gutem Willen seiner Zahlungspflicht nachkommen könnte.[212] Dabei ist aber eine unangemessen lange Fristsetzung aufgrund des inhärenten Missbrauchsrisikos zu vermeiden.[213] Zudem ist der Zeitraum zwischen Selbstanzeige und Fristsetzung zu berücksichtigen, es sei denn, die genaue Höhe der Nachentrichtungspflicht ist zwischen dem Pflichtigen und der Finanzbehörde streitig.[214]

---

[203] BFH U. v. 17.12.1981 – IV R 94/77 – NJW 1982, 1720; Kohler, in: MK-StGB, 4. Aufl. 2023, § 371 AO Rn. 168; Joecks/Randt, in: Joecks/Jäger/Randt, Steuerstrafrecht, 9. Aufl. 2023, § 371 AO Rn. 154; Schauf, in: Kohlmann, Steuerstrafrecht, 79. Lfg. 2023, § 371 AO Rn. 348; Hadamitzky/Senge, in: Erbs/Kohlhaas, Strafrechtliche Nebengesetze, 246. Lfg. 2023, § 371 AO Rn. 20.

[204] Joecks/Randt, in: Joecks/Jäger/Randt, Steuerstrafrecht, 9. Aufl. 2023, § 371 AO Rn. 154; Kohler, in: MK-StGB, 4. Aufl. 2023, § 371 AO Rn. 168.

[205] BFH U. v. 17.12.1981 – IV R 94/77 – NJW 1982, 1720; Kohler, in: MK-StGB, 4. Aufl. 2023, § 371 AO Rn. 179; vgl. zur a. A. Beckemper, in: HHSp, 274. Lfg. 2023, § 371 AO Rn. 99 ff.; Joecks/Randt, in: Joecks/Jäger/Randt, Steuerstrafrecht, 9. Aufl. 2023, § 371 AO Rn. 163.

[206] Kohler, in: MK-StGB, 4. Aufl. 2023, § 371 AO Rn. 170; Joecks/Randt, in: Joecks/Jäger/Randt, Steuerstrafrecht, 9. Aufl. 2023, § 371 AO Rn. 164.

[207] Joecks/Randt, in: Joecks/Jäger/Randt, Steuerstrafrecht, 9. Aufl. 2023, § 371 AO Rn. 157.

[208] BFH U. v. 17.12.1981 – IV R 94/77 – NJW 1982, 1720; Joecks/Randt, in: Joecks/Jäger/Randt, Steuerstrafrecht, 9. Aufl. 2023, § 371 AO Rn. 154.

[209] Joecks/Randt, in: Joecks/Jäger/Randt, Steuerstrafrecht, 9. Aufl. 2023, § 371 AO Rn. 154; Kohler, in: MK-StGB, 4. Aufl. 2023, § 371 AO Rn. 168.

[210] OLG Karlsruhe B v. 06.12.1973 – 1 Ss OWi 1437/73 – NJW 1974, 1577.

[211] Joecks/Randt, in: Joecks/Jäger/Randt, Steuerstrafrecht, 9. Aufl. 2023, § 371 AO Rn. 157.

[212] LG Koblenz v. 13.12.1985 – 104 Js (Wi) 17301/83 – 10 KLs – wistra 1986, 79; Joecks/Randt, in: Joecks/Jäger/Randt, Steuerstrafrecht, 9. Aufl. 2023, § 371 AO Rn. 157.

[213] Joecks/Randt, in: Joecks/Jäger/Randt, Steuerstrafrecht, 9. Aufl. 2023, § 371 AO Rn. 157.

[214] Joecks/Randt, in: Joecks/Jäger/Randt, Steuerstrafrecht, 9. Aufl. 2023, § 371 AO Rn. 157.

e) Fristgerechte Nachentrichtung, § 371 III AO

Fehlt es an der Angemessenheit, ist die gesetzte Frist unbeachtlich und es muss eine neue, nunmehr angemessene gesetzt werden.[215]

Die Fristsetzung muss **ausdrücklich** erfolgen,[216] ist darüber hinaus aber an keine Form gebunden.[217]

Eine Belehrung über die Rechtsfolgen einer Fristüberschreitung ist gesetzlich nicht vorgeschrieben,[218] wird in der Praxis jedoch regelmäßig vorgenommen.[219]

Voraussetzung für den **Fristbeginn** ist, dass der Betroffene positive Kenntnis von der Fristsetzung durch die zuständige Strafverfolgungsbehörde erhalten hat.[220] Die Frist beginnt dann gem. § 108 II AO mit dem auf die Bekanntgabe folgenden Tag.[221] Auf ein Verschulden des Pflichtigen kommt es dabei nicht an.[222]

dd) Rechtsschutz

Ob eine (fehlerhaft vorgenommene) Fristsetzung angegriffen werden kann, welcher Rechtsweg dafür eröffnet ist und welches Rechtsmittel diesbezüglich zulässig ist, ist strittig.[223]

Die Anwendbarkeit der Vorschriften des außergerichtlichen und des gerichtlichen Rechtsbehelfsverfahrens sind für das Straf- und Bußgeldverfahren durch § 347 III AO und § 33 III FGO explizit ausgeschlossen.[224] Mit Hinweis auf Art. 19 IV GG wird indes argumentiert, dass auch in diesem Bereich ein Rechtsschutzverfahren existieren muss.[225] Aus der strafrechtlichen Natur der Fristsetzung wird entgegen einer abweichenden Auffassung, nach der die Fristsetzung eine Abgabenangelegenheit und folglich der Einspruch und die Klageerhebung beim FG einschlägig seien,[226] von der h. M. gefolgert, dass der ordentliche Rechtsweg er-

---

[215] Kohler, in: MK-StGB, 4. Aufl. 2023, § 371 AO Rn. 170.
[216] Kohler, in: MK-StGB, 4. Aufl. 2023, § 371 AO Rn. 174.
[217] Schauf, in: Kohlmann, Steuerstrafrecht, 79. Lfg. 2023, § 371 AO Rn. 375.
[218] RG U. v. 27.11.1939 – 3 D 626/39 – RGSt 73, 368; Joecks/Randt, in: Joecks/Jäger/Randt, Steuerstrafrecht, 9. Aufl. 2023, § 371 AO Rn. 161.
[219] Schauf, in: Kohlmann, Steuerstrafrecht, 79. Lfg. 2023, Rn. 159 m. w. N.
[220] Kohler, in: MK-StGB, 4. Aufl. 2023, § 371 AO Rn. 173.
[221] Hadamitzky/Senge, in: Erbs/Kohlhaas, Strafrechtliche Nebengesetze, 246. Lfg. 2023, § 371 AO Rn. 24; vgl. zum Fristbeginn bei postalischer Übermittlung auch Schauf, in: Kohlmann, Steuerstrafrecht, 79. Lfg. 2023, § 371 AO Rn. 375.
[222] LG Hamburg U. v. 04.03.1987 – (50) 187/86 Ns – wistra 1988, 317; Kohler, in: MK-StGB, 4. Aufl. 2023, § 371 AO Rn. 158; Schauf, in: Kohlmann, Steuerstrafrecht, 79. Lfg. 2023, § 371 AO Rn. 374; a. A. Beckemper, in: HHSp, 274. Lfg. 2023, § 371 AO Rn. 104, die eine Fiktion bei absichtlicher Zugangsvereitelung erwägt.
[223] Joecks/Randt, in: Joecks/Jäger/Randt, Steuerstrafrecht, 9. Aufl. 2023, § 371 AO Rn. 166 f.
[224] Joecks/Randt, in: Joecks/Jäger/Randt, Steuerstrafrecht, 9. Aufl. 2023, § 371 AO Rn. 165.
[225] Statt vieler Joecks/Randt, in: Joecks/Jäger/Randt, Steuerstrafrecht, 9. Aufl. 2023, § 371 AO Rn. 165; Schauf, in: Kohlmann, Steuerstrafrecht, 79. Lfg. 2023, § 371 AO Rn. 391.
[226] Vgl. Schauf, in: Kohlmann, Steuerstrafrecht, 79. Lfg. 2023, § 371 AO Rn. 392.

öffnet ist.[227] Als zulässiges Rechtsmittel gegen gerichtliche Beschlüsse wird dann die Beschwerde gem. § 304 StPO angesehen.[228]

Ob die Fristsetzung gesondert, d. h. im Vorfeld des gerichtlichen Hauptverfahrens, angegriffen werden kann, wird ebenfalls unterschiedlich beantwortet.

Teilweise wird vertreten, diesbezüglich könne der Betroffene einen Antrag auf gerichtliche Entscheidung gem. § 98 II 2 StPO analog stellen, gegen die dann ebenfalls eine Beschwerde gem. § 304 StPO zur Verfügung stünde.[229]

Demgegenüber wird die Fristsetzung außerhalb des Hauptverfahrens vor Ablauf der Frist von anderen nicht für angreifbar gehalten.[230]

Die weitreichenden Folgen der Fristüberschreitung sprechen dafür, den Nachzahlungspflichtigen nicht auf das Hauptverfahren zu verweisen, sondern frühzeitig die Möglichkeit zu geben, die Angemessenheit der Fristsetzung gerichtlich überprüfen zu lassen. Hierfür können auch verfahrensökonomische Argumente ins Feld geführt werden.[231]

f) Sperrgründe, § 371 II AO

aa) Allgemeines

§ 371 II AO statuiert negative Wirksamkeitsvoraussetzungen, deren Vorliegen dem Eintreten der Straffreiheit nach § 371 I AO entgegensteht. Die Aufzählung der Ausschlussgründe ist abschließend,[232] weitere Anforderungen – etwa eine Freiwilligkeit des Selbstanzeigenden – bestehen in Bezug auf die Wirksamkeit der Selbstanzeige nicht.[233] Zwar ist in den Ausschlussgründen die Objektivierung bestimmter Situationen zu erkennen, in denen die Selbstanzeigefreiwilligkeit fehlt.[234] Rückschlüsse auf die Auslegung der Merkmale im Lichte der vorliegenden oder fehlenden Freiwilligkeit in der konkreten Tatsituation können hieraus indes schon aufgrund der objekti-

---

[227] LG Koblenz U. v. 13.12.1985 – 105 Js (Wi) 17301/83 – 10 KLs – wistra 1986, 78; LG Hamburg U. v. 04.03.1987 – (50) 187/86 Ns – wistra 1988, 317; BFH U. v. 17.12.1981 – IV R 94/77 – NJW 1982, 1720; Kohler, in: MK-StGB, 4. Aufl. 2023, § 371 AO Rn. 175; Joecks/Randt, in: Joecks/Jäger/Randt, Steuerstrafrecht, 9. Aufl. 2023, § 371 AO Rn. 166; Schauf, in: Kohlmann, Steuerstrafrecht, 79. Lfg. 2023, § 371 AO Rn. 393.

[228] AG Saarbrücken B. v. 21.06.1983 – 9 As 86/83 – DStZ 1983, 414; Kohler, in: MK-StGB, 4. Aufl. 2023, § 371 AO Rn. 175; Schauf, in: Kohlmann, Steuerstrafrecht, 79. Lfg. 2023, § 371 AO Rn. 395; v AO Rn. 165.

[229] Schauf, in: Kohlmann, Steuerstrafrecht, 79. Lfg. 2023, § 371 AO Rn. 395.

[230] OLG Braunschweig B. v. 26.03.1962 – Ws 207/61 – DStZ/B 1962/246; vgl. Schauf, in: Kohlmann, Steuerstrafrecht, 79. Lfg. 2023, § 371 AO Rn. 394 m. w. N.

[231] Schauf, in: Kohlmann, Steuerstrafrecht, 79. Lfg. 2023, § 371 AO Rn. 395.

[232] Schauf, in: Kohlmann, Steuerstrafrecht, 79. Lfg. 2023, § 371 AO Rn. 415; Kohler, in: MK-StGB, 4. Aufl. 2023, § 371 AO Rn. 188.

[233] S. auch Joecks/Randt, in: Joecks/Jäger/Randt, Steuerstrafrecht, 9. Aufl. 2023, § 371 AO Rn. 202; Kohler, in: MK-StGB, 4. Aufl. 2023, § 371 AO Rn. 189.

[234] Joecks/Randt, in: Joecks/Jäger/Randt, Steuerstrafrecht, 9. Aufl. 2023, § 371 AO Rn. 202.

f) Sperrgründe, § 371 II AO 91

ven Formulierung der Merkmale nicht gezogen werden.[235] Zwar sieht sich die Auslegung des § 371 I AO im Lichte eines Normzwecks, der auf die Rückkehr des Täters in die Steuerehrlichkeit abstellt, einer gewissen Inkonsequenz ausgesetzt, wenn die Tätermotivation bei den Ausschlussgründen des § 371 II AO nicht berücksichtigt werden soll; dies ist jedoch dem eindeutigen Gesetzeswortlaut und mithin Art. 103 II GG geschuldet. Die Auslegung der Ausschlussgründe folgt insofern fiskalpolitischen Erwägungen.[236] Die in § 371 I AO gewährte Straffreiheit ist auszuschließen, wenn es der Selbstanzeige für die Erschließung bislang verheimlichter Steuerquellen nicht (mehr) bedarf.[237] Zudem ist auf ein durch § 371 II 1 Nr. 3 und 4 AO hinzugekommenes kriminalpolitisches Element hinzuweisen.[238]

Da die negativen Wirksamkeitsvoraussetzungen in § 371 II AO direkte Auswirkungen auf die Strafbarkeit haben, findet auf diese der Zweifelsgrundsatz Anwendung.[239]

Zudem wird in Teilen der Literatur, wohl entgegen der höchstrichterlichen Rspr.,[240] generell aufgrund der hohen Eingriffsintensität eine restriktive Auslegung der Ausschlussgründe gefordert.[241]

bb) § 371 II 1 Nr. 1 AO

(1) Allgemeines

Nach § 371 II 1 Nr. 1 AO tritt Straffreiheit nicht ein, wenn bei einer der zur Selbstanzeige gebrachten unverjährten Steuerstraftaten vor der Berichtigung, Ergänzung oder Nachholung die nachfolgend beschriebenen Voraussetzungen eintreten. § 371 II 1 Nr. 1 AO lässt durch die Restriktionsvoraussetzungen Rückschlüsse auf die Zwecke der Selbstanzeigemöglichkeit sowie der Sperrwirkung zu.

Dem Wortlaut nach bezieht sich die Sperrwirkung auf alle unverjährten Steuerstraftaten. Schon in systematischer Hinsicht muss die Sperrwirkung jedoch im Lichte des Vollständigkeitsgebots des § 371 I 2 AO ausgelegt werden. Da dieses die vollständige Berichtigung nur der Steuerstraftaten erfordert, die zu einer Steuerart gehören, ist diese inhaltliche Einschränkung auch auf § 371 II 1 Nr. 1 AO zu übertragen.[242] Somit tritt die

---

[235] Schauf, in: Kohlmann, Steuerstrafrecht, 79. Lfg. 2023, § 371 AO Rn. 419 ff.
[236] Vgl. Joecks/Randt, in: Joecks/Jäger/Randt, Steuerstrafrecht, 9. Aufl. 2023, § 371 AO Rn. 203; Kohler, in: MK-StGB, 4. Aufl. 2023, § 371 AO Rn. 185; Schauf, in: Kohlmann, Steuerstrafrecht, 79. Lfg. 2023, § 371 AO Rn. 417.
[237] Schauf, in: Kohlmann, Steuerstrafrecht, 79. Lfg. 2023, § 371 AO Rn. 417.
[238] Kohler, in: MK-StGB, 4. Aufl. 2023, § 371 AO Rn. 187.
[239] Schauf, in: Kohlmann, Steuerstrafrecht, 79. Lfg. 2023, § 371 AO Rn. 421; Kohler, in: MK-StGB, 4. Aufl. 2023, § 371 AO Rn. 189.
[240] BGH B. v. 20.05.2010 – 1 StR 577/09 – BGHSt 55, 180.
[241] Joecks/Randt, in: Joecks/Jäger/Randt, Steuerstrafrecht, 9. Aufl. 2023, § 371 AO Rn. 203; Schauf, in: Kohlmann, Steuerstrafrecht, 79. Lfg. 2023, § 371 AO Rn. 417; Kohler, in: MK-StGB, 4. Aufl. 2023, § 371 AO Rn. 189 m. w. N.
[242] So Kohler, in: MK-StGB, 4. Aufl. 2023, § 371 AO Rn. 201 m. w. N.

Sperrwirkung nur für die Steuerstraftaten der jeweiligen Steuerart ein. Die systematische Auslegung erfordert indes auch umgekehrt die Auslegung des Vollständigkeitsgebots im Lichte des § 371 II 1 Nr. 1 AO i. V. m. § 371 II 2 AO: Aus dem Vollständigkeitsgebot ergibt sich, dass die Berichtigungserklärung nicht lediglich die aktuelle, sondern alle in den Berichtigungsverbund fallenden Steuerstraftaten enthalten muss, um Straffreiheit zu bewirken. § 371 II 1 Nr. 1 AO suspendiert nun die strafbefreiende Wirkung der Selbstanzeige, wenn die Voraussetzungen bei einer der zur Selbstanzeige gebrachten unverjährten Steuerstraftaten erfüllt sind. Das Eintreten der Voraussetzungen bzgl. einer Steuerstraftat einer Steuerart i. d. S. „infiziert"[243] also den Berichtigungsverbund. Selbstanzeigen diesbezüglich führen nicht zur Straffreiheit.

§ 371 II 2 AO stellt demgegenüber klar, dass der Ausschluss der Straffreiheit nach § 371 II 1 Nr. 1 lit. a u. c. AO eine Berichtigung der nicht unter § 371 II 1 Nr. 1 lit. a u. c. AO fallenden Steuerstraftaten einer Steuerart nicht hindert. Im Lichte der Infektionswirkung kann dies nur sinnvoll dahingehend ausgelegt werden, dass S. 2 das Vollständigkeitsgebot nach Abs. 1 in diesem Falle modifiziert, eine Selbstanzeige diesbezügliche Steuerstraftaten also nicht umfassen muss, um Straffreiheit zu erlangen.[244] Ob dies auch für die lit. b, d. u. e gelten kann, ist indes fraglich. Der ausdrückliche Bezug dieser Einschränkung auf die Buchstaben a u. c spricht vielmehr gegen eine generelle Geltung der sachlichen Einschränkung für § 371 II 1 Nr. 1 AO. Damit führt die Infektion des Berichtigungsverbundes durch ein Eintreten der Sperrgründe der § 371 II 1 Nr. 1 lit b, d und e AO dazu, dass die Selbstanzeigemöglichkeit bis zu ihrem Wiederaufleben zumindest für Steuerstraftaten einer Steuerart gesperrt bleibt.

Die Varianten des § 371 II 1 Nr. 1 AO werden als **prüfbezogene Sperrgründe** bezeichnet.[245]

(2) § 371 II 1 Nr. 1 lit. a AO

Nach § 371 II Nr. 1 lit. a AO tritt die Sperrwirkung ein, wenn die Prüfungsanordnung gem. § 196 AO bekanntgegeben wurde. Mit der Einführung der Bekanntgabe als Sperrgrund durch das SchwGBG 2011 wurde eine Vorverlagerung der Strafbarkeit intendiert im Vergleich zum bereits davor bestehenden Sperrgrund des Erscheinens des Prüfers zur steuerlichen Prüfung. Dieser Sperrgrund besteht weiterhin in § 371 II 2 Nr. 1 lit. c AO und wurde damit zum Auffangtatbestand.[246]

Soll beim Steuerpflichtigen eine **Außenprüfung** gem. § 193 ff. AO durchgeführt werden, hat die Finanzbehörde den Umfang der Außenprüfung vorab i. R. d.

---

[243] Vgl. Kohler, in: MK-StGB, 4. Aufl. 2023, § 371 AO Rn. 186.

[244] So auch Schauf, in: Kohlmann, Steuerstrafrecht, 79. Lfg. 2023, § 371 AO Rn. 434 ff., der zur Begründung zudem den *nemo-tenetur*-Grundsatz fruchtbar macht; RegE zum AOÄndG, BR-Drs. 431/14, 10.

[245] Vgl. zur Terminologie Joecks/Randt, in: Joecks/Jäger/Randt, Steuerstrafrecht, 9. Aufl. 2023, § 371 AO Rn. 205.

[246] Vgl. Kohler, in: MK-StGB, 4. Aufl. 2023, § 371 AO Rn. 223; Schauf, in: Kohlmann, Steuerstrafrecht, 79. Lfg. 2023, § 371 AO Rn. 422; Joecks/Randt, in: Joecks/Jäger/Randt, Steuerstrafrecht, 9. Aufl. 2023, § 371 AO Rn. 205.

f) Sperrgründe, § 371 II AO

Prüfungsanordnung gem. § 196 AO zu bestimmen und dem Steuerpflichtigen gem. § 197 AO bekanntzugeben. Außenprüfungen i. S. d. § 196 AO sind solche nach den §§ 193 ff. AO. Hierzu zählen neben Außenprüfungen auch Umsatz- und Lohnsteuersonderprüfungen und abgekürzte Außenprüfungen gem. § 203 AO.[247] Die Anordnung muss gem. § 196 AO schriftlich oder elektronisch erfolgen. Eine telefonische Bekanntgabe reicht also nicht aus.[248] Ob die diesbezügliche Praxis gerade bei Groß- und Konzernbetriebsprüfungen andererseits dem Prüfer nun untersagt ist, ist problematisch.[249] Die Relevanz dieser Problematik vor dem Hintergrund von Art. 3 GG ist kaum zu leugnen.[250]

Die Sperrwirkung **beginnt** mit Bekanntgabe der Prüfungsanordnung.[251] Dabei ist fraglich, ob die Zugangsfiktion des § 122 II Nr. 1 AO Anwendung findet.[252] Dies entwertet die Sperrwirkung bei postalischer Übermittlung weitgehend, da aber der ausdrücklichen Regelung keine geschriebene Einschränkung entgegensteht, verbietet Art. 103 II GG eine Korrektur des teilweise als gesetzgeberisches Versehen eingeordneten[253] Ergebnisses. Die Sperrwirkung endet mit dem Ende der bekanntgegebenen Prüfungsdauer.[254]

Nach § 371 II 1 Nr. 1 lit. a AO tritt die Sperrwirkung ein, wenn dem **an der Tat Beteiligten**, seinem **Vertreter**, dem **Begünstigten** i. S. d. § 370 I AO oder **dessen Vertreter** eine Prüfungsanordnung bekannt gegeben wird. Durch die Formulierung „an der Tat Beteiligten" wurde i. R. d. AOÄndG 2015 somit neben dem Täter auch ausdrücklich der Teilnehmer einbezogen.[255]

Die Sperrwirkung tritt gegenüber allen Tatbeteiligten unabhängig von ihrer Kenntnis ein, wenn einem von ihnen oder den sonst genannten Personen eine Prüfungsanordnung bekannt gegeben wird.[256]

Auslegungsschwierigkeiten erzeugt das Merkmal des „Begünstigten". Laut des Regierungsentwurfs zum AOÄndG 2015[257] sollte damit eine Strafbarkeitslücke geschlossen werden, die bestand, wenn ein Angestellter eines Unternehmens für dieses eine Steuerhinterziehung begeht. Dieser konnte eine strafbefreiende Selbstanzeige noch vornehmen, auch wenn dem Unternehmen gegenüber, das selbst an

---

[247] Kohler, in: MK-StGB, 4. Aufl. 2023, § 371 AO Rn. 191.
[248] Kohler, in: MK-StGB, 4. Aufl. 2023, § 371 AO Rn. 193.
[249] Joecks/Randt, in: Joecks/Jäger/Randt, Steuerstrafrecht, 9. Aufl. 2023, § 371 AO Rn. 209.
[250] Vgl. Joecks/Randt, in: Joecks/Jäger/Randt, Steuerstrafrecht, 9. Aufl. 2023, § 371 AO Rn. 209 ff. m. w. N. zu dieser Thematik.
[251] Vgl. Kohler, in: MK-StGB, 4. Aufl. 2023, § 371 AO Rn. 193.
[252] Vgl. Kohler, in: MK-StGB, 4. Aufl. 2023, § 371 AO Rn. 194 m. w. N.
[253] Kohler, in: MK-StGB, 4. Aufl. 2023, § 371 AO Rn. 208.
[254] Vgl. Kohler, in: MK-StGB, 4. Aufl. 2023, § 371 AO Rn. 203; vgl. zudem die Ausführungen zu § 371 II Nr. 1 lit. d AO.
[255] Schauf, in: Kohlmann, Steuerstrafrecht, 79. Lfg. 2023, § 371 AO Rn. 429; Kohler, in: MK-StGB, 4. Aufl. 2023, § 371 AO Rn. 199.
[256] Schauf, in: Kohlmann, Steuerstrafrecht, 79. Lfg. 2023, § 371 AO Rn. 429; Hunsmann NJW 2015, 113 m. w. N.; Beckemper, in: HHSp, 274. Lfg. 2023, § 371 AO Rn. 131.
[257] BR-Drs. 431/14, 9.

der Tat nicht beteiligt war, eine Prüfungsanordnung bekannt gegeben wurde.[258] Auf die Kenntnis des Mitarbeiters von der Prüfungsanordnung kommt es dem RegE nach nicht an. Über diesen Einzelfall hinaus spricht anhand der Formulierung viel dafür, den Begriff anhand der Kriterien der Nachzahlungspflicht gem. § 371 III AO auszulegen.[259] Begünstigter ist also, wer einen unmittelbaren wirtschaftlichen Vorteil aus der Steuerhinterziehung erlangt.

Der **sachliche Umfang** der **Sperrwirkung** wird durch den sachlichen und zeitlichen Inhalt der Prüfungsanordnung bestimmt. Die Prüfungsanordnung entfaltet Sperrwirkungen also nur hinsichtlich der der Prüfung unterliegenden **Steuerarten** für den in der Anordnung bestimmten **Prüfungszeitraum**.[260] Angesichts des eindeutigen Wortlauts hat damit der Gesetzgeber der sog. Sachzusammenhangsrechtsprechung für § 371 II 1 lit. a AO eine Absage erteilt.[261]

Problematisch ist, ob Voraussetzung für das Eintreten der Sperrwirkung ist, dass die **Prüfungsanordnung rechtmäßig** ist. Aus dem Wesen der Prüfungsanordnung als Verwaltungsakt wird gefolgert, dass von diesem auch bei dessen Rechtswidrigkeit Wirkungen ausgehen, es auf diese also nicht ankommen kann.[262] Keine Sperrwirkung soll indes der nichtige Verwaltungsakt entfalten.[263]

(3) § 371 II 1 Nr. 1 lit. b AO

Auslöser der Sperrwirkung nach § 371 II Nr. 1 lit. b AO ist die Bekanntgabe der Einleitung eines Straf- oder Bußgeldverfahrens. Durch SchwGBG 2011 und AOÄndG 2015 wurde der Sperrgrund sowohl sachlich als auch mit Blick auf den Bekanntgabeadressaten erheblich ausgeweitet.[264]

Zur **Einleitung eines Strafverfahrens** enthält § 397 I AO eine Legaldefinition, nach der ein Strafverfahren eingeleitet ist, sobald der Einleitende (Finanzbehörde, Polizei, Staatsanwaltschaft, etc.) eine Maßnahme trifft, die erkennbar darauf abzielt, gegen jemanden wegen einer Steuerstraftat strafrechtlich vorzugehen.

§ 410 I Nr. 6 AO erklärt § 397 AO auch für das **Bußgeldverfahren** für anwendbar, sodass auch für dieses die vorstehenden Voraussetzungen gelten.

---

[258] Vgl. Kohler, in: MK-StGB, 4. Aufl. 2023, § 371 AO Rn. 199; Schauf, in: Kohlmann, Steuerstrafrecht, 79. Lfg. 2023, § 371 AO Rn. 430, der in Frage stellt, ob diese Regelung sachgerecht ist.

[259] So überzeugend Schauf, in: Kohlmann, Steuerstrafrecht, 79. Lfg. 2023, § 371 AO Rn. 430; Kohler, in: MK-StGB, 4. Aufl. 2023, § 371 AO Rn. 184; zu Problemen einer dahingehenden Auslegung vgl. Wulf wistra 2015, 166.

[260] Kohler, in: MK-StGB, 4. Aufl. 2023, § 371 AO Rn. 202.

[261] Dahingehend Kohler, in: MK-StGB, 4. Aufl. 2023, § 371 AO Rn. 202.

[262] Schauf, in: Kohlmann, Steuerstrafrecht, 79. Lfg. 2023, § 371 AO Rn. 427; zum selben Ergebnis kommt Joecks/Randt, in: Joecks/Jäger/Randt, Steuerstrafrecht, 9. Aufl. 2023, § 371 AO Rn. 213 m. w. N., der Anforderungen der Praxis stärker betont und die Lehre von den Verwertungsverboten bemühen will.

[263] BGH B. v. 16.06.2005 – 5 StR 118/05 – wistra 2005, 381; Schauf, in: Kohlmann, Steuerstrafrecht, 79. Lfg. 2023, § 371 AO Rn. 427.

[264] Vgl. hierzu Kohler, in: MK-StGB, 4. Aufl. 2023, § 371 AO Rn. 204.

f) Sperrgründe, § 371 II AO

Voraussetzung für die Verfahrenseinleitung ist also eine Willensbetätigung, deren strafrechtliche Zielsetzung objektiv erkennbar ist.[265] Eine solche besteht z. B. bei Durchsuchungen, Beschlagnahmen, vorläufigen Festnahmen und Verhaftungen, Beschuldigtenvernehmungen, Einleitungsverfügungen der Staatsanwaltschaft, kann aber auch bei internen Maßnahmen gegeben sein.[266]

Bekanntgegeben ist die Einleitung dann, wenn dem Adressaten amtlich mitgeteilt worden ist, dass die Behörde steuerstrafrechtliche Ermittlungen in Gang gesetzt hat.[267] Dies erfordert eine Mitteilung mit Wissen und Wollen der zuständigen Behörde, private Mitteilungen genügen diesen Voraussetzungen nicht.[268]

Gem. § 397 III AO hat die Bekanntgabe spätestens zu erfolgen, wenn zur Mitwirkung aufgefordert wird. Weitere Voraussetzungen – etwa an die Form der Bekanntgabe – bestehen nicht.[269] Diese kann also auch durch eine der o. a. Amtshandlungen i. R. d. diesbezüglichen Mitteilungs- und Belehrungspflichten erfolgen.[270] Weiterhin ist eine mündliche[271] sowie konkludente[272] Mitteilung denkbar – hierbei ist aufgrund der unmittelbaren Relevanz für die Strafbarkeit des Beteiligten der Zweifelsgrundsatz zu beachten.[273]

Zeitlich ist die Sperrwirkung auf die Dauer des Verfahrens beschränkt. Nach dem erfolglosen, d. h. nicht in einer Anklage mündenden Abschluss des Verfahrens, z. B. durch Abschlussverfügung, lebt die Möglichkeit zur Selbstanzeige wieder auf.[274]

Der genaue Zeitpunkt ist dabei umstritten: Mit unterschiedlicher Begründung wird auf den Vermerk der Einstellung des Verfahrens in den Akten,[275] auf das Absenden[276] oder auf den Zugang der Mitteilung über den Abschluss des Verfahrens abgestellt.[277]

---

[265] Kohler, in: MK-StGB, 4. Aufl. 2023, § 371 AO Rn. 205; Jäger, in: Klein, AO, 16. Aufl. 2022, § 371 Rn. 150; Peters, in: Kohlmann, Steuerstrafrecht, 79. Lfg. 2023, § 397 AO Rn. 18 f.

[266] Kohler, in: MK-StGB, 4. Aufl. 2023, § 371 AO Rn. 206; vgl. auch Joecks/Randt, in: Joecks/Jäger/Randt, Steuerstrafrecht, 9. Aufl. 2023, § 371 AO Rn. 269 ff.

[267] Joecks/Randt, in: Joecks/Jäger/Randt, Steuerstrafrecht, 9. Aufl. 2023, § 371 AO Rn. 264; Kohler, in: MK-StGB, 4. Aufl. 2023, § 371 AO Rn. 207; Schauf, in: Kohlmann, Steuerstrafrecht, 79. Lfg. 2023, § 371 AO Rn. 569.

[268] Schauf, in: Kohlmann, Steuerstrafrecht, 79. Lfg. 2023, § 371 AO Rn. 569; Kohler, in: MK-StGB, 4. Aufl. 2023, § 371 AO Rn. 193.

[269] Jäger, in: Klein, AO, 16. Aufl. 2022, § 371 Rn. 150; Kohler, in: MK-StGB, 4. Aufl. 2023, § 371 AO Rn. 207; Schauf, in: Kohlmann, Steuerstrafrecht, 79. Lfg. 2023, § 371 AO Rn. 570.

[270] Joecks/Randt, in: Joecks/Jäger/Randt, Steuerstrafrecht, 9. Aufl. 2023, § 371 AO Rn. 268; Kohler, in: MK-StGB, 4. Aufl. 2023, § 371 AO Rn. 208.

[271] Schauf, in: Kohlmann, Steuerstrafrecht, 79. Lfg. 2023, § 371 AO Rn. 570.

[272] Kohler, in: MK-StGB, 4. Aufl. 2023, § 371 AO Rn. 209.

[273] Schauf, in: Kohlmann, Steuerstrafrecht, 79. Lfg. 2023, § 371 AO Rn. 570, 556 ff.

[274] Schauf, in: Kohlmann, Steuerstrafrecht, 79. Lfg. 2023, § 371 AO Rn. 617 f.

[275] Kohler, in: MK-StGB, 4. Aufl. 2023, § 371 AO Rn. 222.

[276] Schauf, in: Kohlmann, Steuerstrafrecht, 79. Lfg. 2023, § 371 AO Rn. 619.

[277] Brauns wistra 1987, 242.

Der **persönliche Umfang** der Sperrwirkung schließt den Tatbeteiligten ein, demgegenüber die Eröffnung direkt oder über seinen Vertreter bekannt gegeben wurde.[278] Bzgl. des Vertreterbegriffs werden nach teilweise vertretener Auffassung auch gesetzliche Vertreter gem. §§ 34, 35 AO sowie gewillkürte Vertreter (z. B. gem. §§ 80, 81 AO) tatbestandlich erfasst.[279]

Da das Gesetz das Eintreten der Sperrwirkung nicht allein von der Verfahrenseinleitung, sondern von deren Bekanntgabe gegenüber dem Tatbeteiligten abhängig macht, muss diesem Merkmal eigenständige Bedeutung beigemessen werden. Der Tatbeteiligte soll aufgrund der Bekanntgabe die Reichweite der Sperrwirkung erkennen können.[280] Erforderlich ist also eine persönliche sowie sachliche Konkretisierung der Bekanntgabe auf den Tatbeteiligten.[281] Persönlich muss sich die Bekanntgabe auf den Tatbeteiligten beziehen, also dessen Beschuldigtenstatus klarstellen;[282] Einleitungsmaßnahmen etwa „gegen die Verantwortlichen der Firma x und andere"[283] reichen für eine persönliche Konkretisierung nicht aus.

Bzgl. der sachlichen Konkretisierung sind die Grundsätze zur Verjährungsunterbrechung nach § 78c I Nr. 1 u. 3 StGB[284] zu bemühen:[285] Der Beschuldigte bzw. dessen Vertreter muss über den Status „ins Bild gesetzt" werden. Mindestinhalt ist dabei die Steuerart und der Besteuerungszeitraum.[286] Eine diesen Voraussetzungen nicht entsprechende Mitteilung löst keine Sperrwirkung aus.[287]

Der **sachliche Umfang** der Sperrwirkung erfasst alle unverjährten Steuerstraftaten der aus der Mitteilung ersichtlichen Steuerart.[288] Dies ergibt sich aus dem Wortlaut des § 371 II 1 Nr. 1 AO i. V. m. § 371 I 2 AO, der die Straffreiheit suspendiert, wenn bei einer der notwendigerweise vollständig zur Anzeige gebrachten Steuerstraftaten Sperrgründe vorliegen. Der sich aus der vorigen Gesetzesfassung ergebende Streit um den Tatbegriff des § 371 II 1 Nr. 1 AO hat nach der Gesetzesänderung an Bedeutung verloren.[289]

---

[278] Schauf, in: Kohlmann, Steuerstrafrecht, 79. Lfg. 2023, § 371 AO Rn. 579; Kohler, in: MK-StGB, 4. Aufl. 2023, § 371 AO Rn. 215.

[279] Kohler, in: MK-StGB, 4. Aufl. 2023, § 371 AO Rn. 213; Schauf, in: Kohlmann, Steuerstrafrecht, 79. Lfg. 2023, § 371 AO Rn. 595 ff.

[280] Beckemper, in: HHSp, 274. Lfg. 2023, § 371 AO Rn. 142.

[281] Schauf, in: Kohlmann, Steuerstrafrecht, 79. Lfg. 2023, § 371 AO Rn. 582; Kohler, in: MK-StGB, 4. Aufl. 2023, § 371 AO Rn. 203; Jäger, in: Klein, AO, 16. Aufl. 2022, § 371 Rn. 153; Beckemper, in: HHSp, 274. Lfg. 2023, § 371 AO Rn. 142.

[282] Kohler, in: MK-StGB, 4. Aufl. 2023, § 371 AO Rn. 217.

[283] Schauf, in: Kohlmann, Steuerstrafrecht, 79. Lfg. 2023, § 371 AO Rn. 538.

[284] Vgl. BGH U. v. 23.04.1953 – 4 StR 743/52 – BGHSt 4, 135; BGH U. v. 06.01.1981 – 1 StR 356/81 – BGHSt 30, 215.

[285] Vgl. Kohler, in: MK-StGB, 4. Aufl. 2023, § 371 AO Rn. 217; Blesinger wistra 1994, 48 ff.; Joecks/Randt, in: Joecks/Jäger/Randt, Steuerstrafrecht, 9. Aufl. 2023, § 371 AO Rn. 289.

[286] Blesinger wistra 1994, 51.

[287] Joecks/Randt, in: Joecks/Jäger/Randt, Steuerstrafrecht, 9. Aufl. 2023, § 371 AO Rn. 289.

[288] Joecks/Randt, in: Joecks/Jäger/Randt, Steuerstrafrecht, 9. Aufl. 2023, § 371 AO Rn. 286; Jäger, in: Klein, AO, 16. Aufl. 2022, § 371 Rn. 151.

[289] Vgl. hierzu Schauf, in: Kohlmann, Steuerstrafrecht, 79. Lfg. 2023, § 371 AO Rn. 600 ff.; Joecks/Randt, in: Joecks/Jäger/Randt, Steuerstrafrecht, 9. Aufl. 2023, § 371 AO Rn. 286 ff.

f) Sperrgründe, § 371 II AO

(4) § 371 II 1 Nr. 1 lit. c AO

Die Sperrwirkung nach § 371 II 1 Nr. 1 lit. c AO tritt mit dem Erscheinen des Amtsträgers zur steuerlichen Prüfung ein.

Die zuvor umstrittene Frage, ob auch Richtsatzprüfungen[290] und die Umsatzsteuernachschau[291] eine Sperrwirkung auslösen können,[292] wurde durch die aktuelle Gesetzesfassung i. R. d. AOÄndG weitgehend durch die Einführung des § 371 II 1 lit. e AO geklärt.

Zum **Amtsträger** vgl. § 7 AO. Als Amtsträger i. S. d. § 371 II 1 Nr. 1 lit. c AO kommen nur Amtsträger der **Finanzbehörden** in Frage. Da Sperrgrund das Erscheinen zur steuerlichen Prüfung ist, ist auf die Behördendefinition in § 6 II AO abzustellen.[293] Amtsträger in diesem Sinne sind z. B. Beamte oder Angestellte der örtlichen Finanzbehörde, einer OFD, des BZSt oder einer Gemeindesteuerbehörde.[294] Amtsträger anderer Verwaltungsbehörden stellen keine Amtsträger i. S. d. Vorschrift dar, auch wenn diese i. R. e. Amtshilfeersuchens der zuständigen Finanzbehörde tätig werden.[295] Einer solchen Erweiterung steht der insoweit eindeutige Wortlaut der Norm entgegen.

Erschienen ist ein Amtsträger, sobald er in Prüfungsabsicht das Grundstück mit den Betriebs- oder Wohnräumen betreten oder die Schwelle zur Wohnungstür des Steuerpflichtigen überschritten hat.[296]

Dabei ist das physische Erscheinen notwendig; eine schriftliche oder mündliche Ankündigung reicht also nicht aus.[297]

Eine andere Ansicht lässt indes bereits das körperliche in das Blickfeld des Täters oder dessen Vertreters Geraten für den Eintritt der Sperrwirkung ausreichen,[298] sieht sich dabei aber der Kritik einer unangemessenen Vorverlagerung der Sperrwirkung ausgesetzt.[299]

Sind die vorstehenden Voraussetzungen einmal erfüllt, entfällt die Sperrwirkung nicht etwa, weil der Prüfer niemanden antrifft, er den Beginn der Prüfung aus pflichtgemäßem Ermessen verschiebt oder die Prüfung zeitweilig unterbricht.[300]

---

[290] Vgl. hierzu Beckemper, in: HHSp, 274. Lfg. 2023, § 371 AO Rn. 160; Schauf, in: Kohlmann, Steuerstrafrecht, 79. Lfg. 2023, § 371 AO Rn. 474; Kohler, in: MK-StGB, 4. Aufl. 2023, § 371 AO Rn. 242.

[291] Vgl. Schauf, in: Kohlmann, Steuerstrafrecht, 79. Lfg. 2023, § 371 AO Rn. 472.

[292] Vgl. Joecks/Randt, in: Joecks/Jäger/Randt, Steuerstrafrecht, 9. Aufl. 2023, § 371 AO Rn. 217 m. w. N.

[293] Schauf, in: Kohlmann, Steuerstrafrecht, 79. Lfg. 2023, § 371 AO Rn. 448.

[294] Vgl. Übersichten bei Joecks/Randt, in: Joecks/Jäger/Randt, Steuerstrafrecht, 9. Aufl. 2023, § 371 AO Rn. 218; Schauf, in: Kohlmann, Steuerstrafrecht, 79. Lfg. 2023, § 371 AO Rn. 448; Kohler, in: MK-StGB, 4. Aufl. 2023, § 371 AO Rn. 224; Beckemper, in: HHSp, 274. Lfg. 2023, § 371 AO Rn. 149.

[295] Kohler, in: MK-StGB, 4. Aufl. 2023, § 371 AO Rn. 225; Joecks/Randt, in: Joecks/Jäger/Randt, Steuerstrafrecht, 9. Aufl. 2023, § 371 AO Rn. 225.

[296] Schauf, in: Kohlmann, Steuerstrafrecht, 79. Lfg. 2023, § 371 AO Rn. 453 m. w. N.; Jäger, in: Klein, AO, 16. Aufl. 2022, § 371 Rn. 122.

[297] Vgl. Schauf, in: Kohlmann, Steuerstrafrecht, 79. Lfg. 2023, § 371 AO Rn. 451 m. w. N.

[298] OLG Stuttgart U. v. 22.05.1989 – 3 Ss 21/89 – NStZ 1989, 328.

[299] Schauf, in: Kohlmann, Steuerstrafrecht, 79. Lfg. 2023, § 371 AO Rn. 453.

[300] Vgl. Schauf, in: Kohlmann, Steuerstrafrecht, 79. Lfg. 2023, § 371 AO Rn. 454 m. w. N.

Der **Ort der Prüfung** steht dabei im Ermessen der Finanzbehörde.[301]
Ob die Räumlichkeiten des Finanzamtes die rechtliche Qualität des Prüfungsortes erlangen können, ist in Literatur[302] und Rspr.[303] umstritten. Teilweise wird dies angenommen, wenn der Steuerpflichtige mit seinen Unterlagen beim Finanzamt eintrifft.[304] Z.T. wird auf das Betreten des Finanzamtes,[305] bisweilen auf das Betreten des Dienstzimmers bzw. den Kontakt mit dem Prüfer abgestellt.[306] Teilweise soll das Betreten des Finanzamtes nur dann ausreichen, wenn es aufgrund einer Vorladung erfolgt und der Steuerpflichtige die Unterlagen mitführt, die als Geschäftsunterlagen für die Prüfung notwendig sind, wohingegen ein Betreten zwecks Abgabe einer Berichtigungserklärung nicht ausreichen soll.[307] Von anderer Seite wird vertreten, dass eine Prüfung an Amtsstelle die Sperrwirkung des § 371 II 1 Nr. 1 lit. c AO auslösen kann, wenn sie in den Fällen des § 200 II 1 AO erfolgt, weil ein für die Außenprüfung geeigneter Geschäftsraum nicht vorhanden ist.[308] All diese Ansätze haben eine teleologische Auslegung des Sperrtatbestandes gemein, die indes erfordert, dass der Wortlaut diesbezüglich auslegungsfähig ist. Der aufgrund der unmittelbaren Bedeutung des § 371 II AO für die Strafbarkeit des Steuerpflichtigen anwendbare strafrechtliche Bestimmtheitsgrundsatz aus Art. 103 II GG und die darin liegende Bindung an den Wortlaut in seinem natürlichen Verständnis stehen einer solchen Auslegung indes entgegen: Der Wortlaut erfordert ein Erscheinen des Prüfers; wollte man das Erscheinen des Steuerpflichtigen ausreichen lassen, würde der natürliche Wortsinn in sein Gegenteil verkehrt.[309] Zudem würde das Eintreten der Sperrwirkung so in die Hände des Steuerpflichtigen gelegt.[310] Dem Prüfer ist es außerdem möglich, durch Bekanntgabe der Prüfungsanordnung die Sperrwirkung selbst herbeizuführen, sodass es einer solchen, gegen die Verfassung verstoßenden Auslegung auch praktisch nicht bedarf.[311] Wird eine Außenprüfung bei einem Betrieb durchgeführt, der eine wirtschaftliche Einheit mit anderen Betrieben bildet, betrifft die Sperrwirkung die gesamte organisatorische Einheit, es sei denn, die Prüfung beschränkt sich auf einen bestimmten Betrieb.[312]

---

[301] Schauf, in: Kohlmann, Steuerstrafrecht, 79. Lfg. 2023, § 371 AO Rn. 455.

[302] Vgl. Schauf, in: Kohlmann, Steuerstrafrecht, 79. Lfg. 2023, § 371 AO Rn. 456 ff. m. w. N.

[303] BFH U. v. 09.03.2004 – VIII R 50/07 – BFHE 228, 400.

[304] BFH U. v. 09.03.2004 – VIII R 50/07 – BFHE 228, 400.

[305] Westpfahl, Die strafbefreiende Selbstanzeige im Steuerrecht, 1987, 58.

[306] BFH U. v. 09.03.2004 – VIII R 50/07 – BFHE 228, 400; Jäger, in: Klein, AO, 16. Aufl. 2022, § 371 Rn. 124.

[307] Joecks/Randt, in: Joecks/Jäger/Randt, Steuerstrafrecht, 9. Aufl. 2023, § 371 AO Rn. 228.

[308] Schauf, in: Kohlmann, Steuerstrafrecht, 79. Lfg. 2023, § 371 AO Rn. 459.

[309] So richtigerweise Beckemper, in: HHSp, 274. Lfg. 2023, § 371 AO Rn. 158; Kohler, in: MK-StGB, 4. Aufl. 2023, § 371 AO Rn. 231.

[310] Beckemper, in: HHSp, 274. Lfg. 2023, § 371 AO Rn. 158.

[311] A.A. die wohl h. M., vgl. o.

[312] Vgl. Schauf, in: Kohlmann, Steuerstrafrecht, 79. Lfg. 2023, § 371 AO Rn. 460; zur Konzernproblematik vgl. Schauf, in: Kohlmann, Steuerstrafrecht, 79. Lfg. 2023, § 371 AO Rn. 462; Joecks/Randt, in: Joecks/Jäger/Randt, Steuerstrafrecht, 9. Aufl. 2023, § 371 AO Rn. 231.

f) Sperrgründe, § 371 II AO

Der Amtsträger muss **zur steuerlichen Prüfung** erscheinen.

Die Sperrwirkung greift also nur ein, wenn der Amtsträger mit seinem Erscheinen ernsthaft die Absicht verfolgt, eine Prüfung durchzuführen; ein Erscheinen, nur um die Sperrwirkung auszulösen bzw. die Verjährung zu unterbrechen (vgl. § 171 III AO), kann demgegenüber nicht ausreichen.[313]

Ein Beginn der Prüfung ist nicht erforderlich; der Wortlaut stellt insoweit eindeutig auf das Erscheinen ab.[314] Das Vorliegen der erforderlichen Prüfungsabsicht ist aus den objektiven Umständen der Prüfung abzuleiten und muss objektiv erkennbar werden.[315]

Hinsichtlich des **zeitlichen Endes** der Sperrwirkung ist nach h. M. auf das Absenden der auf die Prüfung hin ergangenen Steuerbescheide bzw. die Mitteilung nach § 202 I 3 AO abzustellen.[316] Danach lebt die Möglichkeit der Selbstanzeige bzgl. der nicht aufgedeckten Taten wieder auf.[317]

Der **persönliche Umfang** der Sperrwirkung ist nach h. M. begrenzt, die Sperrwirkung tritt nur demjenigen gegenüber ein, bei dem ein Amtsträger zur steuerlichen Prüfung erschienen ist.[318]

Der **sachliche Umfang** der Sperrwirkung ist von der Auslegung des Merkmals steuerliche Prüfung abhängig, die umstritten ist.[319]

Zur alten Rechtslage wurde das Merkmal weit ausgelegt als jede rechtmäßige Maßnahme der Finanzbehörde, die der Ermittlung und Erfassung der steuerlichen Verhältnisse eines Steuerpflichtigen dient und das Ziel richtiger und vollständiger Steuerfestsetzung verfolgt.[320]

Von der Finanzverwaltung wird unter der steuerlichen Prüfung nun aufgrund der Wortlautänderung durch das AOÄndG, nach welchem die Sperrwirkung auf den sachlichen und zeitlichen Umfang der Außenprüfung beschränkt ist, nur die Außenprüfung i. S. d. §§ 194 ff. AO verstanden.[321] Demgegenüber halten andere an der ursprünglichen Auslegung fest.[322] Neben Außenprüfungen sollen davon zusätzlich die

---

[313] Allgemeine Ansicht, vgl. nur Schauf, in: Kohlmann, Steuerstrafrecht, 79. Lfg. 2023, § 371 AO Rn. 466; Jäger, in: Klein, AO, 16. Aufl. 2022, § 371 Rn. 125; Kohler, in: MK-StGB, 4. Aufl. 2023, § 371 AO Rn. 243; Joecks/Randt, in: Joecks/Jäger/Randt, Steuerstrafrecht, 9. Aufl. 2023, § 371 AO Rn. 226.

[314] Vgl. nur Kohler, in: MK-StGB, 4. Aufl. 2023, § 371 AO Rn. 231; Joecks/Randt, in: Joecks/Jäger/Randt, Steuerstrafrecht, 9. Aufl. 2023, § 371 AO Rn. 226.

[315] Joecks/Randt, in: Joecks/Jäger/Randt, Steuerstrafrecht, 9. Aufl. 2023, § 371 AO Rn. 226; Schauf, in: Kohlmann, Steuerstrafrecht, 79. Lfg. 2023, § 371 AO Rn. 468.

[316] Vgl. Kohler, in: MK-StGB, 4. Aufl. 2023, § 371 AO Rn. 255 m. w. N.

[317] Vgl. Schauf, in: Kohlmann, Steuerstrafrecht, 79. Lfg. 2023, § 371 AO Rn. 520 m. w. N.

[318] Vgl. Kohler, in: MK-StGB, 4. Aufl. 2023, § 371 AO Rn. 248 m. w. N.

[319] Joecks/Randt, in: Joecks/Jäger/Randt, Steuerstrafrecht, 9. Aufl. 2023, § 371 AO Rn. 235.

[320] BayObLG B. v. 17.09.1986 – RReg. 4 St 155/86 – NStZ 1987, 130.

[321] Vgl. Schauf, in: Kohlmann, Steuerstrafrecht, 79. Lfg. 2023, § 371 AO Rn. 469 m. w. N.

[322] Vgl. Schauf, in: Kohlmann, Steuerstrafrecht, 79. Lfg. 2023, § 371 AO Rn. 470; Jäger, in: Klein, AO, 16. Aufl. 2022, § 371 Rn. 126; Joecks/Randt, in: Joecks/Jäger/Randt, Steuerstrafrecht, 9. Aufl. 2023, § 371 AO Rn. 222; Beckemper, in: HHSp, 274. Lfg. 2023, § 371 AO Rn. 160.

Prüfung von Büchern, Geschäftspapieren etc. insbes. i. R. d. Durchführung einer betriebsnahen Veranlagung sowie Vorfeldermittlungen der Steuer- oder Zollfahndung gem. § 208 I 1 Nr. 3 AO erfasst sein.[323] Der Wortlauteinschränkung soll dahingehend Rechnung getragen werden, dass auch bei sonstigen steuerlichen Prüfungen außerhalb der Außenprüfung die Sperrwirkung auf den Prüfungsauftrag beschränkt bleibt.[324] Erscheint der Prüfer zu einer Außenprüfung, ist also aufgrund des eindeutigen Wortlauts die Sperrwirkung sachlich und zeitlich auf die in der Prüfungsanordnung bestimmten Steuerarten und Zeiträume beschränkt; eine Selbstanzeige für andere in den Berichtigungsverbund fallende Steuerstraftaten bleibt auch nach dem Eintreten des Sperrgrundes möglich.[325] Diese **Restriktion**, mit Unterschieden i. E., soll sich dann auch auf andere steuerliche Prüfungen erstrecken, sofern diese als von der Norm umfasst angesehen werden.[326]

(5) § 371 II 1 Nr. 1 lit. d AO

§ 371 II 1 Nr. 1 lit. d AO bestimmt das Erscheinen zur Ermittlung einer Steuerstraftat oder -ordnungswidrigkeit zum Sperrgrund. Hierbei ist auf § 386 I 2 AO bzw. § 409 AO i. V. m. § 387 AO abzustellen:[327] Amtsträger i. S. d. Vorschrift sind bei Steuerstrafsachen also nur Amtsträger des Finanzamtes, des HZA, des BZSt und der Familienkasse bzw. Amtsträger der sachlich zuständigen Behörde bei Bußgeldsachen. Ähnlich wie bei § 371 II 1 Nr. 1 lit. c AO ist neben dem Erscheinen des Amtsträgers erforderlich, dass er dies zur Ermittlung einer Steuerstraftat oder -ordnungswidrigkeit unternimmt. Ebenso ist hier eine Absicht zu fordern.[328]

Der **persönliche Umfang** der **Sperrwirkung** folgt hier den zu § 371 II 1 Nr. 1 lit. c AO dargestellten Grundsätzen.[329]

Zeitlich endet die Sperrwirkung, wenn das Strafverfahren erfolglos zum Abschluss gebracht worden ist.[330]

Der Wortlaut enthält keine Beschränkung auf den sachlichen und zeitlichen Umfang der Prüfung. Demgemäß muss der **sachliche Umfang** der Sperrwirkung anders ermittelt werden. Nach der Rspr. des BGH ergibt sich der sachliche Umfang der Sperrwirkung nicht aus dem Ermittlungsauftrag, sondern aus dem Verfolgungswillen (oder Ermittlungswillen) der Strafverfolgungsbehörden, und

---

[323] Schauf, in: Kohlmann, Steuerstrafrecht, 79. Lfg. 2023, § 371 AO Rn. 470; Beckemper, in: HHSp, 274. Lfg. 2023, § 371 AO Rn. 161; Joecks/Randt, in: Joecks/Jäger/Randt, Steuerstrafrecht, 9. Aufl. 2023, § 371 AO Rn. 222; a. A. bei der betriebsnahen Veranlagung Joecks/Randt, in: Joecks/Jäger/Randt, Steuerstrafrecht, 9. Aufl. 2023, § 371 AO Rn. 223.
[324] Schauf, in: Kohlmann, Steuerstrafrecht, 79. Lfg. 2023, § 371 AO Rn. 510, 513.
[325] Kohler, in: MK-StGB, 4. Aufl. 2023, § 371 AO Rn. 251; Schauf, in: Kohlmann, Steuerstrafrecht, 79. Lfg. 2023, § 371 AO Rn. 489.
[326] Vgl. Schauf, in: Kohlmann, Steuerstrafrecht, 79. Lfg. 2023, § 371 AO Rn. 510 ff.
[327] Schauf, in: Kohlmann, Steuerstrafrecht, 79. Lfg. 2023, § 371 AO Rn. 448.
[328] Kohler, in: MK-StGB, 4. Aufl. 2023, § 371 AO Rn. 261.
[329] Kohler, in: MK-StGB, 4. Aufl. 2023, § 371 AO Rn. 263.
[330] Kohler, in: MK-StGB, 4. Aufl. 2023, § 371 AO Rn. 266 m. w. N.

f) Sperrgründe, § 371 II AO

erstreckt sich auch auf Taten, die mit dem bisherigen Ermittlungsgegenstand in einem sachlichen Zusammenhang stehen.[331]

Teilweise wird unabhängig von der Zuständigkeit der Finanzbehörde allein auf den sachlichen Zusammenhang mit der ermittlungsgegenständlichen Steuerstraftat oder -ordnungswidrigkeit abgestellt.[332] Z.T. soll indes eine Beschränkung auf die sachliche Zuständigkeit der Ermittlungsbehörde vorgenommen werden.[333] Namentlich *Schauf* möchte die Anwendbarkeit des § 371 II 1 Nr. 1 lit. d AO für Durchsuchungen vollständig ausschließen, hier lediglich § 371 II 1 Nr. 1 lit. b AO anwenden und darüber hinaus die Sperrwirkung materiell durch einen eng auszulegenden Tatbegriff beschränken. Dies begründet er im Wesentlichen mit Erwägungen der Rechtssicherheit.[334]

Die Erstreckung der Sperrwirkung auf den Sachzusammenhang begründet der BGH mit einer teleologischen Auslegung der Sperrtatbestände: Ist aufgrund der Sachnähe zum Ermittlungsgegenstand ohnehin mit einer Aufdeckung der Steuerquellen zu rechnen, kann kaum von einer zu honorierenden Aufdeckung bislang verdeckter Steuerquellen durch eine Berichtigungserklärung gesprochen werden.[335] Dem Kriterium des sachlichen Zusammenhangs kann man zunächst mangelnde Bestimmtheit vorwerfen.[336] Aktuell besteht Rechtsunsicherheit bzgl. der Frage des sachlichen Umfangs der Sperrwirkung des § 371 II 1 Nr. 1 lit. d AO. Es bleibt abzuwarten, ob der BGH dem Kriterium des Sachzusammenhangs zukünftig Konturen verschaffen kann. Unabhängig davon ist die aus der Literatur zu § 24 StGB bekannte Forderung nach einem „honorierbaren Verzicht" auch in § 371 II 1 Nr. 1 lit. d AO keine geschriebene Tatbestandsvoraussetzung und insofern im Hinblick auf Art. 103 II GG zu hinterfragen.

(6) § 371 II 1 Nr. 1 lit. e AO
Zum Amtsträger und dessen Erscheinen s. o. I. R. d. § 371 II 1 Nr. 1 lit. e AO bezieht sich dies auf die Umsatz- und Lohnsteuer-Nachschau.

Hinzu tritt die **Ausweispflicht**. Diese dient der Rechtssicherheit für den Steuerpflichtigen; aufgrund des formlosen Charakters der Nachschau wäre sonst nicht gewährleistet, dass der Steuerpflichtige den Eintritt der Sperrwirkung erkennen kann.[337]

§ 42g II u. III EStG bzw. § 27b I u. II UStG regeln die Kompetenzen des Prüfers i. R. d. **Nachschau**. Ausweislich des Wortlautes kann auch die Nachschau nach anderen steuerrechtlichen Vorschriften die Sperrwirkung auslösen.

---

[331] BGH B. v. 05.04.2000 – 5 StR 226/99 – wistra 2000, 219.
[332] Bilsdorfer wistra 1984, 131.
[333] Schauf, in: Kohlmann, Steuerstrafrecht, 79. Lfg. 2023, § 371 AO Rn. 534.
[334] Schauf, in: Kohlmann, Steuerstrafrecht, 79. Lfg. 2023, § 371 AO Rn. 537.
[335] BGH B. v. 20.05.2010 – 1 StR 577/09 – BGHSt 55, 180.
[336] Wulf wistra 2010, 286; Schauf, in: Kohlmann, Steuerstrafrecht, 79. Lfg. 2023, § 371 AO Rn. 537.
[337] Schauf, in: Kohlmann, Steuerstrafrecht, 79. Lfg. 2023, § 371 AO Rn. 543 m. w. N.

Die Nachschau ist legaldefiniert in § 210 I AO; diesbezüglich kommen zudem Prüfungen der mit der Zoll- und Verbrauchssteueraufsicht[338] betrauten Amtsträger in Frage.[339]

Zudem ist Voraussetzung für das Eintreten der Sperrwirkung eine entsprechende „Nachschau"-**Absicht** des Amtsträgers.[340]

Bleibt die Nachschau erfolglos, lebt die Selbstanzeigemöglichkeit nach ihrem Ende wieder auf.[341] Da i. R. d. Nachschau kein Prüfbericht zu erstellen ist, kann hinsichtlich des **Endes** der zeitlichen Sperrwirkung nicht hierauf abgestellt werden. Abweichend soll diesbezüglich das Verlassen der Räumlichkeiten des mit der Prüfung betrauten Amtsträgers das Ende der Sperrwirkung markieren.[342]

§ 27b III UStG sowie § 42g IV EStG ermöglichen zudem einen Übergang zur steuerlichen Außenprüfung gem. §§ 193 ff. AO ohne vorherige Ankündigung gem. § 196 AO, sofern das Ergebnis der Nachschau hierzu Anlass gibt. Dann richtet sich die Sperrwirkung mangels vorheriger Ankündigung nach § 371 II 1 Nr. 1 lit. c AO.[343]

Hinsichtlich des **sachlichen Umfangs** der Sperrwirkung gilt eine Beschränkung auf Steuerstraftaten einer Steuerart.[344] Mangels diesbezügliche Einschränkungen durch den Wortlaut sperrt § 371 II 1 Nr. 1 lit. e AO den gesamten Berichtigungsverbund.[345]

cc) § 371 II 1 Nr. 2 AO

(1) Allgemeines
§ 371 II 1 Nr. 2 AO bestimmt die vollständige oder teilweise Tatentdeckung zum Sperrgrund, die dem Täter bewusst war oder mit der er bei verständiger Würdigung der Sachlage hätte rechnen müssen. Normiert sind mithin objektive und subjektive Voraussetzungen.

(2) Objektive Voraussetzung: Steuerstraftat bereits entdeckt
Objektiv wird die Tatentdeckung vorausgesetzt.

Neben einer Verdachtsschöpfung hinsichtlich des Vorliegens einer Steuerstraftat wird aus dem Wortlaut „entdecken" gefolgert, dass zumindest ein Teil des wirklichen Tatgeschehens oder der Tatfolgen unmittelbar selbst durch den Entdecker

---

[338] Vgl. zur Steueraufsicht § 209 I AO.
[339] Vgl. Schauf, in: Kohlmann, Steuerstrafrecht, 79. Lfg. 2023, § 371 AO Rn. 544.
[340] Vgl. Kohler, in: MK-StGB, 4. Aufl. 2023, § 371 AO Rn. 271; diesbezüglich kann auf die obigen Ausführungen verwiesen werden.
[341] Vgl. Schauf, in: Kohlmann, Steuerstrafrecht, 79. Lfg. 2023, § 371 AO Rn. 545 m. w. N.
[342] Schauf, in: Kohlmann, Steuerstrafrecht, 79. Lfg. 2023, § 371 AO Rn. 545.
[343] Hierzu Schauf, in: Kohlmann, Steuerstrafrecht, 79. Lfg. 2023, § 371 AO Rn. 545.
[344] So auch Schauf, in: Kohlmann, Steuerstrafrecht, 79. Lfg. 2023, § 371 AO Rn. 546; Zur Sperrwirkung hinsichtlich der Einkommensteuer des Steuerpflichtigen i. R. e. Lohnsteuernachschau vgl. ebenfalls Schauf, in: Kohlmann, Steuerstrafrecht, 79. Lfg. 2023, § 371 AO Rn. 546.
[345] Vgl. Schauf, in: Kohlmann, Steuerstrafrecht, 79. Lfg. 2023, § 371 AO Rn. 547.

f) Sperrgründe, § 371 II AO

wahrgenommen wurden.[346] Die Qualität der vorauszusetzenden Verdachtsschöpfung ist dann umstritten.[347] Aus der Systematik der Sperrtatbestände wird mit Hinweis auf § 371 II 1 Nr. 1 lit. b AO gefolgert, dass dieser nur dann eine eigenständige Bedeutung beigemessen werden kann, wenn § 371 II 1 Nr. 2 AO nicht lediglich einen Anfangsverdacht,[348] sondern einen hinreichenden Tatverdacht bzgl. des Vorliegens einer Steuerstraftat erfordert:[349] § 371 II Nr. 1 lit. b AO fordert neben der Einleitung eines Strafverfahrens, die einen Anfangsverdacht voraussetzt,[350] zusätzlich die Bekanntgabe der Einleitung. Würde indes das Vorliegen eines Anfangsverdachtes immer schon zu einer Tatentdeckung gem. § 371 II 1 Nr. 2 AO führen, wäre das Merkmal der Bekanntgabe in § 371 II 1 Nr. 1 lit. b AO obsolet.

Nach der Rspr. des 1. Strafsenats des BGH[351] soll der für die Tatentdeckung vorausgesetzte Verdachtsgrad keinem der StPO entsprechen, sondern vielmehr einen eigenständigen Bedeutungsgehalt aufweisen.[352] Ein hinreichender Tatverdacht i. S. v. §§ 170 I, 203 StPO könne für die Tatentdeckung nicht erforderlich sein, da dieser Verdachtsgrad die Prognoseentscheidung eines ausermittelten Sachverhalts voraussetzt, wohingegen die Tatentdeckung schon begrifflich lediglich den Ausgangspunkt der dann gebotenen Ermittlungen bildet.[353] Die Tat sei demnach entdeckt, wenn bei vorläufiger Tatbewertung die Wahrscheinlichkeit eines verurteilenden Erkenntnisses gegeben ist.[354] Zum einen müsse die Verdachtslage abstrakt eine Verurteilungswahrscheinlichkeit ergeben, zum anderen müsse der der Prognose zugrundeliegende Sachverhalt geeignet sein, eine Verurteilung wegen einer Steuerstraftat oder -ordnungswidrigkeit zu rechtfertigen.[355]

Die jüngere BGH-Rspr. stellt keine hohen Anforderungen an die Wahrscheinlichkeitsprognose, da diese auf einer (noch) schmalen Tatsachenbasis erfolgen muss.[356] Folglich soll die Tatentdeckung stets spätestens dann anzunehmen sein, wenn der Abgleich mit den Steuererklärungen des Steuerpflichtigen ergäbe, dass die Steuerquelle nicht oder unvollständig angegeben sei.[357] Dem liegt die Annahme des

---

[346] BayObLG U. v. 04.06.1970 – RReg 4 St 23/70 – DStR 1971, 87; Schauf, in: Kohlmann, Steuerstrafrecht, 79. Lfg. 2023, § 371 AO Rn. 633; Joecks/Randt, in: Joecks/Jäger/Randt, Steuerstrafrecht, 9. Aufl. 2023, § 371 AO Rn. 302.
[347] Vgl. Kohler, in: MK-StGB, 4. Aufl. 2023, § 371 AO Rn. 276.
[348] So aber OLG Hamburg U. v. 27.01.1970 – 2 Ss 191/69 – NJW 1970, 1385.
[349] Kohler, in: MK-StGB, 4. Aufl. 2023, § 371 AO Rn. 276.
[350] Vgl. § 397 AO i. V. m. § 152 II StPO; Jäger, in: Klein, AO, 16. Aufl. 2022, § 371 AO Rn. 15.
[351] BGH U. v. 13.05.1983 – 3 StR 82/83 – NStZ 1983, 415.
[352] Vgl. Kohler, in: MK-StGB, 4. Aufl. 2023, § 371 AO Rn. 277; Joecks/Randt, in: Joecks/Jäger/Randt, Steuerstrafrecht, 9. Aufl. 2023, § 371 AO Rn. 219.
[353] BGH B. v. 20.05.2010 – 1 StR 577/09 – DStR 2010, 1133.
[354] BGH U. v. 13.05.1983 – 3 StR 82/83 – NStZ 1983, 415.
[355] Vgl. Jäger, in: Klein, AO, 16. Aufl. 2022, § 371 Rn. 156.
[356] BGH B. v. 20.05.2010 – 1 StR 577/09 – DStR 2010, 1133; BGH U. v. 09.05.2017 – 1 StR 265/16 – wistra 2017, 390.
[357] BGH B. v. 20.05.2010 – 1 StR 577/09 – DStR 2010, 1133; BGH U. v. 09.05.2017 – 1 StR 265/16 – wistra 2017, 390.

BGH zugrunde, zu diesem frühen Zeitpunkt seien noch keine Schlüsse auf vorsätzliches Handeln nötig, denn aus einem Abgleich mit der Steuererklärung ließen sich nicht stets Rückschlüsse auf die subjektive Tatseite ziehen. Weder der Wortlaut noch der systematische Zusammenhang sprächen für eine diesbezügliche Vorstellung des Gesetzgebers.[358]

Die diesbezügliche Argumentation kann nicht überzeugen. Der Wortlaut spricht von einer Steuerstraftat. Eine Verwirklichung der objektiven Voraussetzungen des § 370 AO ohne entsprechenden Vorsatz wird jedoch vom Gesetz selbst in § 378 AO als Ordnungswidrigkeit qualifiziert.[359] Ob der Wortlaut, der auch eine Teilentdeckung für zureichend erachtet, ein diesbezügliches Auslegungsergebnis allein tragen kann, ist fraglich.

Nach dem BGH ist die Tat darüber hinaus i. d. R. bereits vor Abgleich mit der Steuererklärung entdeckt, wenn unter Berücksichtigung der zur Steuerquelle oder zum Auffinden der Steuerquelle bekannten weiteren Umstände nach allgemeiner kriminalistischer Erfahrung eine Steuerstraftat oder -ordnungswidrigkeit nahe liege, bzw. bei verschleierten Steuerquellen, wenn die Art und Weise der Verschleierung nach kriminalistischer Erfahrung ein signifikantes Indiz für unvollständige oder unrichtige Angaben sei.[360]

Diese Vorverlagerung der Tatentdeckung bei „konkreten Anhaltspunkten für die Tat",[361] die nach kriminalistischer Erfahrung für das Vorliegen einer Steuerstraftat oder -ordnungswidrigkeit sprechen, führt der Sache nach dazu, dass das Vorliegen eines Anfangsverdachtes i. S. v. §§ 152 II StPO zur Tatentdeckung führt.[362] Dieses Ergebnis ist mit der Systematik der Sperrtatbestände insofern nicht vereinbar, als die Varianten § 371 II 1 Nr. 1 AO Ermittlungsmaßnahmen betreffen, die auf der Grundlage eines Anfangsverdachts durchgeführt werden. Diese Varianten würden durch den beschriebenen frühen Entdeckungszeitpunkt vollständig obsolet. Zudem ist fraglich, ob ein derart weites Verständnis der Tatentdeckung noch mit dem Bestimmtheitsgrundsatz aus Art. 103 II GG vereinbar ist, führt eine diesbezügliche Auslegung letztlich dazu, dass das Vorliegen des Sperrtatbestandes in das Ermessen der Ermittlungsbehörden und Gerichte gestellt würde.[363] Zuzustimmen ist dem BGH mit der Feststellung, dass Prognosegrundlage bei der Frage der Tatentdeckung nicht ein ausermittelter Sachverhalt sein kann.[364] Hier hat es aber die Ermittlungsbehörde in der Hand, die Sperrwirkung durch Bekanntgabe der Verfahrensein-

---

[358] BGH B. v. 20.05.2010 – 1 StR 577/09 – DStR 2010, 1133.
[359] Joecks/Randt, in: Joecks/Jäger/Randt, Steuerstrafrecht, 9. Aufl. 2023, § 371 AO Rn. 312; Beckemper, in: HHSp, 274. Lfg. 2023, § 371 AO Rn. 178.
[360] BGH B. v. 20.05.2010 – 1 StR 577/09 – DStR 2010, 1133.
[361] BGH B. v. 20.05.2010 – 1 StR 577/09 – DStR 2010, 1133.
[362] So auch Engler DStR 2017, 2260; Schauf, in: Kohlmann, Steuerstrafrecht, 79. Lfg. 2023, § 371 AO Rn. 639.
[363] So Engler DStR 2017, 2260.
[364] So auch Joecks/Randt, in: Joecks/Jäger/Randt, Steuerstrafrecht, 9. Aufl. 2023, § 371 AO Rn. 312.

f) Sperrgründe, § 371 II AO

leitung gem. § 371 II 1 Nr. 1 lit. b AO herbeizuführen.[365] Zudem erfordert auch die Verfahrenseinleitung Anhaltspunkte für das Vorliegen des subjektiven Tatbestandes.[366] Die Entdeckung muss also einen erhöhten Verdachtsgrad voraussetzen.

Gegenstand der Entdeckung ist eine Steuerstraftat.

Die Auslegung des Tatbegriffs ist in der Literatur und Rechtsprechung umstritten.[367] Teilweise wird auf die Tat im strafprozessualen Sinne,[368] teils auf die Tat im materiell-rechtlichen Sinne abgestellt.[369]

Der BGH folgt weder dem strafprozessualen noch dem materiell-rechtlichen Tatbegriff, sondern versteht unter dem Merkmal der „Tat" die einzelne Handlung, d. h. Nichtabgabe bzw. Abgabe einer unrichtigen Steuererklärung.[370] Folglich werde die einzelne Tat nach Steuerart, Besteuerungszeitraum und Steuerpflichtigem bestimmt.[371] Die Bestimmung des Tatbegriffs hat dabei Auswirkungen auf die Reichweite der Sperrwirkung.[372]

Ausweislich des Wortlautes muss eine Steuerstraftat **ganz** oder **teilweise** entdeckt sein.

Aus o. a. systematischen Erwägungen zu § 378 AO ergibt sich, dass auch eine Entdeckung **vorsätzlichen** Verhaltens gegeben sein muss, die Entdeckung der Steuerverkürzung allein nicht für eine Tatentdeckung i. S. d. § 371 II 1 Nr. 2 AO ausreicht.[373]

Eine Entdeckungsgefahr genügt nicht.[374]

Dass ausweislich des Wortlautes auch eine Teilentdeckung genügt, kann nicht über das Erfordernis der Entdeckung als Steuerstraftat hinweghelfen. Der Entdecker muss auch von den subjektiven Tatbestandsmerkmalen so viel wahrgenommen haben, dass er die strafrechtliche Bedeutung des objektiven Tatgeschehens in ihrem wesentlichen Kern erkannt hat.[375] Nach Auffassung des BGH sind indes zum frühen Zeitpunkt der Tatentdeckung noch keine Schlüsse auf vorsätzliches Handeln notwendig.

An einer Entdeckung der Tat als Straftat fehlt es ebenfalls, wenn lediglich Vorbereitungshandlungen zur Steuerhinterziehung wahrgenommen werden, auch wenn

---

[365] Joecks/Randt, in: Joecks/Jäger/Randt, Steuerstrafrecht, 9. Aufl. 2023, § 371 AO Rn. 312.
[366] BVerfG U. v. 30.03.2004 – 2 BvR 1520/01, 2 BvR 1521/01 – BVerfGE 110, 226.
[367] Vgl. hierzu Schauf, in: Kohlmann, Steuerstrafrecht, 79. Lfg. 2023, § 371 AO Rn. 643 ff.
[368] LG Stuttgart U. v. 16.04.1985 – 8 KLs 306/84 – wistra 1985, 203.
[369] Schauf, in: Kohlmann, Steuerstrafrecht, 79. Lfg. 2023, § 371 AO Rn. 643, 604 f.
[370] BGH B. v. 05.04.2000 – 5 StR 226/99 – wistra 2000, 219; Jäger, in: Klein, AO, 16. Aufl. 2022, § 371 Rn. 157.
[371] Schauf, in: Kohlmann, Steuerstrafrecht, 79. Lfg. 2023, § 371 AO Rn. 643.
[372] So Schauf, in: Kohlmann, Steuerstrafrecht, 79. Lfg. 2023, § 371 AO Rn. 752.
[373] Vgl. auch Joecks/Randt, in: Joecks/Jäger/Randt, Steuerstrafrecht, 9. Aufl. 2023, § 371 AO Rn. 303.
[374] Joecks/Randt, in: Joecks/Jäger/Randt, Steuerstrafrecht, 9. Aufl. 2023, § 371 AO Rn. 304.
[375] Vgl. Joecks/Randt, in: Joecks/Jäger/Randt, Steuerstrafrecht, 9. Aufl. 2023, § 371 AO Rn. 304 mit Verweis auf RG U. v. 28.05.1937 – 1 D 357/37 – RGSt 71, 242; vgl. auch Schauf, in: Kohlmann, Steuerstrafrecht, 79. Lfg. 2023, § 371 AO Rn. 651.

diese die Tatbestände der §§ 379 ff. AO erfüllen.[376] Hierbei handelt es sich ebenfalls lediglich um Ordnungswidrigkeiten. Nach der Rspr. des BGH kann eine Tat freilich auch bereits dann entdeckt sein, wenn lediglich Vorbereitungshandlungen aufgedeckt werden.[377]

Fraglich ist zudem, ob Tatentdeckung notwendigerweise Kenntnis bzgl. der **Identität des Täters** voraussetzt.[378]

Teilweise wird in der Literatur diesbezüglich zwischen persönlichen (Einkommensteuer) und betrieblichen Steuern (Umsatz-, Gewerbe-, Körperschaftsteuer) differenziert.[379] Z.T. wird auf die Identifikation verzichtet, wenn der Täterkreis von vornherein eingegrenzt werden kann (bspw. auf die für den Bereich verantwortlichen Mitarbeiter eines Betriebes).[380]

Der BGH lehnt ein Erfordernis der Identifikation des Täters mit Hinweis auf den Wortlaut ab, der insofern die Entdeckung lediglich der Tat verlangt.[381] Allerdings ist die Wahrscheinlichkeit eines verurteilenden Erkenntnisses für die Tatentdeckung zu fordern. Ob von dieser ausgegangen werden kann, wenn nicht einmal die Identität des Täters bekannt ist, ist fraglich.[382]

Als **Person des Entdeckers** kommen Amtsträger einer Behörde (Finanzbehörde, Steuer- oder Zollfahndung, Staatsanwaltschaft, Polizei oder die Behörden, bei denen eine Mitteilungspflicht nach § 116 AO besteht)[383] sowie Privatpersonen[384] in Betracht.[385]

Die Wahrscheinlichkeit eines verurteilenden Erkenntnisses ist bei einer Privatperson indes nur gegeben, wenn diese den strafrechtlichen Sinngehalt erfasst[386] hat und damit zu rechnen ist, dass sie ihre Kenntnis an die zuständigen Behörden weiterreicht.[387] Handelt es sich bei dem Entdecker um eine ausländische Institution, ist eine Tatentdeckung davon abhängig, ob eine selbstständige Übermittlung der gewonnenen Erkenntnisse an die deutsche Justiz wahrscheinlich ist, wofür die Aus-

---

[376] Kohler, in: MK-StGB, 4. Aufl. 2023, § 371 AO Rn. 290.

[377] BGH U. v. 13.05.1987 – 3 StR 37/87 – NStZ 1987, 464; vgl. Kohler, in: MK-StGB, 4. Aufl. 2023, § 371 AO Rn. 290.

[378] S. Schauf, in: Kohlmann, Steuerstrafrecht, 79. Lfg. 2023, § 371 AO Rn. 652 ff.

[379] Dörn wistra 1998, 175.

[380] Etwa Fischer StWa 1971, 99; vgl. Joecks/Randt, in: Joecks/Jäger/Randt, Steuerstrafrecht, 9. Aufl. 2023, § 371 AO Rn. 314 m. w. N.

[381] BGH U. v. 13.05.1983 – 3 StR 82/83 – NStZ 1983, 415; BGH B. v. 20.05.2010 – 1 StR 577/09 – DStR 2010, 1133; Jäger, in: Klein, AO, 16. Aufl. 2022, § 371 Rn. 161.

[382] So Schauf, in: Kohlmann, Steuerstrafrecht, 79. Lfg. 2023, § 371 AO Rn. 652.

[383] Schauf, in: Kohlmann, Steuerstrafrecht, 79. Lfg. 2023, § 371 AO Rn. 655; Joecks/Randt, in: Joecks/Jäger/Randt, Steuerstrafrecht, 9. Aufl. 2023, § 371 AO Rn. 316.

[384] BGH U. v. 13.05.1987 – 3 StR 37/87 – wistra 1987, 293.

[385] Vgl. Schauf, in: Kohlmann, Steuerstrafrecht, 79. Lfg. 2023, § 371 AO Rn. 655 ff.

[386] Blumers wistra 1985, 87.

[387] BGH U. v. 27.04.1988 – 3 StR 55/88 – NStZ 1988, 413; Joecks/Randt, in: Joecks/Jäger/Randt, Steuerstrafrecht, 9. Aufl. 2023, § 371 AO Rn. 317; Schauf, in: Kohlmann, Steuerstrafrecht, 79. Lfg. 2023, § 371 AO Rn. 656.

f) Sperrgründe, § 371 II AO

gestaltung der Rechtshilfe in Fiskalangelegenheiten des jeweiligen Staates entscheidend ist.[388] Zeitpunkt der Tatentdeckung kann dann bereits die Kenntniserlangung durch die ausländischen Behörden und nicht erst die Gewährung der Rechtshilfe sein.[389]

(3) Subjektive Voraussetzungen

Der Eintritt der Sperrwirkung ist davon abhängig, ob der Täter von der Entdeckung wusste oder bei verständiger Würdigung der Sachlage damit rechnen musste.

Wissen um die Tatentdeckung liegt vor, wenn der Täter aus den ihm bekannten Tatsachen den Schluss gezogen hat, dass eine Behörde oder ein anzeigewilliger Dritter von seiner Tat so viel erfahren hat, dass bei vorläufiger Tatbewertung seine Verurteilung wahrscheinlich ist.[390]

Die Art und Weise der Kenntniserlangung ist irrelevant.[391]

Geht der Täter von einer Tatentdeckung aus, die objektiv jedoch nicht gegeben ist, löst sein Irrtum die Sperrwirkung indes nicht aus.[392] Dies folgt aus dem insofern objektiv formulierten Wortlaut.[393]

Mit der Entdeckung **rechnen Müssen** heißt, dass der Täter aus den ihm bekannten Tatsachen den Schluss hätte ziehen müssen, dass eine Behörde von seiner Tat erfahren hat,[394] vgl. auch § 122 II BGB.

Die Beweiserleichterung bezieht sich also lediglich auf die Subsumtion des Täters. Er muss Kenntnis der Umstände aufweisen, aus denen sich bei verständiger Würdigung der Sachlage die Überzeugung von der Tatentdeckung aufdrängen muss.[395] Dies ergibt sich aus dem dahingehend eindeutigen Wortlaut.[396]

Ein Für-möglich-Halten[397] der Tatentdeckung entspricht nicht dem Wahrscheinlichkeitsgrad, der nach dem allgemeinen Sprachgebrauch für ein Damit-rechnen-Müssen erforderlich ist.[398] Aus dem Charakter des § 371 AO als persönlicher Strafaufhebungsgrund ergibt sich zudem, dass der relevante Maßstab, nach dem ein Da-

---

[388] Joecks/Randt, in: Joecks/Jäger/Randt, Steuerstrafrecht, 9. Aufl. 2023, § 371 AO Rn. 318; BGH U. v. 09.05.2017 – 1 StR 265/16 – wistra 2017, 390.
[389] BGH U. v. 12.08.1987 3 StR 10/87 – BGHSt 35, 36; Schauf, in: Kohlmann, Steuerstrafrecht, 79. Lfg. 2023, § 371 AO Rn. 663.
[390] Joecks/Randt, in: Joecks/Jäger/Randt, Steuerstrafrecht, 9. Aufl. 2023, § 371 AO Rn. 322; Schauf, in: Kohlmann, Steuerstrafrecht, 79. Lfg. 2023, § 371 AO Rn. 724; Kohler, in: MK-StGB, 4. Aufl. 2023, § 371 AO Rn. 296; Jäger, in: Klein, AO, 16. Aufl. 2022, § 371 Rn. 175.
[391] Schauf, in: Kohlmann, Steuerstrafrecht, 79. Lfg. 2023, § 371 AO Rn. 724.
[392] Kohler, in: MK-StGB, 4. Aufl. 2023, § 371 AO Rn. 296.
[393] Schauf, in: Kohlmann, Steuerstrafrecht, 79. Lfg. 2023, § 371 AO Rn. 726.
[394] Joecks/Randt, in: Joecks/Jäger/Randt, Steuerstrafrecht, 9. Aufl. 2023, § 371 AO Rn. 323.
[395] OLG Hamm B. v. 27.10.2015 – III-5 RVs 119/15, 5 RVs 119/15 – wistra 2016, 116; Schauf, in: Kohlmann, Steuerstrafrecht, 79. Lfg. 2023, § 371 AO Rn. 730; Joecks/Randt, in: Joecks/Jäger/Randt, Steuerstrafrecht, 9. Aufl. 2023, § 371 AO Rn. 323.
[396] Joecks/Randt, in: Joecks/Jäger/Randt, Steuerstrafrecht, 9. Aufl. 2023, § 371 AO Rn. 323.
[397] So aber OLG Schleswig B v. 30.10.2015 – 2 Ss 63/15 (71/15) – wistra 2016, 119.
[398] Schauf, in: Kohlmann, Steuerstrafrecht, 79. Lfg. 2023, § 371 AO Rn. 730.

mit-rechnen-Müssen zu beurteilen ist, nicht objektiv i. S. e. Durchschnittsbetrachters, sondern subjektiv nach der individuellen Erkenntnis- und Urteilsfähigkeit des Täters in der konkreten Situation der Tatentdeckung zu bestimmen ist.[399]

Der Zweifelsgrundsatz ist zu beachten.[400]

(4) Reichweite der Sperrwirkung

Die Sperrwirkung **beginnt** mit dem Vorliegen der objektiven und subjektiven Voraussetzungen der Tatentdeckung.

Nach h. M. kann die Selbstanzeigemöglichkeit auch nach Tatentdeckung **wieder aufleben**.[401] Liegt der Entdeckung eine Prüfung oder die Aufnahme von Ermittlungen i. S. d. § 371 II 1 Nr. 1 AO zugrunde, dann richtet sich das Wiederaufleben nach den o. a. Grundsätzen. Ebenfalls muss eine Selbstanzeige wieder möglich sein, wenn der Tatvorwurf entkräftet wird.[402] Führt die Tatentdeckung nicht zu einem Ermittlungsverfahren, muss selbiges gelten. Schwierig zu bestimmen ist in diesen Fällen jedoch der genaue Zeitpunkt des Wiederauflebens.[403]

Dem Wortlaut nach tritt die persönliche Sperrwirkung ein, wenn die subjektiven Voraussetzungen beim **Täter** vorliegen. Nachdem der Gesetzgeber in den anderen Sperrtatbeständen durch die Formulierung „**an der Tat Beteiligter**" i. R. d. AOÄndG 2015 ausdrücklich auch den Teilnehmer einbezogen hat, ist richtigerweise *e contrario* hier davon auszugehen, dass die Sperrwirkung nur beim Vorliegen der subjektiven Voraussetzungen beim **Täter** eintreten.[404] Für den Gehilfen besteht folglich auch nach objektiver Tatentdeckung noch eine Selbstanzeigemöglichkeit, wenn der Täter noch nichts von der Entdeckung wusste und auch nicht damit rechnen musste.[405]

Die **sachliche** Sperrwirkung erstreckt sich aufgrund des durch das SchwGBG geänderten Wortlautes „eine der Steuerstraftaten" auf den gesamten Berichtigungsverbund. Eine genaue Abgrenzung anhand des § 371 II 1 Nr. 2 AO zugrunde liegenden Tatbegriffs sowie hinsichtlich einer Teilentdeckung hat keine praktischen Auswirkungen.[406]

---

[399] H.M., BayObLG U. v. 24.02.1972 – RReg 4 St 135/71 – BayObLGSt 1972, 39; Joecks/Randt, in: Joecks/Jäger/Randt, Steuerstrafrecht, 9. Aufl. 2023, § 371 AO Rn. 324; Schauf, in: Kohlmann, Steuerstrafrecht, 79. Lfg. 2023, § 371 AO Rn. 731.

[400] Joecks/Randt, in: Joecks/Jäger/Randt, Steuerstrafrecht, 9. Aufl. 2023, § 371 AO Rn. 326.

[401] Schwartz PStR 2011, 154; Wulf/Talaksa PStR 2011, 180; Kohler, in: MK-StGB, 4. Aufl. 2023, § 371 AO Rn. 308.

[402] Kohler, in: MK-StGB, 4. Aufl. 2023, § 371 AO Rn. 308.

[403] Vgl. zu dieser Problematik Kohler, in: MK-StGB, 4. Aufl. 2023, § 371 AO Rn. 309 f.

[404] So auch Kohler, in: MK-StGB, 4. Aufl. 2023, § 371 AO Rn. 306; a. A. die wohl h. M.

[405] Joecks/Randt, in: Joecks/Jäger/Randt, Steuerstrafrecht, 9. Aufl. 2023, § 371 AO Rn. 322.

[406] Vgl. auch Kohler, in: MK-StGB, 4. Aufl. 2023, § 371 AO Rn. 304; a. A. Schauf, in: Kohlmann, Steuerstrafrecht, 79. Lfg. 2023, § 371 AO Rn. 752 unter Hinweis auf die Gesetzgebungsmaterialien und den Wortlaut.

dd) § 371 II 1 Nr. 3 AO

I. R. d. SchwGBG 2011 wurde zunächst ein Schwellenbetrag von 50.000 € eingeführt, der dann i. R. d. AOÄndG 2015 auf 25.000 € abgesenkt wurde.[407] Überschreitet eine Steuerstraftat betragsmäßig den Schwellenwert, ist eine strafbefreiende Selbstanzeige nicht mehr möglich.
      Das Verfahren ist jedoch gem. § 398a AO zwingend einzustellen, wenn der Betroffene die zu seinen Gunsten hinterzogenen Steuern, Hinterziehungszinsen gem. § 235 AO und Zinsen gem. §§ 233a, 235 IV AO nachentrichtet und einen Zuschlag nach der in § 398a I Nr. 2 AO beschriebenen Staffelung gezahlt hat.[408]

> **§ 398a AO (Absehen von Verfolgung in besonderen Fällen)**
> (1) In Fällen, in denen Straffreiheit nur wegen § 371 Absatz 2 Satz 1 Nummer 3 oder 4 nicht eintritt, wird von der Verfolgung einer Steuerstraftat abgesehen, wenn der an der Tat Beteiligte innerhalb einer ihm bestimmten angemessenen Frist
> 1. die aus der Tat zu seinen Gunsten hinterzogenen Steuern, die Hinterziehungszinsen nach § 235 und die Zinsen nach § 233a, soweit sie auf die Hinterziehungszinsen nach § 235 Absatz 4 angerechnet werden, sowie die Verzugszinsen nach Artikel 114 des Zollkodex der Union entrichtet und
> 2. einen Geldbetrag in folgender Höhe zugunsten der Staatskasse zahlt:
>   a) 10 % der hinterzogenen Steuer, wenn der Hinterziehungsbetrag 100.000 € nicht übersteigt,
>   b) 15 % der hinterzogenen Steuer, wenn der Hinterziehungsbetrag 100.000 € übersteigt und 1.000.000 € nicht übersteigt,
>   c) 20 % der hinterzogenen Steuer, wenn der Hinterziehungsbetrag 1.000.000 € übersteigt.
> (2) Die Bemessung des Hinterziehungsbetrags richtet sich nach den Grundsätzen in § 370 Absatz 4.
> (3) Die Wiederaufnahme eines nach Absatz 1 abgeschlossenen Verfahrens ist zulässig, wenn die Finanzbehörde erkennt, dass die Angaben im Rahmen einer Selbstanzeige unvollständig oder unrichtig waren.
> (4) Der nach Absatz 1 Nummer 2 gezahlte Geldbetrag wird nicht erstattet, wenn die Rechtsfolge des Absatzes 1 nicht eintritt. Das Gericht kann diesen Betrag jedoch auf eine wegen Steuerhinterziehung verhängte Geldstrafe anrechnen.

Der Schwellenbetrag geht auf die Rspr. des BGH zum großen Ausmaß i. S. d. § 370 III 2 Nr. 1 AO zurück.[409] Er ist nunmehr zwingend.[410] Die Überschreitung ist

---

[407] Joecks/Randt, in: Joecks/Jäger/Randt, Steuerstrafrecht, 9. Aufl. 2023, § 371 AO Rn. 341.
[408] Vgl. Joecks/Randt, in: Joecks/Jäger/Randt, Steuerstrafrecht, 9. Aufl. 2023, § 371 AO Rn. 342.
[409] Joecks/Randt, in: Joecks/Jäger/Randt, Steuerstrafrecht, 9. Aufl. 2023, § 371 AO Rn. 341.
[410] Joecks/Randt, in: Joecks/Jäger/Randt, Steuerstrafrecht, 9. Aufl. 2023, § 371 AO Rn. 343 m. w. N.

dabei für jedes Jahr gesondert zu überprüfen, wird der Schwellenbetrag beispielsweise nur in einem Jahr überschritten, bleiben die sonstigen Selbstanzeigen i. R. d. Berichtigungsverbundes wirksam, auch wenn eine Nachentrichtung i. S. d. § 398a AO für dieses Jahr nicht erfolgt.[411] Die Sperrwirkung gilt für den Täter und Teilnehmer gleichermaßen. Dies ergibt sich aus dem dahingehend offen formulierten Wortlaut des § 371 II 1 Nr. 3 AO.[412]

ee) § 371 II 1 Nr. 4 AO

Nach § 371 II 1 Nr. 4 AO tritt die Sperrwirkung ein, wenn ein besonders schwerer Fall der Steuerhinterziehung vorliegt.

Problematisch ist, ob es darauf ankommt, ob auch im **Einzelfall** ein besonders schwerer Fall ausgeurteilt wird oder die Sperrwirkung vielmehr auch dann eingreift, wenn die Vermutung (§ 370 III AO: „in der Regel") widerlegt wird.[413] Während der Wortlaut der Norm für Ersteres spricht, lässt sich für Letzteres der Aspekt der Rechtssicherheit anführen.

g) Fremdanzeige, § 371 IV AO

Gem. § 371 IV AO wird ein **Dritter** nicht verfolgt, der die in § 153 AO bezeichneten Erklärungen nicht, unrichtig oder unvollständig abgegeben hat, sofern der Anzeigeerstatter die Anzeige gem. § 153 AO rechtzeitig und ordnungsgemäß abgegeben hat und der in § 371 IV AO geregelte Ausschlussgrund nicht eingreift.

Im Mittelpunkt der Vorschrift steht die Anzeigepflicht gem. § 153 AO. Dieser begründet in den vier Absätzen unterschiedliche Erklärungspflichten:

> **§ 153 AO (Berichtigung von Erklärungen)**
> (1) Erkennt ein Steuerpflichtiger nachträglich vor Ablauf der Festsetzungsfrist,
> 1. dass eine von ihm oder für ihn abgegebene Erklärung unrichtig oder unvollständig ist und dass es dadurch zu einer Verkürzung von Steuern kommen kann oder bereits gekommen ist oder
> 2. dass eine durch Verwendung von Steuerzeichen oder Steuerstemplern zu entrichtende Steuer nicht in der richtigen Höhe entrichtet worden ist,
> so ist er verpflichtet, dies unverzüglich anzuzeigen und die erforderliche Richtigstellung vorzunehmen. Die Verpflichtung trifft auch den Gesamt-

---

[411] Joecks/Randt, in: Joecks/Jäger/Randt, Steuerstrafrecht, 9. Aufl. 2023, § 371 AO Rn. 343.
[412] So richtigerweise Joecks/Randt, in: Joecks/Jäger/Randt, Steuerstrafrecht, 9. Aufl. 2023, § 371 AO Rn. 344.
[413] Hierzu Joecks/Randt, in: Joecks/Jäger/Randt, Steuerstrafrecht, 9. Aufl. 2023, § 371 AO Rn. 349.

g) Fremdanzeige, § 371 IV AO

> rechtsnachfolger eines Steuerpflichtigen und die nach den §§ 34 und 35 für den Gesamtrechtsnachfolger oder den Steuerpflichtigen handelnden Personen.
> (2) Die Anzeigepflicht besteht ferner, wenn die Voraussetzungen für eine Steuerbefreiung, Steuerermäßigung oder sonstige Steuervergünstigung nachträglich ganz oder teilweise wegfallen.
> (3) Wer Waren, für die eine Steuervergünstigung unter einer Bedingung gewährt worden ist, in einer Weise verwenden will, die der Bedingung nicht entspricht, hat dies vorher der Finanzbehörde anzuzeigen.
> (4) Die Anzeige- und Berichtigungspflicht besteht ferner, wenn Prüfungsfeststellungen einer Außenprüfung unanfechtbar in einem Steuerbescheid, einem Feststellungsbescheid nach § 180 Absatz 1 Satz 1 Nummer 2 oder einem Teilabschlussbescheid nach § 180 Absatz 1a umgesetzt worden sind und die den Prüfungsfeststellungen zugrunde liegenden Sachverhalte auch in einer anderen vom oder für den Steuerpflichtigen abgegebenen Erklärung, die nicht Gegenstand der Außenprüfung war, zu einer Änderung der Besteuerungsgrundlagen führt.

Da die diesbezügliche Berichtigungserklärung einen Steuersachverhalt offenbaren kann, bei dem eine Strafverfolgung für Dritte droht – die Verletzung der Erklärungspflichten aus § 153 AO ist als Steuerhinterziehung durch Unterlassen gem. § 370 AO strafbewehrt[414] – entsteht dem Berichtigungsverpflichteten ein **Interessenkonflikt**.[415] Dieser wird noch dadurch verschärft, dass die Berichtigungserklärung zu einer Tatentdeckung i. S. d. § 371 II 1 Nr. 3 AO führen kann, dem Dritten dann auch die Möglichkeit der Selbstanzeige abschnitten wird. Um diesen Interessenkonflikt aufzulösen, wird gem. § 371 IV 1 AO die Strafverfolgung des Dritten ausgeschlossen. Nach der *ratio legis* soll also der aus § 153 AO Verpflichtete privilegiert werden, um so dem Staat bislang verdeckte Steuerquellen zu eröffnen.[416] Der Dritte wird nicht verfolgt, obwohl er keine eigene honorierbare Berichtigungsleistung vollbracht hat. § 371 IV AO stellt demnach auch keinen Strafaufhebungsgrund dar, sondern erzeugt lediglich ein prozessual wirkendes **Strafverfolgungshindernis**.[417] Abzugrenzen ist die Fremdanzeige demnach von einer Selbstanzeige, die in Stellvertretung abgegeben wird.[418]

Voraussetzung des Strafverfolgungshindernisses ist die rechtzeitige und ordnungsgemäße Abgabe der Erklärung aus § 153 AO. Da § 371 IV 1 AO nur auf die Anzeige, nicht auf die in § 153 AO vorausgesetzte Richtigstellung abstellt, folgert die h. M., dass hieraus nur formale, keine inhaltlichen Anforderungen folgen.[419]

---
[414] Schauf, in: Kohlmann, Steuerstrafrecht, 79. Lfg. 2023, § 371 AO Rn. 836.
[415] Vgl. Kohler, in: MK-StGB, 4. Aufl. 2023, § 371 AO Rn. 374 m. w. N.
[416] Vgl. Kohler, in: MK-StGB, 4. Aufl. 2023, § 371 AO Rn. 372.
[417] Kohler, in: MK-StGB, 4. Aufl. 2023, § 371 AO Rn. 372.
[418] Näher Kohler, in: MK-StGB, 4. Aufl. 2023, § 371 AO Rn. 373.
[419] Vgl. Kohler, in: MK-StGB, 4. Aufl. 2023, § 371 AO Rn. 373.

Das Verfolgungshindernis soll also bereits eintreten, wenn aus der Anzeige nach § 153 I 1 Nr. 1 AO hervorgeht, dass eine Erklärung unrichtig oder unvollständig sei, unabhängig davon, ob inhaltlich eine Richtigstellung vorgenommen wird.[420] Dafür spreche zudem die *ratio legis*, nach der bislang verdeckte Steuerquellen aufgedeckt werden sollen; ein Richtigstellungserfordernis würde den Berichtigungsverpflichteten schnell überfordern und könne ihn so von der Anzeige abhalten.[421] Die Anzeige kann formlos erfolgen.[422]

Die h. M. setzt zudem voraus, dass die Berichtigung der Finanzbehörde gegenüber erfolgt, die der Berichtigungsverpflichtete für zuständig halten durfte.[423]

Rechtzeitig i. S. d. Norm erfolgt die Anzeige, wenn sie unverzüglich, also ohne schuldhaftes Zögern erstattet wird.[424] Unterlässt der Steuerpflichtige die Steuererklärung pflichtwidrig, besteht zwar die Erklärungspflicht aus § 149 AO fort,[425] § 371 IV AO findet indes aufgrund des eindeutigen Wortlauts des § 153 I 1 Nr. 1 AO, der nur von unrichtiger oder unvollständiger Erklärung spricht, keine direkte Anwendung. Durch eine nachgeholte Erklärung entstünde für Dritte also kein Verfolgungshindernis.[426] Da dieser Differenzierung eine sachliche Begründung fehlt, wird ein Redaktionsversehen vermutet und in der Literatur diesbezüglich § 371 IV AO im Wege der Analogie oder eines *argumentum a maiore ad minus* für anwendbar gehalten.[427]

Kein Strafverfolgungshindernis entsteht, wenn dem Dritten oder seinem Vertreter die Einleitung eines Straf- oder Bußgeldverfahrens bekannt gegeben worden ist.

Hat der Dritte zum eigenen Vorteil gehandelt, ordnet § 371 IV 2 AO die entsprechende Anwendung von § 371 III AO an. Das Strafverfolgungshindernis ist also abhängig von der Nachentrichtung durch den Dritten.

Die **Reichweite des Strafverfolgungshindernisses ist unklar**: Der Wortlaut lässt die Deutung zu, dass dieses neben der Verfolgung wegen Steuerhinterziehung durch Unterlassen der Berichtigung i. S. d. § 153 AO gem. § 370 I Nr. 2 AO auch der Verfolgung der ursprünglichen Steuerhinterziehung eines Dritten durch unrichtige oder unvollständige Erklärung gem. § 371 I Nr. 1 AO im Wege steht, durch die eine Berichtigungspflicht nach § 153 AO gerade entstanden.[428] Wäre dies der

---

[420] So Kohler, in: MK-StGB, 4. Aufl. 2023, § 371 AO Rn. 382 m. w. N.; Schauf, in: Kohlmann, Steuerstrafrecht, 79. Lfg. 2023, § 371 AO Rn. 846; Samson wistra 1990, 249.
[421] Vgl. Kohler, in: MK-StGB, 4. Aufl. 2023, § 371 AO Rn. 382.
[422] Kohler, in: MK-StGB, 4. Aufl. 2023, § 371 AO Rn. 383.
[423] Schauf, in: Kohlmann, Steuerstrafrecht, 79. Lfg. 2023, § 371 AO Rn. 848; Joecks/Randt, in: Joecks/Jäger/Randt, Steuerstrafrecht, 9. Aufl. 2023, § 371 AO Rn. 407.
[424] OLG Stuttgart B. v. 31.01.1996 – 1 Ws 1/96 – NStZ 1996, 559.
[425] Schauf, in: Kohlmann, Steuerstrafrecht, 79. Lfg. 2023, § 371 AO Rn. 845.
[426] Vgl. Kohler, in: MK-StGB, 4. Aufl. 2023, § 371 AO Rn. 380.
[427] Dafür Kohler, in: MK-StGB, 4. Aufl. 2023, § 371 AO Rn. 380; Samson wistra 1990, 251; Schauf, in: Kohlmann, Steuerstrafrecht, 79. Lfg. 2023, § 371 AO Rn. 845; Joecks/Randt, in: Joecks/Jäger/Randt, Steuerstrafrecht, 9. Aufl. 2023, § 371 AO Rn. 411.
[428] Vgl. Schauf, in: Kohlmann, Steuerstrafrecht, 79. Lfg. 2023, § 371 AO Rn. 852.

Fall, könnten die Sperrtatbestände des § 371 II AO weitgehend unterlaufen werden:[429] Ist jemand z. B. wegen Steuerhinterziehung durch unrichtige Steuererklärung strafbar und liegt etwa bereits der Sperrtatbestand der Tatentdeckung vor, wäre eine strafbefreiende Selbstanzeige für ihn nicht mehr möglich. Er könnte indes eine Person i. S. d. §§ 34, 35 AO bestellen und diese über die Steuerhinterziehung unterrichten. Gem. § 153 I Nr. 1 AO entsteht für die Person eine Berichtigungspflicht. Mit entsprechender Anzeige fände § 371 IV 1 AO Anwendung. Dieser kennt indes nur den Sperrgrund der Bekanntgabe einer Verfahrenseinleitung; bei entsprechender Auslegung würde für den Täter der Steuerhinterziehung ein Verfahrenshindernis entstehen.[430] Gegen eine solche Auslegung spricht jedoch bereits, dass § 153 AO lediglich die nachträgliche und nicht die Ursprungserklärung regelt. Hätte der Gesetzgeber eine Erstreckung des Verfolgungshindernisses auch auf die fehlerhafte Ursprungserklärung beziehen wollen, läge ein Verweis auf § 149 AO nahe.[431] Auch eine systematische Auslegung des § 371 IV AO im Gesamtkonzept der Selbstanzeigeregelung spricht für eine dahingehende Auslegung, hat der Gesetzgeber doch für die Straffreiheit des Selbstanzeigenden in § 371 I-III AO eine differenzierte Regelung bzgl. der Straffreiheit geschaffen, die durch die Erstreckung des § 371 IV AO auf die Ursprungserklärung unterlaufen würde.[432]

h) Rechtsfolgen

Eine nach den gesetzlichen Voraussetzungen abgegebene, wirksame Selbstanzeige führt zur Straffreiheit des Anzeigeerstatters (**persönlicher Strafaufhebungsgrund**).[433]

Diese verhindert indes nur die Bestrafung wegen Steuerhinterziehung; sonstigen Delikten und Ordnungswidrigkeiten steht sie nicht im Wege.[434] Eine Ausnahme bildet dabei jedoch die leichtfertige Steuerverkürzung, s. § 378 III AO.

Das Verwendungsverbot des § 393 II AO soll hinsichtlich anderer nichtsteuerlicher Straftaten, die der Steuerpflichtige i. R. d. Selbstanzeige offenbart, nicht greifen.[435] Dies wird mit einer teleologischen Auslegung des § 393 II AO begründet, nach der nur dann ein Verwendungsverbot bestehen soll, wenn der Steuerpflichtige weitere Steuerquellen offenbart. Zudem kompensiere das Verwendungsverbot aus

---

[429] Schauf, in: Kohlmann, Steuerstrafrecht, 79. Lfg. 2023, § 371 AO Rn. 852.
[430] Für eine entsprechende Auslegung Samson wistra 1990, 245; Joecks/Randt, in: Joecks/Jäger/Randt, Steuerstrafrecht, 9. Aufl. 2023, § 371 AO Rn. 412.
[431] So richtigerweise OLG Stuttgart B. v. 31.01.1996 – 1 Ws 1/96 – wistra 1996, 190 m. w. N.
[432] OLG Stuttgart B. v. 31.01.1996 – 1 Ws 1/96 – wistra 1996, 190; Schauf, in: Kohlmann, Steuerstrafrecht, 79. Lfg. 2023, § 371 AO Rn. 856; vgl. zudem zur wörtlichen und systematischen Auslegung der Begriffe „Anzeige" und „Erklärung" Schauf, in: Kohlmann, Steuerstrafrecht, 79. Lfg. 2023, § 371 AO Rn. 855 f.
[433] Kohler, in: MK-StGB, 4. Aufl. 2023, § 371 AO Rn. 335.
[434] Kohler, in: MK-StGB, 4. Aufl. 2023, § 371 AO Rn. 336 ff.
[435] BGH U. v. 05.05.2004 – 5 StR 548/03 – NJW 2005, 2720.

§ 393 II AO lediglich die Möglichkeit, steuerliche Mitwirkungspflichten mit Zwangsmitteln durchsetzen zu können.[436] Aus § 393 I AO ergebe sich jedoch, dass eine Selbstanzeige nicht erzwungen werden könne.

Von der strafbefreienden Wirkung der Selbstanzeige werden jedoch regelmäßig auch strafrechtliche **Nebenfolgen** erfasst,[437] richtigerweise ist nach aktueller Rechtslage auch die Abschöpfung von Taterträgen im selbstständigen Verfahren ausgeschlossen.[438]

Die Selbstanzeige entfaltet keine Wirkung auf die **steuerliche Rechtslage**.[439]

Die Selbstanzeige steht **Disziplinarmaßnahmen** gegen Beamte, Richter oder Soldaten nach h. M. nicht im Wege.[440]

Umstritten ist, ob nach einer Insolvenzanfechtung die Nachentrichtungspflicht rückwirkend wieder auflebt und der persönliche Strafaufhebungsgrund dann als von Anfang an nicht erfüllt gilt.[441]

Aus dem Vollständigkeitsgebot wird zudem gefolgert, dass die Ermittlungsbehörden durch die Abgabe einer Selbstanzeige zur **Einleitung eines Strafverfahrens** wegen Verdachts der Steuerhinterziehung verpflichtet seien.[442] Sind die positiven und negativen Voraussetzungen der Selbstanzeige und damit dessen Wirksamkeit festgestellt, kommt es je nach Verfahrensstand gem. §§ 385 AO, 170 II StPO zu einer Verfahrenseinstellung, zur Ablehnung der Eröffnung des Hauptverfahrens gem. § 204 StPO oder zum Freispruch als Ergebnis der Hauptverhandlung.[443]

Einen Bewährungswiderruf kann die strafbefreiende Selbstanzeige nach zutreffender Ansicht nicht zur Folge haben.[444]

Eine nicht den vorstehend ausgeführten, positiven und negativen Wirksamkeitsvoraussetzungen entsprechende, „verunglückte" Selbstanzeige kann auf **Strafzumessungsebene** berücksichtigt werden.[445] Wurden die Steuern bereits ganz oder teilweise nachentrichtet, kommt zudem eine Strafmilderung oder ein Absehen von Strafe gem. § 46a StGB in Betracht.[446]

---

[436] Kohler, in: MK-StGB, 4. Aufl. 2023, § 371 AO Rn. 336.

[437] Kohler, in: MK-StGB, 4. Aufl. 2023, § 371 AO Rn. 337.

[438] So wohl auch Kohler, in: MK-StGB, 4. Aufl. 2023, § 371 Rn. 337.

[439] Schauf, in: Kohlmann, Steuerstrafrecht, 79. Lfg. 2023, § 371 AO Rn. 809; Kohler, in: MK-StGB, 4. Aufl. 2023, § 371 AO Rn. 341 m. w. N.

[440] BVerwG U. v. 28.07.2011 – 2 C 16/10 – NVwZ-RR 2012, 356; Kohler, in: MK-StGB, 4. Aufl. 2023, § 371 AO Rn. 343 m. w. N.

[441] Vgl. Kohler, in: MK-StGB, 4. Aufl. 2023, § 371 AO Rn. 344.

[442] Vgl. Obenhaus Stbg 2011, 166; Kohler, in: MK-StGB, 4. Aufl. 2023, § 371 AO Rn. 347; Schauf, in: Kohlmann, Steuerstrafrecht, 79. Lfg. 2023, § 371 AO Rn. 796.

[443] Schauf, in: Kohlmann, Steuerstrafrecht, 79. Lfg. 2023, § 371 AO Rn. 796; Kohler, in: MK-StGB, 4. Aufl. 2023, § 371 AO Rn. 348.

[444] Umstritten, näher Kohler, in: MK-StGB, 4. Aufl. 2023, § 371 AO Rn. 350.

[445] Schauf, in: Kohlmann, Steuerstrafrecht, 79. Lfg. 2023, § 371 AO Rn. 794; Kohler, in: MK-StGB, 4. Aufl. 2023, § 371 AO Rn. 351.

[446] Kohler, in: MK-StGB, 4. Aufl. 2023, § 371 AO Rn. 351.

Sonstiges Steuerstrafrecht

a) Bannbruch, § 372 AO[1]

aa) Aufbau

I. Tatbestand
   1. Objektiver Tatbestand
      a) Tatobjekt: Gegenstände
      b) Sog. Verbringen: Einführen, Ausführen, Durchführen
      c) Sog. Verbringungsverbot: Entgegen einem Verbot
   2. Subjektiver Tatbestand
II. Rechtswidrigkeit
III. Schuld

bb) Allgemeines

Der Bannbruch gem. § 372 AO stellt Zuwiderhandlungen gegen Ein-, Aus- oder Durchfuhrverbote (Verbringungsverbote) unter Strafe.

> **§ 372 AO (Bannbruch)**
> (1) Bannbruch begeht, wer Gegenstände entgegen einem Verbot einführt, ausführt oder durchführt.
> (2) Der Täter wird nach § 370 Abs. 1, 2 bestraft, wenn die Tat nicht in anderen Vorschriften als Zuwiderhandlung gegen ein Einfuhr-, Ausfuhr- oder Durchfuhrverbot mit Strafe oder mit Geldbuße bedroht ist.

---

[1] Hierzu Beckemper HRRS 2013, 443.

Bei § 372 AO handelt es sich um eine **Blankettnorm**; diese bedarf also einer Ausfüllung durch Verbotsgesetze („entgegen einem Verbot").[2] Eine Ausfüllung durch Verwaltungsanordnungen ist hierbei nicht möglich.[3] Der Bannbruch schützt mithin diejenigen Rechtsgüter, die das jeweilige Verbotsgesetz in den Blick nimmt; hierbei handelt es sich um **steuerfremde Zwecke**, z. B. Schutz der öffentlichen Sicherheit und Ordnung, Schutz der Gesundheit und des Lebens von Menschen, Tieren, Pflanzen, der Umwelt oder Außenwirtschafts- und Verteidigungspolitik.[4]

Die Ausgestaltung des § 372 als Tatbestand der AO ist vorwiegend einer entsprechenden Zuständigkeit der Zollbehörden für die Überwachung der Verbringungsverbote[5] geschuldet.[6] Indem der Verstoß gegen Verbringungsverbote als Steuerstraftat eingeordnet wird, ist Steuerstrafverfahrensrecht (s. §§ 385–408 AO) anwendbar und die Ermittlungskompetenz liegt bei den Zollbehörden.[7]

Die Bedeutung des § 372 AO ist aufgrund der in § 372 II AO geregelten formellen Subsidiarität gering: Mit Aufhebung des § 3 BranntwMonG hat § 372 AO seinen einzigen unmittelbaren Anwendungsbereich verloren; alle sonstigen Verbringungsverbote sind spezialgesetzlich mit eigenen Straf- oder Bußgeldvorschriften versehen.[8] Folglich hat § 372 AO auch seine Auffangfunktion verloren.[9] Materiellrechtliche Bedeutung entfaltet § 372 AO damit lediglich hinsichtlich europarechtlicher Verbringungsverbote sowie für die Qualifikation[10] in § 373 AO.[11]

---

[2] Ebner, in: Joecks/Jäger/Randt, Steuerstrafrecht, 9. Aufl. 2023, § 372 AO Rn. 3; Ebner, in: MK-StGB, 4. Aufl. 2023, § 372 AO Rn. 1.
[3] BGH B. v. 16.10.1981 – 2 StR 408/81 – BGHSt 30, 237.
[4] Hilgers-Klautzsch, in: Kohlmann, Steuerstrafrecht, 79. Lfg. 2023, § 372 AO Rn. 2; Ebner, in: Joecks/Jäger/Randt, Steuerstrafrecht, 9. Aufl. 2023, § 372 AO Rn. 2.
[5] BGH U. v. 22.02.1973 – 1 StR 606/72 – BGHSt 25, 137.
[6] Hilgers-Klautzsch, in: Kohlmann, Steuerstrafrecht, 79. Lfg. 2023, § 372 AO Rn. 3.
[7] Hilgers-Klautzsch, in: Kohlmann, Steuerstrafrecht, 79. Lfg. 2023, § 372 AO Rn. 3; Ebner, in: MK-StGB, 4. Aufl. 2023, § 372 AO Rn. 3; Ebner, in: Joecks/Jäger/Randt, Steuerstrafrecht, 9. Aufl. 2023, § 372 AO Rn. 5.
[8] Hilgers-Klautzsch, in: Kohlmann, Steuerstrafrecht, 79. Lfg. 2023, § 372 AO Rn. 5; Ebner, in: MK-StGB, 4. Aufl. 2023, § 372 AO Rn. 1.
[9] Hilgers-Klautzsch, in: Kohlmann, Steuerstrafrecht, 79. Lfg. 2023, § 372 AO Rn. 5.
[10] Str., näher Ebner, in: MK-StGB, 4. Aufl. 2023, § 372 AO Rn. 3.
[11] Ebner, in: Joecks/Jäger/Randt, Steuerstrafrecht, 9. Aufl. 2023, § 372 AO Rn. 4; Hilgers-Klautzsch, in: Kohlmann, Steuerstrafrecht, 79. Lfg. 2023, § 372 AO Rn. 6.

cc) Tatbestand

(1) Objektiver Tatbestand

(a) Tatobjekt: Gegenstände
Als Gegenstände i. S. d. § 372 I AO kommen nur körperliche, bewegliche Sachen in Frage.[12] Es besteht weitgehend Übereinstimmung mit dem Begriff der Ware i. S. d. Art. 28 AEUV.[13]

(b) Sog. Verbringen: Einführen, Ausführen, Durchführen
Als Tathandlungen zählt § 372 I AO das Einführen, Ausführen und Durchführen auf. Diese Merkmale werden gängigerweise unter den Sammelbegriff des **Verbringens** gefasst.[14]

Einfuhr wird definiert als Verbringen eines Gegenstandes aus einem fremden in das durch § 372 AO i. V. m. dem Verbringungsverbot geschützte Gebiet (Banngebiet).[15]

Ausfuhr ist das Verbringen aus dem geschützten Gebiet in ein fremdes Gebiet.[16]

Durchfuhr umschreibt demgemäß das Verbringen eines Gegenstandes von einem fremden Gebiet durch das geschützte Gebiet in ein drittes Gebiet.[17]

Die Merkmale der Einfuhr, Ausfuhr und Durchfuhr (im Hinblick auf die Reichweite der jeweiligen Gebiete bzw. die genaue Bestimmung der Banngrenze) sind jeweils durch Auslegung der blankettausfüllenden Norm zu ermitteln; teilweise bestehen auch Legaldefinitionen in den blankettausfüllenden Normen.[18]

Die Realisierung des europäischen Binnenmarkts und der Wegfall der Zollgrenzen haben keine Auswirkungen auf die Bestimmung der Banngrenze; ein Verbringen über Staatsgrenzen kann bei entsprechendem Auslegungsergebnis des Verbringungsverbots tatbestandsmäßig i. S. d. § 372 AO sein.[19]

Ein Verbringen erfordert indes nicht, dass der Täter unmittelbar körperlich mitgewirkt hat. Tatbestandsgemäß ist auch das Bestellen aus dem Ausland bzw. das

---

[12] BGH B. v. 07.09.1956 – StB 28/56 – BGHSt 9, 351; Hilgers-Klautzsch, in: Kohlmann, Steuerstrafrecht, 79. Lfg. 2023, § 372 AO Rn. 12; Ebner, in: Joecks/Jäger/Randt, Steuerstrafrecht, 9. Aufl. 2023, § 372 AO Rn. 15.

[13] Vgl. Ebner, in: Joecks/Jäger/Randt, Steuerstrafrecht, 9. Aufl. 2023, § 372 AO Rn. 15; Hilgers-Klautzsch, in: Kohlmann, Steuerstrafrecht, 79. Lfg. 2023, § 372 AO Rn. 12, jeweils m. w. N.

[14] Ebner, in: Joecks/Jäger/Randt, Steuerstrafrecht, 9. Aufl. 2023, § 372 AO Rn. 25; Hilgers-Klautzsch, in: Kohlmann, Steuerstrafrecht, 79. Lfg. 2023, § 372 AO Rn. 31.

[15] Ebner, in: Joecks/Jäger/Randt, Steuerstrafrecht, 9. Aufl. 2023, § 372 AO Rn. 16.

[16] Ebner, in: Joecks/Jäger/Randt, Steuerstrafrecht, 9. Aufl. 2023, § 372 AO Rn. 21.

[17] Vgl. Ebner, in: Joecks/Jäger/Randt, Steuerstrafrecht, 9. Aufl. 2023, § 372 AO Rn. 22.

[18] Ebner, in: Joecks/Jäger/Randt, Steuerstrafrecht, 9. Aufl. 2023, § 372 AO Rn. 16 ff.; Hilgers-Klautzsch, in: Kohlmann, Steuerstrafrecht, 79. Lfg. 2023, § 372 AO Rn. 36.

[19] Ebner, in: MK-StGB, 4. Aufl. 2023, § 372 AO Rn. 21; Hilgers-Klautzsch, in: Kohlmann, Steuerstrafrecht, 79. Lfg. 2023, § 372 AO Rn. 36.

Versenden durch den Lieferanten ins Inland.[20] Ebenfalls tatbestandsgemäß kann die Weiterbeförderung im Inland sein.[21] Täter kann auch der nicht anwesende Organisator eines Transports kraft Weisungsbefugnis und Herrschaft über das Fahrzeug sein.[22]

Teilweise durch die einzelnen Verbringungsverbote erfasst ist das Verbringen**lassen**, also eine Verselbstständigung der mittelbaren Täterschaft, etwa bei Täuschung eines Zwischenhändlers über die Eigenschaften einer Ware. Hierin ist indes keine generelle Erweiterung um Anstiftung und Beihilfe als verselbstständigte täterschaftliche Begehungsformen zu erblicken.[23]

(c) Sog. Verbringungsverbot: Entgegen einem Verbot

Sog. Verbringungsverbote können durch Gesetz, Rechtsverordnung oder Rechtsakte des Rates oder der Kommission der EU (s. Art. 288 II AEUV)[24] normiert werden.[25]

Sie finden sich in zahlreichen Gesetzen (vgl. BtMG, WaffG, AWG/AWV, KrWaffKontrG etc.)[26] und dienen den unterschiedlichsten Zwecken.[27]

§ 372 AO erfasst sowohl[28] **absolute** Verbringungsverbote (jegliches Verbringen ist ausnahmslos verboten) als auch **relative** Verbringungsverbote (das Verbringen ist nur grundsätzlich verboten und kann unter bestimmten Voraussetzungen erlaubt werden).[29]

Ob zudem **Verbringungsbeschränkungen** erfasst sind, kann nicht allgemein entschieden werden, sondern ist durch Auslegung der jeweiligen Vorschrift zu ermitteln.[30] Im Einzelnen ist dabei zu klären, ob das Verbringen nach der Vorschrift grundsätzlich gestattet oder verboten ist.[31] Bei letzterem unterfällt ein Verbringen

---

[20] Hilgers-Klautzsch, in: Kohlmann, Steuerstrafrecht, 79. Lfg. 2023, § 372 AO Rn. 33.
[21] BGH U. v. 14.06.1955 – 2 StR 136/55 – BGHSt 7, 359.
[22] Hilgers-Klautzsch, in: Kohlmann, Steuerstrafrecht, 79. Lfg. 2023, § 372 AO Rn. 33 m. w. N.
[23] Ebner, in: Joecks/Jäger/Randt, Steuerstrafrecht, 9. Aufl. 2023, § 372 AO Rn. 26; Hilgers-Klautzsch, in: Kohlmann, Steuerstrafrecht, 79. Lfg. 2023, § 372 AO Rn. 32.
[24] Vgl. zu europarechtlichen Verbringungsverboten Hilgers-Klautzsch, in: Kohlmann, Steuerstrafrecht, 79. Lfg. 2023, § 372 AO Rn. 16 ff.; Ebner, in: Joecks/Jäger/Randt, Steuerstrafrecht, 9. Aufl. 2023, § 372 AO Rn. 41 ff.
[25] Vgl. Hilgers-Klautzsch, in: Kohlmann, Steuerstrafrecht, 79. Lfg. 2023, § 372 AO Rn. 13.
[26] Vgl. Hilgers-Klautzsch, in: Kohlmann, Steuerstrafrecht, 79. Lfg. 2023, § 372 AO Rn. 20; Ebner, in: Joecks/Jäger/Randt, Steuerstrafrecht, 9. Aufl. 2023, § 372 AO Rn. 53 ff.; Ebner, in: MK-StGB, 4. Aufl. 2023, § 372 AO Rn. 14 ff.; vgl. zudem die Vorschriftensammlung der Bundesfinanzverwaltung (E-VSF).
[27] Hilgers-Klautzsch, in: Kohlmann, Steuerstrafrecht, 79. Lfg. 2023, § 372 AO Rn. 20.
[28] Ebner, in: Joecks/Jäger/Randt, Steuerstrafrecht, 9. Aufl. 2023, § 372 AO Rn. 40.
[29] Vgl. Ebner, in: MK-StGB, 4. Aufl. 2023, § 372 AO Rn. 7.
[30] Hilgers-Klautzsch, in: Kohlmann, Steuerstrafrecht, 79. Lfg. 2023, § 372 AO Rn. 15; Ebner, in: Joecks/Jäger/Randt, Steuerstrafrecht, 9. Aufl. 2023, § 372 AO Rn. 41.
[31] Hilgers-Klautzsch, in: Kohlmann, Steuerstrafrecht, 79. Lfg. 2023, § 372 AO Rn. 15; a. A. Ebner, in: Joecks/Jäger/Randt, Steuerstrafrecht, 9. Aufl. 2023, § 372 AO Rn. 42, der auf den Zweck der Vorschrift vor dem Hintergrund der Gefahrenabwehr abstellen will.

a) Bannbruch, § 372 AO

entgegen der Beschränkung dem § 372 AO. Hängt die Erlaubtheit des Verbringens allein von Förmlichkeiten ab, sind Verstöße hiergegen nicht tatbestandsgemäß.[32] Ausnahmemöglichkeiten lassen ein grundsätzliches Verbot und damit die Tatbestandsmäßigkeit einer Zuwiderhandlung gem. § 372 AO indes unberührt.[33]

Einfachgesetzliche Verbringungsverbote müssen zudem als mengenmäßige Beschränkungen und Maßnahmen gleicher Wirkung i. S. d. Art. 28 AEUV europarechtlichen Vorgaben genügen,[34] insbesondere einen der in Art. 36 AEUV genannten Zwecke fördern und verhältnismäßig sein.[35] Eine diesen Voraussetzungen nicht genügende Beschränkung ist unanwendbar.[36]

(2) Subjektiver Tatbestand
Gem. § 369 II AO i. V. m. § 15 StGB erfordert § 372 AO eine (mindestens bedingt) vorsätzliche Tatbestandsverwirklichung.[37]

Trotz der übereinstimmenden Einordnung des § 372 AO als Blankettgesetz soll ein Irrtum über die Existenz eines Verbringungsverbots von **§ 16 StGB** erfasst werden.[38]

Mangelt es an Vorsatz, kann die fahrlässige Begehung trotzdem durch Spezialgesetze sanktioniert sein (s. § 22a IV KrWaffKontrG; § 29 IV BtMG; §§ 51 IV, 52 IV, 53 I WaffG; §§ 31 V, 32 I, 2 TierGesG; § 19 I AWG i. V. m. § 18 I-V AWG; § 40 IV SprengG)[39] Zudem kommt eine Ahndung nach § 382 AO in Betracht.

dd) Versuch, Vollendung, Beendigung

Gem. § 372 II i. V. m. § 370 II AO ist der **Versuch** strafbar.[40] Gem. § 369 II AO gelten die allgemeinen Vorschriften der §§ 22 ff. StGB.

Der **Versuch** der **Einfuhr** beginnt regelmäßig kurz vor Erreichen der Banngrenze bzw. der Zollstelle;[41] ein unmittelbares Ansetzen zum **Versuch** der **Ausfuhr** soll nach überwiegender Ansicht regelmäßig mit Beginn des Transportvorgangs

---

[32] Hilgers-Klautzsch, in: Kohlmann, Steuerstrafrecht, 79. Lfg. 2023, § 372 AO Rn. 16.
[33] Hilgers-Klautzsch, in: Kohlmann, Steuerstrafrecht, 79. Lfg. 2023, § 372 AO Rn. 17.
[34] Vgl. Hilgers-Klautzsch, in: Kohlmann, Steuerstrafrecht, 79. Lfg. 2023, § 372 AO Rn. 16 ff.; Ebner, in: Joecks/Jäger/Randt, Steuerstrafrecht, 9. Aufl. 2023, § 372 AO Rn. 41 ff.
[35] Ausführlich Kingreen, in: Callies/Ruffert, EUV/AEUV, 6. Aufl. 2022, Art. 36 AEUV Rn. 76 ff.
[36] Streinz, in: Streinz, EUV/AEUV, 3. Aufl. 2018, Art. 4 EUV Rn. 39.
[37] Vgl. Hilgers-Klautzsch, in: Kohlmann, Steuerstrafrecht, 79. Lfg. 2023, § 372 AO Rn. 53.
[38] Vgl. Hilgers-Klautzsch, in: Kohlmann, Steuerstrafrecht, 79. Lfg. 2023, § 372 AO Rn. 54; Ebner, in: Joecks/Jäger/Randt, Steuerstrafrecht, 9. Aufl. 2023, § 372 AO Rn. 70; vgl. hierzu bereits oben, Ausführungen zu § 370 AO.
[39] Hilgers-Klautzsch, in: Kohlmann, Steuerstrafrecht, 79. Lfg. 2023, § 372 AO Rn. 54; Ebner, in: Joecks/Jäger/Randt, Steuerstrafrecht, 9. Aufl. 2023, § 372 AO Rn. 70.
[40] Vgl. zur Strafbarkeit des im Ausland begangenen Versuchs eines Bannbruchs Hilgers-Klautzsch, in: Kohlmann, Steuerstrafrecht, 79. Lfg. 2023, § 372 AO Rn. 64 f.
[41] Hilgers-Klautzsch, in: Kohlmann, Steuerstrafrecht, 79. Lfg. 2023, § 372 AO Rn. 60 m. w. N.

vorliegen;⁴² bei dem Versuch der Begehung mittels Versand soll auf die Aufgabe der Ware abzustellen sein.⁴³,⁴⁴

Der **Vollendungs- und Beendigungszeitpunkt** des Bannbruchs ist abhängig von den Umständen, unter denen die Bannware über die Grenze gebracht wird:⁴⁵ Bei illegalem Grenzübertritt liegt Vollendung mit diesem vor; bei legalem Grenzübertritt dann, wenn der Täter die Frage des Zollbeamten nach Bannware wahrheitswidrig verneint. Wird die Bannware der Zollstelle vorgeführt und von dieser irrtumsbedingt abgefertigt, treffen Tatvollendung und Tatbeendigung zusammen.⁴⁶ Bis zur Abfertigung liegt lediglich ein Versuch vor.⁴⁷ Sofern die Zollstelle umgangen wird, tritt Tatbeendigung abweichend von der Tatvollendung durch Grenzübertritt⁴⁸ erst ein, wenn die Bannware am endgültigen Bestimmungsort angekommen und zur Ruhe gekommen bzw. in Sicherheit gebracht ist.⁴⁹ Die Unterbringung in einem Zwischenlager soll dafür regelmäßig nicht ausreichen, sofern die Ware dort nicht eine geraume Zeit gelagert wird und die Weiterbeförderung von weiteren Entscheidungen abhängt.⁵⁰

Bei der Durchfuhr tritt Vollendung mit Verlassen des Hoheitsgebiets der Bundesrepublik Deutschland ein.⁵¹

Gem. § 369 II AO i. V. m. § 24 StGB ist ein **Rücktritt** nach den allgemeinen Regeln möglich.

Die Selbstanzeige gem. § 371 AO ist mangels Verweisung nicht anwendbar. Teilweise ist in Spezialgesetzen aber eine Strafbefreiungsvorschrift vorgesehen (vgl. z. B. § 22a V 1 KrWaffKontrG).⁵²

---

⁴² Ebner, in: Joecks/Jäger/Randt, Steuerstrafrecht, 9. Aufl. 2023, § 372 AO Rn. 73; BGH U. v. 19.01.1965 – 1 StR 541/64 – BGHSt 20, 150; a. A. Hilgers-Klautzsch, in: Kohlmann, Steuerstrafrecht, 79. Lfg. 2023, § 372 AO Rn. 61.

⁴³ Hilgers-Klautzsch, in: Kohlmann, Steuerstrafrecht, 79. Lfg. 2023, § 372 AO Rn. 62.

⁴⁴ Vgl. ausführlich zum unmittelbaren Ansetzen zum Bannbruch Ebner, in: Joecks/Jäger/Randt, Steuerstrafrecht, 9. Aufl. 2023, § 372 AO Rn. 72 ff.; Hilgers-Klautzsch, in: Kohlmann, Steuerstrafrecht, 79. Lfg. 2023, § 372 AO Rn. 60 ff.

⁴⁵ Ebner, in: Joecks/Jäger/Randt, Steuerstrafrecht, 9. Aufl. 2023, § 372 AO Rn. 74 m. w. N.

⁴⁶ Ebner, in: Joecks/Jäger/Randt, Steuerstrafrecht, 9. Aufl. 2023, § 372 AO Rn. 75.

⁴⁷ BGH U. v. 22.02.1973 – 1 StR 606/72 – BGHSt 25, 137; BGH U. v. 24.11.1982 – 3 StR 384/82 – BGHSt 31, 163; Ebner, in: Joecks/Jäger/Randt, Steuerstrafrecht, 9. Aufl. 2023, § 372 AO Rn. 75.

⁴⁸ BGH U. v. 21.12.1982 – 1 StR 662/82 – BGHSt 31, 178; BGH B. v. 06.03.1992 – 3 StR 398/91 – NStZ 1992, 338.

⁴⁹ BGH U. v. 24.06.1952 – 1 StR 316/51 – BGHSt 3, 40; BGH U. v. 24.10.1989 – 5 StR 314/89 – NStZ 1990, 39; Ebner, in: Joecks/Jäger/Randt, Steuerstrafrecht, 9. Aufl. 2023, § 372 AO Rn. 76 m. w. N.; Hilgers-Klautzsch, in: Kohlmann, Steuerstrafrecht, 79. Lfg. 2023, § 372 AO Rn. 72.

⁵⁰ BGH B. v. 01.02.2007 – 5 StR 372/06 – NJW 2007, 1294; Hilgers-Klautzsch, in: Kohlmann, Steuerstrafrecht, 79. Lfg. 2023, § 372 AO Rn. 72; Ebner, in: Joecks/Jäger/Randt, Steuerstrafrecht, 9. Aufl. 2023, § 372 AO Rn. 76.

⁵¹ BGH U. v. 04.05.1983 – 2 StR 661/82 – NJW 1983, 1985; vgl. zudem ausführlich zur Vollendung und Beendigung Ebner, in: Joecks/Jäger/Randt, Steuerstrafrecht, 9. Aufl. 2023, § 372 AO Rn. 74 ff.; Hilgers-Klautzsch, in: Kohlmann, Steuerstrafrecht, 79. Lfg. 2023, § 372 AO Rn. 72 ff.

⁵² Hilgers-Klautzsch, in: Kohlmann, Steuerstrafrecht, 79. Lfg. 2023, § 372 AO Rn. 104 ff.

ee) Täterschaft und Teilnahme

Hinsichtlich Täterschaft und Teilnahme gelten die allgemeinen Regeln gem. § 369 II AO i. V. m. §§ 25 ff. StGB. Verbringungsverbote können indes besondere Anforderungen an die Tätereigenschaft statuieren.[53]

Eine mittelbare Täterschaft gem. § 25 I 2. Var. StGB kommt z. B. durch das Einschalten gutgläubiger Spediteure in Betracht.[54]

Bis zur Beendigung des Bannbruchs ist nach der Rspr. sukzessive Mittäterschaft und Beihilfe möglich.[55]

ff) Subsidiarität

Gem. § 372 II AO scheidet eine Bestrafung nach § 372 I AO aus, wenn die Tat als Zuwiderhandlung gegen ein Verbringungsverbot in anderen Vorschriften mit Strafe oder Geldbuße bedroht ist, sog. formelle Subsidiarität.

Hiervon sind nach dem klaren Gesetzeswortlaut auch Ordnungswidrigkeiten erfasst.[56] Insofern bewirkt § 372 II AO also eine Umkehr des § 21 I OWiG.[57]

Aus der Historie des § 372 AO (§ 401a RAO) ergibt sich zudem, dass die Subsidiarität auch für den Fall gilt, in dem die zuständige Behörde oder das Gericht von einer Verfolgung und Ahndung der Tat als Ordnungswidrigkeit absieht.[58] Bei Fällen, in denen der vollendete Bannbruch, nicht aber der versuchte Bannbruch von einer Bußgeldvorschrift sanktioniert wird, würde eine wortlautgetreue Anwendung der Subsidiaritätsklausel zu einer Anwendbarkeit des § 372 AO gelangen. Ein solches Ergebnis, bei dem der Versuch potenziell härter als die Vollendung zu bestrafen wäre, kann indes bereits aus Wertungsgesichtspunkten nicht überzeugen.[59] Hierfür spricht zudem die *ratio legis* des Ordnungswidrigkeitentatbestandes, nach der eine versuchte Begehung gerade nicht der Sanktion unterfallen soll.[60] Überzeugend ist es, § 372 II i. V. m. § 370 II AO so auszulegen, dass der Versuch nur dann strafbar ist, wenn die Vollendung nicht aufgrund formeller Subsidiarität verdrängt würde.[61]

Keine Anwendung findet die Subsidiaritätsklausel bei der gleichzeitigen Verwirklichung eines Straftatbestandes dann, wenn zudem die Qualifikation des § 373

---

[53] Hilgers-Klautzsch, in: Kohlmann, Steuerstrafrecht, 79. Lfg. 2023, § 372 AO Rn. 77.
[54] Hilgers-Klautzsch, in: Kohlmann, Steuerstrafrecht, 79. Lfg. 2023, § 372 AO Rn. 80.
[55] Vgl. Ebner, in: Joecks/Jäger/Randt, Steuerstrafrecht, 9. Aufl. 2023, § 372 AO Rn. 81; vgl. zur Ablehnung der Rechtsfigur Kindhäuser, LPK, 9. Aufl. 2022, § 25 Rn. 56; B. Heinrich, AT, 7. Aufl. 2022, Rn. 1324.
[56] Hilgers-Klautzsch, in: Kohlmann, Steuerstrafrecht, 79. Lfg. 2023, § 372 AO Rn. 90 m. w. N. zur a. A.
[57] Ebner, in: Joecks/Jäger/Randt, Steuerstrafrecht, 9. Aufl. 2023, § 372 AO Rn. 84.
[58] Vgl. Ebner, in: Joecks/Jäger/Randt, Steuerstrafrecht, 9. Aufl. 2023, § 372 AO Rn. 84.
[59] Vgl. Ebner, in: Joecks/Jäger/Randt, Steuerstrafrecht, 9. Aufl. 2023, § 372 AO Rn. 85.
[60] Hilgers-Klautzsch, in: Kohlmann, Steuerstrafrecht, 79. Lfg. 2023, § 372 AO Rn. 82.
[61] So Ebner, in: Joecks/Jäger/Randt, Steuerstrafrecht, 9. Aufl. 2023, § 372 AO Rn. 85; Hilgers-Klautzsch, in: Kohlmann, Steuerstrafrecht, 79. Lfg. 2023, § 372 AO Rn. 92.

AO verwirklicht wird, welcher nicht auf § 372 II AO verweist. Umstritten ist indes, ob dies auch für den Fall der Verwirklichung einer Ordnungswidrigkeit gilt, hinter der das Grunddelikt des § 372 I AO zurückträte. Dies wird teilweise mit der Argumentation bestritten, dass sonst eine Ordnungswidrigkeit zum Grunddelikt des Straftatbestands des § 373 AO würde.[62] Hiergegen werden die erheblich stärkere gesetzeswidrige Willensbetätigung des Täters sowie eine stärkere Gefährdung des geschützten Rechtsguts und die Gefährdung von Zollbeamten ins Feld geführt, die die Strafandrohung des Qualifikationstatbestandes auch in diesen Fällen rechtfertigen sollen.[63] In dogmatischer Hinsicht ist zu beachten, dass die Einordnung als Qualifikation lediglich eine bestimmte rechtswissenschaftliche Perspektive auf die Frage der Gesetzeskonkurrenz, spezifisch der Spezialität darstellt. Wenn es mit dieser Perspektive unvereinbar sein sollte, einen Straftatbestand als Qualifikation einer Ordnungswidrigkeit einzustufen, dann handelt es sich diesbezüglich – und wohl auch hinsichtlich anderer Straftatbestände, die in § 373 AO nicht enthaltene Voraussetzungen normieren – schlicht nicht um eine Qualifikation. Dass ein Straftatbestand nur hinsichtlich eines bestimmten anderen als Qualifikation, im Übrigen als eigenständiges Delikt eingestuft wird, ist etwa von § 154 StGB bekannt.[64]

b) Gewerbsmäßiger, gewaltsamer und bandenmäßiger Schmuggel, § 373 AO

> § 373 AO (Gewerbsmäßiger, gewaltsamer und bandenmäßiger Schmuggel)
> (1) Wer gewerbsmäßig Einfuhr- oder Ausfuhrabgaben hinterzieht oder gewerbsmäßig durch Zuwiderhandlungen gegen Monopolvorschriften Bannbruch begeht, wird mit Freiheitsstrafe von sechs Monaten bis zu zehn Jahren bestraft. In minder schweren Fällen ist die Strafe Freiheitsstrafe bis zu fünf Jahren oder Geldstrafe.
> (2) Ebenso wird bestraft, wer
> 1. eine Hinterziehung von Einfuhr- oder Ausfuhrabgaben oder einen Bannbruch begeht, bei denen er oder ein anderer Beteiligter eine Schusswaffe bei sich führt,
> 2. eine Hinterziehung von Einfuhr- oder Ausfuhrabgaben oder einen Bannbruch begeht, bei denen er oder ein anderer Beteiligter eine Waffe oder sonst ein Werkzeug oder Mittel bei sich führt, um den Widerstand eines anderen durch Gewalt oder Drohung mit Gewalt zu verhindern oder zu überwinden, oder
> 3. als Mitglied einer Bande, die sich zur fortgesetzten Begehung der Hinterziehung von Einfuhr- oder Ausfuhrabgaben oder des Bannbruchs verbunden hat, eine solche Tat begeht.
> (3) Der Versuch ist strafbar.
> (4) § 370 Abs. 6 Satz 1 und Abs. 7 gilt entsprechend.

---

[62] Hilgers-Klautzsch, in: Kohlmann, Steuerstrafrecht, 79. Lfg. 2023, § 372 AO Rn. 95.
[63] Ebner, in: Joecks/Jäger/Randt, Steuerstrafrecht, 9. Aufl. 2023, § 372 AO Rn. 86.
[64] Hierzu statt aller H. E. Müller, in: MK-StGB, 4. Aufl. 2021, § 154 Rn. 4.

aa) Aufbau

I. Tatbestand
    1. Objektiver Tatbestand
        a) Gewerbsmäßiger Schmuggel, § 373 I AO
            aa) Einfuhr- und Ausfuhrabgaben hinterziehen, § 373 I 1. Var. AO
            bb) Bannbruch durch Zuwiderhandlungen gegen Monopolvorschriften, § 373 I 2. Var. AO
        b) Gewaltsamer Schmuggel, § 373 II Nr. 1, 2 AO
            aa) Schmuggel mit Schusswaffen, § 373 II Nr. 1 AO
            bb) Schmuggel mit sonstigen Waffen, Werkzeugen oder Mitteln, § 373 II Nr. 2 AO
        c) Bandenmäßiger Schmuggel, § 373 II Nr. 3 AO
    2. Subjektiver Tatbestand
        a) Vorsatz
        b) Gewerbsmäßiger Schmuggel, § 373 I AO: Gewerbsmäßigkeit
        c) Gewaltsamer Schmuggel: Verwendungsabsicht i.F.d. § 373 II Nr. 2 AO
II. Rechtswidrigkeit
III. Schuld

bb) Allgemeines

Entgegen einer früher überwiegend vertretenen Auffassung steht spätestens seit der selbstständigen Regelung der Versuchsstrafbarkeit (§ 373 III AO) fest, dass es sich bei § 372 AO um einen **Qualifikationstatbestand** zur Steuerhinterziehung (§ 370 AO) und zum Bannbruch (§ 372 AO) handelt und nicht um eine unselbstständige tatbestandliche Abwandlung dieser.[65]

Der **Strafschärfungsgrund** des § 373 II Nr. 1–3 AO liegt zum einen in dem durch die genannten Begehungsweisen zum Ausdruck kommenden stärkeren gesetzwidrigen Willen des Täters.[66] Zum anderen besteht bei den dort aufgeführten Begehungsweisen eine besondere Gefährlichkeit für weitere Rechtsgüter: Durch das Beisichführen von Waffen und sonstigen Werkzeugen oder Mitteln bzw. durch die aufgrund des gemeinsamen[67] Zusammenwirkens bestehende Ausführungsgefahr werden die Zollbeamten gefährdet. Zwar hat dieser Schutzzweck mit dem Wegfall der Grenzkontrollen im Schengen-Raum an Überzeugungskraft verloren, von einem Leerlaufen des Schutzzwecks[68] kann jedoch nicht gesprochen werden, da zumindest mobile Zollkontrollen hiervon profitieren.[69] Des Weiteren wird die Erhebung von Einfuhr- und Ausfuhrabgaben (§ 373 I, II Nr. 3 AO) sowie die Durchsetzung von

---

[65] Jäger, in: Joecks/Jäger/Randt, Steuerstrafrecht, 9. Aufl. 2023, § 373 AO Rn. 5; Hilgers-Klautzsch, in: Kohlmann, Steuerstrafrecht, 79. Lfg. 2023, § 373 AO Rn. 10.
[66] Ebner, in: MK-StGB, 4. Aufl. 2023, § 373 AO Rn. 4 m. w. N.
[67] Zumindest potenziell, § 373 II AO setzt keine Mitwirkung eines anderen Bandenmitglieds voraus.
[68] Ebner, in: MK-StGB, 4. Aufl. 2023, § 373 AO Rn. 4.
[69] So richtigerweise Hilgers-Klautzsch, in: Kohlmann, Steuerstrafrecht, 79. Lfg. 2023, § 373 AO Rn. 11.

Verbringungsverboten[70] (§ 373 II Nr. 3 AO) durch die durch arbeitsteiliges Zusammenwirken erhöhte Organisationsgefahr bzw. durch die aus wirtschaftlichem Anreiz bestehende Wiederholungsgefahr intensiver beeinträchtigt.[71]

cc) Tatbestand

(1) Objektiver Tatbestand

(a) Gewerbsmäßiger Schmuggel, § 373 I AO

(aa) Einfuhr- und Ausfuhrabgaben hinterziehen, § 373 I 1. Var. AO
Aus einer systematischen Auslegung insbesondere hinsichtlich § 374 AO ergibt sich, dass bzgl. der Definition der Einfuhr- und Ausfuhrabgaben auf § 1 I 3 ZollVG abzustellen ist.[72] Danach sind Einfuhr- und Ausfuhrabgaben die im Zollkodex der Union[73] geregelten Abgaben sowie die Einfuhrumsatzsteuer und die anderen für eingeführte Waren zu erhebenden Verbrauchsteuern. Erfasst sind also Zölle, Verbrauchsteuern allgemeiner und besonderer Art, Abgaben zu Marktordnungszwecken, Einfuhr- und Ausfuhrabgaben, die von anderen Mitgliedstaaten der EU verwaltet werden (vgl. § 373 IV AO) sowie Abgaben zollgleicher Wirkung.[74]

(bb) Bannbruch durch Zuwiderhandlungen gegen Monopolvorschriften, § 373 I 2. Var. AO
Bei Gewerbsmäßigkeit, anders als bei den Merkmalen des § 373 II AO, kommt Bannbruch gem. § 372 AO als Vortat nur dann in Frage, wenn dieser i. R. v. Zuwiderhandlungen gegen Monopolvorschriften unternommen wird. Nach der Aufhebung des § 3 BranntwMonG bestehen keine Verbringungsverbote aufgrund Monopolvorschriften im deutschen Recht mehr; § 373 I AO läuft insoweit leer (s. o.).[75]

---

[70] Mittelbar schützt § 373 AO so das durch das Verbringungsverbot geschützte Rechtsgut.

[71] Vgl. Hilgers-Klautzsch, in: Kohlmann, Steuerstrafrecht, 79. Lfg. 2023, § 373 AO Rn. 11; Jäger, in: Joecks/Jäger/Randt, Steuerstrafrecht, 9. Aufl. 2023, § 373 AO Rn. 7; Ebner, in: MK-StGB, 4. Aufl. 2023, § 373 AO Rn. 4.

[72] Jäger, in: Joecks/Jäger/Randt, Steuerstrafrecht, 9. Aufl. 2023, § 373 AO Rn. 10; Hilgers-Klautzsch, in: Kohlmann, Steuerstrafrecht, 79. Lfg. 2023, § 373 AO Rn. 14.

[73] Verordnung (EU) Nr. 952/2013, Vgl. § 1 I, 4 ZollVG.

[74] Vgl. ausführlich zu erfassten Abgaben Jäger, in: Joecks/Jäger/Randt, Steuerstrafrecht, 9. Aufl. 2023, § 373 AO Rn. 11 ff.; Hilgers-Klautzsch, in: Kohlmann, Steuerstrafrecht, 79. Lfg. 2023, § 373 AO Rn. 14 ff.

[75] Hilgers-Klautzsch, in: Kohlmann, Steuerstrafrecht, 79. Lfg. 2023, § 373 AO Rn. 30; Ebner, in: MK-StGB, 4. Aufl. 2023, § 373 AO Rn. 12; Jäger, in: Joecks/Jäger/Randt, Steuerstrafrecht, 9. Aufl. 2023, § 373 AO Rn. 22.

b) Gewerbsmäßiger, gewaltsamer und bandenmäßiger Schmuggel, § 373 AO

(b) Gewaltsamer Schmuggel, § 373 II Nr. 1, 2 AO

(aa) Schmuggel mit Schusswaffen, § 373 II Nr. 1 AO
Der Begriff der Schusswaffe wird weder in der AO noch im StGB definiert, ist also nach dem allgemeinen Sprachgebrauch zu bestimmen.[76] Obwohl keine Abhängigkeit zu den Begriffsbestimmungen des WaffG besteht,[77] können diese aber bei der Auslegung des Begriffs berücksichtigt werden.[78] Nach § 1 II Nr. 1 WaffG i. V. m. Anl. 1 Abschnitt 1 Nr. 1.1 zu § 1 IV WaffG sind Schusswaffen alle Geräte, die zum Angriff, zur Verteidigung, zur Signalgebung, zur Jagd, zur Distanzinjektion, zur Markierung, zum Sport oder zum Spiel bestimmt sind und bei denen Geschosse durch einen Lauf getrieben werden.

Nach der Rspr. des Großen Senats des BGH in Strafsachen[79] gehören dazu auch Schreckschusswaffen, bei denen der Explosionsdruck nach vorn austritt.[80]

Ob zudem Signalpistolen erfasst sind, ist zweifelhaft. Für eine Erfassung kann die Funktionsweise angeführt werden, die der Waffenmechanik entspricht.[81] Zudem werden sie von der Begriffsbestimmung des WaffG erfasst. Indes führt bereits das Beisichführen zur Vollendung der Qualifikationsvoraussetzungen. Auch der Strafrahmen von mindestens sechs Monaten bis zehn Jahren kann für eine restriktive Auslegung angeführt werden. Allerdings erhöht auch eine Signalpistole aufgrund ihrer Wirkweise die abstrakte Gefährlichkeit der Tatsituation. Unbillige Ergebnisse können zudem durch die Annahme eines in § 373 I 2 AO geregelten minder schweren Falls verhindert werden. Um teleologisch eine Strafschärfung rechtfertigen zu können, muss die Schusswaffe funktionsfähig sein oder zumindest jederzeit gemacht werden können.[82]

Anders als § 373 II Nr. 2 AO setzt § 373 II Nr. 1 AO keine Verwendungsabsicht voraus, sondern lässt allein das **Beisichführen** ausreichen.[83] Beisichführen setzt zudem nicht voraus, dass die Schusswaffe während des gesamten Tathergangs am Körper getragen wird; ausreichend ist es, wenn sie zu irgendeinem Zeitpunkt zwischen Versuchsbeginn und Vollendung[84] einsatzbereit ergriffen wer-

---

[76] Ebner, in: MK-StGB, 4. Aufl. 2023, § 373 AO Rn. 23.
[77] Ebner, in: MK-StGB, 4. Aufl. 2023, § 373 AO Rn. 23.
[78] Vgl. Jäger, in: Joecks/Jäger/Randt, Steuerstrafrecht, 9. Aufl. 2023, § 373 AO Rn. 45; Hilgers-Klautzsch, in: Kohlmann, Steuerstrafrecht, 79. Lfg. 2023, § 373 AO Rn. 56.
[79] BGH B. v. 04.03.2003 – GSSt 2/02 – BGHSt 48, 197.
[80] Vgl. zudem Ebner, in: MK-StGB, 4. Aufl. 2023, § 373 AO Rn. 23.
[81] Ebner, in: MK-StGB, 4. Aufl. 2023, § 373 AO Rn. 23.
[82] Vgl. Ebner, in: MK-StGB, 4. Aufl. 2023, § 373 AO Rn. 24.
[83] Vgl. Ebner, in: MK-StGB, 4. Aufl. 2023, § 373 AO Rn. 25 m. w. N.
[84] Vgl. zum Streit um sukzessive Qualifikationen Eisele, BT II, 6. Aufl. 2021, Rn. 183 f.; aus der Rspr. vgl. zuletzt BGH B. v. 20.09.2022 – 3 StR 200/22 – NStZ 2023, 511 (Anm. RÜ2 2023, 63); BGH B. v. 11.10.2017 – 4 StR 322/17 – NStZ 2018, 148 (Anm. famos 8/2018; Kudlich NStZ 2018, 149); BGH B. v. 10.11.2015 – 3 StR 357/15 – NStZ 2016, 421 = NStZ-RR 2016, 173; BGH U. v. 04.08.2016 – 4 StR 195/16 – NStZ-RR 2016, 339; BGH B. v. 26.11.2013 – 3 StR 261/13 – NStZ-RR 2014, 110; BGH B. v. 05.12.2013 – 2 StR 454/13 – NStZ-RR 2014, 82; BGH B. v. 10.11.2015 – 3 StR 357/15 – NStZ 2016, 421 = NStZ-RR 2016, 173; BGH U. v. 04.08.2016 – 4 StR 195/16 – NStZ-RR 2016, 339; OLG Hamburg, U. v. 28.12.2016 – 1 Rev 78/16 – NStZ-RR 2017, 72 (Anm. Peglau jurisPR-StrafR 4/2017 Anm. 4).

den kann.⁸⁵ Zudem muss der Täter (bedingten) Vorsatz hinsichtlich des Beisichführens aufweisen.⁸⁶ Entsprechendes gilt für Mittäter und Teilnehmer, sodass diese in Ermangelung entsprechender Kenntnis nur nach dem Grunddelikt bestraft werden können;⁸⁷ bei dem Mitführen einer Waffe handelt es sich um einen tatbezogenen Tatumstand, § 28 II StGB findet also keine Anwendung.⁸⁸ Anders als zu § 244 StGB diskutiert wird soll § 373 II Nr. 1 AO bei Berufswaffenträgern nicht teleologisch zu reduzieren sein.⁸⁹ Begründet wird dies damit, dass die abstrakte Gefahr des Beisichführens bei einem Berufswaffenträger im Kontext des § 372 II Nr. 1 AO nicht geringer sei als bei einem anderen Täter.⁹⁰

(bb) Schmuggel mit sonstigen Waffen, Werkzeugen oder Mitteln, § 373 II Nr. 2 AO
Das Merkmal der **Waffe** wird – unabhängig vom Waffenrecht – im technischen Sinne definiert als bewegliche Sache, die nach ihrer bestimmungsgemäßen Verwendung für Angriffs- oder Verteidigungszwecke gegen Menschen bestimmt und zur Verursachung erheblicher Verletzungen generell geeignet und bestimmt ist.⁹¹

Sonst ein Werkzeug ist eine Sache, die zur Gewaltanwendung benutzt werden kann, um einen Widerstand zu verhindern oder zu überwinden, ohne die Zweckbestimmung einer Waffe aufzuweisen.⁹²

Sonstige **Mittel** sind Sachen ohne feste Form, die zum Angriff oder zur Abwehr gegen Menschen gebraucht werden können (Säuren, Gase etc.).⁹³

Ob **Scheinwaffen** trotz objektiver Ungefährlichkeit von der § 373 II Nr. 2 AO umfasst sind, ist umstritten.⁹⁴

Die ständige Rspr. nimmt eine Einordnung als sonstige Werkzeuge bzw. Mittel aufgrund vergleichbarer Bedrohungswirkung vor.⁹⁵ Nicht erfasst sein sollen hingegen Gegenstände, die offensichtlich ungefährlich sind, d. h. deren Täuschungseffekt nicht im Erscheinungsbild des Gegenstandes selbst begründet liegt.⁹⁶

---

⁸⁵ Jäger, in: Joecks/Jäger/Randt, Steuerstrafrecht, 9. Aufl. 2023, § 373 AO Rn. 48 m. w. N.

⁸⁶ Jäger, in: Joecks/Jäger/Randt, Steuerstrafrecht, 9. Aufl. 2023, § 373 AO Rn. 51.

⁸⁷ Jäger, in: Joecks/Jäger/Randt, Steuerstrafrecht, 9. Aufl. 2023, § 373 AO Rn. 51; Hilgers-Klautzsch, in: Kohlmann, Steuerstrafrecht, 79. Lfg. 2023, § 373 AO Rn. 64.

⁸⁸ Hilgers-Klautzsch, in: Kohlmann, Steuerstrafrecht, 79. Lfg. 2023, § 373 AO Rn. 64.

⁸⁹ Ebner, in: MK-StGB, 4. Aufl. 2023, § 373 AO Rn. 25; Jäger, in: Joecks/Jäger/Randt, Steuerstrafrecht, 9. Aufl. 2023, § 373 AO Rn. 50.

⁹⁰ BGH U. v. 18.02.1981 – 2 StR 720/80 – BGHSt 30, 44; Jäger, in: Joecks/Jäger/Randt, Steuerstrafrecht, 9. Aufl. 2023, § 373 AO Rn. 50 m. w. N.

⁹¹ Jäger, in: Joecks/Jäger/Randt, Steuerstrafrecht, 9. Aufl. 2023, § 373 AO Rn. 52; BGH B. v. 17.06.1998 – 2 StR 167/98 – BGHSt 44, 103; BGH U. v. 11.05.1999 – 4 StR 380/98 – BGHSt 45, 92.

⁹² Jäger, in: Joecks/Jäger/Randt, Steuerstrafrecht, 9. Aufl. 2023, § 373 AO Rn. 53.

⁹³ Jäger, in: Joecks/Jäger/Randt, Steuerstrafrecht, 9. Aufl. 2023, § 373 AO Rn. 53.

⁹⁴ Näher Jäger, in: Joecks/Jäger/Randt, Steuerstrafrecht, 9. Aufl. 2023, § 373 AO Rn. 54; Ebner, in: MK-StGB, 4. Aufl. 2023, § 373 AO Rn. 29; Hilgers-Klautzsch, in: Kohlmann, Steuerstrafrecht, 79. Lfg. 2023, § 373 AO Rn. 69.

⁹⁵ BGH U. v. 18.01.2007 – 4 StR 394/06 – NStZ 2007, 332 m. w. N.

⁹⁶ BGH U. v. 13.11.1991 – 5 StR 477/91 – BGHSt 38, 116; Jäger, in: Joecks/Jäger/Randt, Steuerstrafrecht, 9. Aufl. 2023, § 373 AO Rn. 55.

b) Gewerbsmäßiger, gewaltsamer und bandenmäßiger Schmuggel, § 373 AO

Zum **Beisichführen** vgl. o.

Zudem wird bei § 373 II Nr. 2 AO eine **Zweckbestimmung** vorausgesetzt: Der taugliche Gegenstand muss bei sich geführt werden, um mit ihm einen Widerstand durch Anwendung von oder Drohung mit Gewalt zu überwinden.
Gewalt i. S. d. Vorschrift ist die Willensbeeinträchtigung oder -ausschaltung durch unmittelbare (körperliche) Einwirkung.[97]
Drohung i. S. d. Vorschrift ist die Ankündigung von Gewalt.[98]
Unter Widerstand eines anderen sind z. B. Abwehrmaßnahmen von Zollbeamten zu verstehen.[99] Es kommen aber auch Handlungen von Personen in Frage, die keine Amtsträger sind und sich dem Täter bei der Ausführung der Tat in den Weg stellen oder ihn am Rückzug hindern wollen.[100]

Erforderlich ist eine Absicht i. S. e. *dolus directus* ersten Grades, die sich auf das gebrauchsfertige Beisichführen zum tatbestandsmäßigen Zweck bezieht.[101] Dieser steht nicht entgegen, wenn der Täter nicht unter allen Umständen zur Verwendung entschlossen ist.[102]

(c) Bandenmäßiger Schmuggel, § 373 II Nr. 3 AO
Bande ist eine auf ausdrücklicher oder stillschweigender Vereinbarung beruhende und auf eine gewisse Dauer vorgesehene Verbindung von mindestens drei Personen zur fortgesetzten Begehung von Straftaten.[103] Als Straftaten kommen i. S. d. § 373 II Nr. 3 AO Einfuhr- oder Ausfuhrabgabenhinterziehung bzw. Bannbruch in Frage.[104]

---

[97] Ebner, in: MK-StGB, 4. Aufl. 2023, § 373 AO Rn. 32.
[98] Ebner, in: MK-StGB, 4. Aufl. 2023, § 373 AO Rn. 32.
[99] Hilgers-Klautzsch, in: Kohlmann, Steuerstrafrecht, 79. Lfg. 2023, § 373 AO Rn. 71.
[100] Jäger, in: Joecks/Jäger/Randt, Steuerstrafrecht, 9. Aufl. 2023, § 373 AO Rn. 56.
[101] Hilgers-Klautzsch, in: Kohlmann, Steuerstrafrecht, 79. Lfg. 2023, § 373 AO Rn. 71; Jäger, in: Joecks/Jäger/Randt, Steuerstrafrecht, 9. Aufl. 2023, § 373 AO Rn. 58.
[102] Hilgers-Klautzsch, in: Kohlmann, Steuerstrafrecht, 79. Lfg. 2023, § 373 AO Rn. 71 m. w. N.
[103] Zsf. Fischer, StGB, 70. Aufl. 2023, § 244 Rn. 34; näher Schild GA 1982, 55; aus der Rspr. vgl. zuletzt BGH B. v. 15.11.2022 – 6 StR 68/22 – NJW 2023, 307 = NStZ-RR 2023, 14 (Anm. Hecker JuS 2023, 371); BGH B. v. 08.11.2022 – 2 StR 102/22 – StV 2023, 474; BGH B. v. 02.06.2022 – 2 StR 12/22 – NStZ 2023, 503 = StV 2023, 471 (Anm. Rückert/Oğlakcıoğlu NStZ 2023, 506); BGH U. v. 08.12.2021 – 5 StR 236/21 – NStZ 2022, 409 (Anm. von Heintschel-Heinegg JA 2022, 432; RÜ 2022, 174; famos 12/2022; Hoven NStZ 2022, 412; Schladitz wistra 2022, 111); BGH U. v. 29.09.2021 – 2 StR 313/20 – StV 2022, 387 (Anm. RÜ 2022, 239; RÜ2 2022, 88); BGH B. v. 22.09.2021 – 1 StR 131/21 – NStZ-RR 2022, 18 = StV 2022, 586; BGH B. v. 16.04.2015 – 1 StR 490/14 – NStZ 2016, 42 = StV 2015, 754 und 2016, 364 (Anm. Bosch Jura 2015, 1137; Hecker JuS 2015, 1132; LL 2015, 827; RÜ 2015, 516; Wollschläger StV 2015, 754; Erb StV 2016, 366); BGH B. v. 03.06.2015 – 4 StR 193/15 – NStZ 2015, 647; BGH U. v. 21.07.2015 – 2 StR 441/14 – NStZ-RR 2016, 11; BGH U. v. 10.08.2016 – 2 StR 22/16 – NStZ-RR 2016, 375; BGH U. v. 10.08.2016 – 2 StR 579/15 – NStZ 2017, 351 (Anm. LL 2017, 314; RÜ 2017, 29); BGH U. v. 13.10.2016 – 4 StR 239/16 – NJW 2017, 743 = StV 2018, 102 (Anm. Bosch Jura 2017, 360; Fickenscher NJW 2017, 744); BGH U. v. 25.01.2017 – 5 StR 364/16 – NStZ-RR 2017, 114; BGH U. v. 19.04.2017 – 2 StR 290/16 – NStZ-RR 2017, 248; BGH B. v. 08.06.2017 – 1 StR 188/17 – NStZ-RR 2017, 283; BGH B. v. 09.06.2017 – 1 StR 45/17 – NStZ-RR 2017, 305; BGH U. v. 14.06.2017 – 2 StR 14/17 – NStZ-RR 2017, 340.
[104] Hilgers-Klautzsch, in: Kohlmann, Steuerstrafrecht, 79. Lfg. 2023, § 373 AO Rn. 81.

Die Bande wird gegründet durch eine **Bandenabrede**, die aber nicht ausdrücklich zu sein braucht, sondern auch konkludent erfolgen kann.[105] Indiz für eine derartige konkludent vereinbarte Bande ist das wiederholte Zusammenwirken mehrerer Personen bei vergleichbaren Schmuggeltaten. Inhalt der Bandenabrede muss die Übereinkunft sein, mehrere selbstständige, im Einzelnen noch unbestimmte Taten über eine gewisse Dauer hinweg zu begehen.[106] Es mangelt also an einer Bandenabrede, wenn die Anzahl der Taten bereits zum Zeitpunkt der Bandenabrede abschließend festgelegt wurde,[107] erst recht, wenn sich die Täter (zunächst) nur zu einer einzigen Tat verbunden[108] haben. Liegt eine dahingehend offene Bandenabrede vor, ist jedoch die Verwirklichung einer Tat ausreichend.[109]

Mitglied einer Bande ist jede Person, die an der bandenmäßigen Verbindung mit dem Willen beteiligt ist, an der Ausführung der beabsichtigten Straftaten selbst (als Mittäter oder Gehilfe) teilzunehmen.[110] Kein Bandenmitglied ist der Anstifter, deren Tatbeitrag sich darauf beschränkt, andere zur fortgesetzten Begehung von Schmuggeltaten anzustiften.[111]

---

[105] Fischer, StGB, 70. Aufl. 2023, § 244 Rn. 36; aus der Rspr. vgl. zuletzt BGH U. v. 05.07.2012 – 3 StR 119/12 (Anm. Puppe, AT, 3. Aufl. 2016, § 23 Rn. 5 ff.; Bosch JK 2013 StGB § 244a/2; Hecker JuS 2013, 177; LL 2013, 349; RÜ 2013, 31); BGH B. v. 10.10.2012 – 2 StR 120/12 – StV 2013, 508; BGH U. v. 18.10.2012 – 2 StR 529/11 – NStZ-RR 2013, 208; BGH U. v. 21.07.2015 – 2 StR 441/14 – NStZ-RR 2016, 11; BGH U. v. 19.11.2015 – 4 StR 115/15 – NStZ 2016, 280 (Anm. Satzger Jura 2016, 1084); BGH U. v. 10.08.2016 – 2 StR 22/16 – NStZ-RR 2016, 375; BGH U. v. 25.01.2017 – 5 StR 364/16 – NStZ-RR 2017, 114; BGH U. v. 29.09.2021 – 2 StR 313/20 – StV 2022, 387 (Anm. RÜ 2022, 239; RÜ2 2022, 88); BGH B. v. 02.06.2022 – 2 StR 12/22 – NStZ 2023, 503 = StV 2023, 471 (Anm. Rückert/Oğlakcıoğlu NStZ 2023, 506); BGH B. v. 08.11.2022 – 2 StR 102/22 – StV 2023, 474.

[106] Kindhäuser, LPK, 9. Aufl. 2022, § 244 Rn. 29, 32; aus der Rspr. vgl. zuletzt BGH U. v. 20.12.2012 – 4 StR 55/12 – BGHSt 58, 102 = NJW 2013, 883 = NStZ 2013, 234 (Anm. Jäger JA 2013, 868; Hecker JuS 2013, 656; RÜ 2013, 233; famos 8/2013; Schiemann NJW 2013, 888; Schlösser NStZ 2013, 629; Eisenberg JR 2013, 232); BGH B. v. 03.06.2015 – 4 StR 193/15 – NStZ 2015, 647; BGH U. v. 21.07.2015 – 2 StR 441/14 – NStZ-RR 2016, 11; BGH B. v. 03.09.2015 – 3 StR 236/15 – NStZ 2016, 415 = NStZ-RR 2016, 374 (Anm. Patzak NStZ 2016, 418); BGH U. v. 25.01.2017 – 5 StR 364/16 – NStZ-RR 2017, 114; BGH B. v. 09.06.2017 – 1 StR 45/17 – NStZ-RR 2017, 305; BGH U. v. 15.05.2018 – 1 StR 159/17 – NStZ-RR 2018, 368 = StV 2019, 49 (Anm. Grosse-Wilde wistra 2019, 72); BGH B. v. 05.12.2018 – 4 StR 392/18 – NStZ 2019, 416; BGH B. v. 22.01.2019 – 2 StR 212/18 – NStZ 2019, 414 = StV 2020, 387; BGH U. v. 22.05.2019 – 2 StR 353/18 – NStZ-RR 2019, 311; BGH U. v. 14.04.2021 – 5 StR 102/20 – NStZ-RR 2021, 342 = StV 2022, 23; BGH B. v. 22.04.2020 – 1 StR 61/20 – NStZ 2021, 55 = StV 2021, 450; BGH U. v. 08.12.2021 – 5 StR 236/21 – NStZ 2022, 409 (Anm. von Heintschel-Heinegg JA 2022, 432; RÜ 2022, 174; famos 12/2022; Hoven NStZ 2022, 412; Schladitz wistra 2022, 111); BGH B. v. 02.06.2022 – 2 StR 12/22 – NStZ 2023, 503 = StV 2023, 471 (Anm. Rückert/Oğlakcıoğlu NStZ 2023, 506).

[107] H.M., Eisele, BT II, 6. Aufl. 2021, Rn. 220; aus der Rspr. vgl. BGH U. v. 04.06.1996 – 1 StR 235/96 – NStZ 1996, 442 = StV 1996, 483; BGH B. v. 26.09.2013 – 2 StR 256/13 – StV 2014, 613.

[108] Fischer, StGB, 70. Aufl. 2023, § 244 Rn. 36; aus der Rspr. vgl. zuletzt BGH B. v. 10.10.2012 – 2 StR 120/12 – StV 2013, 508; BGH U. v. 21.07.2015 – 2 StR 441/14 – NStZ-RR 2016, 11; BGH B. v. 02.06.2022 – 2 StR 12/22 – NStZ 2023, 503 = StV 2023, 471 (Anm. Rückert/Oğlakcıoğlu NStZ 2023, 506).

[109] Jäger, in: Joecks/Jäger/Randt, Steuerstrafrecht, 9. Aufl. 2023, § 373 AO Rn. 67 m. w. N.

[110] Jäger, in: Joecks/Jäger/Randt, Steuerstrafrecht, 9. Aufl. 2023, § 373 AO Rn. 69 m. w. N.

[111] Hilgers-Klautzsch, in: Kohlmann, Steuerstrafrecht, 79. Lfg. 2023, § 373 AO Rn. 102; Jäger, in: Joecks/Jäger/Randt, Steuerstrafrecht, 9. Aufl. 2023, § 373 AO Rn. 69.

b) Gewerbsmäßiger, gewaltsamer und bandenmäßiger Schmuggel, § 373 AO

Eine Begehung unter Mitwirkung eines anderen Bandenmitglieds ist für § 373 II Nr. 3 AO ausweislich des eindeutigen Wortlauts keine Voraussetzung.[112] Auch ein unmittelbares körperliches Zusammenwirken der Bandenmitglieder ist nicht erforderlich.[113]

Die Einzeltat muss Ausfluss der Bandenabrede sein und darf nicht losgelöst davon ausschließlich im eigenen Interesse der jeweils unmittelbar Beteiligten ausgeführt werden.[114]

Entgegen einer Minderheitsauffassung[115] ordnen die Rspr. und die h. L.[116] die Bandenmitgliedschaft als besonderes persönliches Merkmal i. S. d. **§ 28 II StGB** ein, halten sie also für täterbezogen und nicht tatbezogen.

(2) Subjektiver Tatbestand

Gem. § 369 II AO i. V. m. § 15 StGB ist **Vorsatz** erforderlich.

Gewerbsmäßig i. S. d. § 373 I AO handelt derjenige, der sich aus der wiederholten Begehung von Straftaten der tatbestandlichen Art eine fortlaufende Einnahmequelle von einigem Umfang und nicht unerheblicher Dauer verschaffen will.[117]

Dabei ist nicht erforderlich, dass der Täter in der Ausübung seines Berufs oder Gewerbes tätig wird oder den Schmuggel wie einen Beruf betreibt.[118] Ein Vermögensvorteil besteht auch in ersparten Aufwendungen bspw. durch Verwendung zur Deckung der eigenen Bedürfnisse, wenn diese ohne den Schmuggel tatsächlich getätigt worden wären.[119] Aufwendig gestaltete Schmuggelverstecke können eine Wiederholungsabsicht indizieren.[120]

Zur **Verwendungsabsicht** i. R. d. § 373 II Nr. 2 AO s. o.

---

[112] Jäger, in: Joecks/Jäger/Randt, Steuerstrafrecht, 9. Aufl. 2023, § 373 AO Rn. 71.

[113] BGH B. v. 22.03.2001 – GSSt 1/00 – BGHSt 46, 321; Jäger, in: Joecks/Jäger/Randt, Steuerstrafrecht, 9. Aufl. 2023, § 373 AO Rn. 71 m. w. N.

[114] Kindhäuser, LPK, 9. Aufl. 2022, § 244 Rn. 33; aus der Rspr. vgl. zuletzt BGH B. v. 07.08.2014 – 3 StR 105/14 – NStZ 2015, 207 = StV 2015, 673 (Anm. Kudlich JA 2015, 152; LL 2015, 259; RÜ 2015, 101); BGH B. v. 12.11.2015 – 3 StR 346/15 – StV 2016, 556; BGH U. v. 06.11.2019 – 2 StR 87/19 – StV 2020, 243 (Anm. RÜ 2020, 239); BGH B. v. 22.04.2020 – 1 StR 61/20 – NStZ 2021, 55 = StV 2021, 450; BGH B. v. 01.09.2020 – 2 StR 264/20 – NStZ-RR 2021, 13; BGH U. v. 14.04.2021 – 5 StR 102/20 – NStZ-RR 2021, 342 = StV 2022, 23; BGH B. v. 22.09.2021 – 1 StR 131/21 – NStZ-RR 2022, 18 = StV 2022, 586; BGH B. v. 08.11.2022 – 2 StR 102/22 – StV 2023, 474; BGH B. v. 15.11.2022 – 6 StR 68/22 – NJW 2023, 307 = NStZ-RR 2023, 14 (Anm. Hecker JuS 2023, 371).

[115] Z. B. Bosch in: Sch/Sch, 30. Aufl. 2019, § 244 Rn. 35.

[116] S. nur Joecks/Jäger, StGB, 13. Aufl. 2021, § 244 Rn. 46 ff.

[117] BGH U. v. 08.11.1951 – 4 StR 563/51 – BGHSt 1, 383; vgl. ausführlich zur Gewerbsmäßigkeit Ebner, in: MK-StGB, 4. Aufl. 2023, § 373 AO Rn. 17 ff.; Jäger, in: Joecks/Jäger/Randt, Steuerstrafrecht, 9. Aufl. 2023, § 373 AO Rn. 31 ff.; Hilgers-Klautzsch, in: Kohlmann, Steuerstrafrecht, 79. Lfg. 2023, § 373 AO Rn. 35 ff.; zur Frage, ob Gewerbsmäßigkeit bereits bei der ersten Tatbegehung vorliegen kann, s. Ebner, in: MK-StGB, 4. Aufl. 2023, § 373 AO Rn. 17.

[118] Ebner, in: MK-StGB, 4. Aufl. 2023, § 373 AO Rn. 18.

[119] Ebner, in: MK-StGB, 4. Aufl. 2023, § 373 AO Rn. 19.

[120] Vgl. Ebner, in: MK-StGB, 4. Aufl. 2023, § 373 AO Rn. 20.

dd) Sonstiges

Gem. § 373 III AO ist der Versuch strafbar.[121]

§ 373 AO findet gem. § 37 I 2 TabStG zugunsten der spezialgesetzlichen Ordnungswidrigkeit keine Anwendung, wenn der Täter vorsätzlich oder fahrlässig Zigaretten in Verpackungen erwirbt, an denen ein gültiges Steuerzeichen i. S. d. § 4 Nr. 12 TabStG nicht angebracht ist, soweit der einzelnen Tat nicht mehr als tausend Zigaretten zugrunde liegen.[122]

§ 371 AO ist aufgrund seines eindeutigen Wortlauts nicht anwendbar.[123]

§ 373 I 2 AO sieht einen **minder schweren** Fall vor.

Zur Anwendbarkeit des § 373 AO, wenn das Grunddelikt aufgrund formeller Subsidiarität gem. § 372 II AO durch einen Ordnungswidrigkeitentatbestand verdrängt würde, vgl. o.

§ 373 AO ist nicht anwendbar, tritt also nicht lediglich zurück, wenn i. R. d. Verbringungsverbots eine Verletzung desselben unter erschwerenden Umständen eine eigenständige Regelung erfahren hat, die als abschließende Sonderregelung zu qualifizieren ist (vgl. § 30a II Nr. 2 BtMG, §§ 22a KrWaffKontrG).[124] Ergebnisrelevant ist dies in Fällen, in denen die Voraussetzungen des Sondertatbestandes nicht vorliegen: Im Anwendungsbereich der abschließenden Sonderregelung gelangt § 373 AO auch dann nicht zur Anwendung, der Täter bleibt ggf. straflos.

c) Steuerhehlerei, § 374 AO

> **§ 374 AO (Steuerhehlerei)**
> (1) Wer Erzeugnisse oder Waren, hinsichtlich deren Verbrauchsteuern oder Einfuhr- und Ausfuhrabgaben nach Artikel 5 Nummer 20 und 21 des Zollkodex der Union hinterzogen oder Bannbruch nach § 372 Abs. 2, § 373 begangen worden ist, ankauft oder sonst sich oder einem Dritten verschafft, sie absetzt oder abzusetzen hilft, um sich oder einen Dritten zu bereichern, wird mit Freiheitsstrafe bis zu fünf Jahren oder mit Geldstrafe bestraft.
> (2) Handelt der Täter gewerbsmäßig oder als Mitglied einer Bande, die sich zur fortgesetzten Begehung von Straftaten nach Absatz 1 verbunden hat, so ist die Strafe Freiheitsstrafe von sechs Monaten bis zu zehn Jahren. In minder schweren Fällen ist die Strafe Freiheitsstrafe bis zu fünf Jahren oder Geldstrafe.
> (3) Der Versuch ist strafbar.
> (4) § 370 Absatz 6 und 7 gilt entsprechend.

---

[121] Hierzu Jäger, in: Joecks/Jäger/Randt, Steuerstrafrecht, 9. Aufl. 2023, § 373 AO Rn. 85; Hilgers-Klautzsch, in: Kohlmann, Steuerstrafrecht, 79. Lfg. 2023, § 373 AO Rn. 110 ff.
[122] Vgl. Jäger, in: Joecks/Jäger/Randt, Steuerstrafrecht, 9. Aufl. 2023, § 373 AO Rn. 86.
[123] Jäger, in: Joecks/Jäger/Randt, Steuerstrafrecht, 9. Aufl. 2023, § 373 AO Rn. 87.
[124] Jäger, in: Joecks/Jäger/Randt, Steuerstrafrecht, 9. Aufl. 2023, § 373 AO Rn. 24.

c) Steuerhehlerei, § 374 AO

aa) Aufbau

I. Tatbestand
   1. Objektiver Tatbestand
      a) Tatobjekt
      b) Vortat
      c) Tathandlungen
         aa) Ankaufen
         bb) Sonst sich oder einem Dritten Verschaffen
         cc) Absetzen
         dd) Absatzhilfe
      d) Qualifikation, § 374 II AO
   2. Subjektiver Tatbestand
      a) Vorsatz
      b) Bereicherungsabsicht
      c) Qualifikation, § 374 II AO
II. Rechtswidrigkeit
III. Schuld

bb) Allgemeines

Rechtsgut der Steuerhehlerei ist entgegen der h. M. zu § 259 StGB nicht das Vermögen; die für § 374 AO relevante Vermögensposition wird regelmäßig vom Täter und Vortäter rechtmäßig besessen.[125] § 374 AO tritt vielmehr der Aufrechterhaltung oder Vertiefung einer steuer- oder bannwidrig erlangten Rechtsposition entgegen.[126] Stellt die Vortat eine Verbrauchsteuer- und Einfuhr- und Ausfuhrabgabenhinterziehung dar, besteht das relevante Unrecht nach überwiegender Auffassung in der Aufrechterhaltung des steuerrechtswidrigen Zustandes.[127] Handelt es sich bei der Vortat um einen Bannbruch, liegt der Tatunwert in den mit verbotswidriger Verbringung verbundenen Gefahren für Menschen, Tiere und Pflanzen.[128]

cc) Tatbestand

(1) Objektiver Tatbestand

(a) Tatobjekt
Als Tatobjekt des § 374 AO kommen lediglich **Erzeugnisse** oder **Waren** in Frage, **die verbrauchsteuer-** oder **einfuhrabgabenpflichtig** sind oder einem **Verbringungsverbot** unterliegen.[129]

---

[125] Vgl. Hilgers-Klautzsch, in: Kohlmann, Steuerstrafrecht, 79. Lfg. 2023, § 374 AO Rn. 10.
[126] Hilgers-Klautzsch, in: Kohlmann, Steuerstrafrecht, 79. Lfg. 2023, § 374 AO Rn. 10.
[127] Hilgers-Klautzsch, in: Kohlmann, Steuerstrafrecht, 79. Lfg. 2023, § 374 AO Rn. 11.
[128] Hilgers-Klautzsch, in: Kohlmann, Steuerstrafrecht, 79. Lfg. 2023, § 374 AO Rn. 12; a. A. Rönnau NStZ 2000, 513; zur grundsätzlichen Kritik an § 374 AO Hilgers-Klautzsch, in: Kohlmann, Steuerstrafrecht, 79. Lfg. 2023, § 374 AO Rn. 14 m. w. N.
[129] Hilgers-Klautzsch, in: Kohlmann, Steuerstrafrecht, 79. Lfg. 2023, § 374 AO Rn. 15; BGH B. v. 16.10.1981 – 2 StR 408/81 – BGHSt 30, 237.

Zu Ein- und Ausfuhrabgaben vgl. o.

Verbrauchsteuerpflichtig sind beispielsweise Kaffee, Alkohol, Zigaretten und Energieerzeugnisse.[130] Als ungeschriebenes Tatbestandsmerkmal wird hinsichtlich verbrauchsteuerpflichtiger Waren und Erzeugnisse verlangt, dass diese der Sachhaftung gem. § 76 AO unterliegen.[131]

Zu Verbringungsverboten vgl. o.

Nach h. M. ist entsprechend der Sachhehlerei[132] die **Ersatzhehlerei** nicht nach § 374 AO strafbar.[133] Begründet wird dies – ähnlich wie bei § 259 StGB – mit dem auf einzelne Gegenstände abstellenden Wortlaut der Norm hinsichtlich des tauglichen Tatobjekts.[134]

(b) Vortat

Als Vortaten der Steuerhehlerei kommen ausweislich des Normwortlauts lediglich §§ 370, 373 AO und § 372 II i. V. m. § 373 AO in Frage. Da Tatobjekt nur Sachen sein können, kommen als taugliche Vortaten i. R. d. § 370 AO nur Einfuhrabgaben- und Verbrauchsteuerhinterziehungen in Betracht.[135] Aufgrund des Verweises in § 374 IV AO auf § 370 VI 1, VII AO erfasst die Steuerhehlerei auch EU-Einfuhr- oder -Ausfuhrabgaben.[136] Ein Bannbruch kommt als taugliche Vortat nur in Frage, wenn er gem. § 373 AO qualifiziert ist.[137]

Die Steuerhehlerei selbst ist *e contrario* keine taugliche Vortat. Ob beim Erwerb vom Steuerhehler auf die mittelbare Vortat abgestellt werden kann, ist umstritten.[138] Der Wortlaut der Norm steht einer Ausweitung auf mittelbare Vortaten nicht im Wege.[139] Gegen eine solche kann indes der Normzweck angeführt werden: Von unbekannten Dritten geht kein Anreiz für den Vortäter zur Begehung weiterer Steuerdelikte aus.[140] Zudem spricht gegen eine solche Auslegung, dass nach h. M. Täter

---

[130] Ebner, in: MK-StGB, 4. Aufl. 2023, § 374 AO Rn. 8; Hilgers-Klautzsch, in: Kohlmann, Steuerstrafrecht, 79. Lfg. 2023, § 374 AO Rn. 15.1.

[131] Ebner, in: MK-StGB, 4. Aufl. 2023, § 374 AO Rn. 9.

[132] BGH U. v. 12.04.1956 – 4 StR 60/56 – BGHSt 9, 137.

[133] Hilgers-Klautzsch, in: Kohlmann, Steuerstrafrecht, 79. Lfg. 2023, § 374 AO Rn. 16; Ebner, in: MK-StGB, 4. Aufl. 2023, § 374 AO Rn. 18.

[134] Hilgers-Klautzsch, in: Kohlmann, Steuerstrafrecht, 79. Lfg. 2023, § 374 AO Rn. 16; Ebner, in: MK-StGB, 4. Aufl. 2023, § 374 AO Rn. 18.

[135] Vgl. zu Einfuhr- und Ausfuhrabgaben Hilgers-Klautzsch, in: Kohlmann, Steuerstrafrecht, 79. Lfg. 2023, § 374 AO Rn. 18.

[136] Vgl. ausführlich Hilgers-Klautzsch, in: Kohlmann, Steuerstrafrecht, 79. Lfg. 2023, § 374 AO Rn. 20 ff.

[137] Vgl. schon oben; Hilgers-Klautzsch, in: Kohlmann, Steuerstrafrecht, 79. Lfg. 2023, § 374 AO Rn. 25.

[138] Vgl. Tormöhlen, in: HHSp, 274. Lfg. 2023, § 374 AO Rn. 23 ff. m. w. N.

[139] Jäger, in: Joecks/Jäger/Randt, Steuerstrafrecht, 9. Aufl. 2023, § 374 AO Rn. 16 m. w. N.

[140] So Hilgers-Klautzsch, in: Kohlmann, Steuerstrafrecht, 79. Lfg. 2023, § 374 AO Rn. 17.1; Ebner, in: MK-StGB, 4. Aufl. 2023, § 374 AO Rn. 16; a. A. Tormöhlen, in: HHSp, 274. Lfg. 2023, § 374 AO Rn. 24.

c) Steuerhehlerei, § 374 AO

und Vortäter des § 374 AO einverständlich gehandelt haben müssen,[141] wobei ein mutmaßliches Einverständnis nicht genügen soll.[142]

Die Steuerhehlerei setzt eine vorsätzliche und rechtswidrige, nicht aber schuldhafte Haupttat voraus.[143] Dass die Tatbegehung nicht schuldhaft erfolgen muss, folgt zwar im Gegensatz zu § 259 StGB nicht bereits aus dem Wortlaut, ergibt sich aber aus der Gesetzesgenese.[144]

Aus dem Wortlaut „begangen worden ist" folgt zumindest, dass die Vortat **vollendet** sein muss.[145]

Ob sie zudem auch beendet sein muss, ist umstritten.[146] Ob der Wortlaut für eine dahingehende Auslegung streitet, ist unklar.[147] Zumindest erscheint nach dem Normzweck eine abweichende Behandlung desjenigen, der dem Vortäter entgegen kommt und die Ware früher übernimmt, kaum angezeigt.[148]

(c) Tathandlungen

Die Tathandlungen des § 374 AO stimmen mit der Hehlerei gem. § 259 I StGB überein. Die Auslegungsergebnisse zu § 259 I StGB sind im Grundsatz übertragbar.

(aa) Ankaufen

Das Ankaufen ist lediglich ein Unterfall oder Beispiel des Verschaffens[149] (s. sogleich), daher sind die dortigen Voraussetzungen einzuhalten.[150] Ein zivilrechtlicher Kaufvertrag ist nicht erforderlich (vgl. §§ 134, 138 BGB) und auch nicht ausreichend.[151]

---

[141] BGH U. v. 07.11.2007 – 5 StR 371/07 – wistra 2008, 105; Hilgers-Klautzsch, in: Kohlmann, Steuerstrafrecht, 79. Lfg. 2023, § 374 AO Rn. 48.

[142] So Hilgers-Klautzsch, in: Kohlmann, Steuerstrafrecht, 79. Lfg. 2023, § 374 AO Rn. 17.1; Ebner, in: MK-StGB, 4. Aufl. 2023, § 374 AO Rn. 16; a. A. Tormöhlen, in: HHSp, 274. Lfg. 2023, § 374 AO Rn. 25.

[143] Ebner, in: MK-StGB, 4. Aufl. 2023, § 374 AO Rn. 20.

[144] Vgl. dazu Ebner, in: MK-StGB, 4. Aufl. 2023, § 374 AO Rn. 20.

[145] Vgl. nur Ebner, in: MK-StGB, 4. Aufl. 2023, § 374 AO Rn. 23.

[146] BayObLG B. v. 18.03.2003 – 4St RR 19/03 – BayObLGSt 2003, 30; Ebner, in: MK-StGB, 4. Aufl. 2023, § 372 AO Rn. 23 m. w. N.

[147] So Ebner, in: MK-StGB, 4. Aufl. 2023, § 374 AO Rn. 23.

[148] So zutreffend Tormöhlen, in: HHSp, 274. Lfg. 2023, § 374 AO Rn. 16.

[149] Fischer, StGB, 70. Aufl. 2023, § 259 Rn. 10; aus der Rspr. vgl. OLG Hamburg U. v. 19.12.1951 – Ss 168/51 – NJW 1952, 636; BGH U. v. 22.10.1953 – 4 StR 112/53 – BGHSt 5, 47 = NJW 1954, 119 (Anm. Welzel JZ 1954, 128; Mezger JZ 1954, 312; Welzel JZ 1954, 429); BGH U. v. 05.12.1990 – 2 StR 287/90; BGH B. v. 02.06.2005 – 4 StR 64/05 – NStZ-RR 2005, 236; BGH B. v. 07.11.2018 – 4 StR 395/18 – NStZ 2019, 80 (Anm. RÜ 2019, 109).

[150] Eisele, BT II, 6. Aufl. 2021, Rn. 1153; aus der Rspr. vgl. RG U. v. 20.01.1922 – 1242/21 – RGSt 56, 335.

[151] Fischer, StGB, 70. Aufl. 2023, § 259 Rn. 10; aus der Rspr. vgl. RG U. v. 11.12.1888 – 2731/88 – RGSt 18, 303; RG U. v. 20.01.1930 – III 17/30 – RGSt 64, 21; RG U. v. 10.02.1939 – 1 D 1015/38 – RGSt 73, 104; OLG Düsseldorf U. v. 04.05.1950 – Ss 92/50 – NJW 1950, 715 (Anm. Roesen NJW 1950, 716); OLG Hamburg U. v. 19.12.1951 – Ss 168/51 – NJW 1952, 636; BGH U. v. 05.12.1990 – 2 StR 287/90.

(bb) Sonst sich oder einem Dritten Verschaffen
Der Täter verschafft sich die Sache i. S. d. § 259 I StGB, wenn er selbstständige tatsächliche Verfügungsgewalt zu eigenen Zwecken im Wege des abgeleiteten Erwerbs erlangt hat.[152]

Es besteht eine gewisse Ähnlichkeit mit der Zueignung, da eine Übernahme des wirtschaftlichen Werts stattfindet.

Noch nicht ausreichend ist eine bloße Einigung mit dem Vortäter.[153]

Außer dem Sichverschaffen ist auch das einem Dritten Verschaffen in § 259 I StGB aufgeführt.

Dies liegt vor, wenn die wirtschaftliche Verfügungsgewalt über die Sache nicht – und zwar auch nicht übergangsweise (sonst Sichverschaffen) – auf den Täter übergeht, sondern durch das Handeln des Täters unmittelbar vom Vorbesitzer an einen dritten Erwerber weitergeleitet wird oder der Täter das Hehlgut, ohne selbst Besitz an ihm zu erlangen, unmittelbar einem Dritten zukommen lässt.[154]

Vortatopfer und Vortäter sind hierbei keine tauglichen Dritten.[155]

In Abgrenzung zur Beihilfe ist Tatherrschaft bzgl. des Verschaffungsvorgangs erforderlich.[156]

Diese Grundsätze zum Sichverschaffen werden von der h. M. ohne Modifikationen auf die Steuerhehlerei gem. § 374 AO übertragen.[157]

---

[152] Joecks/Jäger, StGB, 13. Aufl. 2021, § 259 Rn. 26; aus der Rspr. vgl. zuletzt BGH B. v. 13.11.2012 – 3 StR 364/12 – NStZ-RR 2013, 78; BGH B. v. 07.09.2016 – 1 StR 202/16 – NStZ-RR 2016, 367 = StV 2017, 679; BGH U. v. 10.10.2018 – 2 StR 564/17 – BGHSt 63, 274 = NJW 2019, 1540 = NStZ 2019, 474 = StV 2019, 672 (Anm. Bosch Jura 2019, 896; Jäger JA 2019, 548; LL 2019, 610; RÜ 2019, 380; Jahn NJW 2019, 1542; Eidam NStZ 2019, 477; Ruppert NStZ-RR 2019, 212; Altenhain StV 2019, 674; Heger/Weiss JR 2019, 644); BGH B. v. 31.10.2018 – 2 StR 281/18 – BGHSt 63, 228 = NJW 2019, 1311 = StV 2019, 678 (Anm. Bosch Jura 2019, 680; Eisele JuS 2019, 915; LL 2019, 468; RÜ 2019, 308; Mitsch NJW 2019, 1258); BGH B. v. 07.11.2018 – 4 StR 395/18 – NStZ 2019, 80 (Anm. RÜ 2019, 109); KG B. v. 05.03.2020 – (2) 161 Ss 190/19 (41/19) – NStZ 2021, 175 = StV 2020, 673; BGH B. v. 20.05.2020 – 2 StR 611/19 – NStZ 2022, 480 = StV 2020, 745 (Anm. RÜ 2020, 578; Bock NStZ 2022, 482); BGH B. v. 01.09.2022 – 1 StR 233/22 – NStZ 2023, 297 (Anm. Ebner wistra 2023, 39; Gehm NZWiSt 2023, 76); BGH B. v. 08.03.2022 – 3 StR 456/21 – StV 2023, 536.
[153] Aus der Rspr. vgl. OLG Schleswig U. v. 20.08.1975 – 1 Ss 435/75 – NJW 1975, 2217; BGH U. v. 05.12.1990 – 2 StR 287/90; BGH B. v. 07.11.2018 – 4 StR 395/18 – NStZ 2019, 80 (Anm. RÜ 2019, 109).
[154] Eisele, BT II, 6. Aufl. 2021, Rn. 1154; Jäger, in: Joecks/Jäger/Randt, Steuerstrafrecht, 9. Aufl. 2023, § 374 AO Rn. 29; aus der Rspr. vgl. KG U. v. 15.10.2009 – 8 U 26/09; BGH U. v. 08.03.2012 – 4 StR 629/11 – NJW 2012, 3737 = NStZ-RR 2012, 247; BGH B. v. 13.11.2012 – 3 StR 364/12 – NStZ-RR 2013, 78.
[155] Altenhain, in: NK, 5. Aufl. 2017, § 259 Rn. 45.
[156] Eisele, BT II, 6. Aufl. 2021, Rn. 1154.
[157] Vgl. Jäger, in: Joecks/Jäger/Randt, Steuerstrafrecht, 9. Aufl. 2023, § 374 AO Rn. 31 m. w. N., der eine Übertragung aufgrund divergierenden Rechtsgüterschutzes für bedenklich hält und eine eigenmächtige Übernahme ausreichen lassen will.

Bloßes Mitverzehren oder Mitgenießen soll indes für § 374 AO ausreichen, da hierdurch die vom Vortäter geschaffene steuerrechtswidrige Lage ebenfalls perpetuiert werde.[158]

(cc) Absetzen
Absetzen[159] ist die selbstständige wirtschaftliche Verwertung der Sache im Interesse des Vortäters und im Einvernehmen mit diesem.[160]
Erforderlich ist eine entgeltliche Verwertung, sodass ein Verschenken nicht erfasst ist.[161] Zu denken ist insbesondere an Verkaufskommissionäre.[162] Strittig ist entsprechend § 259 I StGB, ob für ein Absetzen jedes auf einen Absatz gerichtete Tätigwerden ausreicht oder ob es eines Absatzerfolges bedarf.[163]

---

[158] Jäger, in: Joecks/Jäger/Randt, Steuerstrafrecht, 9. Aufl. 2023, § 374 AO Rn. 32; Hilgers-Klautzsch, in: Kohlmann, Steuerstrafrecht, 79. Lfg. 2023, § 374 AO Rn. 52.

[159] Hierzu Blei JA 1976, 731; Maiwald FS Roxin 2011, 1019.

[160] Joecks/Jäger, StGB, 13. Aufl. 2021, § 259 Rn. 30; aus der Rspr. vgl. zuletzt BGH B. v. 07.05.2014 – 1 StR 150/14 – NStZ 2014, 577 = StV 2015, 116 (Anm. RÜ 2014, 716); OLG Köln B. v. 04.07.2017 – III-1 RVs 137/17 (Anm. Jahn JuS 2017, 1128); BGH U. v. 30.09.2020 – 3 StR 511/19 – NStZ-RR 2021, 7; BGH B. v. 01.09.2022 – 1 StR 233/22 – NStZ 2023, 297 (Anm. Ebner wistra 2023, 39; Gehm NZWiSt 2023, 76).

[161] H.M., Eisele, BT II, 6. Aufl. 2021, Rn. 1160; a. A. Kindhäuser, LPK, 9. Aufl. 2022, § 259 Rn. 23; Jäger, in: Joecks/Jäger/Randt, Steuerstrafrecht, 9. Aufl. 2023, § 374 AO Rn. 33; aus der Rspr. vgl. RG U. v. 06.06.1899 – 1930/99 – RGSt 32, 214; RG U. v. 21.12.1933 – II 1254/33 – RGSt 67, 430; BGH U. v. 01.04.1953 – 3 StR 584/52 – BGHSt 4, 122 = NJW 1953, 995 (Anm. Maurach JZ 1953, 605); BGH U. v. 12.04.1956 – 4 StR 60/56 – BGHSt 9, 137 = NJW 1956, 998 (Anm. Maurach JZ 1956, 608); BGH U. v. 24.10.1956 – 2 StR 402/56 – BGHSt 10, 1 = NJW 1957, 150 (Anm. Maurach JZ 1957, 184); BGH U. v. 29.07.1976 – 4 StR 312/76 – NJW 1976, 1950 (Anm. Meyer MDR 1977, 372); BGH U. v. 04.11.1976 – 4 StR 255/76 – BGHSt 27, 45 = NJW 1977, 205 (Anm. Kühl, Höchstrichterliche Rspr. BT, 2002, Nr. 61; Hemmer-BGH-Classics Strafrecht, 2003, Nr. 73; Blei JA 1977, 140; Hassemer JuS 1977, 413; Franke NJW 1977, 857; Meyer JR 1977, 126); BGH U. v. 11.09.1991 – 3 StR 96/91 – NStZ 1992, 36.

[162] Kindhäuser, LPK, 9. Aufl. 2022, § 259 Rn. 23; näher Dencker FS Küper 2007, 9; aus der Rspr. vgl. RG U. v. 29.06.1920 – IV 599/20 – RGSt 55, 58; BGH B. v. 12.04.1994 – 1 StR 189/94 – NStZ 1994, 395 (Anm. Otto JK 1995 StGB § 259/12).

[163] Hierzu zsf. Eisele, BT II, 6. Aufl. 2021, Rn. 1163; Hillenkamp/Cornelius, 40 Probleme aus dem Strafrecht BT, 13. Aufl. 2020, 40. Problem; Blei JA 1976, 731; Zieschang GS Schlüchter 2002, 403; Sorge ZJS 2015, 33; aus der Rspr. vgl. zuletzt BGH B. v. 04.02.2010 – 3 StR 555/09 – NStZ-RR 2010, 210; BGH B. v. 15.08.2013 – 2 ARs 299/13; BGH B. v. 20.08.2013 – 5 Ars 34/13 (Anm. Eggers jurisPR-StrafR 20/2013 Anm. 2); BGH B. v. 21.08.2013 – 1 Ars 6/13 (Anm. Dehne-Niemann HRRS 2015, 72); BGH B. v. 08.10.2013 – 4 Ars 7/13; BGH B. v. 27.03.2014 – 4 StR 341/13 – StV 2015, 117; BGH B. v. 07.05.2014 – 1 StR 150/14 – NStZ 2014, 577 = StV 2015, 116 (Anm. RÜ 2014, 716); BGH B. v. 13.08.2015 – 2 StR 26/15 (Anm. Dehne-Niemann wistra 2016, 216); OLG Hamburg B. v. 12.01.2016 – 2 Rev 80/15 – NStZ-RR 2016, 118; BGH B. v. 13.07.2016 – 1 StR 108/16 – NStZ 2017, 359 = StV 2018, 40 (Anm. Fitzer jurisPR-StrafR 11/2017 Anm. 3; Deckers NZWiSt 2017, 237); OLG Köln B. v. 04.07.2017 – III-1 RVs 137/17 (Anm. Jahn JuS 2017, 1128); BGH B. v. 31.10.2018 – 2 StR 281/18 – BGHSt 63, 228 = NJW 2019, 1311 = StV 2019, 678 (Anm. Bosch Jura 2019, 680; Eisele JuS 2019, 915; LL 2019, 468; RÜ 2019, 308; Mitsch NJW 2019, 1258); BGH U. v. 30.09.2020 – 3 StR 511/19 – NStZ-RR 2021, 7; BGH B. v. 08.03.2022 – 3 StR 456/21 – StV 2023, 536.

Die wohl h. L.[164] und die heutige Rspr.[165] setzen wie bei § 259 I StGB einen Absatzerfolg voraus, wofür sich insbesondere die angestrebte Vergleichbarkeit mit den übrigen, erfolgsbezogenen Begehungsvarianten anführen lässt. Entsprechende Grundsätze sind auf § 374 AO übertragbar.[166]

(dd) Absatzhilfe

Mit der Tatvariante der Absatzhilfe[167] erhebt § 259 I StGB eine Beihilfe zur eigenständigen Täterschaft, die ansonsten straflos wäre, weil der Vortäter, dem Hilfe beim Absatz geleistet wird, selbst nicht Hehler sein kann (Wortlaut „anderer"), sodass es an einer Haupttat fehlte. Absatzhilfe ist die unselbstständige Unterstützung des Vortäters bei der Beuteverwertung in dessen Interesse und mit dessen Einverständnis.[168] Der Absatzhelfer handelt ohne bestimmenden Einfluss auf das Tatgeschehen und weisungsgebunden[169] (Faustformel: Verkaufsgehilfe). Entsprechendes gilt für § 374 AO.[170]

Fraglich ist, welche Konsequenzen die neuere Rspr. zu § 259 I StGB zum Absetzen (Erfordernis eines Absatzerfolgs) für die Absatzhilfe hat.[171] Richtigerweise scheidet eine vollendete Absatzhilfe konsequenterweise ebenfalls aus, wenn es nicht zum Absatz des Hehlguts gekommen ist.[172] Ggf. bleibt eine Versuchsstrafbarkeit.

Nach Rechtsprechung des BGH erfordert die Absatzhilfe i. R. d. § 374 AO keine beendete Vortat.[173]

---

[164] Kindhäuser, in: LPK, 9. Aufl. 2022, § 259 Rn. 26.

[165] Seit BGH B. v. 22.10.2013 – 3 StR 69/13 – BGHSt 59, 40.

[166] Jäger, in: Joecks/Jäger/Randt, Steuerstrafrecht, 9. Aufl. 2023, § 374 AO Rn. 36 m. w. N.

[167] Hierzu Blei JA 1976, 731; Schwabe/Zitzen JA 2005, 193; Maiwald FS Roxin 2011, 1019; Küper JZ 2015, 1032.

[168] Kindhäuser, LPK, 9. Aufl. 2022, § 259 Rn. 28; aus der Rspr. vgl. zuletzt OLG Köln B. v. 04.07.2017 – III-1 RVs 137/17 (Anm. Jahn JuS 2017, 1128); BGH B. v. 31.10.2018 – 2 StR 281/18 – BGHSt 63, 228 = NJW 2019, 1311 = StV 2019, 678 (Anm. Bosch Jura 2019, 680; Eisele JuS 2019, 915; LL 2019, 468; RÜ 2019, 308; Mitsch NJW 2019, 1258); BGH U. v. 24.04.2019 – 1 StR 81/18 – NJW 2019, 3167 = StV 2020, 776 (Anm. Weidemann wistra 2019, 463); BGH B. v. 25.11.2021 – 4 StR 103/21 – NStZ 2022, 219 und 250 = NStZ-RR 2022, 51 (Anm. Hecker JuS 2022, 780); BGH B. v. 13.07.2016 – 1 StR 108/16 – NStZ 2017, 359 = StV 2018, 40 (Anm. Fitzer jurisPR-StrafR 11/2017 Anm. 3; Deckers NZWiSt 2017, 237); BGH B. v. 31.10.2018 – 2 StR 281/18 – BGHSt 63, 228 = NJW 2019, 1311 = StV 2019, 678 (Anm. Bosch Jura 2019, 680; Eisele JuS 2019, 915; LL 2019, 468; RÜ 2019, 308; Mitsch NJW 2019, 1258); BGH B. v. 06.03.2019 – 3 StR 4/19 – NStZ-RR 2019, 180; BGH U. v. 24.04.2019 – 1 StR 81/18 – NJW 2019, 3167 = StV 2020, 776 (Anm. Weidemann wistra 2019, 463); BGH B. v. 25.11.2021 – 4 StR 103/21 – NStZ 2022, 219 und 250 = NStZ-RR 2022, 51 (Anm. Hecker JuS 2022, 780); BGH B. v. 08.03.2022 – 3 StR 456/21 – StV 2023, 536.

[169] Eisele, BT II, 6. Aufl. 2021, Rn. 1158.

[170] Jäger, in: Joecks/Jäger/Randt, Steuerstrafrecht, 9. Aufl. 2023, § 374 AO Rn. 41.

[171] Hierzu Kindhäuser, LPK, 9. Aufl. 2022, § 259 Rn. 28; aus der Rspr. vgl. BGH B. v. 13.08.2015 – 2 StR 26/15 (Anm. Dehne-Niemann wistra 2016, 216).

[172] Vgl. zur Ansicht des für das Steuerstrafrecht zuständigen 1. Strafsenats des BGH Jäger, in: Joecks/Jäger/Randt, Steuerstrafrecht, 9. Aufl. 2023, § 374 AO Rn. 42.

[173] BGH B. v. 09.02.2012 – 1 StR 2012 – BGHSt 57, 151.

(d) Qualifikation, § 374 II AO
Als Qualifikationstatbestände sind in § 374 II AO die gewerbsmäßige und bandenmäßige Tatbegehung geregelt. S. jeweils o.

(2) Subjektiver Tatbestand
Eine Strafbarkeit gem. § 374 AO erfordert nach § 369 II AO i. V. m. § 15 StGB **Vorsatz**.

Zudem ist § 374 AO mit überschießender Innentendenz formuliert: „um sich oder einen Dritten zu bereichern". Erforderlich ist also das Vorliegen einer **Bereicherungsabsicht**,[174] d. h. *dolus directus* ersten Grades hinsichtlich des Vermögensvorteils.[175] Ausweislich des Normwortlauts reicht Drittbereicherungsabsicht aus.

Der angestrebte Vermögensvorteil kann in jeder Verbesserung der Vermögenslage bestehen.[176] Eine solche liegt vor, wenn dem zugeflossenen Vermögenswert kein abgeflossener entgegensteht; bei der Prüfung der Bereicherungsabsicht i. S. d. § 374 AO ist also eine Saldierung vorzunehmen.[177] Dabei ist nach h. M. keine Stoffgleichheit des angestrebten Vermögensvorteils erforderlich.[178] Begründet wird diese Auffassung mit der etwa von § 263 StGB gerade verschiedenen Tatsituation, bei der der Geschäftspartner, dessen Gegenleistung Gegenstand der Bereicherung ist, typischerweise nicht der Geschädigte ist.[179]

Zur Gewerbsmäßigkeit s. o.

dd) Sonstiges

Der Versuch ist gem. § 374 III AO strafbar. Es gelten die allgemeinen Grundsätze.[180]

Trotz der von § 259 StGB abweichenden Formulierung soll der Täter der Steuerhinterziehung oder des Bannbruchs nicht wegen nachfolgender Steuerhehlerei derselben Ware bestraft werden.[181] Nachfolgende steuerhehlerische Handlungen treten als **mitbestrafte Nachtaten** zurück.

---

[174] Vgl. Hilgers-Klautzsch, in: Kohlmann, Steuerstrafrecht, 79. Lfg. 2023, § 374 AO Rn. 84 ff.

[175] Tormöhlen, in: HHSp, 274. Lfg. 2023, § 374 AO Rn. 60; Jäger, in: Joecks/Jäger/Randt, Steuerstrafrecht, 9. Aufl. 2023, § 374 AO Rn. 56 m. w. N.

[176] Jäger, in: Joecks/Jäger/Randt, Steuerstrafrecht, 9. Aufl. 2023, § 374 AO Rn. 57; Tormöhlen, in: HHSp, 274. Lfg. 2023, § 374 AO Rn. 61 m. w. N.

[177] Tormöhlen, in: HHSp, 274. Lfg. 2023, § 374 AO Rn. 61.

[178] Hilgers-Klautzsch, in: Kohlmann, Steuerstrafrecht, 79. Lfg. 2023, § 374 AO Rn. 86; Jäger, in: Joecks/Jäger/Randt, Steuerstrafrecht, 9. Aufl. 2023, § 374 AO Rn. 41; Jäger, in: Joecks/Jäger/Randt, Steuerstrafrecht, 9. Aufl. 2023, § 374 AO Rn. 58.

[179] Jäger, in: Joecks/Jäger/Randt, Steuerstrafrecht, 9. Aufl. 2023, § 374 AO Rn. 58; a. A. Ebner, in: MK-StGB, 4. Aufl. 2023, § 374 AO Rn. 50, der eine unsachgemäße Vorverlagerung der Strafbarkeit befürchtet.

[180] Ebner, in: MK-StGB, 4. Aufl. 2023, § 374 AO Rn. 55 ff.; zum unmittelbaren Ansetzen zur Steuerhehlerei ausf. Jäger, in: Joecks/Jäger/Randt, Steuerstrafrecht, 9. Aufl. 2023, § 374 AO Rn. 64 ff.; aus der Rspr. zuletzt BGH B. v. 22.09.2022 – 1 StR 233/22 – NStZ 2023, 297 (Anm. Gehm NZWiSt 2023, 74).

[181] Jäger, in: Joecks/Jäger/Randt, Steuerstrafrecht, 9. Aufl. 2023, § 374 AO Rn. 26.

Dies gilt nicht für Teilnehmer an der Vortat.[182]

Die Anstiftung zur Steuerhinterziehung tritt hinter der nachfolgenden Steuerhehlerei regelmäßig als mitbestrafte Vortat zurück.[183]

Steuerhehlerei durch Unterlassen ist bei entsprechender Garantenpflicht denkbar.[184]

§ 374 II 2 AO regelt einen minder schweren Fall der Qualifikation.[185]

Zur Anwendbarkeit des § 374 AO beim Zigarettenerwerb zum eigenen Bedarf vgl. oben.[186]

Eine (echte) Wahlfeststellung zwischen Steuerhinterziehung und Steuerhehlerei wird von der Rspr. anerkannt.[187] Gleiches gilt für gewerbsmäßigen Schmuggel und gewerbsmäßige Steuerhehlerei bzw. bandenmäßigem Schmuggel und bandenmäßiger Steuerhehlerei.[188]

d) Delikte außerhalb der AO

Gem. § 369 I Nr. 3 AO handelt es sich bei einer **Wertzeichenfälschung** und deren Vorbereitung ebenfalls um eine Steuerstraftat, soweit die Tat Steuerzeichen betrifft.

Die §§ 148, 149 StGB dienen über die Verweisung in § 369 I Nr. 3 AO dem Schutz des Rechtsverkehrs mit Steuerzeichen und somit mittelbar dem durch die Verwendung und Entwertung von Steuerzeichen entrichteten Steueraufkommen.[189] Bedeutung hat die Steuerzeichenfälschung nach derzeitiger Rechtslage nur für die Tabaksteuer, deren Entrichtung durch die Verwendung von Steuerzeichen erfolgt (vgl. § 17 I TabStG).[190]

---

[182] Jäger, in: Joecks/Jäger/Randt, Steuerstrafrecht, 9. Aufl. 2023, § 374 AO Rn. 28.
[183] BGH U. v. 11.07.2019 – 1 StR 634/18 – BGHSt 64, 152 = NJW 2020, 412.
[184] Hierzu Jäger, in: Joecks/Jäger/Randt, Steuerstrafrecht, 9. Aufl. 2023, § 374 AO Rn. 45.
[185] Hierzu ausführlich Hilgers-Klautzsch, in: Kohlmann, Steuerstrafrecht, 79. Lfg. 2023, § 374 AO Rn. 106 ff.
[186] Vgl. Jäger, in: Joecks/Jäger/Randt, Steuerstrafrecht, 9. Aufl. 2023, § 374 AO Rn. 66.
[187] Vgl. Jäger, in: Joecks/Jäger/Randt, Steuerstrafrecht, 9. Aufl. 2023, § 374 AO Rn. 95 m. w. N.
[188] Vgl. Jäger, in: Joecks/Jäger/Randt, Steuerstrafrecht, 9. Aufl. 2023, § 374 AO Rn. 95 m. w. N.
[189] Karstens, in: Joecks/Jäger/Randt, Steuerstrafrecht, 9. Aufl. 2023, § 369 AO Rn. 156.
[190] Ransiek, in: Kohlmann, Steuerstrafrecht, 79. Lfg. 2023, § 369 AO Rn. 37; Karstens, in: Joecks/Jäger/Randt, Steuerstrafrecht, 9. Aufl. 2023, § 369 AO Rn. 156.

d) Delikte außerhalb der AO

§ 148 StGB (Wertzeichenfälschung)
(1) Mit Freiheitsstrafe bis zu fünf Jahren oder mit Geldstrafe wird bestraft, wer
  1. amtliche Wertzeichen in der Absicht nachmacht, daß sie als echt verwendet oder in Verkehr gebracht werden oder daß ein solches Verwenden oder Inverkehrbringen ermöglicht werde, oder amtliche Wertzeichen in dieser Absicht so verfälscht, daß der Anschein eines höheren Wertes hervorgerufen wird,
  2. falsche amtliche Wertzeichen in dieser Absicht sich verschafft oder
  3. falsche amtliche Wertzeichen als echt verwendet, feilhält oder in Verkehr bringt.
(2) Wer bereits verwendete amtliche Wertzeichen, an denen das Entwertungszeichen beseitigt worden ist, als gültig verwendet oder in Verkehr bringt, wird mit Freiheitsstrafe bis zu einem Jahr oder mit Geldstrafe bestraft.
(3) Der Versuch ist strafbar.

§ 149 StGB (Vorbereitung der Fälschung von Geld und Wertzeichen)
(1) Wer eine Fälschung von Geld oder Wertzeichen vorbereitet, indem er
  1. Platten, Formen, Drucksätze, Druckstöcke, Negative, Matrizen, Computerprogramme oder ähnliche Vorrichtungen, die ihrer Art nach zur Begehung der Tat geeignet sind,
  2. Papier, das einer solchen Papierart gleicht oder zum Verwechseln ähnlich ist, die zur Herstellung von Geld oder amtlichen Wertzeichen bestimmt und gegen Nachahmung besonders gesichert ist, oder
  3. Hologramme oder andere Bestandteile, die der Sicherung gegen Fälschung dienen,
herstellt, sich oder einem anderen verschafft, feilhält, verwahrt oder einem anderen überläßt, wird, wenn er eine Geldfälschung vorbereitet, mit Freiheitsstrafe bis zu fünf Jahren oder mit Geldstrafe, sonst mit Freiheitsstrafe bis zu zwei Jahren oder mit Geldstrafe bestraft.
(2) Nach Absatz 1 wird nicht bestraft, wer freiwillig
  1. die Ausführung der vorbereiteten Tat aufgibt und eine von ihm verursachte Gefahr, daß andere die Tat weiter vorbereiten oder sie ausführen, abwendet oder die Vollendung der Tat verhindert und
  2. die Fälschungsmittel, soweit sie noch vorhanden und zur Fälschung brauchbar sind, vernichtet, unbrauchbar macht, ihr Vorhandensein einer Behörde anzeigt oder sie dort abliefert.
(3) Wird ohne Zutun des Täters die Gefahr, daß andere die Tat weiter vorbereiten oder sie ausführen, abgewendet oder die Vollendung der Tat verhindert, so genügt an Stelle der Voraussetzungen des Absatzes 2 Nr. 1 das freiwillige und ernsthafte Bemühen des Täters, dieses Ziel zu erreichen.

Nach der Begriffsbestimmung des § 369 I Nr. 1 AO ist auch die gewerbs- oder bandenmäßige **Schädigung des Umsatzsteueraufkommens** gem. § 26c UStG eine Steuerstraftat.

> **§ 26c UStG (Gewerbsmäßige oder bandenmäßige Schädigung des Umsatzsteueraufkommens)**
> Mit Freiheitsstrafe bis zu fünf Jahren oder mit Geldstrafe wird bestraft, wer in den Fällen des § 26a Absatz 1 gewerbsmäßig oder als Mitglied einer Bande, die sich zur fortgesetzten Begehung solcher Handlungen verbunden hat, handelt.

Gem. § 369 I Nr. 4 AO wird die **Begünstigung** i. S. d. § 257 StGB einer Person, die eine Tat nach den § 369 I Nr. 1–3 AO begangen hat, zur Steuerstraftat erklärt. Zu § 257 StGB sei auf die Darstellungen zum Pflichtfachbereich verwiesen.

Steuerordnungswidrigkeitenrecht

a) Allgemeines

§ 377 I AO enthält eine Legaldefinition der Steuerordnungswidrigkeit. Gem. § 377 II AO, parallel zu § 369 II AO formuliert, findet der Erste Teil des OWiG Anwendung, sofern die folgenden Vorschriften nichts Abweichendes bestimmen.

Gem. § 1 I OWiG ist eine **Ordnungswidrigkeit** eine rechtswidrige und vorwerfbare Handlung, die den Tatbestand eines Gesetzes verwirklicht, das die Ahndung mit einer Geldbuße zulässt. Dogmatisch erfordert die Prüfung einer Steuerordnungswidrigkeit also die Tatbestandsmäßigkeit, die Rechtswidrigkeit und die Vorwerfbarkeit.

Die Regelung des § 10 OWiG entspricht § 15 StGB; ordnungswidrig ist also nur **vorsätzliches** Handeln, wenn das Gesetz fahrlässiges Handeln nicht ausdrücklich mit Geldbuße bedroht. §§ 15, 16 OWiG regeln Rechtfertigungsgründe.

Die Vorwerfbarkeit entspricht der Schuld.[1]

§ 8 OWiG regelt das unechte Unterlassungsdelikt.

Im Ordnungswidrigkeitenrecht gilt zudem ein Einheitstäterbegriff (vgl. § 14 OWiG).[2] § 9 OWiG entspricht § 14 StGB.

Hingewiesen sei auf § 384a AO mit Wirkung vom 25.05.2018, der eine Anwendbarkeit des Steuerordnungswidrigkeitenrechts ausschließt, soweit für eine Zuwiderhandlung zugleich Art. 83 DSGVO[3] unmittelbar oder über § 2a V AO gilt.

---

[1] Heuel, in: Kohlmann, Steuerstrafrecht, 79. Lfg. 2023, § 377 AO Rn. 80.
[2] Vgl. Heuel, in: Kohlmann, Steuerstrafrecht, 79. Lfg. 2023, § 377 AO Rn. 65.
[3] Verordnung (EU) 2016/679 des Europäischen Parlaments und des Rates vom 27. April 2016 zum Schutz natürlicher Personen bei der Verarbeitung personenbezogener Daten, zum freien Datenverkehr und zur Aufhebung der Richtlinie 95/46/EG (Datenschutz-Grundverordnung).

b) Leichtfertige Steuerverkürzung, § 378 AO

> § 378 AO (Leichtfertige Steuerverkürzung)
> (1) Ordnungswidrig handelt, wer als Steuerpflichtiger oder bei Wahrnehmung der Angelegenheiten eines Steuerpflichtigen eine der in § 370 Abs. 1 bezeichneten Taten leichtfertig begeht. § 370 Abs. 4 bis 7 gilt entsprechend.
> (2) Die Ordnungswidrigkeit kann mit einer Geldbuße bis zu fünfzigtausend Euro geahndet werden.
> (3) Eine Geldbuße wird nicht festgesetzt, soweit der Täter gegenüber der Finanzbehörde die unrichtigen Angaben berichtigt, die unvollständigen Angaben ergänzt oder die unterlassenen Angaben nachholt, bevor ihm oder seinem Vertreter die Einleitung eines Straf- oder Bußgeldverfahrens wegen der Tat bekannt gegeben worden ist. Sind Steuerverkürzungen bereits eingetreten oder Steuervorteile erlangt, so wird eine Geldbuße nicht festgesetzt, wenn der Täter die aus der Tat zu seinen Gunsten verkürzten Steuern innerhalb der ihm bestimmten angemessenen Frist entrichtet. § 371 Absatz 4 gilt entsprechend.

aa) Grundlagen

§ 378 AO schützt – wie § 370 AO – das staatliche Interesse am vollständigen und rechtzeitigen Steueraufkommen im Ganzen.[4] Da subjektiv Leichtfertigkeit ausreicht, geht der Schutz des staatlichen Vermögens insofern über den des privaten (§§ 242, 246, 263 etc. StGB) hinaus.[5]

Praktisch dient § 378 AO als eine Art Auffangtatbestand für Fälle, in denen der Verdacht einer vorsätzlichen Handlungsweise gem. § 370 AO besteht, der diesbezügliche Beweis aber nicht geführt werden kann.[6]

bb) Tatbestand

(1) Tauglicher Täter
Ausweislich des Normwortlauts kommen als Täter des § 378 AO nur der Steuerpflichtige sowie derjenige in Frage, der dessen steuerliche Angelegenheiten wahrnimmt. Folglich handelt es sich bei § 378 AO um ein **Sonderdelikt**.[7]

---

[4] Randt, in: Joecks/Jäger/Randt, Steuerstrafrecht, 9. Aufl. 2023, § 378 AO Rn. 6; Heuel, in: Kohlmann, Steuerstrafrecht, 79. Lfg. 2023, § 378 AO Rn. 5; vgl. auch oben, Ausführungen zu § 370 AO.
[5] Randt, in: Joecks/Jäger/Randt, Steuerstrafrecht, 9. Aufl. 2023, § 378 AO Rn. 6.
[6] BGH U. v. 13.01.1988 – 3 StR 450/87 – NStZ 1988, 276; Heuel, in: Kohlmann, Steuerstrafrecht, 79. Lfg. 2023, § 378 AO Rn. 7; Randt, in: Joecks/Jäger/Randt, Steuerstrafrecht, 9. Aufl. 2023, § 378 AO Rn. 8 m. w. N.
[7] Vgl. Bülte, in: HHSp, 274. Lfg. 2023, § 378 AO Rn. 10.

b) Leichtfertige Steuerverkürzung, § 378 AO

Ausgenommen werden so Amtsträger der Finanzverwaltung sowie Auskunftspersonen (§§ 93 ff. AO), die i. R. d. Steuerverfahrens leichtfertig Fehler begehen oder falsche Auskünfte erteilen und so eine Steuerverkürzung herbeiführen.[8]

Da § 14 I OWiG bereits begrifflich vorsätzliches Zusammenwirken voraussetzt, ist eine Beteiligung i. S. d. § 14 OWiG bei § 378 AO ausgeschlossen.[9] Bei vorsätzlicher „Beteiligung" eines Außenstehenden an einer leichtfertigen Steuerverkürzung kommt aber eine Steuerhinterziehung in mittelbarer Täterschaft in Betracht.[10]

Ob gem. § 9 OWiG der Täterkreis indes auch auf die gesetzlichen Vertreter, Organe etc. des Steuerpflichtigen erweitert wird, ist umstritten.[11]

Teile der Literatur halten § 9 OWiG über § 377 II AO für anwendbar.[12]

Andere verstehen § 378 I AO als „andere" Bestimmung i. S. d. § 377 II AO.[13]

Da der Tatbestand den Täterkreis selbst einschränkend festlegt, spricht viel dafür, diese Regelung als abschließend zu interpretieren,[14] da § 378 AO als Ausweitung des staatlichen im Vergleich zum privaten Vermögensschutz restriktiv gehandhabt werden sollte.

Zum **Steuerpflichtigen** vgl. §§ 33, 34, 35 und 69 AO.

Dabei ist steuerpflichtig i. S. d. § 378 AO nicht nur derjenige, der zahlungspflichtig ist, sondern auch derjenige, der zur Einbehaltung und Abführung der Steuer,[15] zur Sicherheitsleistung, Führung von Büchern und Aufzeichnungen, zur Anzeige nach §§ 137 ff. AO und zur Duldung i. S. d. § 77 AO verpflichtet ist,[16] vgl. zudem § 33 II AO.

Der Begriff der Wahrnehmung der Angelegenheiten eines Steuerpflichtigen ist insofern weit auszulegen, als jede Person, die nicht selbst steuerpflichtig ist, dem Steuerpflichtigen aber bei der Erfüllung seiner steuerlichen Erklärungspflichten hilft.[17] Steuerliche Auskunftspflichten i. S. d. §§ 93 ff. AO reichen indes nicht aus.[18] In Frage kommen insbesondere Bevollmächtigte und Beistände (vgl. § 80 AO) und Angehörige steuerberatender Berufe, namentlich Steuerberater, Steuerbevollmächtigte, Rechtsanwälte sowie Wirtschaftsprüfer (vgl. § 411 AO).[19] Dies gilt auch,

---

[8] Vgl. Randt, in: Joecks/Jäger/Randt, Steuerstrafrecht, 9. Aufl. 2023, § 378 AO Rn. 6, 9 m. w. N.

[9] Vgl. Heuel, in: Kohlmann, Steuerstrafrecht, 79. Lfg. 2023, § 378 AO Rn. 10; a. A. wohl Randt, in: Joecks/Jäger/Randt, Steuerstrafrecht, 9. Aufl. 2023, § 378 AO Rn. 32.

[10] Randt, in: Joecks/Jäger/Randt, Steuerstrafrecht, 9. Aufl. 2023, § 378 AO Rn. 10; Heuel, in: Kohlmann, Steuerstrafrecht, 79. Lfg. 2023, § 378 AO Rn. 10.

[11] Dafür Heuel, in: Kohlmann, Steuerstrafrecht, 79. Lfg. 2023, § 378 AO Rn. 9 m. w. N.

[12] Heuel, in: Kohlmann, Steuerstrafrecht, 79. Lfg. 2023, § 378 AO Rn. 9; Randt, in: Joecks/Jäger/Randt, Steuerstrafrecht, 9. Aufl. 2023, § 378 AO Rn. 7.

[13] Randt, in: Joecks/Jäger/Randt, Steuerstrafrecht, 9. Aufl. 2023, § 378 AO Rn. 12 m. w. N.

[14] So richtigerweise Randt, in: Joecks/Jäger/Randt, Steuerstrafrecht, 9. Aufl. 2023, § 378 AO Rn. 12.

[15] Bspw. bei Lohnsteuer, vgl. §§ 38 III, 41a I EStG.

[16] Vgl. hierzu Heuel, in: Kohlmann, Steuerstrafrecht, 79. Lfg. 2023, § 378 AO Rn. 13.

[17] Bülte, in: HHSp, 274. Lfg. 2023, § 378 AO Rn. 16 m. w. N.; für eine noch weitere Interpretation vgl. Randt, in: Joecks/Jäger/Randt, Steuerstrafrecht, 9. Aufl. 2023, § 378 AO Rn. 15.

[18] Bülte, in: HHSp, 274. Lfg. 2023, § 378 AO Rn. 17.

[19] Vgl. zudem ausführlich Heuel, in: Kohlmann, Steuerstrafrecht, 79. Lfg. 2023, § 378 AO Rn. 16 ff.

wenn das Mandatsverhältnis mit der als juristische Person oder rechtsfähige Personengesellschaft ausgestalteten Steuerberatungs- oder Wirtschaftsprüfungsgesellschaft zustande kommt, da die Wahrnehmung der Angelegenheiten durch natürliche Personen eigenverantwortlich ausgeübt wird (vgl. § 60 StBerG, § 44 WiPrO).[20] Dabei ist unerheblich, ob die Wahrnehmung geschäftsmäßig oder berufsmäßig, mit oder ohne Vertretungsmacht oder Auftrag, auf oder gegen Weisung des Steuerpflichtigen erfolgt.[21] Nur untergeordnete Schreib- oder Recherchearbeiten scheiden als Wahrnehmung steuerlicher Angelegenheiten aus.[22] Vorauszusetzen ist zudem, dass zumindest ein faktisches Bewusstsein der Mitwirkung bei der Wahrnehmung der Erklärungspflichten besteht.[23]

(2) Tathandlung
Hinsichtlich der Tathandlungen kann auf die Ausführungen zu § 370 I AO verwiesen werden.

Bei § 378 AO ist umstritten, ob ein **Steuerberater** (Wirtschaftsprüfer, Buchhalter etc.)[24] die Ordnungswidrigkeit durch **Unterlassen** begehen kann.[25]

Dagegen spricht, dass eine Aufklärungspflicht nur gegenüber dem Steuerpflichtigen besteht; gegen eine Aufklärungspflicht des Steuerberaters gegenüber der Finanzbehörde spricht schon die nach § 203 I StGB strafbewehrte Verschwiegenheitspflicht.[26] § 153 AO findet auf den steuerlichen Berater gerade keine Anwendung.[27]

Des Weiteren umstritten ist die Frage, ob § 378 AO tatbestandlich voraussetzt, dass **eigene Angaben** gegenüber der Finanzbehörde gemacht werden, oder ob jegliche Verursachung (z. B. die Vorbereitung der steuerlichen Erklärung durch den Berater)[28] der Abgabe unrichtiger Erklärungen ausreicht, die zu einer Steuerverkürzung führt.[29]

Teilweise wird mit dem Wortlaut („Angaben macht") ein Auftreten nach Außen gefordert.[30]

---

[20] Bülte, in: HHSp, 274. Lfg. 2023, § 378 AO Rn. 18; Randt, in: Joecks/Jäger/Randt, Steuerstrafrecht, 9. Aufl. 2023, § 378 AO Rn. 21.
[21] Übersicht bei Randt, in: Joecks/Jäger/Randt, Steuerstrafrecht, 9. Aufl. 2023, § 378 AO Rn. 16 ff. m. w. N.; Bülte, in: HHSp, 274. Lfg. 2023, § 378 AO Rn. 19.
[22] Bülte, in: HHSp, 274. Lfg. 2023, § 378 AO Rn. 17 m. w. N.
[23] Bülte, in: HHSp, 274. Lfg. 2023, § 378 AO Rn. 17 m. w. N.
[24] Übersicht bei Randt, in: Joecks/Jäger/Randt, Steuerstrafrecht, 9. Aufl. 2023, § 378 AO Rn. 25.
[25] Bejahend OLG Koblenz v. 15.12.1982 – 1 Ss 559/82 – wistra 1983, 270.
[26] So Randt, in: Joecks/Jäger/Randt, Steuerstrafrecht, 9. Aufl. 2023, § 378 AO Rn. 25.
[27] BGH B. v. 20.12.1995 – 5 StR 412/95 – wistra 1996, 184; Randt, in: Joecks/Jäger/Randt, Steuerstrafrecht, 9. Aufl. 2023, § 378 AO Rn. 25 m. w. N.
[28] Vgl. Bülte, in: HHSp, 274. Lfg. 2023, § 378 AO Rn. 22.
[29] Vgl. Randt, in: Joecks/Jäger/Randt, Steuerstrafrecht, 9. Aufl. 2023, § 378 AO Rn. 28 ff.; Heuel, in: Kohlmann, Steuerstrafrecht, 79. Lfg. 2023, § 378 AO Rn. 19 ff., jeweils m. w. N.
[30] Jäger, in: Klein, AO, 16. Aufl. 2022, § 378 AO Rn. 9; Dörn wistra 1994, 215; vgl. Bülte, in: HHSp, 274. Lfg. 2023, § 378 AO Rn. 22 m. w. N.

b) Leichtfertige Steuerverkürzung, § 378 AO

Dagegen wird vertreten, § 370 I AO sei kein eigenhändiges Delikt, sodass jegliche Verursachung der Abgabe bei Vorliegen eines Verkürzungserfolgs ausreichen müsse.[31] Zumindest für die Praxis dürfte die Frage durch die Grundsatzentscheidung des BFH[32] zugunsten einer engen Auslegung geklärt sein: § 378 AO erfordert hiernach eine eigenhändige Tatbegehung i. S. v. eigenen Angaben gegenüber dem Finanzamt, unzureichend ist das bloße „Bewirken" des Taterfolgs.[33]

(3) Taterfolg
Hinsichtlich des Taterfolgs kann auf die Ausführungen zu § 370 I AO verwiesen werden.

Der Versuch der Ordnungswidrigkeit ist nicht mit Strafe bedroht; Voraussetzung der Tatbestandsverwirklichung des § 378 AO ist der Eintritt des Verkürzungserfolgs.[34] Im Versuchsfall ist ohnehin § 370 I AO vorrangig, §§ 377 II AO, 21 I 1 OWiG.

Dieser muss kausal durch die Tathandlung verursacht worden sein.[35]
Gem. § 378 I 2 AO gilt das Kompensationsverbot.[36]

§ 378 AO ist auf eine Verkürzung bzgl. Waren, die einem Verbringungsverbot unterliegen, anwendbar; zudem findet § 370 VI AO hinsichtlich europäischer Einfuhr- und Ausfuhrabgaben sowie von EU-Staaten verwalteter Umsatz- und harmonisierter Verbrauchsteuern Anwendung.[37]

(4) Leichtfertigkeit
Leichtfertigkeit bedeutet einen besonderen, höheren Grad an Fahrlässigkeit, der mit der zivilrechtlichen groben Fahrlässigkeit vergleichbar ist.[38]

Bei im Einzelnen strittiger Terminologie[39] bietet § 276 II BGB einen Anhaltspunkt: Fahrlässig handelt, wer die im Verkehr erforderliche Sorgfalt außer Acht lässt. Nach h. M. wird das Merkmal im Strafrecht zerlegt in eine im Tatbestand zu prüfende generelle Leichtfertigkeit und eine in der Schuld (bei Ordnungswidrigkeiten in der Vorwerfbarkeit) zu prüfende individuelle Leichtfertigkeit.[40] Teilweise wird Leichtfertigkeit definiert als fahrlässiges Handeln aus besonderem Leichtsinn oder besonderer Gleichgültigkeit.[41]

---

[31] Bublitz DStR 1984, 435; Samson, in: Franzen/Gast/Samson, 3. Aufl. 1985, § 378 AO Rn. 21.
[32] BFH U. v. 29.10.2013 – VIII R 27/10 – BStBl II 2014, 295.
[33] Vgl. auch Heuel, in: Kohlmann, Steuerstrafrecht, 79. Lfg. 2023, § 378 AO Rn. 19.
[34] Randt, in: Joecks/Jäger/Randt, Steuerstrafrecht, 9. Aufl. 2023, § 378 AO Rn. 26.
[35] Vgl. Bülte, in: HHSp, 274. Lfg. 2023, § 378 AO Rn. 38.
[36] Vgl. oben.
[37] Vgl. ausführlich Bülte, in: HHSp, 274. Lfg. 2023, § 378 AO Rn. 37 ff.
[38] BGH U. v. 29.04.1959 – 2 StR 123/59 – DStR 1959, 275.
[39] S. Fischer, StGB, 70. Aufl. 2023, § 15 Rn. 19 ff.
[40] Vgl. Randt, in: Joecks/Jäger/Randt, Steuerstrafrecht, 9. Aufl. 2023, § 378 AO Rn. 18 m. w. N.
[41] RG U. v. 12.04.1937 – 2 D 32/37 – RGSt 71, 174; OLG Düsseldorf U. v. 15.10.1958 – (2) Ss 425/57 – NJW 1959, 59; Randt, in: Joecks/Jäger/Randt, Steuerstrafrecht, 9. Aufl. 2023, § 378 AO Rn. 37 m. w. N.

Bewusste Fahrlässigkeit ist nach einhelliger Meinung weder erforderlich noch ausreichend für eine Leichtfertigkeit.[42]

Ein besonderes Schadensausmaß ist nicht erforderlich, kann im Einzelfall aber auf leichtfertige Begehung hindeuten.[43]

Letztlich ist eine Einzelfallentscheidung unter Berücksichtigung der konkreten Tatumstände erforderlich.[44]

Kennt der Steuerpflichtige bei der Gewinnermittlung, der Anfertigung der Steuererklärung oder Inspruchnahme von Steuervergünstigungen die Rechtslage nicht oder entstehen ihm rechtliche Zweifel, trifft ihn eine weitgehende Erkundigungspflicht.[45] Die Inanspruchnahme eines Steuerberaters befreit nicht von der eigenen Sorgfalt z. B. hinsichtlich der Vollständigkeit weitergeleiteter Unterlagen.[46] Ebenfalls denkbar ist ein leichtfertiges Verschulden bei der Auswahl und Überwachung von Hilfspersonen.[47]

Einen Sonderfall bildet die Frage nach der Leichtfertigkeit des steuerlichen Beraters.[48] Dieser muss aufgrund seiner Ausbildung und Erfahrung mit steuerrechtlichen Fragestellungen erhöhten Sorgfaltsanforderungen genügen.[49]

(5) Pflichtwidrigkeitszusammenhang

Neben der Kausalität ist nach der Lehre der objektiven Zurechnung erforderlich, dass der Täter eine rechtlich missbilligte Gefahr für das betreffende Rechtsgut (den Steueranspruch) geschaffen hat, die sich im konkreten Verkürzungserfolg verwirklicht hat.[50]

Gerade bei arbeitsteilig tätigen Unternehmen kann es am Vorliegen des Pflichtwidrigkeitszusammenhangs fehlen: Kommt es bei diesen zu einer Steuerverkürzung und soll der Leichtfertigkeitsvorwurf auf die Unterlassung stichprobenartiger Überwachung und Überprüfung der damit betrauten Mitarbeiter gestützt werden, muss positiv feststehen, dass die Einhaltung des Sorgfaltsmaßstabs gerade die eingetretene Steuerverkürzung verhindert hätte.[51] Bei dem Unternehmen zumutbaren Maßnahmen wird dies häufig nicht der Fall sein.[52]

Zur Anwendbarkeit des § 11 I OWiG (entspricht 16 I StGB) vgl. o.[53]

---

[42] Vgl. nur Randt, in: Joecks/Jäger/Randt, Steuerstrafrecht, 9. Aufl. 2023, § 378 AO Rn. 38.
[43] Randt, in: Joecks/Jäger/Randt, Steuerstrafrecht, 9. Aufl. 2023, § 378 AO Rn. 39.
[44] Vgl. zur Entscheidung im Einzelfall Randt, in: Joecks/Jäger/Randt, Steuerstrafrecht, 9. Aufl. 2023, § 378 AO Rn. 43 ff.; Heuel, in: Kohlmann, Steuerstrafrecht, 79. Lfg. 2023, § 378 AO Rn. 64 ff.; Bülte, in: HHSp, 274. Lfg. 2023, § 378 AO Rn. 46 ff.
[45] Vgl. ausführlich Randt, in: Joecks/Jäger/Randt, Steuerstrafrecht, 9. Aufl. 2023, § 378 AO Rn. 44 m. w. N.
[46] Randt, in: Joecks/Jäger/Randt, Steuerstrafrecht, 9. Aufl. 2023, § 378 AO Rn. 46 m. w. N.; Bülte, in: HHSp, 274. Lfg. 2023, § 378 AO Rn. 72 ff.
[47] Randt, in: Joecks/Jäger/Randt, Steuerstrafrecht, 9. Aufl. 2023, § 378 AO Rn. 47 f.; Bülte, in: HHSp, 274. Lfg. 2023, § 378 AO Rn. 55 ff.
[48] Vgl. hierzu ausführlich Bülte, in: HHSp, 274. Lfg. 2023, § 378 AO Rn. 76 ff.; Randt, in: Joecks/Jäger/Randt, Steuerstrafrecht, 9. Aufl. 2023, § 378 AO Rn. 52 ff.
[49] Randt, in: Joecks/Jäger/Randt, Steuerstrafrecht, 9. Aufl. 2023, § 378 AO Rn. 52.
[50] Bülte, in: HHSp, 274. Lfg. 2023, § 378 AO Rn. 86.
[51] Vgl. Randt, in: Joecks/Jäger/Randt, Steuerstrafrecht, 9. Aufl. 2023, § 378 AO Rn. 50.
[52] Bülte, in: HHSp, 274. Lfg. 2023, § 378 AO Rn. 88.
[53] Ausführungen zu § 370 AO.

b) Leichtfertige Steuerverkürzung, § 378 AO

cc) Vorwerfbarkeit (individuelle Leichtfertigkeit)

Wird bei der Prüfung der Leichtfertigkeit i. R. d. Tatbestandes auf einen objektiven Maßstab abgestellt, ist dieser Sorgfaltsverstoß nur vorwerfbar, wenn der Beteiligte dabei auch subjektiv leichtfertig gehandelt hat. Der Beteiligte muss dabei individuell in der Lage gewesen sein, die Pflicht, die ihm objektiv auferlegt war, auch zu erfüllen.[54] Zudem muss der Täter nach seinen persönlichen Umständen die Möglichkeit gehabt haben, alle Umstände zu erfassen, die zur Bewertung als leichtfertig führen.[55]

dd) Selbstanzeige, § 378 III AO

Gem. § 378 III AO wird eine Geldbuße nicht festgesetzt, soweit der Täter eine Berichtigungserklärung abgibt, bevor die Einleitung eines Straf- oder Bußgeldverfahrens bekanntgegeben worden ist, und der Steuerpflichtige die verkürzten Steuern fristgerecht nachentrichtet. § 378 III AO ist weder direkt noch analog auf die Gefährdungstatbestände der §§ 379–382 AO anzuwenden.[56]

Hinsichtlich der Berichtigungserklärung und der Nachentrichtung kann auf die Ausführungen zu § 371 AO verwiesen werden.

Aufgrund der Formulierung „soweit" und „wegen der Tat" spricht bei § 378 III AO viel dafür, dass eine **Teilselbstanzeige** möglich ist.[57]

Problematisch ist (weiterhin) die Wirkung der Teilentrichtung.[58] Ein Vollständigkeitsgebot kennt § 378 III AO nicht.[59] Bei § 378 III AO ist indes strittig, ob das Anerkennen des Ergebnisses der Außenprüfung als Berichtigungserklärung ausreicht, wenn der Steuerpflichtige dabei zum Ausdruck bringt, dass dieses richtig und vollständig sei.[60] Da als Ausschlussgrund von § 378 III AO lediglich die Bekanntgabe der Verfahrenseinleitung genannt wird,[61] muss auch nach Tatentdeckung ein Anwendungsbereich für die Selbstanzeige bleiben.[62] Folglich spricht viel dafür, geringere Anforderungen an die Berichtigungserklärung zu stellen, solange sich das Mitwirken nicht in einem bloßen Tolerieren des Betriebsprüfungsergebnisses erschöpft.[63]

---

[54] Vgl. Bülte, in: HHSp, 274. Lfg. 2023, § 378 AO Rn. 89.
[55] Bülte, in: HHSp, 274. Lfg. 2023, § 378 AO Rn. 89; Maiwald GA 1974, 257.
[56] Randt, in: Joecks/Jäger/Randt, Steuerstrafrecht, 9. Aufl. 2023, § 378 AO Rn. 69 m. w. N.
[57] So Bülte, in: HHSp, 274. Lfg. 2023, § 378 AO Rn. 110; Heuel, in: Kohlmann, Steuerstrafrecht, 79. Lfg. 2023, § 378 AO Rn. 125.1 m. w. N.; zur Teilselbstanzeige vgl. oben, § 371 AO.
[58] Hierzu Heuel, in: Kohlmann, Steuerstrafrecht, 79. Lfg. 2023, § 378 AO Rn. 145.1; Bülte, in: HHSp, 274. Lfg. 2023, § 378 AO Rn. 112.
[59] Heuel, in: Kohlmann, Steuerstrafrecht, 79. Lfg. 2023, § 378 AO Rn. 125.
[60] Randt, in: Joecks/Jäger/Randt, Steuerstrafrecht, 9. Aufl. 2023, § 378 AO Rn. 71 m. w. N.
[61] Randt, in: Joecks/Jäger/Randt, Steuerstrafrecht, 9. Aufl. 2023, § 378 AO Rn. 70; vgl. zudem oben § 371 AO.
[62] So richtigerweise Randt, in: Joecks/Jäger/Randt, Steuerstrafrecht, 9. Aufl. 2023, § 378 AO Rn. 72.
[63] Bülte, in: HHSp, 274. Lfg. 2023, § 378 AO Rn. 123 m. w. N.

Anders als bei § 371 AO ist die Selbstanzeige nach Bekanntgabe der Verfahrenseinleitung nur für die Jahre unwirksam, die von der Bekanntgabe umfasst sind.[64]

Die wirksame Selbstanzeige gem. § 378 III AO stellt ein **Verfahrenshindernis** dar und führt zur Bußgeldfreiheit.[65]

Gem. § 378 III 3 AO gilt § 371 IV AO. Zu den Voraussetzungen der Fremdanzeige s. o. bei § 371 AO.[66]

c) Steuergefährdungstatbestände

Hinsichtlich der weiteren Tatbestände sei hier lediglich die Kenntnisnahme des Gesetzeswortlautes angeraten, im Übrigen wird auf die detailliertere Fachliteratur verwiesen.

aa) Steuergefährdung, 379 AO

> **§ 379 AO (Steuergefährdung)**
> (1) Ordnungswidrig handelt, wer vorsätzlich oder leichtfertig
> 1. Belege ausstellt, die in tatsächlicher Hinsicht unrichtig sind,
> 2. Belege gegen Entgelt in den Verkehr bringt,
> 3. nach Gesetz buchungs- oder aufzeichnungspflichtige Geschäftsvorfälle oder Betriebsvorgänge nicht oder in tatsächlicher Hinsicht unrichtig aufzeichnet oder aufzeichnen lässt, verbucht oder verbuchen lässt,
> 4. entgegen § 146a Absatz 1 Satz 1 ein dort genanntes System nicht oder nicht richtig verwendet,
> 5. entgegen § 146a Absatz 1 Satz 2 ein dort genanntes System nicht oder nicht richtig schützt,
> 6. entgegen § 146a Absatz 1 Satz 5 gewerbsmäßig ein dort genanntes System oder eine dort genannte Software bewirbt oder in den Verkehr bringt,
> 7. entgegen § 147 Absatz 1 Nummer 1 bis 3 oder 4 eine Unterlage nicht oder nicht für die vorgeschriebene Dauer aufbewahrt oder
> 8. entgegen § 147a Absatz 1 Satz 1 oder Absatz 2 Satz 1 eine Aufzeichnung oder eine Unterlage nicht oder nicht mindestens sechs Jahre aufbewahrt
> und dadurch ermöglicht, Steuern zu verkürzen oder nicht gerechtfertigte Steuervorteile zu erlangen. Satz 1 Nr. 1 gilt auch dann, wenn Einfuhr- und Ausfuhrabgaben verkürzt werden können, die von einem anderen Mitgliedstaat der Europäischen Union verwaltet werden oder die einem Staat zu-

---

[64] Randt, in: Joecks/Jäger/Randt, Steuerstrafrecht, 9. Aufl. 2023, § 378 AO Rn. 74 m. w. N.
[65] Vgl. Heuel, in: Kohlmann, Steuerstrafrecht, 79. Lfg. 2023, § 378 AO Rn. 148.
[66] Vgl. zudem Heuel, in: Kohlmann, Steuerstrafrecht, 79. Lfg. 2023, § 378 AO Rn. 147.

c) Steuergefährdungstatbestände

stehen, der für Waren aus der Europäischen Union auf Grund eines Assoziations- oder Präferenzabkommens eine Vorzugsbehandlung gewährt; § 370 Abs. 7 gilt entsprechend. Das Gleiche gilt, wenn sich die Tat auf Umsatzsteuern bezieht, die von einem anderen Mitgliedstaat der Europäischen Union verwaltet werden.

(2) Ordnungswidrig handelt, wer vorsätzlich oder leichtfertig
  1. der Mitteilungspflicht nach § 138 Absatz 2 Satz 1 nicht, nicht vollständig oder nicht rechtzeitig nachkommt,
  1a. entgegen § 144 Absatz 1 oder Absatz 2 Satz 1, jeweils auch in Verbindung mit Absatz 5, eine Aufzeichnung nicht, nicht richtig oder nicht vollständig erstellt,
  1b. einer Rechtsverordnung nach § 117c Absatz 1 oder einer vollziehbaren Anordnung auf Grund einer solchen Rechtsverordnung zuwiderhandelt, soweit die Rechtsverordnung für einen bestimmten Tatbestand auf diese Bußgeldvorschrift verweist,
  1c. entgegen § 138a Absatz 1, 3 oder 4 eine Übermittlung des länderbezogenen Berichts oder entgegen § 138a Absatz 4 Satz 3 eine Mitteilung nicht, nicht vollständig oder nicht rechtzeitig (§ 138a Absatz 6) macht,
  1d. der Mitteilungspflicht nach § 138b Absatz 1 bis 3 nicht, nicht vollständig oder nicht rechtzeitig nachkommt,
  1e. entgegen § 138d Absatz 1, entgegen § 138 f Absatz 1, 2, 3 Satz 1 Nummer 1 bis 7 sowie 9 und 10 oder entgegen § 138h Absatz 2 eine Mitteilung über eine grenzüberschreitende Steuergestaltung nicht oder nicht rechtzeitig macht oder zur Verfügung stehende Angaben nicht vollständig mitteilt,
  1f. entgegen § 138g Absatz 1 Satz 1 oder entgegen § 138h Absatz 2 die Angaben nicht, nicht richtig, nicht vollständig oder nicht rechtzeitig mitteilt,
  1g. entgegen § 138k Satz 1 in der Steuererklärung die Angabe der von ihm verwirklichten grenzüberschreitenden Steuergestaltung nicht, nicht richtig, nicht vollständig oder nicht rechtzeitig macht,
  1h. einer vollziehbaren Anordnung nach § 147 Absatz 6 Satz 1 zuwiderhandelt,
  1i. entgegen § 147 Absatz 6 Satz 2 Nummer 1 Einsicht nicht, nicht richtig oder nicht vollständig gewährt oder
  2. die Pflichten nach § 154 Absatz 1 bis 2c verletzt.

(3) Ordnungswidrig handelt, wer vorsätzlich oder fahrlässig einer Auflage nach § 120 Abs. 2 Nr. 4 zuwiderhandelt, die einem Verwaltungsakt für Zwecke der besonderen Steueraufsicht (§§ 209 bis 217) beigefügt worden ist.

(4) Die Ordnungswidrigkeit nach Absatz 1 Satz 1 Nummer 1, 2 und 8, Absatz 2 Nummer 1a, 1b und 2 sowie Absatz 3 kann mit einer Geldbuße bis zu 5000 € geahndet werden, wenn die Handlung nicht nach § 378 geahndet werden kann.

(5) Die Ordnungswidrigkeit nach Absatz 2 Nummer 1c kann mit einer Geldbuße bis zu 10.000 € geahndet werden, wenn die Handlung nicht nach § 378 geahndet werden kann.

(6) Die Ordnungswidrigkeit nach Absatz 1 Satz 1 Nummer 3 bis 7 und Absatz 2 Nummer 1h und 1i kann mit einer Geldbuße bis zu 25.000 € geahndet werden, wenn die Handlung nicht nach § 378 geahndet werden kann.

(7) Die Ordnungswidrigkeit nach Absatz 2 Nummer 1 und 1d bis 1g kann mit einer Geldbuße bis zu 25.000 € geahndet werden, wenn die Handlung nicht nach § 378 geahndet werden kann.

bb) Gefährdung von Abzugsteuern, § 380 AO

§ 380 AO (Gefährdung der Abzugsteuern)

(1) Ordnungswidrig handelt, wer vorsätzlich oder leichtfertig seiner Verpflichtung, Steuerabzugsbeträge einzubehalten und abzuführen, nicht, nicht vollständig oder nicht rechtzeitig nachkommt.

(2) Die Ordnungswidrigkeit kann mit einer Geldbuße bis zu fünfundzwanzigtausend Euro geahndet werden, wenn die Handlung nicht nach § 378 geahndet werden kann. ◄

cc) Verbrauchsteuergefährdung, § 381 AO

§ 381 AO (Verbrauchsteuergefährdung)

(1) Ordnungswidrig handelt, wer vorsätzlich oder leichtfertig Vorschriften der Verbrauchsteuergesetze oder der dazu erlassenen Rechtsverordnungen
1. über die zur Vorbereitung, Sicherung oder Nachprüfung der Besteuerung auferlegten Pflichten,
2. über Verpackung und Kennzeichnung verbrauchsteuerpflichtiger Erzeugnisse oder Waren, die solche Erzeugnisse enthalten, oder über Verkehrs- oder Verwendungsbeschränkungen für solche Erzeugnisse oder Waren oder
3. über den Verbrauch unversteuerter Waren in den Freihäfen
zuwiderhandelt, soweit die Verbrauchsteuergesetze oder die dazu erlassenen Rechtsverordnungen für einen bestimmten Tatbestand auf diese Bußgeldvorschrift verweisen.

(2) Die Ordnungswidrigkeit kann mit einer Geldbuße bis zu fünftausend Euro geahndet werden, wenn die Handlung nicht nach § 378 geahndet werden kann.

dd) Gefährdung der Einfuhr- und Ausfuhrabgaben, § 382 AO

§ 382 AO (Gefährdung der Einfuhr- und Ausfuhrabgaben)
(1) Ordnungswidrig handelt, wer als Pflichtiger oder bei der Wahrnehmung der Angelegenheiten eines Pflichtigen vorsätzlich oder fahrlässig Zollvorschriften, den dazu erlassenen Rechtsverordnungen oder den Verordnungen des Rates der Europäischen Union oder der Europäischen Kommission zuwiderhandelt, die
  1. für die zollamtliche Erfassung des Warenverkehrs über die Grenze des Zollgebiets der Europäischen Union sowie über die Freizonengrenzen,
  2. für die Überführung von Waren in ein Zollverfahren und dessen Durchführung oder für die Erlangung einer sonstigen zollrechtlichen Bestimmung von Waren,
  3. für die Freizonen, den grenznahen Raum sowie die darüber hinaus der Grenzaufsicht unterworfenen Gebiete
gelten, soweit die Zollvorschriften, die dazu oder die auf Grund von Absatz 4 erlassenen Rechtsverordnungen für einen bestimmten Tatbestand auf diese Bußgeldvorschrift verweisen.
(2) Absatz 1 ist auch anzuwenden, soweit die Zollvorschriften und die dazu erlassenen Rechtsverordnungen für Verbrauchsteuern sinngemäß gelten.
(3) Die Ordnungswidrigkeit kann mit einer Geldbuße bis zu fünftausend Euro geahndet werden, wenn die Handlung nicht nach § 378 geahndet werden kann.
(4) Das Bundesministerium der Finanzen kann durch Rechtsverordnungen die Tatbestände der Verordnungen des Rates der Europäischen Union oder der Europäischen Kommission, die nach den Absätzen 1 bis 3 als Ordnungswidrigkeiten mit Geldbuße geahndet werden können, bezeichnen, soweit dies zur Durchführung dieser Rechtsvorschriften erforderlich ist und die Tatbestände Pflichten zur Gestellung, Vorführung, Lagerung oder Behandlung von Waren, zur Abgabe von Erklärungen oder Anzeigen, zur Aufnahme von Niederschriften sowie zur Ausfüllung oder Vorlage von Zolldokumenten oder zur Aufnahme von Vermerken in solchen Dokumenten betreffen.

d) Ordnungswidrigkeiten des StBerG

§ 160 StBerG (Unbefugte Hilfeleistung in Steuersachen)
(1) Ordnungswidrig handelt, wer entgegen § 5 Abs. 1 oder entgegen einer vollziehbaren Untersagung nach § 7 geschäftsmäßig Hilfe in Steuersachen leistet.
(2) Die Ordnungswidrigkeit kann mit einer Geldbuße bis zu fünftausend Euro geahndet werden.

§ 161 StBerG (Schutz der Bezeichnungen „Steuerberatungsgesellschaft", „Lohnsteuerhilfeverein" und „Landwirtschaftliche Buchstelle")

(1) Ordnungswidrig handelt, wer unbefugt die Bezeichnung „Steuerberatungsgesellschaft", „Lohnsteuerhilfeverein", „Landwirtschaftliche Buchstelle" oder eine einer solchen zum Verwechseln ähnliche Bezeichnung benutzt.

(2) Die Ordnungswidrigkeit kann mit einer Geldbuße bis zu fünftausend Euro geahndet werden.

§ 162 StBerG (Verletzung der den Lohnsteuerhilfevereinen obliegenden Pflichten)

(1) Ordnungswidrig handelt, wer
  1. entgegen § 14 Absatz 1 Satz 1 Nummer 8 eine Mitgliederversammlung oder eine Vertreterversammlung nicht durchführt,
  2. entgegen § 15 Abs. 3 eine Satzungsänderung der zuständigen Aufsichtsbehörde nicht oder nicht rechtzeitig anzeigt,
  3. entgegen § 22 Abs. 1 die jährliche Geschäftsprüfung nicht oder nicht rechtzeitig durchführen läßt,
  4. entgegen § 22 Abs. 7 Nr. 1 die Abschrift des Berichts über die Geschäftsprüfung der zuständigen Aufsichtsbehörde nicht oder nicht rechtzeitig zuleitet,
  5. entgegen § 22 Abs. 7 Nr. 2 den Mitgliedern des Lohnsteuerhilfevereins den wesentlichen Inhalt der Prüfungsfeststellungen nicht oder nicht rechtzeitig bekanntgibt,
  6. entgegen § 23 Abs. 3 Satz 1 zur Leitung einer Beratungsstelle eine Person bestellt, die nicht die dort bezeichneten Voraussetzungen erfüllt,
  7. entgegen § 23 Abs. 4 der zuständigen Aufsichtsbehörde die Eröffnung, die Schließung oder die Änderung der Anschrift einer Beratungsstelle, die Bestellung oder Abberufung des Leiters einer Beratungsstelle oder die Personen, deren sich der Verein bei der Hilfeleistung in Steuersachen im Rahmen der Befugnis nach § 4 Nr. 11 bedient, nicht mitteilt oder
  8. entgegen § 25 Abs. 2 Satz 1 nicht angemessen versichert ist oder
  9. entgegen § 29 Abs. 1 die Aufsichtsbehörde nicht oder nicht rechtzeitig von Mitgliederversammlungen oder Vertreterversammlungen unterrichtet.

(2) Die Ordnungswidrigkeit nach Absatz 1 Nr. 1, 3 bis 6 und 8 kann mit einer Geldbuße bis zu fünftausend Euro, die Ordnungswidrigkeit nach Absatz 1 Nr. 2, 7 und 9 mit einer Geldbuße bis zu eintausend Euro geahndet werden.

§ 163 StBerG (Pflichtverletzung von Personen, deren sich der Verein bei der Hilfeleistung in Steuersachen im Rahmen der Befugnis nach § 4 Nr. 11 bedient)
(1) Ordnungswidrig handelt, wer entgegen § 26 Abs. 2 in Verbindung mit der Hilfeleistung in Steuersachen im Rahmen der Befugnis nach § 4 Nr. 11 eine andere wirtschaftliche Tätigkeit ausübt.
(2) Die Ordnungswidrigkeit kann mit einer Geldbuße bis zu fünfundzwanzigtausend Euro geahndet werden.

e) Verstoß gegen steuerliche Mitwirkungspflichten

§ 26a UStG (Bußgeldvorschriften)
(1) Ordnungswidrig handelt, wer entgegen § 18 Absatz 1 Satz 4, Absatz 4 Satz 1 oder 2, Absatz 4c Satz 2, Absatz 4e Satz 4 oder Absatz 5a Satz 4, § 18i Absatz 3 Satz 3, § 18j Absatz 4 Satz 3 oder § 18k Absatz 4 Satz 3 eine Vorauszahlung, einen Unterschiedsbetrag oder eine festgesetzte Steuer nicht, nicht vollständig oder nicht rechtzeitig entrichtet.
(2) Ordnungswidrig handelt, wer vorsätzlich oder leichtfertig
1. entgegen § 14 Abs. 2 Satz 1 Nr. 1 oder 2 Satz 2 eine Rechnung nicht oder nicht rechtzeitig ausstellt,
2. entgegen § 14b Abs. 1 Satz 1, auch in Verbindung mit Satz 4, ein dort bezeichnetes Doppel oder eine dort bezeichnete Rechnung nicht oder nicht mindestens zehn Jahre aufbewahrt,
3. entgegen § 14b Abs. 1 Satz 5 eine dort bezeichnete Rechnung, einen Zahlungsbeleg oder eine andere beweiskräftige Unterlage nicht oder nicht mindestens zwei Jahre aufbewahrt,
4. entgegen § 18 Abs. 12 Satz 3 die dort bezeichnete Bescheinigung nicht oder nicht rechtzeitig vorlegt,
5. entgegen § 18a Absatz 1 bis 3 in Verbindung mit Absatz 7 Satz 1, Absatz 8 oder Absatz 9 eine Zusammenfassende Meldung nicht, nicht richtig, nicht vollständig oder nicht rechtzeitig abgibt oder entgegen § 18a Absatz 10 eine Zusammenfassende Meldung nicht oder nicht rechtzeitig berichtigt,
6. einer Rechtsverordnung nach § 18c zuwiderhandelt, soweit sie für einen bestimmten Tatbestand auf die Bußgeldvorschrift verweist, oder
7. entgegen § 18d Satz 3 die dort bezeichneten Unterlagen nicht, nicht vollständig oder nicht rechtzeitig vorlegt.
(3) Die Ordnungswidrigkeit kann in den Fällen des Absatzes 1 mit einer Geldbuße bis zu dreißigtausend Euro, in den Fällen des Absatzes 2 Nummer 3 mit einer Geldbuße bis zu tausend Euro, in den übrigen Fällen des Absatzes 2 mit einer Geldbuße bis zu fünftausend Euro geahndet werden.
(4) Verwaltungsbehörde im Sinne des § 36 Absatz 1 Nummer 1 des Gesetzes über Ordnungswidrigkeiten ist in den Fällen des Absatzes 2 Nummer 5 und 6 das Bundeszentralamt für Steuern.

§ 33 ErbStG (Anzeigepflicht der Vermögensverwahrer, Vermögensverwalter und Versicherungsunternehmen)

(1) Wer sich geschäftsmäßig mit der Verwahrung oder Verwaltung fremden Vermögens befaßt, hat diejenigen in seinem Gewahrsam befindlichen Vermögensgegenstände und diejenigen gegen ihn gerichteten Forderungen, die beim Tod eines Erblassers zu dessen Vermögen gehörten oder über die dem Erblasser zur Zeit seines Todes die Verfügungsmacht zustand, dem für die Verwaltung der Erbschaftsteuer zuständigen Finanzamt schriftlich anzuzeigen. Die Anzeige ist zu erstatten:
 1. in der Regel:
 innerhalb eines Monats, seitdem der Todesfall dem Verwahrer oder Verwalter bekanntgeworden ist;
 2. wenn der Erblasser zur Zeit seines Todes Angehöriger eines ausländischen Staats war und nach einer Vereinbarung mit diesem Staat der Nachlaß einem konsularischen Vertreter auszuhändigen ist:
 spätestens bei der Aushändigung des Nachlasses.

(2) Wer auf den Namen lautende Aktien oder Schuldverschreibungen ausgegeben hat, hat dem Finanzamt schriftlich von dem Antrag, solche Wertpapiere eines Verstorbenen auf den Namen anderer umzuschreiben, vor der Umschreibung Anzeige zu erstatten.

(3) Versicherungsunternehmen haben, bevor sie Versicherungssummen oder Leibrenten einem anderen als dem Versicherungsnehmer auszahlen oder zur Verfügung stellen, hiervon dem Finanzamt schriftlich Anzeige zu erstatten.

(4) Zuwiderhandlungen gegen diese Pflichten werden als Steuerordnungswidrigkeit mit Geldbuße geahndet.

§ 50e EStG (Bußgeldvorschriften; Nichtverfolgung von Steuerstraftaten bei geringfügiger Beschäftigung in Privathaushalten)

(1) Ordnungswidrig handelt, wer vorsätzlich oder leichtfertig entgegen § 45d Absatz 1 Satz 1, § 45d Absatz 3 Satz 1, der nach § 45e erlassenen Rechtsverordnung oder den unmittelbar geltenden Verträgen mit den in Artikel 17 der Richtlinie 2003/48/EG genannten Staaten und Gebieten eine Mitteilung nicht, nicht richtig, nicht vollständig oder nicht rechtzeitig abgibt.

(2) Ordnungswidrig handelt, wer vorsätzlich oder leichtfertig
 1. entgegen § 45b Absatz 3 Satz 3 oder 4, jeweils auch in Verbindung mit Absatz 5 Satz 2, eine Bescheinigung erteilt,
 2. entgegen § 45b Absatz 4 Satz 1 erster Halbsatz, Absatz 5 Satz 1 erster Halbsatz oder Absatz 6 Satz 1 oder 2, § 45c Absatz 1 Satz 1, auch in Verbindung mit Satz 2, oder § 45c Absatz 2 Satz 1, auch in Verbindung mit Satz 2, eine dort genannte Angabe oder dort genannte Daten nicht richtig oder nicht vollständig übermittelt oder

e) Verstoß gegen steuerliche Mitwirkungspflichten

3. entgegen
a) § 45b Absatz 7 Satz 1 eine Mitteilung nicht richtig oder nicht vollständig macht oder
b) § 45b Absatz 7 Satz 2 eine schriftliche Versicherung nicht richtig oder nicht vollständig abgibt
und dadurch ermöglicht, Steuern zu verkürzen oder nicht gerechtfertigte Steuervorteile zu erlangen.

(3) In den Fällen des Absatzes 2 Nummer 2 kann die Ordnungswidrigkeit auch dann geahndet werden, wenn sie nicht im Geltungsbereich dieses Gesetzes begangen wird.

(4) Die Ordnungswidrigkeit kann in den Fällen des Absatzes 2 mit einer Geldbuße bis zu zwanzigtausend Euro, in den Fällen des Absatzes 1 mit einer Geldbuße bis zu fünftausend Euro geahndet werden.

(5) Verwaltungsbehörde im Sinne des § 36 Absatz 1 Nummer 1 des Gesetzes über Ordnungswidrigkeiten ist das Bundeszentralamt für Steuern.

(6) Liegen die Voraussetzungen des § 40a Absatz 2 vor, werden Steuerstraftaten (§§ 369 bis 376 der Abgabenordnung) als solche nicht verfolgt, wenn der Arbeitgeber in den Fällen des § 8a des Vierten Buches Sozialgesetzbuch entgegen § 41a Absatz 1 Nummer 1, auch in Verbindung mit Absatz 2 und 3 und § 51a, und § 40a Absatz 6 Satz 3 dieses Gesetzes in Verbindung mit § 28a Absatz 7 Satz 1 des Vierten Buches Sozialgesetzbuch für das Arbeitsentgelt die Lohnsteuer-Anmeldung und die Anmeldung der einheitlichen Pauschsteuer nicht oder nicht rechtzeitig durchführt und dadurch Steuern verkürzt oder für sich oder einen anderen nicht gerechtfertigte Steuervorteile erlangt. Die Freistellung von der Verfolgung nach Satz 1 gilt auch für den Arbeitnehmer einer in Satz 1 genannten Beschäftigung, der die Finanzbehörde pflichtwidrig über steuerlich erhebliche Tatsachen aus dieser Beschäftigung in Unkenntnis lässt. Die Bußgeldvorschriften der §§ 377 bis 384 der Abgabenordnung bleiben mit der Maßgabe anwendbar, dass § 378 der Abgabenordnung auch bei vorsätzlichem Handeln anwendbar ist.

§ 45d EStG (Mitteilungen an das Bundeszentralamt für Steuern)
(1) Wer nach § 44 Absatz 1 dieses Gesetzes und nach § 7 des Investmentsteuergesetzes zum Steuerabzug verpflichtet ist, hat dem Bundeszentralamt für Steuern nach Maßgabe des § 93c der Abgabenordnung neben den in § 93c Absatz 1 der Abgabenordnung genannten Angaben folgende Daten zu übermitteln:
1. bei den Kapitalerträgen, für die ein Freistellungsauftrag erteilt worden ist,
a) die Kapitalerträge, bei denen vom Steuerabzug Abstand genommen worden ist oder bei denen Kapitalertragsteuer auf Grund des Freistellungsauf-

trags gemäß § 44b Absatz 6 Satz 4 dieses Gesetzes oder gemäß § 7 Absatz 5 Satz 1 des Investmentsteuergesetzes erstattet wurde,

b) die Kapitalerträge, bei denen die Erstattung von Kapitalertragsteuer beim Bundeszentralamt für Steuern beantragt worden ist,

2. die Kapitalerträge, bei denen auf Grund einer Nichtveranlagungs-Bescheinigung einer natürlichen Person nach § 44a Absatz 2 Satz 1 Nummer 2 vom Steuerabzug Abstand genommen oder eine Erstattung vorgenommen wurde.

Bei einem gemeinsamen Freistellungsauftrag sind die Daten beider Ehegatten zu übermitteln. § 72a Absatz 4, § 93c Absatz 1 Nummer 3 und § 203a der Abgabenordnung finden keine Anwendung.

(2) Das Bundeszentralamt für Steuern darf den Sozialleistungsträgern die Daten nach Absatz 1 mitteilen, soweit dies zur Überprüfung des bei der Sozialleistung zu berücksichtigenden Einkommens oder Vermögens erforderlich ist oder die betroffene Person zustimmt. Für Zwecke des Satzes 1 ist das Bundeszentralamt für Steuern berechtigt, die ihm von den Sozialleistungsträgern übermittelten Daten mit den vorhandenen Daten nach Absatz 1 im Wege des automatisierten Datenabgleichs zu überprüfen und das Ergebnis den Sozialleistungsträgern mitzuteilen.

(3) Ein inländischer Versicherungsvermittler im Sinne des § 59 Absatz 1 des Versicherungsvertragsgesetzes hat das Zustandekommen eines Vertrages im Sinne des § 20 Absatz 1 Nummer 6 zwischen einer im Inland ansässigen Person und einem Versicherungsunternehmen mit Sitz und Geschäftsleitung im Ausland nach Maßgabe des § 93c der Abgabenordnung dem Bundeszentralamt für Steuern mitzuteilen. Dies gilt nicht, wenn das Versicherungsunternehmen eine Niederlassung im Inland hat oder das Versicherungsunternehmen dem Bundeszentralamt für Steuern bis zu diesem Zeitpunkt das Zustandekommen eines Vertrages angezeigt und den Versicherungsvermittler hierüber in Kenntnis gesetzt hat. Neben den in § 93c Absatz 1 der Abgabenordnung genannten Daten sind folgende Daten zu übermitteln:

1. Name und Anschrift des Versicherungsunternehmens sowie Vertragsnummer oder sonstige Kennzeichnung des Vertrages,

2. Laufzeit und garantierte Versicherungssumme oder Beitragssumme für die gesamte Laufzeit,

3. Angabe, ob es sich um einen konventionellen, einen fondsgebundenen oder einen vermögensverwaltenden Versicherungsvertrag handelt.

Ist mitteilungspflichtige Stelle nach Satz 1 das ausländische Versicherungsunternehmen und verfügt dieses weder über ein Identifikationsmerkmal nach den §§ 139a bis 139c der Abgabenordnung noch über eine Steuernummer oder ein sonstiges Ordnungsmerkmal, so kann abweichend von § 93c Absatz 1 Nummer 2 Buchstabe a der Abgabenordnung auf diese Angaben verzichtet werden. Der Versicherungsnehmer gilt als Steuerpflichtiger im Sinne des § 93c Absatz 1 Nummer 2 Buchstabe c der Abgabenordnung. § 72a Absatz 4 und § 203a der Abgabenordnung finden keine Anwendung.

f) Sonstige Steuerordnungswidrigkeiten

> **§ 383 AO (Unzulässiger Erwerb von Steuererstattungs- und Vergütungsansprüchen)**
> (1) Ordnungswidrig handelt, wer entgegen § 46 Abs. 4 Satz 1 Erstattungs- oder Vergütungsansprüche erwirbt.
> (2) Die Ordnungswidrigkeit kann mit einer Geldbuße bis zu fünfzigtausend Euro geahndet werden.

> **§ 383b AO (Pflichtverletzung bei Übermittlung von Vollmachtsdaten)**
> (1) Ordnungswidrig handelt, wer den Finanzbehörden vorsätzlich oder leichtfertig
> 1. entgegen § 80a Absatz 1 Satz 3 unzutreffende Vollmachtsdaten übermittelt oder
> 2. entgegen § 80a Absatz 1 Satz 4 den Widerruf oder die Veränderung einer nach § 80a Absatz 1 übermittelten Vollmacht durch den Vollmachtgeber nicht unverzüglich mitteilt.
> (2) Die Ordnungswidrigkeit kann mit einer Geldbuße bis zu zehntausend Euro geahndet werden.

Verjährungsvorschriften

§ 376 AO (Verfolgungsverjährung)
(1) In den in § 370 Absatz 3 Satz 2 Nummer 1 bis 6 genannten Fällen besonders schwerer Steuerhinterziehung beträgt die Verjährungsfrist 15 Jahre; § 78b Absatz 4 des Strafgesetzbuches gilt entsprechend.

(2) Die Verjährung der Verfolgung einer Steuerstraftat wird auch dadurch unterbrochen, dass dem Beschuldigten die Einleitung des Bußgeldverfahrens bekannt gegeben oder diese Bekanntgabe angeordnet wird.

(3) Abweichend von § 78c Absatz 3 Satz 2 des Strafgesetzbuches verjährt in den in § 370 Absatz 3 Satz 2 Nummer 1 bis 6 genannten Fällen besonders schwerer Steuerhinterziehung die Verfolgung spätestens, wenn seit dem in § 78a des Strafgesetzbuches bezeichneten Zeitpunkt das Zweieinhalbfache der gesetzlichen Verjährungsfrist verstrichen ist.

§ 384 AO (Verfolgungsverjährung)
Die Verfolgung von Steuerordnungswidrigkeiten nach den §§ 378 bis 380 verjährt in fünf Jahren.

Steuerstrafverfahren, §§ 385 ff. AO

a) Anwendbare Vorschriften

§ 385 AO (Geltung von Verfahrensvorschriften)
(1) Für das Strafverfahren wegen Steuerstraftaten gelten, soweit die folgenden Vorschriften nichts anderes bestimmen, die allgemeinen Gesetze über das Strafverfahren, namentlich die Strafprozessordnung, das Gerichtsverfassungsgesetz und das Jugendgerichtsgesetz.
(2) Die für Steuerstraftaten geltenden Vorschriften dieses Abschnitts, mit Ausnahme des § 386 Abs. 2 sowie der §§ 399 bis 401, sind bei dem Verdacht einer Straftat, die unter Vorspiegelung eines steuerlich erheblichen Sachverhalts gegenüber der Finanzbehörde oder einer anderen Behörde auf die Erlangung von Vermögensvorteilen gerichtet ist und kein Steuerstrafgesetz verletzt, entsprechend anzuwenden.

Zudem ist hinzuweisen auf die – zwar nicht für Gerichte, aber Behörden verbindlichen – Richtlinien für das Strafverfahren und das Bußgeldverfahren (**RiStBV**), die Richtlinien für den Verkehr mit dem Ausland in strafrechtlichen Angelegenheiten (**RiVASt**) und die Anweisungen für das Straf- und Bußgeldverfahren (Steuer) (**AStBV (St)**).[1]

---

[1] Gleichlautende Erlasse der Obersten Finanzbehörden der Länder im Einvernehmen mit dem BMF (BStBl. I 2013, 1394); vgl. zur strittigen Unwirksamkeit mangels Ermächtigungsgrundlage Hellmann wistra 1994, 13; vgl. zu weiteren relevanten Verwaltungsanweisungen die Übersicht bei Stahlschmidt, Steuerstrafrecht, 2. Aufl. 2020, § 15 Rn. 1 ff.

b) Rolle der Finanzbehörde im Steuerstrafverfahren

aa) Straf- und Bußgeldsachenstelle

Dem Grunde nach besteht ein allgemeines Ermittlungs- und Anklagemonopol der Staatsanwaltschaft, die nach dem Legalitätsprinzip zum Einschreiten verpflichtet ist, sobald sie von einem möglicherweise strafrechtlich relevanten Sachverhalt Kenntnis erlangt (§ 152 StPO).[2]

Dieser Grundsatz wird durch § 386 AO eingeschränkt.

> **§ 386 AO (Zuständigkeit der Finanzbehörde bei Steuerstraftaten)**
> (1) Bei dem Verdacht einer Steuerstraftat ermittelt die Finanzbehörde den Sachverhalt. Finanzbehörde im Sinne dieses Abschnitts sind das Hauptzollamt, das Finanzamt, das Bundeszentralamt für Steuern und die Familienkasse.
> (2) Die Finanzbehörde führt das Ermittlungsverfahren in den Grenzen des § 399 Abs. 1 und der §§ 400, 401 selbstständig durch, wenn die Tat
> 1. ausschließlich eine Steuerstraftat darstellt oder
> 2. zugleich andere Strafgesetze verletzt und deren Verletzung Kirchensteuern oder andere öffentlich-rechtliche Abgaben betrifft, die an Besteuerungsgrundlagen, Steuermessbeträge oder Steuerbeträge anknüpfen.
> (3) Absatz 2 gilt nicht, sobald gegen einen Beschuldigten wegen der Tat ein Haftbefehl oder ein Unterbringungsbefehl erlassen ist.
> (4) Die Finanzbehörde kann die Strafsache jederzeit an die Staatsanwaltschaft abgeben. Die Staatsanwaltschaft kann die Strafsache jederzeit an sich ziehen. In beiden Fällen kann die Staatsanwaltschaft im Einvernehmen mit der Finanzbehörde die Strafsache wieder an die Finanzbehörde abgeben.

Gem. § 386 I AO führt die Finanzbehörde die Ermittlungen, wenn ein Anfangsverdacht (vgl. § 152 II StPO) hinsichtlich einer Steuerstraftat vorliegt. Gem. § 386 II AO führt sie dieses i. R. d. §§ 399 I, 400, 401 AO selbstständig durch, wenn es sich ausschließlich um eine Steuerstraftat handelt (Nr. 1) oder zugleich andere Strafgesetze durch die Tat verletzt werden, und deren Verletzung Kirchensteuern oder andere öffentlich-rechtliche Abgaben betrifft, die an Besteuerungsgrundlagen, Steuermessbeträge oder Steuerbeträge anknüpfen (Nr. 2). Dafür werden sog. **Strafsachenstellen** bei den Finanzämtern und Hauptzollämter gebildet.[3]

In diesem Fall nimmt die Finanzbehörde die Rechte und Pflichten wahr, die der Staatsanwaltschaft im Ermittlungsverfahren zustehen, § 399 I AO.

---

[2] Weyand, in: Graf/Jäger/Wittig, Wirtschafts- und Steuerstrafrecht, 2. Aufl. 2017, § 386 AO Rn. 1.
[3] Rüsken, in: Klein, AO, 16. Aufl. 2022, § 208 AO Rn. 1a.

> **§ 399 AO (Rechte und Pflichten der Finanzbehörde)**
> (1) Führt die Finanzbehörde das Ermittlungsverfahren auf Grund des § 386 Abs. 2 selbstständig durch, so nimmt sie die Rechte und Pflichten wahr, die der Staatsanwaltschaft im Ermittlungsverfahren zustehen.
> (2) Ist einer Finanzbehörde nach § 387 Abs. 2 die Zuständigkeit für den Bereich mehrerer Finanzbehörden übertragen, so bleiben das Recht und die Pflicht dieser Finanzbehörden unberührt, bei dem Verdacht einer Steuerstraftat den Sachverhalt zu erforschen und alle unaufschiebbaren Anordnungen zu treffen, um die Verdunkelung der Sache zu verhüten. Sie können Beschlagnahmen, Notveräußerungen, Durchsuchungen, Untersuchungen und sonstige Maßnahmen nach den für Ermittlungspersonen der Staatsanwaltschaft geltenden Vorschriften der Strafprozessordnung anordnen.

Sie kann strafprozessuale Maßnahmen vornehmen wie Vernehmungen (§ 399 I AO i. V. m. § 161a I StPO), Durchsuchungen und Beschlagnahmen (§ 399 I AO i. V. m. §§ 94 ff. StPO), Sicherstellungen von Einziehungsgegenständen (§ 399 I AO i. V. m. § 111b StPO), vorläufige Festnahmen (§ 399 I AO i. V. m. § 127 StPO), Postbeschlagnahmen und Telefonüberwachungen (§ 399 I AO i. V. m. §§ 99 ff. StPO) etc.[4]

Gem. § 386 IV 1 AO kann die Finanzbehörde die Ermittlungen jedoch jederzeit an die Staatsanwaltschaft **abgeben**, die Staatsanwaltschaft sie nach § 386 AO IV 2 AO **jederzeit an sich ziehen** und die Finanzbehörde gem. § 386 I Nr. 2 AO *e contrario* mit den Ermittlungen nach § 161 StPO beauftragen.[5] In diesem Fall endet die selbstständige Ermittlungskompetenz der Finanzbehörde, sie erlangt im steuerstrafrechtlichen Ermittlungsverfahren dieselben Rechte und Pflichten wie die Behörden und Beamten des Polizeidienstes nach der StPO, erweitert durch die Befugnisse nach § 399 II 2 AO (s. § 402 AO).

> **§ 402 Allgemeine Rechte und Pflichten der Finanzbehörde**
> (1) Führt die Staatsanwaltschaft das Ermittlungsverfahren durch, so hat die sonst zuständige Finanzbehörde dieselben Rechte und Pflichten wie die Behörden des Polizeidienstes nach der Strafprozessordnung sowie die Befugnisse nach § 399 Abs. 2 Satz 2.
> (2) Ist einer Finanzbehörde nach § 387 Abs. 2 die Zuständigkeit für den Bereich mehrerer Finanzbehörden übertragen, so gilt Absatz 1 für jede dieser Finanzbehörden.

---

[4] Übersicht bei Stahlschmidt, Steuerstrafrecht, 2. Aufl. 2020, § 15 Rn. 27 ff.
[5] Stahlschmidt, Steuerstrafrecht, 2. Aufl. 2020, § 15 Rn. 48.

Die Straf- und Bußgeldsachenstelle der Finanzbehörde ist zudem nicht Strafvollstreckungsbehörde i. S. d. § 451 I StPO.[6]

bb) Steuerfahndungsstelle

Davon zu unterscheiden ist die Rolle der Finanzbehörde i. R. d. Steuerfahndung (bzw. Zollfahndung).[7] Hier wird die Steuerfahndungsstelle als „Steuerkriminalpolizei" tätig, die der Staatsanwaltschaft als Hilfsperson zur Verfügung steht, also unter deren Leitung Ermittlungsmaßnahmen durchführt.[8]

> **§ 208 AO (Steuerfahndung (Zollfahndung))**
> (1) Aufgabe der Steuerfahndung (Zollfahndung) ist
> 1. die Erforschung von Steuerstraftaten und Steuerordnungswidrigkeiten,
> 2. die Ermittlung der Besteuerungsgrundlagen in den in Nummer 1 bezeichneten Fällen,
> 3. die Aufdeckung und Ermittlung unbekannter Steuerfälle.
> Die mit der Steuerfahndung betrauten Dienststellen der Landesfinanzbehörden und die Behörden des Zollfahndungsdienstes haben außer den Befugnissen nach § 404 Satz 2 erster Halbsatz auch die Ermittlungsbefugnisse, die den Finanzämtern (Hauptzollämtern) zustehen. In den Fällen der Nummern 2 und 3 gelten die Einschränkungen des § 93 Abs. 1 Satz 3, Abs. 2 Satz 2 und des § 97 Absatz 2 nicht; § 200 Abs. 1 Satz 1 und 2, Abs. 2, Abs. 3 Satz 1 und 2 gilt sinngemäß, § 393 Abs. 1 bleibt unberührt.
> (2) Unabhängig von Absatz 1 sind die mit der Steuerfahndung betrauten Dienststellen der Landesfinanzbehörden und die Behörden des Zollfahndungsdienstes zuständig
> 1. für steuerliche Ermittlungen einschließlich der Außenprüfung auf Ersuchen der zuständigen Finanzbehörde,
> 2. für die ihnen sonst im Rahmen der Zuständigkeit der Finanzbehörden übertragenen Aufgaben.
> (3) Die Aufgaben und Befugnisse der Finanzämter (Hauptzollämter) bleiben unberührt.

Indem sie gem. § 208 I Nr. 1 AO mit der Erforschung von Steuerstraftaten und Steuerordnungswidrigkeiten und nach § 208 I Nr. 2 AO mit der Ermittlung der Besteuerungsgrundlagen in diesen Fällen betraut ist, kommt der Finanzbehörde eine

---

[6] Rolletschke, Steuerstrafrecht, 5. Aufl. 2021, Rn. 5/37.
[7] Vgl. Rüsken, in: Klein, AO, 16. Aufl. 2022, § 208 AO Rn. 1a.
[8] Rüsken, in: Klein, AO, 16. Aufl. 2022, § 208 AO Rn. 1a.

Doppelfunktionalität zu.[9] Entsprechend ihrer Aufgabe hat die Steuerfahndung dieselben Rechte und Pflichten wie Behörden und Beamte des Polizeidienstes nach der StPO, erweitert durch die Befugnisse nach § 399 II 2 AO (vgl. § 404 AO).[10]

> **§ 404 AO (Steuer- und Zollfahndung)**
> Die Behörden des Zollfahndungsdienstes und die mit der Steuerfahndung betrauten Dienststellen der Landesfinanzbehörden sowie ihre Beamten haben im Strafverfahren wegen Steuerstraftaten dieselben Rechte und Pflichten wie die Behörden und Beamten des Polizeidienstes nach den Vorschriften der Strafprozessordnung. Die in Satz 1 bezeichneten Stellen haben die Befugnisse nach § 399 Abs. 2 Satz 2 sowie die Befugnis zur Durchsicht der Papiere des von der Durchsuchung Betroffenen (§ 110 Abs. 1 der Strafprozessordnung); ihre Beamten sind Ermittlungspersonen der Staatsanwaltschaft.

c) Sonstige Zuständigkeitsvorschriften

> **§ 387 AO (Sachlich zuständige Finanzbehörde)**
> (1) Sachlich zuständig ist die Finanzbehörde, welche die betroffene Steuer verwaltet.
> (2) Die Zuständigkeit nach Absatz 1 kann durch Rechtsverordnung einer Finanzbehörde für den Bereich mehrerer Finanzbehörden übertragen werden, soweit dies mit Rücksicht auf die Wirtschafts- oder Verkehrsverhältnisse, den Aufbau der Verwaltungsbehörden oder andere örtliche Bedürfnisse zweckmäßig erscheint. Die Rechtsverordnung erlässt, soweit die Finanzbehörde eine Landesbehörde ist, die Landesregierung, im Übrigen das Bundesministerium der Finanzen. Die Rechtsverordnung des Bundesministeriums der Finanzen bedarf nicht der Zustimmung des Bundesrates. Das Bundesministerium der Finanzen kann die Ermächtigung nach Satz 1 durch Rechtsverordnung, die nicht der Zustimmung des Bundesrates bedarf, auf eine Bundesoberbehörde übertragen. Die Landesregierung kann die Ermächtigung auf die für die Finanzverwaltung zuständige oberste Landesbehörde übertragen.

---

[9] Rolletschke, Steuerstrafrecht, 5. Aufl. 2021, Rn. 5/44.
[10] Zu den Befugnissen im Einzelnen Stahlschmidt, Steuerstrafrecht, 2. Aufl. 2020, § 15 Rn. 55 ff.

§ 388 AO (Örtlich zuständige Finanzbehörde)
(1) Örtlich zuständig ist die Finanzbehörde,
    1. in deren Bezirk die Steuerstraftat begangen oder entdeckt worden ist,
    2. die zur Zeit der Einleitung des Strafverfahrens für die Abgabenangelegenheiten zuständig ist oder
    3. in deren Bezirk der Beschuldigte zur Zeit der Einleitung des Strafverfahrens seinen Wohnsitz hat.
(2) Ändert sich der Wohnsitz des Beschuldigten nach Einleitung des Strafverfahrens, so ist auch die Finanzbehörde örtlich zuständig, in deren Bezirk der neue Wohnsitz liegt. Entsprechendes gilt, wenn sich die Zuständigkeit der Finanzbehörde für die Abgabenangelegenheit ändert.
(3) Hat der Beschuldigte im räumlichen Geltungsbereich dieses Gesetzes keinen Wohnsitz, so wird die Zuständigkeit auch durch den gewöhnlichen Aufenthaltsort bestimmt.

§ 391 AO (Zuständiges Gericht)
(1) Ist das Amtsgericht sachlich zuständig, so ist örtlich zuständig das Amtsgericht, in dessen Bezirk das Landgericht seinen Sitz hat. Im vorbereitenden Verfahren gilt dies, unbeschadet einer weitergehenden Regelung nach § 58 Abs. 1 des Gerichtsverfassungsgesetzes, nur für die Zustimmung des Gerichts nach § 153 Abs. 1 und § 153a Abs. 1 der Strafprozessordnung.
(2) Die Landesregierung kann durch Rechtsverordnung die Zuständigkeit abweichend von Absatz 1 Satz 1 regeln, soweit dies mit Rücksicht auf die Wirtschafts- oder Verkehrsverhältnisse, den Aufbau der Verwaltungsbehörden oder andere örtliche Bedürfnisse zweckmäßig erscheint. Die Landesregierung kann diese Ermächtigung auf die Landesjustizverwaltung übertragen.
(3) Strafsachen wegen Steuerstraftaten sollen beim Amtsgericht einer bestimmten Abteilung zugewiesen werden.
(4) Die Absätze 1 bis 3 gelten auch, wenn das Verfahren nicht nur Steuerstraftaten zum Gegenstand hat; sie gelten jedoch nicht, wenn dieselbe Handlung eine Straftat nach dem Betäubungsmittelgesetz darstellt, und nicht für Steuerstraftaten, welche die Kraftfahrzeugsteuer betreffen.

d) Verfahrenseinleitung

> **§ 397 AO (Einleitung des Strafverfahrens)**
> (1) Das Strafverfahren ist eingeleitet, sobald die Finanzbehörde, die Polizei, die Staatsanwaltschaft, eine ihrer Ermittlungspersonen oder der Strafrichter eine Maßnahme trifft, die erkennbar darauf abzielt, gegen jemanden wegen einer Steuerstraftat strafrechtlich vorzugehen.
> (2) Die Maßnahme ist unter Angabe des Zeitpunkts unverzüglich in den Akten zu vermerken.
> (3) Die Einleitung des Strafverfahrens ist dem Beschuldigten spätestens mitzuteilen, wenn er dazu aufgefordert wird, Tatsachen darzulegen oder Unterlagen vorzulegen, die im Zusammenhang mit der Straftat stehen, derer er verdächtig ist.

e) Verfahrensbesonderheiten

§ 392 AO modifiziert den zur **Verteidigung** berufenen Personenkreis.

> **§ 392 AO (Verteidigung)**
> (1) Abweichend von § 138 Abs. 1 der Strafprozessordnung können auch Steuerberater, Steuerbevollmächtigte, Wirtschaftsprüfer und vereidigte Buchprüfer zu Verteidigern gewählt werden, soweit die Finanzbehörde das Strafverfahren selbstständig durchführt; im Übrigen können sie die Verteidigung nur in Gemeinschaft mit einem Rechtsanwalt oder einem Rechtslehrer an einer deutschen Hochschule im Sinne des Hochschulrahmengesetzes mit Befähigung zum Richteramt führen.
> (2) § 138 Abs. 2 der Strafprozessordnung bleibt unberührt.

Zum Verhältnis des Strafverfahrens zum Besteuerungsverfahren s. ausführlich sogleich.

f) Besonderheiten beim Verfahrensabschluss[11]

> **§ 396 AO (Aussetzung des Verfahrens)**
> (1) Hängt die Beurteilung der Tat als Steuerhinterziehung davon ab, ob ein Steueranspruch besteht, ob Steuern verkürzt oder ob nicht gerechtfertigte Steuervorteile erlangt sind, so kann das Strafverfahren ausgesetzt werden, bis das Besteuerungsverfahren rechtskräftig abgeschlossen ist.
> (2) Über die Aussetzung entscheidet im Ermittlungsverfahren die Staatsanwaltschaft, im Verfahren nach Erhebung der öffentlichen Klage das Gericht, das mit der Sache befasst ist.
> (3) Während der Aussetzung des Verfahrens ruht die Verjährung.

> **§ 398a AO (Absehen von Verfolgung in besonderen Fällen)**
> (1) In Fällen, in denen Straffreiheit nur wegen § 371 Absatz 2 Satz 1 Nummer 3 oder 4 nicht eintritt, wird von der Verfolgung einer Steuerstraftat abgesehen, wenn der an der Tat Beteiligte innerhalb einer ihm bestimmten angemessenen Frist
> 1. die aus der Tat zu seinen Gunsten hinterzogenen Steuern, die Hinterziehungszinsen nach § 235 und die Zinsen nach § 233a, soweit sie auf die Hinterziehungszinsen nach § 235 Absatz 4 angerechnet werden, sowie die Verzugszinsen nach Artikel 114 des Zollkodex der Union entrichtet und
> 2. einen Geldbetrag in folgender Höhe zugunsten der Staatskasse zahlt:
>   a) 10 % der hinterzogenen Steuer, wenn der Hinterziehungsbetrag 100.000 € nicht übersteigt,
>   b) 15 % der hinterzogenen Steuer, wenn der Hinterziehungsbetrag 100.000 € übersteigt und 1.000.000 € nicht übersteigt,
>   c) 20 % der hinterzogenen Steuer, wenn der Hinterziehungsbetrag 1.000.000 € übersteigt.
> (2) Die Bemessung des Hinterziehungsbetrags richtet sich nach den Grundsätzen in § 370 Absatz 4.
> (3) Die Wiederaufnahme eines nach Absatz 1 abgeschlossenen Verfahrens ist zulässig, wenn die Finanzbehörde erkennt, dass die Angaben im Rahmen einer Selbstanzeige unvollständig oder unrichtig waren.
> (4) Der nach Absatz 1 Nummer 2 gezahlte Geldbetrag wird nicht erstattet, wenn die Rechtsfolge des Absatzes 1 nicht eintritt. Das Gericht kann diesen Betrag jedoch auf eine wegen Steuerhinterziehung verhängte Geldstrafe anrechnen.

---

[11] S. Rolletschke, Steuerstrafrecht, 5. Aufl. 2021, Rn. 5/141 ff.

> **§ 398 AO (Einstellung wegen Geringfügigkeit)**
> Die Staatsanwaltschaft kann von der Verfolgung einer Steuerhinterziehung, bei der nur eine geringwertige Steuerverkürzung eingetreten ist oder nur geringwertige Steuervorteile erlangt sind, auch ohne Zustimmung des für die Eröffnung des Hauptverfahrens zuständigen Gerichts absehen, wenn die Schuld des Täters als gering anzusehen wäre und kein öffentliches Interesse an der Verfolgung besteht. Dies gilt für das Verfahren wegen einer Steuerhehlerei nach § 374 und einer Begünstigung einer Person, die eine der in § 375 Abs. 1 Nr. 1 bis 3 genannten Taten begangen hat, entsprechend.

g) Schätzung im Steuerstrafverfahren[12]

I. R. d. strafprozessualen Beweisgrundsätze (vgl. § 261 StPO) ist eine Schätzung von Besteuerungsgrundlagen auch im Steuer**straf**verfahren zulässig. Die Anforderungen an die Schätzung sind hier indes wesentlich höher.[13]

> **§ 162 AO (Schätzung von Besteuerungsgrundlagen)**
> (1) Soweit die Finanzbehörde die Besteuerungsgrundlagen nicht ermitteln oder berechnen kann, hat sie sie zu schätzen. Dabei sind alle Umstände zu berücksichtigen, die für die Schätzung von Bedeutung sind.
> (2) Zu schätzen ist insbesondere dann, wenn der Steuerpflichtige über seine Angaben keine ausreichenden Aufklärungen zu geben vermag oder weitere Auskunft oder eine Versicherung an Eides statt verweigert oder seine Mitwirkungspflicht nach § 90 Abs. 2 verletzt. Das Gleiche gilt, wenn der Steuerpflichtige Bücher oder Aufzeichnungen, die er nach den Steuergesetzen zu führen hat, nicht vorlegen kann, wenn die Buchführung oder die Aufzeichnungen nach § 158 Absatz 2 nicht der Besteuerung zugrunde gelegt werden oder wenn tatsächliche Anhaltspunkte für die Unrichtigkeit oder Unvollständigkeit der vom Steuerpflichtigen gemachten Angaben zu steuerpflichtigen Einnahmen oder Betriebsvermögensmehrungen bestehen und der Steuerpflichtige die Zustimmung nach § 93 Abs. 7 Satz 1 Nr. 5 nicht erteilt. Hat der Steuerpflichtige seine Mitwirkungspflichten nach § 12 des Gesetzes zur Abwehr von Steuervermeidung und unfairem Steuerwettbewerb verletzt, so wird widerlegbar vermutet, dass in Deutschland steuerpflichtige Einkünfte

---

[12] Vgl. dazu Stahlschmidt, Steuerstrafrecht, 2. Aufl. 2020, § 19 Rn. 1 ff.
[13] Hierzu BGH B. v. 10.02.2022 – 1 StR 484/21 – NStZ 2022, 418; Stahlschmidt, Steuerstrafrecht, 2. Aufl. 2020, § 15 Rn. 9; Marschall DStR 1979, 587.

in Bezug zu Staaten oder Gebieten im Sinne des § 3 Absatz 1 des Gesetzes zur Abwehr von Steuervermeidung und unfairem Steuerwettbewerb
1. bisher nicht erklärt wurden, tatsächlich aber vorhanden sind, oder
2. bisher zwar erklärt wurden, tatsächlich aber höher sind als erklärt.

(3) Verletzt ein Steuerpflichtiger seine Mitwirkungspflichten nach § 90 Absatz 3 dadurch, dass er keine Aufzeichnungen über einen Geschäftsvorfall vorlegt, oder sind die über einen Geschäftsvorfall vorgelegten Aufzeichnungen im Wesentlichen unverwertbar oder wird festgestellt, dass der Steuerpflichtige Aufzeichnungen im Sinne des § 90 Absatz 3 Satz 5 nicht zeitnah erstellt hat, so wird widerlegbar vermutet, dass seine im Inland steuerpflichtigen Einkünfte, zu deren Ermittlung die Aufzeichnungen im Sinne des § 90 Absatz 3 dienen, höher als die von ihm erklärten Einkünfte sind. Hat in solchen Fällen die Finanzbehörde eine Schätzung vorzunehmen und können diese Einkünfte nur innerhalb eines bestimmten Rahmens, insbesondere nur auf Grund von Preisspannen bestimmt werden, kann dieser Rahmen zu Lasten des Steuerpflichtigen ausgeschöpft werden. Bestehen trotz Vorlage verwertbarer Aufzeichnungen durch den Steuerpflichtigen Anhaltspunkte dafür, dass seine Einkünfte bei Beachtung des Fremdvergleichsgrundsatzes höher wären als die auf Grund der Aufzeichnungen erklärten Einkünfte, und können entsprechende Zweifel deswegen nicht aufgeklärt werden, weil eine ausländische, nahe stehende Person ihre Mitwirkungspflichten nach § 90 Abs. 2 oder ihre Auskunftspflichten nach § 93 Abs. 1 nicht erfüllt, ist Satz 2 entsprechend anzuwenden.

(4) Legt ein Steuerpflichtiger über einen Geschäftsvorfall keine Aufzeichnungen im Sinne des § 90 Absatz 3 vor oder sind die über einen Geschäftsvorfall vorgelegten Aufzeichnungen im Wesentlichen unverwertbar, ist ein Zuschlag von 5000 € festzusetzen. Der Zuschlag beträgt mindestens 5 % und höchstens 10 % des Mehrbetrags der Einkünfte, der sich nach einer Berichtigung auf Grund der Anwendung des Absatzes 3 ergibt, wenn sich danach ein Zuschlag von mehr als 5000 € ergibt. Der Zuschlag ist regelmäßig nach Abschluss der Außenprüfung festzusetzen. Bei verspäteter Vorlage von verwertbaren Aufzeichnungen beträgt der Zuschlag bis zu 1.000.000 €, mindestens jedoch 100 € für jeden vollen Tag der Fristüberschreitung; er kann für volle Wochen und Monate der verspäteten Vorlage in Teilbeträgen festgesetzt werden. Soweit den Finanzbehörden Ermessen hinsichtlich der Höhe des jeweiligen Zuschlags eingeräumt ist, sind neben dem Zweck dieses Zuschlags, den Steuerpflichtigen zur Erstellung und fristgerechten Vorlage der Aufzeichnungen nach § 90 Absatz 3 anzuhalten, insbesondere die von ihm gezogenen Vorteile und bei verspäteter Vorlage auch die Dauer der Fristüberschreitung zu berücksichtigen. Von der Festsetzung eines Zuschlags ist abzusehen, wenn die Nichterfüllung der Pflichten nach § 90 Abs. 3 entschuldbar erscheint oder ein Verschulden nur geringfügig ist. Das Verschulden eines gesetzlichen Vertreters oder eines Erfüllungsgehilfen steht dem eigenen Verschulden gleich.

> (4a) Verletzt der Steuerpflichtige seine Mitwirkungspflichten nach § 12 des Steueroasen-Abwehrgesetzes, ist Absatz 4 entsprechend anzuwenden. Von der Festsetzung eines Zuschlags ist abzusehen, wenn die Nichterfüllung der Mitwirkungspflichten entschuldbar erscheint oder das Verschulden nur geringfügig ist. Das Verschulden eines gesetzlichen Vertreters oder eines Erfüllungsgehilfen ist dem Steuerpflichtigen zuzurechnen.
> (5) In den Fällen des § 155 Abs. 2 können die in einem Grundlagenbescheid festzustellenden Besteuerungsgrundlagen geschätzt werden.

h) Konflikt des Steuerstrafverfahrens und des Besteuerungsverfahrens

aa) Allgemeines

Im Steuerstrafverfahren wird die Finanzbehörde entweder selbst oder für die Staatsanwaltschaft tätig (vgl. §§ 399, 402 AO). Dabei kommen ihr die leicht abgewandelten (§ 399 II 2 AO) Befugnisse der StPO zu, sie kann z. B. Durchsuchungen und Beschlagnahmen durchführen.[14] Korrespondierend mit den Grundrechtseinschränkungen des Beschuldigten durch die Verpflichtung zur Duldung dieser Maßnahmen hat dieser ein Schweigerecht: Nach dem aus Art. 2 I i. V. m. Art. 1 I GG und dem Rechtstaatsprinzip in Art. 20 III GG abgeleiteten Grundsatz *nemo tenetur se ipsum accusare* darf er nicht zu selbstbelastenden Aussagen gezwungen werden.[15]

Demgegenüber ist das Besteuerungsverfahren von weitreichenden Mitwirkungspflichten – etwa der Pflicht zur vollständigen und wahrheitsgemäßen Offenlegung der für die Besteuerung erheblichen Tatsachen – des Steuerpflichtigen geprägt (§§ 90, 200 I, II AO).[16] Aus § 40 AO ergibt sich, dass sitten- oder gesetzeswidriges Verhalten für die Besteuerung unerheblich ist, steuerliche Mitwirkungspflichten also auch bei deliktischen Sachverhalten bestehen. Zudem können diese Mitwirkungspflichten unter den Voraussetzungen der §§ 328 ff. AO zwangsweise durchgesetzt werden.

§ 393 AO geht dabei von einem Parallellaufen des Besteuerungsverfahrens und des Steuerstrafverfahrens aus.[17] Die Verfahren werden häufig von der selben Behörde (§ 386 I, II AO), möglicherweise sogar durch den selben Beamten (§ 208 I Nr. 1 u. 2 AO) durchgeführt.[18] Diese Ausgangslage führt zwangsläufig zu einem Konflikt mit der Selbstbelastungsfreiheit, welchen der Gesetzgeber durch die Sus-

---

[14] Vgl. Webel, in: Joecks/Jäger/Randt, Steuerstrafrecht, 9. Aufl. 2023, § 402 AO Rn. 7.
[15] Kindhäuser/Schumann, StPO, 6. Aufl. 2023, § 6 Rn. 9 m. w. N.
[16] Hilgers-Klautzsch, in: Kohlmann, Steuerstrafrecht, 79. Lfg. 2023, § 393 AO Rn. 31.
[17] Karstens, in: Joecks/Jäger/Randt, Steuerstrafrecht, 9. Aufl. 2023, § 393 AO Rn. 4 m. w. N.
[18] Hilgers-Klautzsch, in: Kohlmann, Steuerstrafrecht, 79. Lfg. 2023, § 393 AO Rn. 15.

pendierung von Zwangsmitteln (§ 393 I 1 AO) und durch ein Verwendungsverbot für Nichtsteuerstraftaten (§ 393 II 1 AO) zu lösen versucht.

§ 393 III 1 AO soll dann klarstellen, dass rechtmäßig im Steuerstrafverfahren erlangte Kenntnisse im Besteuerungsverfahren verwendet werden können.[19] § 393 III 2 AO i. V. m. § 413 AO weiten diesen Grundsatz auf die Verwendung von Erkenntnissen aus, die dem Schutzbereich des Art. 10 GG unterliegen.[20]

> **§ 393 AO (Verhältnis des Strafverfahrens zum Besteuerungsverfahren)**
> (1) Die Rechte und Pflichten der Steuerpflichtigen und der Finanzbehörde im Besteuerungsverfahren und im Strafverfahren richten sich nach den für das jeweilige Verfahren geltenden Vorschriften. Im Besteuerungsverfahren sind jedoch Zwangsmittel (§ 328) gegen den Steuerpflichtigen unzulässig, wenn er dadurch gezwungen würde, sich selbst wegen einer von ihm begangenen Steuerstraftat oder Steuerordnungswidrigkeit zu belasten. Dies gilt stets, soweit gegen ihn wegen einer solchen Tat das Strafverfahren eingeleitet worden ist. Der Steuerpflichtige ist hierüber zu belehren, soweit dazu Anlass besteht.
> (2) Soweit der Staatsanwaltschaft oder dem Gericht in einem Strafverfahren aus den Steuerakten Tatsachen oder Beweismittel bekannt werden, die der Steuerpflichtige der Finanzbehörde vor Einleitung des Strafverfahrens oder in Unkenntnis der Einleitung des Strafverfahrens in Erfüllung steuerrechtlicher Pflichten offenbart hat, dürfen diese Kenntnisse gegen ihn nicht für die Verfolgung einer Tat verwendet werden, die keine Steuerstraftat ist. Dies gilt nicht für Straftaten, an deren Verfolgung ein zwingendes öffentliches Interesse (§ 30 Abs. 4 Nr. 5) besteht.
> (3) Erkenntnisse, die die Finanzbehörde oder die Staatsanwaltschaft rechtmäßig im Rahmen strafrechtlicher Ermittlungen gewonnen hat, dürfen im Besteuerungsverfahren verwendet werden. Dies gilt auch für Erkenntnisse, die dem Brief-, Post- und Fernmeldegeheimnis unterliegen, soweit die Finanzbehörde diese rechtmäßig im Rahmen eigener strafrechtlicher Ermittlungen gewonnen hat oder soweit nach den Vorschriften der Strafprozessordnung Auskunft an die Finanzbehörden erteilt werden darf.

bb) Zwangsmittelverbot (§ 393 I AO)

(1) Tatbestand

(a) Allgemeines
Obwohl die Mitwirkungspflichten des Steuerpflichtigen auch während des Steuerstrafverfahrens für das Besteuerungsverfahren formal bestehen bleiben, hat § 393 I

---
[19] Karstens, in: Joecks/Jäger/Randt, Steuerstrafrecht, 9. Aufl. 2023, § 393 AO Rn. 118.
[20] Karstens, in: Joecks/Jäger/Randt, Steuerstrafrecht, 9. Aufl. 2023, § 393 AO Rn. 118.

h) Konflikt des Steuerstrafverfahrens und des Besteuerungsverfahrens

AO faktisch die Wirkung, dass es Mitwirkungspflichten des Steuerpflichtigen materiell nicht gibt, soweit Steuerstraftaten im Raum stehen.[21] Mit dem formalen Bestehenlassen der Mitwirkungspflichten bezweckt der Gesetzgeber, eine Schätzung gem. § 162 AO im Besteuerungsverfahren zu ermöglichen.[22]

(b) Voraussetzungen des Zwangsmittelverbots
Nach Einleitung des Steuerstrafverfahrens gilt das Zwangsmittelverbot ausnahmslos (§ 393 I 3 AO).[23] Die Einleitung des Steuerstrafverfahrens richtet sich nach § 397 AO; das Zwangsmittelverbot besteht also, wenn durch eine objektiv erkennbare Maßnahme das Steuerstrafverfahren eingeleitet ist. Auf eine förmliche Mitteilung kommt es nicht an.[24] Das Zwangsmittelverbot besteht hingegen nur für das Besteuerungsverfahren, das auch Gegenstand der Steuerstraftat ist.[25] § 410 I Nr. 4 AO erklärt § 393 I AO zudem bei der Einleitung eines Bußgeldverfahrens für anwendbar.[26] Vor Einleitung des Steuerstrafverfahrens besteht ein Zwangsmittelverbot, wenn der Steuerpflichtige dadurch gezwungen wäre, sich selbst wegen einer von ihm begangenen Steuerstraftat oder Steuerordnungswidrigkeit zu belasten (§ 393 I 2 AO). Es kommt also auf das Bestehen einer sog. Selbstbelastungsgefahr an.[27] Diese liegt vor, wenn durch die Mitwirkung ein Anfangsverdacht begründet würde.[28] Müsste der Steuerpflichtige die Selbstbelastungsgefahr durch konkrete Tatsachen darlegen, würde das Zwangsmittelverbot faktisch leerlaufen.[29] Folglich sind nur geringe Anforderungen an die Glaubhaftmachung zu stellen[30]; der Hinweis auf die allgemeine Gefahr der Selbstbezichtigung ist ausreichend.[31] Die Selbstbelastung muss sich ausweislich des Wortlauts auf eine Steuerstraftat oder StOWi beziehen (§ 369 I Nr. 1–4 AO).[32] Gem. § 385 II AO ebenfalls hiervon erfasst sind sog. Vorspiegelungstaten.[33], [34] Handelt es sich um eine Nichtsteuerstraftat, ist nur § 393 II AO anwendbar; Zwangsmittel bleiben zulässig. § 393 I 2 AO spricht von einer „begangenen Tat". Ausdrücklich vom Wortlaut erfasst ist damit die Vollendungsstrafbarkeit. Sofern der

---

[21] Karstens, in: Joecks/Jäger/Randt, Steuerstrafrecht, 9. Aufl. 2023, § 393 AO Rn. 6 m. w. N.
[22] Karstens, in: Joecks/Jäger/Randt, Steuerstrafrecht, 9. Aufl. 2023, § 393 AO Rn. 6 m. w. N.
[23] Hilgers-Klautzsch, in: Kohlmann, Steuerstrafrecht, 79. Lfg. 2023, § 393 AO Rn. 56.
[24] Hilgers-Klautzsch, in: Kohlmann, Steuerstrafrecht, 79. Lfg. 2023, § 393 AO Rn. 57.
[25] Karstens, in: Joecks/Jäger/Randt, Steuerstrafrecht, 9. Aufl. 2023, § 393 AO Rn. 27 m. w. N.
[26] Vgl. Hilgers-Klautzsch, in: Kohlmann, Steuerstrafrecht, 79. Lfg. 2023, § 393 AO Rn. 58 m. w. N.
[27] Tormöhlen, in: HHSp, 274. Lfg. 2023, § 393 AO Rn. 83; Hilgers-Klautzsch, in: Kohlmann, Steuerstrafrecht, 79. Lfg. 2023, § 393 AO Rn. 86 ff.; Karstens, in: Joecks/Jäger/Randt, Steuerstrafrecht, 9. Aufl. 2023, § 393 AO Rn. 20.
[28] Karstens, in: Joecks/Jäger/Randt, Steuerstrafrecht, 9. Aufl. 2023, § 393 AO Rn. 21.
[29] Karstens, in: Joecks/Jäger/Randt, Steuerstrafrecht, 9. Aufl. 2023, § 393 AO Rn. 28.
[30] Karstens, in: Joecks/Jäger/Randt, Steuerstrafrecht, 9. Aufl. 2023, § 393 AO Rn. 28.
[31] Hilgers-Klautzsch, in: Kohlmann, Steuerstrafrecht, 79. Lfg. 2023, § 393 AO Rn. 93.
[32] Hilgers-Klautzsch, in: Kohlmann, Steuerstrafrecht, 79. Lfg. 2023, § 393 AO Rn. 87.
[33] Tormöhlen, in: HHSp, 274. Lfg. 2023, § 393 AO Rn. 84; vgl. hierzu Rüping, in: HHSp, 274. Lfg. 2023, § 385 AO Rn. 21 ff.
[34] Vgl. zudem Karstens, in: Joecks/Jäger/Randt, Steuerstrafrecht, 9. Aufl. 2023, § 393 AO Rn. 22.

Versuch hingegen unter Strafe steht, streitet die *ratio legis* des § 393 I 2 AO für eine Anwendbarkeit des Zwangsmittelverbots.[35] Dies wird in der Literatur und Rspr. überwiegend dahingehend eingeschränkt, dass ein Zwangsmittelverbot dann nicht bestehen soll, wenn die Erfüllung der Mitwirkungspflicht einen strafbefreienden Rücktritt vom Versuch gem. § 369 II AO i. V. m. § 24 StGB oder eine Selbstanzeige mit strafbefreiender Wirkung gem. § 371 AO darstellt.[36]

Da der Wortlaut diesbezüglich nicht weiter differenziert, gilt das Zwangsmittelverbot sowohl bei täterschaftlicher (§ 369 II AO i. V. m. § 25 StGB) Tatbegehung als auch bei Teilnahme (§ 369 II AO i. V. m. §§ 26, 27 StGB).[37]

(c) Persönlicher Schutzbereich

Der Wortlaut des § 393 I 2 AO ordnet ein Verbot für Zwangsmittel gegen den Steuerpflichtigen an. Direkt erfasst sind also der materiell Steuerpflichtige i. S. d. § 33 AO sowie die in §§ 34, 35 AO benannten Personen.[38] § 393 I 2 erfasst damit Personen, denen kein Auskunftsverweigerungsrecht i. S. d. § 103 AO zusteht und schließt so die nach § 103 AO verbleibende Lücke.[39]

Mitwirkungspflichten im Besteuerungsverfahren bestehen hingegen gem. §§ 78, 90 AO auch für Beteiligte, die nicht steuerpflichtig i. S. d. § 33 AO sind – auch sie können Beschuldigte eines Steuerstrafverfahrens sein.[40] Sie wären nach dem Wortlaut des § 393 I 2 AO nicht erfasst, ihre Mitwirkungspflichten könnten also trotz Selbstbelastungsgefahr mit Zwangsmitteln i. S. d. § 328 AO durchgesetzt werden.[41] Dieses allgemein als lückenhaft empfundene[42] und teilweise als Redaktionsversehen qualifizierte[43] Ergebnis wird nach überwiegender Ansicht durch analoge Anwendung des § 393 I 2 AO auf Dritte gelöst, bei denen eine Selbstbelastungsgefahr besteht.[44]

---

[35] Tormöhlen, in: HHSp, 274. Lfg. 2023, § 393 AO Rn. 85; Hilgers-Klautzsch, in: Kohlmann, Steuerstrafrecht, 79. Lfg. 2023, § 393 AO Rn. 89.

[36] Tormöhlen, in: HHSp, 274. Lfg. 2023, § 393 AO Rn. 86; Karstens, in: Joecks/Jäger/Randt, Steuerstrafrecht, 9. Aufl. 2023, § 393 AO Rn. 23; BFH B. v. 01.02.2012 – VII B 234/11 – BFH/NV 2012, 913; BGH U. v. 17.03.2009 – 1 StR 479/08 – BGHSt 53, 210.

[37] Hilgers-Klautzsch, in: Kohlmann, Steuerstrafrecht, 79. Lfg. 2023, § 393 AO Rn. 88; Tormöhlen, in: HHSp, 274. Lfg. 2023, § 393 AO Rn. 87; Karstens, in: Joecks/Jäger/Randt, Steuerstrafrecht, 9. Aufl. 2023, § 393 AO Rn. 23.

[38] Hilgers-Klautzsch, in: Kohlmann, Steuerstrafrecht, 79. Lfg. 2023, § 393 AO Rn. 78; Tormöhlen, in: HHSp, 274. Lfg. 2023, § 393 AO Rn. 71; Karstens, in: Joecks/Jäger/Randt, Steuerstrafrecht, 9. Aufl. 2023, § 393 AO Rn. 38.

[39] Hilgers-Klautzsch, in: Kohlmann, Steuerstrafrecht, 79. Lfg. 2023, § 393 AO Rn. 79.

[40] Tormöhlen, in: HHSp, 274. Lfg. 2023, § 393 AO Rn. 24.

[41] Hilgers-Klautzsch, in: Kohlmann, Steuerstrafrecht, 79. Lfg. 2023, § 393 AO Rn. 80; Tormöhlen, in: HHSp, 274. Lfg. 2023, § 393 AO Rn. 77; Jäger, in: Klein, AO, 16. Aufl. 2022, § 393 AO Rn. 37.

[42] Jäger, in: Klein, AO, 16. Aufl. 2022, § 393 AO Rn. 37; Hilgers-Klautzsch, in: Kohlmann, Steuerstrafrecht, 79. Lfg. 2023, § 393 AO Rn. 80.

[43] Tormöhlen, in: HHSp, 274. Lfg. 2023, § 393 AO Rn. 77.

[44] Hilgers-Klautzsch, in: Kohlmann, Steuerstrafrecht, 79. Lfg. 2023, § 393 AO Rn. 80; Tormöhlen, in: HHSp, 274. Lfg. 2023, § 393 AO Rn. 77; Karstens, in: Joecks/Jäger/Randt, Steuerstrafrecht, 9. Aufl. 2023, § 393 AO Rn. 38, jeweils m. w. N.

h) Konflikt des Steuerstrafverfahrens und des Besteuerungsverfahrens

Zudem wird eine Ausweitung des Zwangsmittelverbots durch analoge Anwendung auf Angehörige erwogen.[45] Dabei sind zwei Konstellationen zu unterscheiden: Der Angehörige müsste i. R. d. steuerlichen Mitwirkungspflichten den Steuerpflichtigen belasten oder umgekehrt der Steuerpflichtige den Angehörigen.[46] Im ersten Fall existiert keine Regelungslücke, besteht hier gem. §§ 101, 103 AO ein Auskunftsverweigerungsrecht.[47] In der zweiten Konstellation hingegen bieten §§ 101, 103 und 104 AO keinen hinreichenden Schutz, da diese die Inanspruchnahme des Angehörigen als Dritten voraussetzten (vgl. § 101 AO: „Die Angehörigen (§ 15) eines Beteiligten können die Auskunft verweigern, soweit sie nicht selbst als Beteiligte über ihre eigenen steuerlichen Verhältnisse auskunftspflichtig sind" bzw. § 103 AO: „Personen, die nicht Beteiligte und nicht für einen Beteiligten auskunftspflichtig sind").[48]

Gleiches gelte für § 252 StPO: Diese Bestimmung stünde zwar einer Verlesung einer Aussage bei Bestehen eines Zeugnisverweigerungsrechts gem. § 52 StPO entgegen, die Finanzbehörde könnte eine solche Verlesung aber nach zwangsweise erlangter Mitwirkung im Besteuerungsverfahren durch weitere Aufklärung unnötig machen und damit das Zwangsmittelverbot gegen den Beschuldigten umgehen.[49] Einer analogen Anwendung des § 393 I 2 AO auf Angehörige wird dabei das Fehlen einer planwidrigen Regelungslücke entgegengehalten.[50] Die Problematik solle vielmehr durch ein strafprozessuales Verwertungsverbot für entsprechende Aussagen von Angehörigen unter dem Eindruck eines Zwangsmittels i. R. d. Besteuerungsverfahrens gelöst werden.[51]

Zudem wäre unklar, welche Angehörigen von diesem erweiterten Schutz profitieren sollten.[52] Nach teilweise vertretener Ansicht soll hierfür bei entfernteren Angehörigen nicht unbesehen auf die Kataloge der § 15 AO und § 52 StPO abgestellt, sondern die konkrete Beziehung berücksichtigt werden.[53] Dem wird entgegengehalten, dass eine Evaluation der Qualität der Beziehung auch sonst in der Rechtsordnung nicht verlangt werde.[54]

---

[45] Teske wistra 1988, 207; vgl. zudem Tormöhlen, in: HHSp, 274. Lfg. 2023, § 393 AO Rn. 78 ff.; Hilgers-Klautzsch, in: Kohlmann, Steuerstrafrecht, 79. Lfg. 2023, § 393 AO Rn. 81 ff.
[46] Karstens, in: Joecks/Jäger/Randt, Steuerstrafrecht, 9. Aufl. 2023, § 393 AO Rn. 39; Hilgers-Klautzsch, in: Kohlmann, Steuerstrafrecht, 79. Lfg. 2023, § 393 AO Rn. 81.
[47] Hilgers-Klautzsch, in: Kohlmann, Steuerstrafrecht, 79. Lfg. 2023, § 393 AO Rn. 84.
[48] Tormöhlen, in: HHSp, 274. Lfg. 2023, § 393 AO Rn. 78.
[49] Tormöhlen, in: HHSp, 274. Lfg. 2023, § 393 AO Rn. 79.
[50] Tormöhlen, in: HHSp, 274. Lfg. 2023, § 393 AO Rn. 81.
[51] Tormöhlen, in: HHSp, 274. Lfg. 2023, § 393 AO Rn. 81; Karstens, in: Joecks/Jäger/Randt, Steuerstrafrecht, 9. Aufl. 2023, § 393 AO Rn. 39; Hilgers-Klautzsch, in: Kohlmann, Steuerstrafrecht, 79. Lfg. 2023, § 393 AO Rn. 84.
[52] Karstens, in: Joecks/Jäger/Randt, Steuerstrafrecht, 9. Aufl. 2023, § 393 AO Rn. 40; Tormöhlen, in: HHSp, 274. Lfg. 2023, § 393 AO Rn. 82.
[53] Tormöhlen, in: HHSp, 274. Lfg. 2023, § 393 AO Rn. 82.
[54] Karstens, in: Joecks/Jäger/Randt, Steuerstrafrecht, 9. Aufl. 2023, § 393 AO Rn. 40.

(d) Reichweite des Zwangsmittelverbots

Das Zwangsmittelverbot entfaltet Wirkung nur im Besteuerungsverfahren (d. h. Festsetzungs-, Erhebungs- und Vollstreckungsverfahren) sowie bei Vorfeldermittlungen gem. § 208 I 1 Nr. 3 AO.[55] In der Literatur umstritten ist die Reichweite des Zwangsmittelverbots nach Einleitung des Steuerstrafverfahrens (§ 393 I 3 AO) in sachlicher Hinsicht.[56]

In Anlehnung an den Wortlaut des § 393 I 3 AO „soweit" wird befürwortet, die Anwendung des Zwangsmittelverbots auf die betroffene Steuerart oder den betroffenen Veranlagungszeitraum zu beschränken.[57] Da allerdings aus den dann zwangsweise erreichten Angaben Rückschlüsse auf die Hinterziehung möglich sind, überzeugt es im Hinblick auf die *ratio legis* des § 393 I AO, das Zwangsmittelverbot auf den gesamten Lebenssachverhalt anzuwenden, die Reichweite entspricht dann dem strafprozessualen Tatbegriff.[58] Nach dem BFH soll das Zwangsmittelverbot zumindest dann nicht gelten, wenn die Mitwirkung des Steuerpflichtigen mit an Sicherheit grenzender Wahrscheinlichkeit keine Rückschlüsse auf die Tatvorwürfe ermöglichen würde.[59]

Ist so die sachliche Reichweite des Zwangsmittelverbots nach § 393 I 3 AO ermittelt, sprechen schon systematische Erwägungen für eine Übertragung der Ergebnisse auf das aus § 393 I 2 AO folgende Zwangsmittelverbot vor Verfahrenseinleitung: § 393 I 3 AO geht von identischer Reichweite des Verbots aus: „wegen einer solchen Tat".[60]

Zeitlich beginnt das Zwangsmittelverbot mit der Überschreitung der Grenze zur straf- oder bußbaren Steuerverfehlung.[61] Es endet nicht notwendigerweise mit dem Ende des Steuerstrafverfahrens, sondern erst, wenn eine strafgerichtliche Verfolgung nicht mehr zu besorgen ist,[62] z. B. aufgrund gerichtlicher Verurteilung, Einstellung nach § 153a StPO, Verjährung usw.[63]

---

[55] Hilgers-Klautzsch, in: Kohlmann, Steuerstrafrecht, 79. Lfg. 2023, § 393 AO Rn. 60.

[56] Tormöhlen, in: HHSp, 274. Lfg. 2023, § 393 AO Rn. 88 ff.; Hilgers-Klautzsch, in: Kohlmann, Steuerstrafrecht, 79. Lfg. 2023, § 393 AO Rn. 95 ff.

[57] Suhr StBp 1978, 105; vgl. zudem die Nachweise bei Hilgers-Klautzsch, in: Kohlmann, Steuerstrafrecht, 79. Lfg. 2023, § 393 AO Rn. 95; Karstens, in: Joecks/Jäger/Randt, Steuerstrafrecht, 9. Aufl. 2023, § 393 AO Rn. 42.

[58] So überzeugend Karstens, in: Joecks/Jäger/Randt, Steuerstrafrecht, 9. Aufl. 2023, § 393 AO Rn. 42; vgl. Hilgers-Klautzsch, in: Kohlmann, Steuerstrafrecht, 79. Lfg. 2023, § 393 AO Rn. 95.

[59] BFH B. v. 11.09.1996 – VII B 176/94 – BFH/NV 1997, 166.

[60] So richtigerweise Tormöhlen, in: HHSp, 274. Lfg. 2023, § 393 AO Rn. 90; Hilgers-Klautzsch, in: Kohlmann, Steuerstrafrecht, 79. Lfg. 2023, § 393 AO Rn. 97.

[61] Tormöhlen, in: HHSp, 274. Lfg. 2023, § 393 AO Rn. 92.

[62] Karstens, in: Joecks/Jäger/Randt, Steuerstrafrecht, 9. Aufl. 2023, § 393 AO Rn. 44; Tormöhlen, in: HHSp, 274. Lfg. 2023, § 393 AO Rn. 93 f.; Hilgers-Klautzsch, in: Kohlmann, Steuerstrafrecht, 79. Lfg. 2023, § 393 AO Rn. 100.

[63] Karstens, in: Joecks/Jäger/Randt, Steuerstrafrecht, 9. Aufl. 2023, § 393 AO Rn. 44; vgl. zur Selbstbelastungsgefahr nach Beendigung des Steuerstraf- bzw. Steuerbußgeldverfahrens Tormöhlen, in: HHSp, 274. Lfg. 2023, § 393 AO Rn. 92 ff.

(e) Verbotene Zwangsmittel

In § 393 I 2 AO wird bzgl. der verbotenen Zwangsmittel zunächst auf § 328 AO abgestellt. Zwangsmittel i. S. d. § 328 AO sind das Zwangsgeld (§ 328 AO), die Ersatzvornahme (§ 330 AO) und der unmittelbare Zwang (§ 331 AO). Darüber hinaus ist von dem Zwangsmittelverbot auch deren Androhung gem. § 332 AO erfasst.[64] Das Zwangsmittelverbot besteht nicht umfänglich, sondern lediglich dann, wenn der Steuerpflichtige durch diese zur aktiven Mitwirkung an der Aufklärung des steuerstrafrechtlich relevanten Sachverhalts veranlasst werden soll.[65] Die sonst rechtmäßige Erzwingung von Unterlassungen des Steuerpflichtigen bleibt also möglich.[66]

Im Mittelpunkt des Zwangsmittelverbots stehen die Mitwirkungspflichten des Steuerpflichtigen (vgl. §§ 90 ff. AO, 200 AO).[67]

Aufgrund der Wertung des § 95 StPO ist der Zwangsmitteleinsatz zur Erlangung von Beweismitteln auch dann unzulässig, wenn sicher feststeht, dass der Beschuldigte diese besitzt.[68] Eine Schätzung bei verweigerter Mitwirkung des Steuerpflichtigen ist grundsätzlich zulässig. Unzulässige Zwangsausübung kann eine (besonders) nachteilige Schätzung gem. § 162 AO jedoch darstellen, wenn sie allein durch die Mitwirkungsverweigerung des Steuerpflichtigen veranlasst ist (sog. Strafschätzung).[69] Ebenso soll die Aufforderung zur Vorlage eines Vermögensverzeichnisses und Abgabe einer eidesstattlichen Versicherung gem. § 284 AO im Vollstreckungsverfahren gegen das Zwangsmittelverbot verstoßen.[70] Von anderer Seite wird dies unter Hinweis auf den Wortlaut des § 328 AO, der § 284 AO nicht erwähnt, abgelehnt.[71] Zulässig ist nach Auffassung des BMF zudem das Verzögerungsgeld gem. § 146 IIb AO als „Druckmittel eigener Art", welches somit auch nach Verfahrenseinleitung möglich sei, sofern sich der Steuerpflichtige hierdurch nicht selbst belasten müsste.[72]

---

[64] Hilgers-Klautzsch, in: Kohlmann, Steuerstrafrecht, 79. Lfg. 2023, § 393 AO Rn. 61; Tormöhlen, in: HHSp, 274. Lfg. 2023, § 393 AO Rn. 72; Karstens, in: Joecks/Jäger/Randt, Steuerstrafrecht, 9. Aufl. 2023, § 393 AO Rn. 35 m. w. N.

[65] Tormöhlen, in: HHSp, 274. Lfg. 2023, § 393 AO Rn. 72.

[66] Hilgers-Klautzsch, in: Kohlmann, Steuerstrafrecht, 79. Lfg. 2023, § 393 AO Rn. 62; Tormöhlen, in: HHSp, 274. Lfg. 2023, § 393 AO Rn. 72.

[67] Tormöhlen, in: HHSp, 274. Lfg. 2023, § 393 AO Rn. 72; Hilgers-Klautzsch, in: Kohlmann, Steuerstrafrecht, 79. Lfg. 2023, § 393 AO Rn. 62.

[68] Karstens, in: Joecks/Jäger/Randt, Steuerstrafrecht, 9. Aufl. 2023, § 393 AO Rn. 41; Hilgers-Klautzsch, in: Kohlmann, Steuerstrafrecht, 79. Lfg. 2023, § 393 AO Rn. 65.

[69] Karstens, in: Joecks/Jäger/Randt, Steuerstrafrecht, 9. Aufl. 2023, § 393 AO Rn. 36; Hilgers-Klautzsch, in: Kohlmann, Steuerstrafrecht, 79. Lfg. 2023, § 393 AO Rn. 68; Tormöhlen, in: HHSp, 274. Lfg. 2023, § 393 AO Rn. 76.

[70] Hilgers-Klautzsch, in: Kohlmann, Steuerstrafrecht, 79. Lfg. 2023, § 393 AO Rn. 71.

[71] BGH B. v. 21.08.2012 – 1 StR 26/12 – wistra 2012, 482.

[72] BMF v. 20.09.2011 – IV A 4; Vgl. zur Problematik mit a. A. Hilgers-Klautzsch, in: Kohlmann, Steuerstrafrecht, 79. Lfg. 2023, § 393 AO Rn. 74 ff.

(f) Die Auswirkung des nemo-tenetur-Grundsatzes auf das materielle Steuerstrafrecht

Aus dem *nemo-tenetur*-Grundsatz ergibt sich, dass wahrheitswidrige Äußerungen des Steuerpflichtigen im Steuerstrafverfahren hinsichtlich des Verfahrensgegenstandes bereits nicht tatbestandlich i. S. d. § 370 AO sind.[73] Wenn die § 153 ff. StGB die Aussage des Beschuldigten/Angeklagten tatbestandlich nicht erfassen und auch die Strafvereitelung zum eigenen Vorteil straflos bleibt (vgl. § 258 V StGB), muss diese Wertung auf § 370 AO übertragen werden.[74] *A fortiori* unterfällt das Unterlassen der Abgabe einer richtigen Steuererklärung in dieser Konstellation nicht § 370 I Nr. 2 AO:[75] Für die Dauer des Strafverfahrens wegen unrichtiger Umsatzsteuervoranmeldungen entfällt damit die Strafbarkeit der Nichtabgabe einer diesbezüglichen Umsatzsteuerjahreserklärung.[76] Allerdings klingt schon in der zugrunde liegenden Entscheidung des BGH[77] an, dass dies unter dem Vorbehalt stehe, dass Straffreiheit nicht durch die Abgabe einer Selbstanzeige – hier etwa aufgrund der Bekanntgabe der Verfahrenseinleitung, vgl. § 371 II Nr. 1 lit. b AO[78] – erlangt werden könne.[79] Ebenso wird die strafbewehrte Pflicht zur Abgabe von Einkommen- und Gewerbesteuererklärungen für einen bestimmten Veranlagungszeitraum suspendiert, wenn dem Steuerpflichtigen für diesen Zeitraum die Einleitung eines Steuerstrafverfahrens bekanntgegeben wird.[80]

Demgegenüber räumt der *nemo-tenetur*-Grundsatz nur ein Recht zur Passivität ein, erlaubt hingegen nicht die Begehung neuen, davon unabhängigen Unrechts.[81] Bezüglich der nachfolgenden Veranlagungszeiträume besteht also ein Konflikt, da etwa aus dem Inhalt von diesbezüglichen Steuererklärungen Rückschlüsse auf die vorhergehenden Veranlagungszeiträume gezogen werden können, mit der Abgabe einer richtigen Steuererklärung also eine Selbstbelastung einherginge,[82] ein uneingeschränktes Recht zur Passivität hingegen bedeuten würde, der Steuerpflichtige

---

[73] Karstens, in: Joecks/Jäger/Randt, Steuerstrafrecht, 9. Aufl. 2023, § 393 AO Rn. 45; vgl. aber zu erneuten Falschangaben i. R. e. inhaltsgleichen Umsatzsteuerjahreserklärung BGH B. v. 17.03.2005 – 5 StR 328/04 – wistra 2005, 228; Hilgers-Klautzsch, in: Kohlmann, Steuerstrafrecht, 79. Lfg. 2023, § 393 AO Rn. 118.

[74] Karstens, in: Joecks/Jäger/Randt, Steuerstrafrecht, 9. Aufl. 2023, § 393 AO Rn. 45.

[75] Karstens, in: Joecks/Jäger/Randt, Steuerstrafrecht, 9. Aufl. 2023, § 393 AO Rn. 45.

[76] Ausf. hierzu Hilgers-Klautzsch, in: Kohlmann, Steuerstrafrecht, 79. Lfg. 2023, § 393 AO Rn. 112 ff.; Karstens, in: Joecks/Jäger/Randt, Steuerstrafrecht, 9. Aufl. 2023, § 393 AO Rn. 45; BGH B. 26.04.2001 – 5 StR 587/00 – BGHSt 47, 8.

[77] BGH B. v. 26.04.2001 – 5 StR 587/00 – BGHSt 47, 8; fortgeführt in BGH B. v. 23.05.2019 – 1 StR 127/19 – wistra 2019, 509.

[78] Vgl. Hilgers-Klautzsch, in: Kohlmann, Steuerstrafrecht, 79. Lfg. 2023, § 393 AO Rn. 116, 122.

[79] So Hilgers-Klautzsch, in: Kohlmann, Steuerstrafrecht, 79. Lfg. 2023, § 393 AO Rn. 116; vgl. Tormöhlen, in: HHSp, 274. Lfg. 2023, § 393 AO Rn. 26 ff.

[80] BGH B. v. 23.01.2002 – 5 StR 540/01 – wistra 2002, 150.

[81] Karstens, in: Joecks/Jäger/Randt, Steuerstrafrecht, 9. Aufl. 2023, § 393 AO Rn. 46 m. w. N.

[82] Vgl. Hilgers-Klautzsch, in: Kohlmann, Steuerstrafrecht, 79. Lfg. 2023, § 393 AO Rn. 107.

h) Konflikt des Steuerstrafverfahrens und des Besteuerungsverfahrens

wäre bezüglich künftiger Veranlagungszeiträume von einer Steuererklärungspflicht befreit und damit gegenüber einem anderen Steuerpflichtigen privilegiert.[83]

Die Lösung dieser Konfliktlage ist in Lit. und Rspr. umstritten:[84] Weitgehende Einigkeit besteht darüber, dass § 393 I 2 AO zumindest die Abgabe unrichtiger Steuererklärungen für nachfolgende Besteuerungszeiträume nicht rechtfertigt.[85] Teilweise wird dann vertreten, die gem. § 393 I 1 AO fortbestehenden Steuererklärungspflichten entfielen ganz oder bezogen auf die selbstbelastenden Umstände.[86] Teilweise wird für ein Fortbestehen der Erklärungspflichten argumentiert, jedoch ein Verwertungsverbot für hierdurch offenbarte, belastende Tatsachen angenommen.[87] Mit den Grundsätzen der *omissio libera in causa* wird dann von einer a. A. das unbeschränkte Fortbestehen der Pflicht zur korrekten Steuererklärung hergeleitet.[88] Nach wieder a. A. ist eine Lösung nicht über das Aussetzen der Erklärungspflicht, sondern über die restriktive Auslegung des Merkmals der Pflichtwidrigkeit i. S. d. § 370 I Nr. 2 AO zu erzielen, obgleich hierbei Lücken im Hinblick auf die Teilnahmestrafbarkeit entstehen könnten.[89]

Für § 370 AO hat die höchstrichterliche Rspr. augenscheinlich als Lösung der Problematik das Fortbestehen der Erklärungspflicht bei gleichzeitigem Verwendungsverbot favorisiert.[90] Da allerdings Klarheit hinsichtlich der Interpretation des Begriffs Verwendungsverbot bislang nicht bestehe,[91] wird zumindest bis zur Klärung dieser Unsicherheiten von der Lit. teilweise eine Entschuldigung analog § 35 StGB unter dem Gesichtspunkt der Unzumutbarkeit normgemäßen Verhaltens erwogen, um Strafbarkeitslücken bei der Teilnahme zu verhindern.[92] Unzumutbarkeit i. d. S. sei allerdings nur dann anzunehmen, wenn Straffreiheit nicht durch wahrheitsgemäße Erklärung erlangt werden könne.[93]

---

[83] Karstens, in: Joecks/Jäger/Randt, Steuerstrafrecht, 9. Aufl. 2023, § 393 AO Rn. 46 f.

[84] Vgl. Hilgers-Klautzsch, in: Kohlmann, Steuerstrafrecht, 79. Lfg. 2023, § 393 AO Rn. 108 ff.; Karstens, in: Joecks/Jäger/Randt, Steuerstrafrecht, 9. Aufl. 2023, § 393 AO Rn. 46 ff.; Tormöhlen, in: HHSp, 274. Lfg. 2023, § 393 AO Rn. 29 ff.

[85] BGH B. v. 10.01.2002 – 5 StR 452/01 – wistra 2002, 149; Karstens, in: Joecks/Jäger/Randt, Steuerstrafrecht, 9. Aufl. 2023, § 393 AO Rn. 46; Hilgers-Klautzsch, in: Kohlmann, Steuerstrafrecht, 79. Lfg. 2023, § 393 AO Rn. 107.

[86] Hilgers-Klautzsch, in: Kohlmann, Steuerstrafrecht, 79. Lfg. 2023, § 393 AO Rn. 108 m. w. N.

[87] Tormöhlen, in: HHSp, 274. Lfg. 2023, § 393 AO Rn. 30; Hilgers-Klautzsch, in: Kohlmann, Steuerstrafrecht, 79. Lfg. 2023, § 393 AO Rn. 108.

[88] Böse wistra 2003, 51.

[89] Berthold, Der Zwang zur Selbstbezichtigung aus § 370 I AO und der Grundsatz des nemo tenetur, 1993, 70 ff.; zu weiteren Ansätzen vgl. Karstens, in: Joecks/Jäger/Randt, Steuerstrafrecht, 9. Aufl. 2023, § 393 AO Rn. 50.

[90] BGH B. v. 12.01.2005 – 5 StR 191/04 – wistra 2005, 148; vgl. zur Rechtsprechungsentwicklung Karstens, in: Joecks/Jäger/Randt, Steuerstrafrecht, 9. Aufl. 2023, § 393 AO Rn. 51.

[91] Hierzu Karstens, in: Joecks/Jäger/Randt, Steuerstrafrecht, 9. Aufl. 2023, § 393 AO Rn. 31.

[92] Karstens, in: Joecks/Jäger/Randt, Steuerstrafrecht, 9. Aufl. 2023, § 393 AO Rn. 53; vgl. zudem zur Erklärungspflicht aus § 153 I AO und zu prozessual konkurrierenden allgemeinen Straftaten Hilgers-Klautzsch, in: Kohlmann, Steuerstrafrecht, 79. Lfg. 2023, § 393 AO Rn. 125 ff.

[93] Karstens, in: Joecks/Jäger/Randt, Steuerstrafrecht, 9. Aufl. 2023, § 393 AO Rn. 52 f.

(2) Belehrungspflicht

Nach § 393 I 4 AO besteht eine Belehrungspflicht über das Zwangsmittelverbot, soweit dazu Anlass besteht. Anlass zur Belehrung besteht zunächst, wenn ein Steuerstrafverfahren eingeleitet wird und damit das Zwangsmittelverbot nach § 393 I 3 AO besteht.[94] Vor Verfahrenseinleitung soll Anlass bestehen, wenn der Finanzbeamte konkrete Anhaltspunkte dafür hat, dass sich der Steuerpflichtige mit einer Antwort bzw. sonstigen Mitwirkung selbst belasten würde.[95] An eine besondere Form ist die Belehrungspflicht nicht gebunden; sie kann also auch mündlich erfolgen.[96] Inhaltlich bezieht sich die Belehrungspflicht auf die gesamte in § 393 I 1-3 AO getroffene Regelung.[97]

Für die Außenprüfung wurde die Belehrungspflicht aus § 393 I 4 AO in der BpO 2000[98] konkretisiert.

Gem. § 5 II BpO 2000 sind schon der Prüfungsanordnung Hinweise auf die wesentlichen Rechte und Pflichten des Steuerpflichtigen beizufügen. Hierzu gehören auch Hinweise auf das Zwangsmittelverbot.[99]

> **§ 5 BpO 2000 – Anordnung der Außenprüfung**
> (1) Die für die Besteuerung zuständige Finanzbehörde ordnet die Außenprüfung an. Die Befugnis zur Anordnung kann auch der beauftragten Finanzbehörde übertragen werden.
> (2) Die Prüfungsanordnung hat die Rechtsgrundlagen der Außenprüfung, die zu prüfenden Steuerarten, Steuervergütungen, Prämien, Zulagen, gegebenenfalls zu prüfende bestimmte Sachverhalte sowie den Prüfungszeitraum zu enthalten. Ihr sind Hinweise auf die wesentlichen Rechte und Pflichten des Steuerpflichtigen bei der Außenprüfung beizufügen. Die Mitteilung über den voraussichtlichen Beginn und die Festlegung des Ortes der Außenprüfung kann mit der Prüfungsanordnung verbunden werden. Handelt es sich um eine abgekürzte Außenprüfung nach § 203 AO, ist die Prüfungsanordnung um diese Rechtsgrundlage zu ergänzen. Soll der Umfang einer Außenprüfung nachträglich erweitert werden, ist eine ergänzende Prüfungsanordnung zu erlassen.
> (3) Der Name des Betriebsprüfers, eines Betriebsprüfungshelfers und andere prüfungsleitende Bestimmungen können in die Prüfungsanordnung aufgenommen werden.

---

[94] Kretzschmar DStZ 1983, 435; Karstens, in: Joecks/Jäger/Randt, Steuerstrafrecht, 9. Aufl. 2023, § 393 AO Rn. 54; Hilgers-Klautzsch, in: Kohlmann, Steuerstrafrecht, 79. Lfg. 2023, § 393 AO Rn. 134.
[95] Karstens, in: Joecks/Jäger/Randt, Steuerstrafrecht, 9. Aufl. 2023, § 393 AO Rn. 54.
[96] Tormöhlen, in: HHSp, 274. Lfg. 2023, § 393 AO Rn. 106.
[97] Tormöhlen, in: HHSp, 274. Lfg. 2023, § 393 AO Rn. 104.
[98] BStBl. I 2000, 368.
[99] Tormöhlen, in: HHSp, 274. Lfg. 2023, § 393 AO Rn. 106 m. w. N.

h) Konflikt des Steuerstrafverfahrens und des Besteuerungsverfahrens

(4) Die Prüfungsanordnung und die Mitteilungen nach den Absätzen 2 und 3 sind dem Steuerpflichtigen angemessene Zeit vor Beginn der Prüfung bekannt zu geben, wenn der Prüfungszweck dadurch nicht gefährdet wird. In der Regel sind bei Großbetrieben 4 Wochen und in anderen Fällen 2 Wochen angemessen.

(5) Wird beantragt, den Prüfungsbeginn zu verlegen, können als wichtige Gründe zum Beispiel Erkrankung des Steuerpflichtigen, seines steuerlichen Beraters oder eines für Auskünfte maßgeblichen Betriebsangehörigen, beträchtliche Betriebsstörungen durch Umbau oder höhere Gewalt anerkannt werden. Dem Antrag des Steuerpflichtigen kann auch unter Auflage, zum Beispiel Erledigung von Vorbereitungsarbeiten für die Prüfung, stattgegeben werden.

(6) Werden die steuerlichen Verhältnisse von Gesellschaftern und Mitgliedern sowie von Mitgliedern der Überwachungsorgane in die Außenprüfung einbezogen, so ist für jeden Beteiligten eine Prüfungsanordnung unter Beachtung der Voraussetzungen des § 193 AO zu erteilen.

Wird die Steuerfahndung i. S. d. § 208 I 3 AO tätig, wird dem Steuerpflichtigen ebenfalls bei gegebenem Anlass ein Merkblatt über seine Rechte und Pflichten ausgehändigt.[100]

Entsprechende Hinweise sollen der Belehrungspflicht des § 393 I 4 AO indes nur genügen, wenn die konkrete belastende Situation zeitnah später eintritt.[101] Andernfalls fehle es den zu einem frühen Zeitpunkt erteilten Hinweisen an einem konkreten Anlass, weshalb nicht sichergestellt sei, dass der Steuerpflichtige die Belehrung überhaupt wahrgenommen hat und sich noch daran erinnert.[102] Hierfür kann zudem § 10 I 4 BpO 2000 angeführt werden, nach dem trotz Beifügung der Hinweise bzgl. der Rechte und Pflichten des Steuerpflichtigen gem. § 5 II 2 BpO 2000 über das Zwangsmittelverbot belehrt werden muss, wenn sich während der Außenprüfung zureichende tatsächliche Anhaltspunkte für eine Straftat ergeben, deren Ermittlung der Finanzbehörde obliegt.[103]

§ 10 BpO 2000 – Verdacht einer Steuerstraftat oder -ordnungswidrigkeit
(1) Ergeben sich während einer Außenprüfung zureichende tatsächliche Anhaltspunkte für eine Straftat (§ 152 Abs. 2 StPO), deren Ermittlung der Finanzbehörde obliegt, so ist die für die Bearbeitung dieser Straftat zuständige Stelle unverzüglich zu unterrichten. Dies gilt auch, wenn lediglich die Möglichkeit besteht, dass ein Strafverfahren durchgeführt werden muss. Richtet sich der Ver-

---

[100] Hilgers-Klautzsch, in: Kohlmann, Steuerstrafrecht, 79. Lfg. 2023, § 393 AO Rn. 133; Peters, in: HHSp, 274. Lfg. 2023, § 393 AO Rn. 106.
[101] Karstens, in: Joecks/Jäger/Randt, Steuerstrafrecht, 9. Aufl. 2023, § 393 AO Rn. 54.
[102] Tormöhlen, in: HHSp, 274. Lfg. 2023, § 393 AO Rn. 106; ähnlich Hilgers-Klautzsch, in: Kohlmann, Steuerstrafrecht, 79. Lfg. 2023, § 393 AO Rn. 133.
[103] Tormöhlen, in: HHSp, 274. Lfg. 2023, § 393 AO Rn. 106.

> dacht gegen den Steuerpflichtigen, dürfen hinsichtlich des Sachverhalts, auf den sich der Verdacht bezieht, die Ermittlungen (§ 194 AO) bei ihm erst fortgesetzt werden, wenn ihm die Einleitung des Strafverfahrens mitgeteilt worden ist. Der Steuerpflichtige ist dabei, soweit die Feststellungen auch für Zwecke des Strafverfahrens verwendet werden können, darüber zu belehren, dass seine Mitwirkung im Besteuerungsverfahren nicht mehr erzwungen werden kann (§ 393 Abs. 1 AO). Die Belehrung ist unter Angabe von Datum und Uhrzeit aktenkundig zu machen und auf Verlangen schriftlich zu bestätigen (§ 397 Abs. 2 AO).
> (2) Absatz 1 gilt beim Verdacht einer Ordnungswidrigkeit sinngemäß.

Besteht also ein Anfangsverdacht, muss die Betriebsprüfung unverzüglich unterbrochen und die Strafsachenstelle unterrichtet werden.[104] Die Prüfung darf dann erst nach Bekanntgabe der Verfahrenseinleitung fortgesetzt werden (§ 397 AO).[105] Die Belehrung ist mit Datums- und Uhrzeitangabe gem. § 10 I 5 BpO 2000 aktenkundig zu machen.

(3) Rechtsfolgen eines Verstoßes

(a) Verstoß gegen das Zwangsmittelverbot
Wenn Zwangsmittel gezielt angewendet werden, um eine Selbstbelastung des Steuerpflichtigen herbeizuführen, folgt ein Verwertungsverbot wegen Einsatzes unzulässigen Zwangs aus § 136a StPO.[106] Nach a. A. ist danach zu differenzieren, ob der Zwangsmitteleinsatz im Steuerstrafverfahren (dann ist § 136a StPO direkt anwendbar) oder im Besteuerungsverfahren erfolgt.[107] Im Besteuerungsverfahren soll sich das Verwertungsverbot mangels Anwendbarkeit des § 136a StPO direkt aus der Verfassung (Art. 2 I i. V. m. Art. 1 I GG) ergeben.[108]

Dies gilt auch für sog. Strafschätzungen.[109]

(b) Verstoß gegen die Belehrungspflicht
Hinsichtlich der Rechtsfolgen ist zwischen der allgemeinen strafprozessualen und der besonderen steuerstrafprozessualen Belehrungspflicht zu differenzieren.

Ein Verstoß gegen die aus § 136 I 2 StGB folgende allgemeine Belehrungspflicht über das Schweigerecht des Beschuldigten führt nach der h. L. und inzwischen auch der Rspr.[110] regelmäßig zu einem Verwertungsverbot.[111] Ausnahmen hiervon be-

---

[104] Hilgers-Klautzsch, in: Kohlmann, Steuerstrafrecht, 79. Lfg. 2023, § 393 AO Rn. 135.
[105] Hilgers-Klautzsch, in: Kohlmann, Steuerstrafrecht, 79. Lfg. 2023, § 393 AO Rn. 135.
[106] Hilgers-Klautzsch, in: Kohlmann, Steuerstrafrecht, 79. Lfg. 2023, § 393 AO Rn. 155 m. w. N.
[107] Tormöhlen, in: HHSp, 274. Lfg. 2023, § 393 AO Rn. 112 ff.
[108] Tormöhlen, in: HHSp, 274. Lfg. 2023, § 393 AO Rn. 114.
[109] Hilgers-Klautzsch, in: Kohlmann, Steuerstrafrecht, 79. Lfg. 2023, § 393 AO Rn. 156 m. w. N.; Karstens, in: Joecks/Jäger/Randt, Steuerstrafrecht, 9. Aufl. 2023, § 393 AO Rn. 37; Hilgers-Klautzsch, in: Kohlmann, Steuerstrafrecht, 79. Lfg. 2023, § 393 AO Rn. 86, 112.
[110] BGH B. v. 27.02.1992 – 5 StR 190/91 – BGHSt 37, 214.
[111] Karstens, in: Joecks/Jäger/Randt, Steuerstrafrecht, 9. Aufl. 2023, § 393 AO Rn. 58 m. w. N.

h) Konflikt des Steuerstrafverfahrens und des Besteuerungsverfahrens

stehen lediglich dann, wenn der Beschuldigte sein Schweigerecht ohnehin kannte oder später ausdrücklich oder konkludent der Verwertung nicht widerspricht.[112]

Für einen Verstoß gegen die aus § 393 I 4 AO folgende Belehrungspflicht über das Zwangsmittelverbot hält § 393 AO keine Rechtsfolge vor, sie ist vielmehr in Lit. und Rspr. umstritten.[113]

Nach der Rspr. des BFH[114] soll der Verstoß gegen § 393 I 4 AO allein noch nicht zur Unverwertbarkeit der hierdurch erlangten Erkenntnisse im Steuerstrafverfahren führen.[115]

Eine Literaturansicht nimmt hingegen auch bei einem Verstoß gegen die Belehrungspflicht über das Zwangsmittelverbot ein Verwertungsverbot für das Steuerstrafverfahren mit der Begründung an, der Steuerpflichtige, der das Zwangsmittelverbot nicht kenne, offenbare Informationen unter dem Eindruck der Erzwingbarkeit seiner Mitwirkung.[116]

Darüber hinaus kann die Verletzung der Belehrungspflicht nach § 393 I 4 AO ein Verwertungsverbot aus § 136a StPO herbeiführen, etwa, wenn durch die Fortführung des Besteuerungsverfahrens über die Verpflichtung zur weiteren Mitwirkung an der Aufklärung des Steuerfalles auch bei Selbstbelastung getäuscht wird.[117]

Ob Verwertungsverbote Fernwirkung entfalten, ist in Literatur und Rspr. umstritten.[118] Die h. M. lehnt eine Fernwirkung grundsätzlich ab,[119] lässt aber Ausnahmen bei schweren Verfahrensverstößen zu.[120] Teilweise wird jedoch argumentiert, dass zumindest die Besonderheiten des Steuerstrafverfahrens die Fernwirkung eines Verwertungsverbotes rechtfertigen, da es für die Steuerfahndung ein Leichtes sei, das aus der Missachtung der Belehrungspflicht entstehende Verwertungsverbot durch Beschaffung der Beweismittel bei in der Aussage bezeichneten Banken und Geschäftspartnern zu umgehen.[121]

---

[112] Karstens, in: Joecks/Jäger/Randt, Steuerstrafrecht, 9. Aufl. 2023, § 393 AO Rn. 59.

[113] Karstens, in: Joecks/Jäger/Randt, Steuerstrafrecht, 9. Aufl. 2023, § 393 AO Rn. 57.

[114] So BFH U. v. 23.01.2002 – XI R 10/01, XI R 11/01 – BStBl II 2002, 328.

[115] Karstens, in: Joecks/Jäger/Randt, Steuerstrafrecht, 9. Aufl. 2023, § 393 AO Rn. 57 m. w. N.

[116] Tormöhlen, in: HHSp, 274. Lfg. 2023, § 393 AO Rn. 121; vgl. zudem zu weiteren Ansichten Karstens, in: Joecks/Jäger/Randt, Steuerstrafrecht, 9. Aufl. 2023, § 393 AO Rn. 57.

[117] Tormöhlen, in: HHSp, 274. Lfg. 2023, § 393 AO Rn. 122; Karstens, in: Joecks/Jäger/Randt, Steuerstrafrecht, 9. Aufl. 2023, § 393 AO Rn. 61; zu den Auswirkungen strafrechtlicher Verwertungsverbote auf das Besteuerungsverfahren vgl. Hilgers-Klautzsch, in: Kohlmann, Steuerstrafrecht, 79. Lfg. 2023, § 393 AO Rn. 166 ff.; Tormöhlen, in: HHSp, 274. Lfg. 2023, § 393 AO Rn. 123.

[118] Vgl. Hilgers-Klautzsch, in: Kohlmann, Steuerstrafrecht, 79. Lfg. 2023, § 393 AO Rn. 175 m. w. N.

[119] BVerfG B. v. 30.06.2005 – 2 BvR 1502/04 – NStZ 2006, 46; BGH U. v. 22.02.1978 – 2 StR 334/77 – BGHSt 27, 355; Tormöhlen, in: HHSp, 274. Lfg. 2023, § 393 AO Rn. 125 m. w. N.

[120] Hilgers-Klautzsch, in: Kohlmann, Steuerstrafrecht, 79. Lfg. 2023, § 393 AO Rn. 175; Karstens, in: Joecks/Jäger/Randt, Steuerstrafrecht, 9. Aufl. 2023, § 393 AO Rn. 64; Tormöhlen, in: HHSp, 274. Lfg. 2023, § 393 AO Rn. 125 jeweils m. w. N.

[121] So Hilgers-Klautzsch, in: Kohlmann, Steuerstrafrecht, 79. Lfg. 2023, § 393 AO Rn. 176; zu Heilungsmöglichkeiten vgl. Hilgers-Klautzsch, in: Kohlmann, Steuerstrafrecht, 79. Lfg. 2023, § 393 AO Rn. 181 ff.

cc) Verwendungsverbot (§ 393 II AO)

(1) Tatbestandsvoraussetzungen

(a) Allgemeines
§ 393 II 1 AO normiert das beschriebene Verbot der Verwendung für Nichtsteuerstraftaten hinsichtlich Tatsachen oder Beweismitteln, die i. R. d. (auch zwangsweise durchsetzbaren) Mitwirkungspflichten des Steuerpflichtigen bekannt werden.[122] Systematisch handelt es sich hierbei um eine Norm, die eher dem Strafprozessrecht zuzurechnen ist; der Standort ist aber durch seinen systematischen Zusammenhang zu § 393 I AO sowie § 30 AO gerechtfertigt.[123]

(b) Tatsachen und Beweismittel
Tatsachen sind Ereignisse oder Zustände der Innen- oder Außenwelt, die dem Beweis zugänglich sind.[124] Beweismittel ist jedes Erkenntnismittel, das nach dem Grundsatz der Logik, nach allgemeiner Erfahrung oder wissenschaftlichen Erkenntnissen geeignet ist oder geeignet sein kann, das Vorliegen oder Nichtvorliegen von Tatsachen zu beweisen.[125] Als Beweismittel im technischen Sinne kommen nach der StPO zunächst Zeugen, Sachverständige, Urkunden und Augenscheinsobjekte in Frage.[126] Als Beweismittel im weiteren Sinne erfasst sind die Angaben des Beschuldigten.[127]

(c) Offenbarung in Erfüllung steuerlicher Pflichten
Die Tatsachen oder Beweismittel müssen in Erfüllung steuerlicher Pflichten offenbart werden. Angeknüpft wird also an die Mitwirkungspflichten des § 90 AO.[128] Ein Offenbaren liegt vor, wenn die Kenntnis der Behörde auf eine Handlung des Steuerpflichtigen zurückgeführt werden kann.[129] Damit ist zunächst jedes aktive Tun durch den Steuerpflichtigen erfasst, welches der Finanzbehörde die bis dahin unbekannten Tatsachen oder Beweismittel mitteilt; zudem erfasst ist die Kenntnisnahme der Finanzbehörde durch einen Dritten, die der Steuerpflichtige veranlasst oder geduldet hat.[130]

---

[122] Zum Erfordernis einer solchen Regelung vgl. schon oben.
[123] Tormöhlen, in: HHSp, 274. Lfg. 2023, § 393 AO Rn. 128.
[124] Hilgers-Klautzsch, in: Kohlmann, Steuerstrafrecht, 79. Lfg. 2023, § 393 AO Rn. 188; Tormöhlen, in: HHSp, 274. Lfg. 2023, § 393 AO Rn. 131; zu Einzelheiten des Tatsachenbegriffs vgl. Bock, Strafrecht BT 2, 2018, 248 ff.
[125] Karstens, in: Joecks/Jäger/Randt, Steuerstrafrecht, 9. Aufl. 2023, § 393 AO Rn. 86; Söhn, in: HHSp, 274. Lfg. 2023, § 92 AO Rn. 13.
[126] Tormöhlen, in: HHSp, 274. Lfg. 2023, § 393 AO Rn. 132.
[127] Tormöhlen, in: HHSp, 274. Lfg. 2023, § 393 AO Rn. 132; Hilgers-Klautzsch, in: Kohlmann, Steuerstrafrecht, 79. Lfg. 2023, § 393 AO Rn. 189.
[128] Karstens, in: Joecks/Jäger/Randt, Steuerstrafrecht, 9. Aufl. 2023, § 393 AO Rn. 86.
[129] Tormöhlen, in: HHSp, 274. Lfg. 2023, § 393 AO Rn. 133 m. w. N.
[130] Tormöhlen, in: HHSp, 274. Lfg. 2023, § 393 AO Rn. 133.

h) Konflikt des Steuerstrafverfahrens und des Besteuerungsverfahrens

Der Wortlaut ordnet ein Verwertungsverbot für Mitteilungen des Steuerpflichtigen an. Mitteilungen von Beteiligten i. S. d. §§ 78, 90 AO, die nicht steuerpflichtig i. S. d. § 30 AO sind, wären nach einem wörtlichen Verständnis des § 373 II 1 AO nicht erfasst[131]; die im Rahmen der steuerlichen Mitwirkungspflichten offenbarten Erkenntnisse könnten also in einem Nichtsteuerstrafverahren verwertet werden. Auch die Mitwirkungsverweigerungsrechte der §§ 103, 104 AO sind auf diese Beteiligten demnach nicht anwendbar.[132] Zur Lösung dieser Problematik wird in der Literatur eine analoge Anwendung des § 393 II AO auf alle Beschuldigten eines Steuerstrafverfahrens erwogen.[133] Von anderer Seite wird bereits das Merkmal des Steuerpflichtigen weit auslegt als alle Mitwirkungsverpflichteten.[134]

In Erfüllung der steuerlichen Pflichten werden Tatsachen oder Beweismittel offenbart, die der Steuerpflichtige aufgrund einer erzwingbaren Mitwirkungspflicht preisgegeben hat.[135] Ob die Angaben durch die Finanzbehörde veranlasst worden sein müssen,[136] um dem Verwertungsverbot zu unterfallen, oder ob es bei objektiv vorliegender Erforderlichkeit der Angabe zur Erfüllung der steuerlichen Mitwirkungspflichten ausreicht, dass der Steuerpflichtige diese im Willen gemacht hat, seinen Pflichten zu entsprechen,[137] wird in der Literatur unterschiedlich beantwortet. Da in diesem Fall die Mitwirkungsverpflichtung des Steuerpflichtigen objektiv besteht, insofern also die Selbstbelastungsfreiheit potenziell berührt ist und zur Kompensation ein Verwertungsverbot in § 393 II AO etabliert wurde, kann es nicht auf die förmliche Aufforderung der Finanzbehörde ankommen.

In Erfüllung steuerrechtlicher Pflichten offenbart i. S. d. § 393 II AO sind nur wahrheitsgemäße Erklärungen.[138] Dafür sprechen bereits die §§ 90 I 2 und 150 II 1 AO, die zur vollständigen und wahrheitsgemäßen Offenlegung bzw. wahrheitsgemäßen Angaben nach bestem Wissen und Gewissen verpflichten.[139]

Nach der Rspr.[140] nicht dem Verwertungsverbot unterfallen soll die Offenbarung i. R. v. gesetzlichen Aufzeichnungs- und Vorlagepflichten; diese Pflichten beträfen

---

[131] Vgl. Tormöhlen, in: HHSp, 274. Lfg. 2023, § 393 AO Rn. 134 m. w. N.
[132] Tormöhlen, in: HHSp, 274. Lfg. 2023, § 393 AO Rn. 134.
[133] Tormöhlen, in: HHSp, 274. Lfg. 2023, § 393 AO Rn. 135.
[134] Karstens, in: Joecks/Jäger/Randt, Steuerstrafrecht, 9. Aufl. 2023, § 393 AO Rn. 72, 38; zur entsprechenden Problematik bei Angehörigen vgl. Tormöhlen, in: HHSp, 274. Lfg. 2023, § 393 AO Rn. 136 m. w. N.
[135] Tormöhlen, in: HHSp, 274. Lfg. 2023, § 393 AO Rn. 137; Karstens, in: Joecks/Jäger/Randt, Steuerstrafrecht, 9. Aufl. 2023, § 393 AO Rn. 71; BGH U. v. 05.05.2004 – 5 StR 548/03 – BGHSt 49, 136; zur Rspr. bei Vorlage von gesetzlich vorgeschriebenen Unterlagen vgl. Karstens, in: Joecks/Jäger/Randt, Steuerstrafrecht, 9. Aufl. 2023, § 393 AO Rn. 71 m. w. N.
[136] Karstens, in: Joecks/Jäger/Randt, Steuerstrafrecht, 9. Aufl. 2023, § 393 AO Rn. 71.
[137] Tormöhlen, in: HHSp, 274. Lfg. 2023, § 393 AO Rn. 137.
[138] Karstens, in: Joecks/Jäger/Randt, Steuerstrafrecht, 9. Aufl. 2023, § 393 AO Rn. 74; Tormöhlen, in: HHSp, 274. Lfg. 2023, § 393 AO Rn. 138; BGH B. v. 10.01.2002 – 5 StR 452/01 – wistra 2002, 149; zur a. A. vgl. Tormöhlen, in: HHSp, 274. Lfg. 2023, § 393 AO Rn. 138 m. w. N.
[139] So überzeugend Tormöhlen, in: HHSp, 274. Lfg. 2023, § 393 AO Rn. 138.
[140] BVerfG B. v. 27.04.2010 – 2 BvL 13/07 – wistra 2010, 341.

den Kernbereich der grundgesetzlichen Selbstbelastungsfreiheit auch dann nicht, wenn die zu erstellenden oder vorzulegenden Unterlagen auch zur Ahndung von Straftaten oder Ordnungswidrigkeiten verwendet werden dürfen.[141]

Freiwillige Angaben, die über das nach den steuerrechtlichen Pflichten Erforderliche hinausgehen, sollen nach dem Schutzzweck des § 393 II AO ebenfalls nicht vom Verwertungsverbot umfasst sein.[142]

Problematisch ist, ob auch Äußerungen i. R. e. Selbstanzeige gem. § 371 AO hinsichtlich Nichtsteuerstraftaten von § 393 II AO erfasst werden.[143]

Nach der Rspr. ist zumindest eine tateinheitlich mit einer unrichtigen Steuererklärung begangene Urkundenfälschung, die i. R. e. Selbstanzeige offenbart wird, nicht vom Verwertungsverbot des § 393 II 1 AO umfasst.[144]

Zur Begründung wird u. a. angeführt, dass § 393 II 1 AO nur das Spannungsverhältnis des Steuerpflichtigen zwischen Selbstbelastungsfreiheit und Aufrechterhaltung der steuerlichen Erklärungspflichten gem. § 393 I 1 AO ausgleichen solle, aufgrund der Selbstbelastungsgefahr indes keine Zwangsmittelbewährung und damit besagtes Spannungsverhältnis nicht bestünde.

Damit wären i. R. v. Selbstanzeigen offenbare Nichtsteuerstraftaten von § 393 II 1 AO nicht erfasst.

Die Selbstbelastungsfreiheit ist wohl nur durch eine erzwingbare Offenbarung tangiert; verfassungsrechtliche Bedenken bestehen bei einer solchen Auslegung also insofern nicht.[145] Allerdings wird dieser Einschränkung der Wortlaut des § 393 II AO entgegengehalten, der eine Beschränkung auch auf erzwingbare Offenbarungen nicht vorsieht.[146] Für dieses Ergebnis kann auch die *ratio legis* des § 371 AO angeführt werden, entfaltet die Verwertbarkeit offenbarter Angaben hinsichtlich Nichtsteuerstraftaten eine Abschreckungswirkung bzgl. der Abgabe einer Selbstanzeige und werden in der Folge entgegen dem Normzweck verdeckte Steuerquellen nicht offenbart.[147] Die Geltung eines Verwertungsverbots stärkt die Möglichkeit des Steuerpflichtigen, in die Steuerehrlichkeit zurückzukehren.[148]

Ob die Rspr. hiermit die durch Selbstanzeigen offenbarten Nichtsteuerstraftaten vollständig aus dem Anwendungsbereich des § 393 II 1 AO ausnehmen wollte, ist hingegen fraglich, wird zur Begründung zudem angeführt, dass § 393 II AO seinem

---

[141] Vgl. hierzu Karstens, in: Joecks/Jäger/Randt, Steuerstrafrecht, 9. Aufl. 2023, § 393 AO Rn. 71.
[142] Karstens, in: Joecks/Jäger/Randt, Steuerstrafrecht, 9. Aufl. 2023, § 393 AO Rn. 71; Tormöhlen, in: HHSp, 274. Lfg. 2023, § 393 AO Rn. 139.
[143] Dafür Hilgers-Klautzsch, in: Kohlmann, Steuerstrafrecht, 79. Lfg. 2023, § 393 AO Rn. 200; Karstens, in: Joecks/Jäger/Randt, Steuerstrafrecht, 9. Aufl. 2023, § 393 AO Rn. 76.
[144] BGH U. v. 05.05.2004 – 5 StR 548/03 – BGHSt 49, 136.
[145] So Tormöhlen, in: HHSp, 274. Lfg. 2023, § 393 AO Rn. 140; a. A. wohl Karstens, in: Joecks/Jäger/Randt, Steuerstrafrecht, 9. Aufl. 2023, § 393 AO Rn. 76.
[146] Tormöhlen, in: HHSp, 274. Lfg. 2023, § 393 AO Rn. 140; Eidam wistra 2004, 412; Karstens, in: Joecks/Jäger/Randt, Steuerstrafrecht, 9. Aufl. 2023, § 393 AO Rn. 77.
[147] Tormöhlen, in: HHSp, 274. Lfg. 2023, § 393 AO Rn. 140.
[148] Karstens, in: Joecks/Jäger/Randt, Steuerstrafrecht, 9. Aufl. 2023, § 393 AO Rn. 76.

Zweck nach ermöglichen solle, auch bemakelte Einkünfte anzugeben, ohne deswegen eine Strafverfolgung fürchten zu müssen,[149] was durchaus auch i. R. v. Selbstanzeigen denkbar ist.[150]

(d) Vor oder in Unkenntnis der Verfahrenseinleitung
Das Verwertungsverbot greift nur ein, wenn die Offenbarung vor oder in Unkenntnis der Verfahrenseinleitung erfolgt ist. Hintergrund der Regelung ist, dass nur Erklärungen des Steuerpflichtigen privilegiert werden sollen, die er im Eindruck der Erzwingbarkeit seiner Mitwirkung gemacht hat.[151]

Unterschiedlich wird in der Literatur hingegen die Frage beantwortet, ob auch Irrtümer über Offenbarungspflichten die Anwendbarkeit des Verbots begründen.[152]

Kenntnisse sind offenbart, wenn sie in den Geschäftsbereich der Finanzbehörde gelangen.[153] Für das Eingreifen des Verwertungsverbots ist also der Zeitpunkt der Verfahrenseinleitung oder – bei Unkenntnis der Verfahrenseinleitung – der Zeitpunkt der Kenntnisnahme des Steuerpflichtigen maßgeblich.

Der Zeitpunkt der Verfahrenseinleitung richtet sich nach § 397 AO.[154]

In Unkenntnis ist der Steuerpflichtige, solange er keine positive Kenntnis erworben hat (z. B. durch Mitteilung gem. § 397 III AO).[155]

Das Einverständnis des Steuerpflichtigen lässt das Verbot entfallen.[156]

(e) Kenntnis aus den Steuerakten
Unter Steuerakten i. S. d. § 393 II 1 AO versteht die h. M. lediglich die Akten der Finanzbehörde über das Besteuerungsverfahren inkl. Rechtsbehelfsverfahren und Außenprüfungsvorgängen sowie die Prozessakten der Finanzgerichte.[157] Aus den Steuerakten werden auch Tatsachen oder Beweismittel bekannt, die aus den Akten mündlich oder schriftlich mitgeteilt worden sind.[158]

Nicht zu den Steuerakten gehören die Steuerstrafakten.[159] Kopien aus der Steuerakte, die etwa auf unzulässige Weise in die von der Finanzbehörde in ihrer Aufgabe

---

[149] BGH U. v. 05.05.2004 – 5 StR 548/03 – BGHSt 49, 136.
[150] Vgl. auch Jäger, in: Klein, AO, 16. Aufl. 2022, § 393 AO Rn. 50.
[151] Hilgers-Klautzsch, in: Kohlmann, Steuerstrafrecht, 79. Lfg. 2023, § 393 AO Rn. 192.
[152] Dafür Hilgers-Klautzsch, in: Kohlmann, Steuerstrafrecht, 79. Lfg. 2023, § 393 AO Rn. 193; dagegen Karstens, in: Joecks/Jäger/Randt, Steuerstrafrecht, 9. Aufl. 2023, § 393 AO Rn. 82; Tormöhlen, in: HHSp, 274. Lfg. 2023, § 393 AO Rn. 122.
[153] Karstens, in: Joecks/Jäger/Randt, Steuerstrafrecht, 9. Aufl. 2023, § 393 AO Rn. 81.
[154] Vgl. hierzu die Ausführungen zum Sperrgrund der Bekanntgabe der Verfahrenseinleitung, § 371 AO.
[155] Karstens, in: Joecks/Jäger/Randt, Steuerstrafrecht, 9. Aufl. 2023, § 393 AO Rn. 80.
[156] Tormöhlen, in: HHSp, 274. Lfg. 2023, § 393 AO Rn. 147.
[157] Tormöhlen, in: HHSp, 274. Lfg. 2023, § 393 AO Rn. 150; Hilgers-Klautzsch, in: Kohlmann, Steuerstrafrecht, 79. Lfg. 2023, § 393 AO Rn. 213; Karstens, in: Joecks/Jäger/Randt, Steuerstrafrecht, 9. Aufl. 2023, § 393 AO Rn. 83 m. w. N.
[158] Tormöhlen, in: HHSp, 274. Lfg. 2023, § 393 AO Rn. 151 m. w. N.; zur Kenntnis aus Steuerakten Dritter mit Offenbarungspflicht vgl. Peters, in: HHSp, 274. Lfg. 2023, § 393 AO Rn. 150.
[159] Tormöhlen, in: HHSp, 274. Lfg. 2023, § 393 AO Rn. 153.

als Strafverfolgungsbehörde anzufertigende Strafakte gelangt sind, müssten nach der *ratio legis* des § 393 II 1 AO hingegen ebenfalls dem Verwertungsverbot unterfallen, da das Eintreten desselben sonst vom Zufall, nämlich davon abhängig wäre, welche Akte von der Staatsanwaltschaft konsultiert würde.[160] Ein Verwertungsverbot i. S. d. § 393 II 1 AO sei also gegeben, wenn die Kenntnis zumindest mittelbar auf die Steuerakte zurückgeführt werden kann.[161]

Ob Tatsachen oder Beweismittel verwendbar sind, die zwar aus den Steuerakten bekannt geworden sind, deren Kenntnisnahme aber auch auf anderem Wege hätte erfolgen können (sog. Prinzip der Wiederholbarkeit),[162] ist unklar.[163] Eine solche Einschränkung des Verwertungsverbots sieht der Wortlaut des § 393 II AO nicht vor.[164] Zwar ist der Inhalt der Steuerakte nicht generell gesperrt, Ergebnisse von vom Inhalt der Steuerakte unabhängigen Ermittlungen können also verwertet werden.[165] Wird der Inhalt der Steuerakte hingegen ursächlich für eine anderweite Beschaffung der Tatsachen und Beweismittel, soll ein Verwertungsverbot für diese vorliegen.[166]

Einer Kenntnisnahme aus der Steuerakte sollen diejenigen Tatsachen und Beweismittel gleichgestellt werden, die den Strafverfolgungsorganen durch die Finanzbehörde oder ihre Amtsträger auf sonstige Weise – ggf. entgegen § 30 AO –[167] mitgeteilt werden.[168] Bei einer Verletzung des Steuergeheimnisses spräche hierfür bereits die Schutzrichtung des § 393 II AO.[169] Auch ohne Verletzung des Steuergeheimnisses komme es nicht auf die Art der Kenntnisnahme, sondern darauf an, ob die Steuerakte Quelle der Tatsachen oder Beweismittel sei.[170]

Eine a. A. will in dieser Konstellation das Verwertungsverbot mangels Anwendbarkeit (weder direkt noch analog) nicht aus § 393 II AO, sondern direkt aus der Verfassung ableiten.[171]

---

[160] Karstens, in: Joecks/Jäger/Randt, Steuerstrafrecht, 9. Aufl. 2023, § 393 AO Rn. 83; Tormöhlen, in: HHSp, 274. Lfg. 2023, § 393 AO Rn. 214.
[161] Tormöhlen, in: HHSp, 274. Lfg. 2023, § 393 AO Rn. 153; so wohl auch Karstens, in: Joecks/Jäger/Randt, Steuerstrafrecht, 9. Aufl. 2023, § 393 AO Rn. 83.
[162] Vgl. hierzu Karstens, in: Joecks/Jäger/Randt, Steuerstrafrecht, 9. Aufl. 2023, § 393 AO Rn. 66.
[163] Dafür Lohmeyer DStZ 1972, 323; Brenner StBp 1975, 277; dazu Karstens, in: Joecks/Jäger/Randt, Steuerstrafrecht, 9. Aufl. 2023, § 393 AO Rn. 85.
[164] Tormöhlen, in: HHSp, 274. Lfg. 2023, § 393 AO Rn. 152.
[165] Tormöhlen, in: HHSp, 274. Lfg. 2023, § 393 AO Rn. 152.
[166] Tormöhlen, in: HHSp, 274. Lfg. 2023, § 393 AO Rn. 152; Karstens, in: Joecks/Jäger/Randt, Steuerstrafrecht, 9. Aufl. 2023, § 393 AO Rn. 85.
[167] Hierzu Karstens, in: Joecks/Jäger/Randt, Steuerstrafrecht, 9. Aufl. 2023, § 393 AO Rn. 84.
[168] Tormöhlen, in: HHSp, 274. Lfg. 2023, § 393 AO Rn. 155.
[169] Karstens, in: Joecks/Jäger/Randt, Steuerstrafrecht, 9. Aufl. 2023, § 393 AO Rn. 84.
[170] Hilgers-Klautzsch, in: Kohlmann, Steuerstrafrecht, 79. Lfg. 2023, § 393 AO Rn. 215.
[171] Tormöhlen, in: HHSp, 274. Lfg. 2023, § 393 AO Rn. 156.

h) Konflikt des Steuerstrafverfahrens und des Besteuerungsverfahrens

(2) Rechtsfolge

Nach h. M. handelt es sich bei § 393 II AO um ein Beweisverwertungsverbot.[172]

Dem Wortlaut nach steht § 393 II 1 AO einer Verwertung der Erkenntnisse des Steuerpflichtigen i. R. d. Strafverfahrens nur gegen ihn im Wege. Über den Wortlaut hinaus müsse das Verwertungsverbot jedoch auch für Strafverfahren gegen Dritte gelten, wenn dem Steuerpflichtigen für diese ein Zeugnis- oder Auskunftsverweigerungsrecht (§§ 101 ff. AO, §§ 52 ff. StPO) zusteht und der Steuerpflichtige der Verwertung nicht zustimmt.[173] Wenn bereits ein Verstoß gegen die i. R. d. Zeugnis- oder Auskunftsverweigerungsrechts geregelte Belehrungspflicht (vgl. § 52 III 1 StPO, § 100 I 2 AO) ein Verwertungsverbot herbeiführen soll, so gelte dies erst Recht für die Preisgabe von Informationen in Befolgung einer zwangsmittelbewehrten Pflicht.[174]

Teile der Steuerakte, die auf Tatsachen oder Beweismittel Bezug nehmen, welche durch Dritte in das Besteuerungsverfahren eingeführt wurden, unterliegen keinem Verwertungsverbot.[175] Dies ergibt sich aus dem Zweck des § 393 II 1 AO, nach dem die Norm nur den Konflikt mit der Selbstbelastungsfreiheit auflösen soll.

Das Verwertungsverbot ist von Amts wegen zu berücksichtigen[176]; im Revisionsverfahren soll hingegen eine Rüge gem. § 344 II StPO nötig sein, die indes keinen Widerspruch des Angeklagten in der Hauptverhandlung voraussetzt.[177]

Das Verwertungsverbot verhindert zumindest die unmittelbare Verwertung zur Begründung der öffentlichen Klage, der Eröffnung des Hauptverfahrens oder eines verurteilenden Erkenntnisses.[178]

Umstritten ist hingegen, ob § 393 II 1 AO Fernwirkung entfaltet, ob also auch solche Beweismittel nicht verwertet werden dürfen, die erst auf der Grundlage der durch das unmittelbar verbotsgegenständliche Beweismittel erlangten Kenntnis ermittelt werden konnten und so mittelbar auf dem Verbotsverstoß beruhen.[179]

Teilweise wird eine Fernwirkung des § 393 II 1 AO grundsätzlich abgelehnt.[180] Zur Begründung wird auf die Rechtsprechung zur Fernwirkung strafprozessualer

---

[172] Tormöhlen, in: HHSp, 274. Lfg. 2023, § 393 AO Rn. 159; vgl. zu a. A. Tormöhlen, in: HHSp, 274. Lfg. 2023, § 393 AO Rn. 158.

[173] Karstens, in: Joecks/Jäger/Randt, Steuerstrafrecht, 9. Aufl. 2023, § 393 AO Rn. 87; Tormöhlen, in: HHSp, 274. Lfg. 2023, § 393 AO Rn. 171.

[174] So Tormöhlen, in: HHSp, 274. Lfg. 2023, § 393 AO Rn. 171; Karstens, in: Joecks/Jäger/Randt, Steuerstrafrecht, 9. Aufl. 2023, § 393 AO Rn. 87.

[175] Karstens, in: Joecks/Jäger/Randt, Steuerstrafrecht, 9. Aufl. 2023, § 393 AO Rn. 88.

[176] Tormöhlen, in: HHSp, 274. Lfg. 2023, § 393 AO Rn. 172; Hilgers-Klautzsch, in: Kohlmann, Steuerstrafrecht, 79. Lfg. 2023, § 393 AO Rn. 226; Karstens, in: Joecks/Jäger/Randt, Steuerstrafrecht, 9. Aufl. 2023, § 393 AO Rn. 89.

[177] Hilgers-Klautzsch, in: Kohlmann, Steuerstrafrecht, 79. Lfg. 2023, § 393 AO Rn. 227.

[178] Tormöhlen, in: HHSp, 274. Lfg. 2023, § 393 AO Rn. 174.

[179] Vgl. Karstens, in: Joecks/Jäger/Randt, Steuerstrafrecht, 9. Aufl. 2023, § 393 AO Rn. 90; Tormöhlen, in: HHSp, 274. Lfg. 2023, § 393 AO Rn. 178.

[180] Hadamitzky/Senge, in: Erbs/Kohlhaas, Strafrechtliche Nebengesetze, 246. Lfg. 2023, § 393 AO Rn. 9; Jäger, in: Klein, AO, 16. Aufl. 2022, § 393 AO Rn. 51; Meine wistra 1985, 186; Tormöhlen, in: HHSp, 252. Lfg 2019, § 393 AO Rn. 178.

Verwertungsverbote verwiesen. Dem wird in der Literatur eine ungenügende Berücksichtigung der Selbstbelastungsfreiheit entgegengehalten:[181] Die einfache Übertragung der Grundsätze zur Fernwirkung strafprozessualer Verwertungsverbote verkenne die Lage, die § 393 I i. V. m. § 40 AO schafft, in der der einzelne Bürger sogar unter Zwangsandrohung durch das Gesetz angehalten ist, im fiskalischen Interesse des Staates strafrechtlich relevante Tatsachen mitzuteilen. Allein ein umfassendes Verwertungsverbot der erlangten Erkenntnisse vermöge den Verfassungsverstoß zu verhindern.[182] Auch aus dem sog. Gemeinschuldnerbeschluss des BVerfG[183] lasse sich ableiten, dass eine außerhalb des Strafverfahrens erzwungene Selbstbelastung strafrechtlich nicht verwendet werden dürfe, wenn der Beschuldigte nicht schlechter gestellt werden soll, weil er zugleich auch Steuerpflichtiger ist.[184] Eine Fernwirkung solle also insoweit bestehen, als die entsprechenden Beweise ohne die Angaben des Steuerpflichtigen nicht gefunden worden wären.[185] Insofern enthalte die Vorschrift praktisch ein Ermittlungsverbot.[186]

BGH und BVerfG schlagen eine Differenzierung hinsichtlich der Verwertbarkeit von Erkenntnissen danach vor, ob diese auf gesetzlichen Aufzeichnungs- und Vorlagepflichten beruhen – dann sei eine Verwertung möglich – oder auf Aussagen des Steuerpflichtigen zurückzuführen sind,[187] s. o.

Liegen die oben dargestellten Voraussetzungen vor, dürfen die Kenntnisse gegen ihn nicht für die Verfolgung einer Tat verwendet werden, die keine Steuerstraftat ist. Ob hingegen auch Nichtsteuerstraftaten von § 393 II 1 AO erfasst werden, die in Tateinheit mit der Steuerstraftat verwirklicht wurden oder gar zu demselben geschichtlichen Vorgang gehören, in dem durch den Täter auch Steuerstraftaten verwirklicht wurden, hängt von der Auslegung des Tatbegriffs in § 393 II 1 AO ab und ist in der Lit. umstritten,[188] s. o.

(3) Einschränkung bei zwingendem öffentlichem Interesse

(a) Verfassungsrechtliche Bedenken
Das Verwertungsverbot wird durch § 393 II 2 AO indes eingeschränkt, wenn an der Verfolgung der Straftat ein zwingendes öffentliches Interesse (§ 30 IV Nr. 5 AO) besteht. Dem Wortlaut nach wäre eine zwangsweise Durchsetzung der Mitwirkungs-

---

[181] So Karstens, in: Joecks/Jäger/Randt, Steuerstrafrecht, 9. Aufl. 2023, § 393 AO Rn. 90.
[182] Karstens, in: Joecks/Jäger/Randt, Steuerstrafrecht, 9. Aufl. 2023, § 393 AO Rn. 90; Hilgers-Klautzsch, in: Kohlmann, Steuerstrafrecht, 79. Lfg. 2023, § 393 AO Rn. 233 f.
[183] BVerfG B. v. 13.01.1981 – 1 BvR 116/77 – BVerfGE 56, 37.
[184] Hilgers-Klautzsch, in: Kohlmann, Steuerstrafrecht, 79. Lfg. 2023, § 393 AO Rn. 234; Karstens, in: Joecks/Jäger/Randt, Steuerstrafrecht, 9. Aufl. 2023, § 393 AO Rn. 91 f.
[185] Karstens, in: Joecks/Jäger/Randt, Steuerstrafrecht, 9. Aufl. 2023, § 393 AO Rn. 92.
[186] Karstens, in: Joecks/Jäger/Randt, Steuerstrafrecht, 9. Aufl. 2023, § 393 AO Rn. 92; Hilgers-Klautzsch, in: Kohlmann, Steuerstrafrecht, 79. Lfg. 2023, § 393 AO Rn. 234, jeweils m. w. N.
[187] Hilgers-Klautzsch, in: Kohlmann, Steuerstrafrecht, 79. Lfg. 2023, § 393 AO Rn. 234.1, 244 f.
[188] Hierzu ausf. Tormöhlen, in: HHSp, 274. Lfg. 2023, § 393 AO Rn. 160 ff.

h) Konflikt des Steuerstrafverfahrens und des Besteuerungsverfahrens

pflichten mit im Steuerstrafverfahren verwertbarem Ergebnis also möglich. Dies bietet Anlass zu erheblichen verfassungsrechtlichen Bedenken hinsichtlich der Vereinbarkeit mit dem *nemo-tenetur*-Grundsatz.[189] Ob § 393 II 2 AO aufgrund des aufgezeigten Konflikts verfassungswidrig ist, wurde vom BVerfG bislang nicht entschieden.[190] Ob die Bedenken durch eine extensive Auslegung des § 393 I 2 AO ausgeräumt werden können, nach der der Zwangsmitteleinsatz auch dann unzulässig ist, wenn der Steuerpflichtige dadurch gezwungen würde, sich wegen einer Nichtsteuerstraftat zu belasten, an deren Verfolgung ein zwingendes öffentliches Interesse besteht,[191] ist bereits im Hinblick auf die ausdrückliche gesetzliche Regelung fraglich.[192] Zudem böte eine solche Auslegung dem Steuerpflichtigen wenig Orientierung, müsste er selbst beantworten, ob ein zwingendes öffentliches Interesse i. S. d. Norm besteht.[193]

Der BGH schlägt diesbezüglich vor, dem „Spannungsfeld – zwischen den in § 30 IV Nr. 5 AO genannten Rechtsgüter einerseits, dem Schutz vor erzwungener Selbstbelastung und dem Steuergeheimnis andererseits […]" durch eine Reduzierung des nach § 90 AO gebotenen Erklärungsumfangs im Rahmen der konkretisierenden Auslegung de lege lata Rechnung zu tragen.[194]

(b) Tatbestandsvoraussetzungen

(aa) Allgemeines

§ 393 II 2 AO verweist hinsichtlich des Merkmals „zwingendes öffentliches Interesse" auf § 30 IV Nr. 5 AO, der selbst, wie sich aus der Formulierung „namentlich" ergibt, nur Beispiele für das Vorliegen eines zwingenden öffentlichen Interesses aus Sicht des Gesetzgebers gibt, demnach nicht abschließend ist.[195] Eine Durchbrechung des Steuergeheimnisses ist auch in sonstigen Fällen des zwingenden öffentlichen Interesses formal möglich.[196] Dies setzt nach dem Wortlaut des § 393 II 2 AO aber einen Bezug zur Verfolgung von Straftaten voraus, der bei den als sonstige Fälle diskutierten Konstellationen (Untersagung der Gewerbeausübung, Rücknahme der Gaststättenkonzession, grobe Berufspflichtverletzungen sowie nicht genehmigte

---

[189] Für die Verfassungswidrigkeit Karstens, in: Joecks/Jäger/Randt, Steuerstrafrecht, 9. Aufl. 2023, § 393 AO Rn. 93 ff.; Hilgers-Klautzsch, in: Kohlmann, Steuerstrafrecht, 79. Lfg. 2023, § 393 AO Rn. 242 ff.; Tormöhlen, in: HHSp, 274. Lfg. 2023, § 393 AO Rn. 180 ff.

[190] Die Vorlage vom LG Göttingen v. 11.12.2007 – 8 KLs 1/07 – wistra 2008, 231 wurde in BVerfG B. v. 27.04.2010 – 2 BvL 13/07 – wistra 2010, 341 für unzulässig gehalten.

[191] Vgl. Karstens, in: Joecks/Jäger/Randt, Steuerstrafrecht, 9. Aufl. 2023, § 393 AO Rn. 10 m. w. N.

[192] So Tormöhlen, in: HHSp, 274. Lfg. 2023, § 393 AO Rn. 182.

[193] Karstens, in: Joecks/Jäger/Randt, Steuerstrafrecht, 9. Aufl. 2023, § 393 AO Rn. 102; Tormöhlen, in: HHSp, 274. Lfg. 2023, § 393 AO Rn. 182.

[194] BGH U. v. 05.05.2004 – 5 StR 139/03 – wistra 2004, 391; vgl. Hilgers-Klautzsch, in: Kohlmann, Steuerstrafrecht, 79. Lfg. 2023, § 393 AO Rn. 249.

[195] Karstens, in: Joecks/Jäger/Randt, Steuerstrafrecht, 9. Aufl. 2023, § 393 AO Rn. 105.

[196] Karstens, in: Joecks/Jäger/Randt, Steuerstrafrecht, 9. Aufl. 2023, § 393 AO Rn. 116.

Nebentätigkeiten von Beamten[197]) fehle.[198] Gleiches gelte für die Richtigstellung in der Öffentlichkeit gem. § 30 IV Nr. 5 lit. c AO.[199] Damit wäre der Straftatenkatalog des § 30 IV Nr. 5 lit. a u. b AO für § 393 II 2 AO abschließend.[200] Durch die Verwendung von unbestimmten Rechtsbegriffen in § 30 IV Nr. 5 AO bleibt das Merkmal trotz gesetzgeberischer Interpretation unscharf.[201]

(bb) Fälle des § 30 IV Nr. 5 lit. a AO
Der Wortlaut des § 30 IV Nr. 5 lit. a AO wurde durch Gesetz vom 17.07.2017[202] wie folgt angepasst:

> **§ 30 AO (Steuergeheimnis)**
> (4) Die Offenbarung oder Verwertung geschützter Daten ist zulässig, soweit (…)
> 5. für sie ein zwingendes öffentliches Interesse besteht; ein zwingendes öffentliches Interesse ist namentlich gegeben, wenn
> a) die Offenbarung erforderlich ist zur Abwehr erheblicher Nachteile für das Gemeinwohl oder einer Gefahr für die öffentliche Sicherheit, die Verteidigung oder die nationale Sicherheit oder zur Verhütung oder Verfolgung von Verbrechen und vorsätzlichen schweren Vergehen gegen Leib und Leben oder gegen den Staat und seine Einrichtungen,

Neben der Verfolgung von Verbrechen und vorsätzlichen schweren Vergehen gegen Leib oder Leben oder gegen den Staat und seine Einrichtungen soll ein **zwingendes öffentliches Interesse** nun auch bei Handlungen zur Verhütung ebendieser bestehen. Zudem soll ein zwingendes öffentliches Interesse bestehen, wenn die Offenbarung erforderlich ist zur Abwehr erheblicher Nachteile für das Gemeinwohl oder einer Gefahr für die öffentliche Sicherheit, die Verteidigung oder die nationale Sicherheit. Ob diese Neuregelung Auswirkungen auf § 393 II 2 AO hat, geht aus den Materialien nicht hervor.[203] Dies ist indes zu bezweifeln, liegt den vorgenannten

---

[197] Vgl. Karstens, in: Joecks/Jäger/Randt, Steuerstrafrecht, 9. Aufl. 2023, § 393 AO Rn. 116 m. w. N.; zum zwingenden öffentlichen Interesse an der Offenlegung von Steuermanipulationen großen Umfangs zur Finanzierung politischer Parteien vgl. OLG Hamm B. v. 14.07.1980 – 1 VAs 7/80 – NJW 1981, 356; Karstens, in: Joecks/Jäger/Randt, Steuerstrafrecht, 9. Aufl. 2023, § 393 AO Rn. 116 m. w. N.
[198] Tormöhlen, in: HHSp, 274. Lfg. 2023, § 393 AO Rn. 179; Karstens, in: Joecks/Jäger/Randt, Steuerstrafrecht, 9. Aufl. 2023, § 393 AO Rn. 117.
[199] Karstens, in: Joecks/Jäger/Randt, Steuerstrafrecht, 9. Aufl. 2023, § 393 AO Rn. 115; Tormöhlen, in: HHSp, 274. Lfg. 2023, § 393 AO Rn. 179.
[200] Tormöhlen, in: HHSp, 274. Lfg. 2023, § 393 AO Rn. 179.
[201] Tormöhlen, in: HHSp, 274. Lfg. 2023, § 393 AO Rn. 183.
[202] BGBl. I 2017, 2541.
[203] Vgl. BT-Drs. 18/12611, 82 f.

h) Konflikt des Steuerstrafverfahrens und des Besteuerungsverfahrens

Merkmalen ein präventiver Charakter zugrunde, sodass es an dem Bezug zur Verfolgung einer Straftat mangeln dürfte.

Jenseits dieser gesetzgebungstechnischen Frage – dynamische oder statische Verweisung – ist auf die Auslegung der Merkmale „Verbrechen" und insbesondere „vorsätzlicher schwerer Vergehen" einzugehen. Verbrechen i. S. d. Vorschrift werden im technischen Sinne des § 12 I StGB ausgelegt als Straftaten, die im Mindestmaß mit einem Jahr Freiheitsstrafe bedroht sind.[204] Was unter vorsätzlichen schweren Vergehen zu verstehen ist, ist dann aber unklar: Die Exekutive geht von einem besonders schweren Vergehen aus, wenn die Straftat eine schwerwiegende Rechtsverletzung darstellt, die folglich mit Freiheitsstrafe bedroht ist.[205] Von anderer Seite werden Vergehen als Straftaten ohne Mindeststrafandrohung gemäß § 12 I StGB definiert, deren Schwere sich dann nach den konkreten Tatumständen ergebe.[206] Eine a. A. will für Zwecke des § 393 II 2 AO eine restriktive Auslegung vor dem Hintergrund des *nemo-tenetur*-Grundsatzes vornehmen und nur die in § 138 StGB genannten Taten erfassen.[207] Dem steht indes der Wortlaut des § 30 IV Nr. 5 lit. a StGB entgegen.[208]

Ein schweres Vergehen gegen Leib oder Leben liegt z. B. in der Tötung auf Verlangen (§ 216 StGB) und der (auch einfachen) Körperverletzung (§ 223 StGB).[209] Schwere Vergehen gegen den Staat und seine Einrichtungen sind insbesondere die in den ersten Abschnitten des besonderen Teils des StGB geregelten Delikte.[210]

(3) Fälle des § 30 IV Nr. 5 lit. b AO

Wirtschaftsstraftaten sind solche Delikte, die unter Ausnutzung der Verhältnisse des Wirtschaftsverkehrs begangen wurden und sich gegen das Vermögen oder aber die gesamtwirtschaftliche Ordnung richten.[211] Hierbei kann der Katalog des § 74c GVG bei der Auslegung berücksichtigt werden.[212] Zudem müssen die Wirtschaftsstraftaten nach ihrer Begehungsweise oder wegen des Umfangs des durch sie verursachten Schadens geeignet sein, die wirtschaftliche Ordnung erheblich zu stören oder das Vertrauen der Allgemeinheit auf die Redlichkeit des geschäftlichen Verkehrs oder auf die ordnungsgemäße Arbeit der Behörden und der öffentlichen Ein-

---

[204] Tormöhlen, in: HHSp, 274. Lfg. 2023, § 393 AO Rn. 184; Karstens, in: Joecks/Jäger/Randt, Steuerstrafrecht, 9. Aufl. 2023, § 393 AO Rn. 106; Hilgers-Klautzsch, in: Kohlmann, Steuerstrafrecht, 79. Lfg. 2023, § 393 AO Rn. 248; vgl. auch AEAO zu § 30 Nr. 11.2.1.

[205] AEAO zu § 30 Nr. 11.2.1.

[206] Tormöhlen, in: HHSp, 274. Lfg. 2023, § 393 AO Rn. 185.

[207] Vgl. Hilgers-Klautzsch, in: Kohlmann, Steuerstrafrecht, 79. Lfg. 2023, § 393 AO Rn. 248 m. w. N.

[208] Karstens, in: Joecks/Jäger/Randt, Steuerstrafrecht, 9. Aufl. 2023, § 393 AO Rn. 108.

[209] Karstens, in: Joecks/Jäger/Randt, Steuerstrafrecht, 9. Aufl. 2023, § 393 AO Rn. 106.

[210] Tormöhlen, in: HHSp, 274. Lfg. 2023, § 393 AO Rn. 186; Karstens, in: Joecks/Jäger/Randt, Steuerstrafrecht, 9. Aufl. 2023, § 393 AO Rn. 107.

[211] Karstens, in: Joecks/Jäger/Randt, Steuerstrafrecht, 9. Aufl. 2023, § 393 AO Rn. 109.

[212] So Karstens, in: Joecks/Jäger/Randt, Steuerstrafrecht, 9. Aufl. 2023, § 393 AO Rn. 109; Hilgers-Klautzsch, in: Kohlmann, Steuerstrafrecht, 79. Lfg. 2023, § 393 AO Rn. 250; Tormöhlen, in: HHSp, 274. Lfg. 2023, § 393 AO Rn. 187.

richtungen erheblich zu erschüttern. Eine genaue Abgrenzung ist schon angesichts der schieren Anzahl unbestimmter Rechtsbegriffe kaum möglich.[213]

Wann ein Schaden einen solchen Umfang erreicht hat, soll nicht durch einen Grenzwert zu beantworten sein, sondern vielmehr eine Einzelfallfrage darstellen – ab einem Schaden in Millionenhöhe liegt eine Verwirklichung des Merkmals zumindest nahe.[214]

Die wirtschaftliche Ordnung soll erheblich gestört sein, wenn die Tat Auswirkungen auf das gesamtwirtschaftliche Zusammenspiel hat.[215] Dies sei wiederum der Fall, wenn die Tat erhebliche Auswirkungen auf eine Mehrzahl von Wirtschaftsteilnehmern oder eine große Anzahl von Personen geschädigt hat oder auch mittelbar zu einem großen Schaden für die Wirtschaft führt.[216]

Das Vertrauen der Allgemeinheit auf die Redlichkeit des geschäftlichen Verkehrs oder auf die ordnungsgemäße Arbeit der Behörden und der öffentlichen Einrichtungen wird erschüttert, wenn das Bekanntwerden der Tat die Allgemeinheit im geschäftlichen Verkehr verunsichert.[217]

dd) Verwendung im Besteuerungsverfahren (§ 393 III AO)

Gem. § 393 III 1 AO sind Erkenntnisse im Besteuerungsverfahren verwertbar, die die Finanzbehörde oder die Staatsanwaltschaft rechtmäßig im Rahmen strafrechtlicher Ermittlungen gewonnen hat. Der Verwendung rechtmäßig gewonnener Erkenntnisse steht indes ohnehin nichts entgegen, sodass § 393 III 1 AO lediglich klarstellende Funktion zukommt.[218] Ob die Vorschrift jedoch den Umkehrschluss zulässt, rechtswidrig erlangte Erkenntnisse seien nicht verwertbar, ist fraglich.[219]

§ 393 III 2 AO regelt dann die Verwertbarkeit von Erkenntnissen, die dem Brief-, Post- und Fernmeldegeheimnis unterliegen und die die Finanzbehörde rechtmäßig im Rahmen eigener strafrechtlicher Ermittlungen gewinnt oder über die der Finanzbehörde nach den Vorschriften der StPO Auskunft erteilt werden darf.[220]

---

[213] So Tormöhlen, in: HHSp, 274. Lfg. 2023, § 393 AO Rn. 188.

[214] Tormöhlen, in: HHSp, 274. Lfg. 2023, § 393 AO Rn. 190; vgl. zudem Karstens, in: Joecks/Jäger/Randt, Steuerstrafrecht, 9. Aufl. 2023, § 393 AO Rn. 114.

[215] Karstens, in: Joecks/Jäger/Randt, Steuerstrafrecht, 9. Aufl. 2023, § 393 AO Rn. 111 m. w. N.

[216] Tormöhlen, in: HHSp, 274. Lfg. 2023, § 393 AO Rn. 191 m. w. N.

[217] Karstens, in: Joecks/Jäger/Randt, Steuerstrafrecht, 9. Aufl. 2023, § 393 AO Rn. 113; Tormöhlen, in: HHSp, 274. Lfg. 2023, § 393 AO Rn. 192.

[218] Hilgers-Klautzsch, in: Kohlmann, Steuerstrafrecht, 79. Lfg. 2023, § 393 AO Rn. 264; Karstens, in: Joecks/Jäger/Randt, Steuerstrafrecht, 9. Aufl. 2023, § 393 AO Rn. 118; Tormöhlen, in: HHSp, 274. Lfg. 2023, § 393 AO Rn. 194.

[219] Vgl. hierzu Tormöhlen, in: HHSp, 274. Lfg. 2023, § 393 AO Rn. 195.

[220] Vgl. zur Problematik um einen Auskunftsanspruch der Finanzbehörde Karstens, in: Joecks/Jäger/Randt, Steuerstrafrecht, 9. Aufl. 2023, § 393 AO Rn. 123 ff.

SPRINGER NATURE

GPSR Compliance

The European Union's (EU) General Product Safety Regulation (GPSR) is a set of rules that requires consumer products to be safe and our obligations to ensure this.

If you have any concerns about our products, you can contact us on ProductSafety@springernature.com

In case Publisher is established outside the EU, the EU authorized representative is:

Springer Nature Customer Service Center GmbH
Europaplatz 3
69115 Heidelberg, Germany

The manufacturer's authorised representative in the EU is Springer Nature Customer Service Centre GmbH, Europaplatz 3, 69115 Heidelberg, Germany. If you have any concerns regarding our products, please contact ProductSafety@springernature.com

Printed and bound by CPI Group (UK) Ltd, Croydon, CR0 4YY

25/03/2026

02078187-0007